Otmar Franz (Hrsg.)
Die Europäische Zentralbank

Otmar Franz (Hrsg.)

Die Europäische Zentralbank

Europa Union Verlag 🄴

CIP-Titelaufnahme der Deutschen Bibliothek

Die **Europäische Zentralbank** / Otmar Franz (Hrsg.). –
Bonn: Europa Union Verlag, 1990.
  ISBN 3-7713-0384-2
NE: Franz, Otmar [Hrsg.]

© 1990 Europa Union Verlag GmbH, Bonn

Satz und Gestaltung:
litera Verlags-Service GmbH, Bonn

Umschlaggestaltung:
Eiss, Eisenmann & Co., Sindelfingen
Atelier Frings, Bonn

Druck:
PDC Paderborner Druck Centrum, Paderborn

ISBN 3-7713-0384-2

Inhalt

Vorwort

Am 21. März 1989 hat der Ausschuß für Wirtschaft, Währung und Industriepolitik des Europäischen Parlaments einen Entschließungsantrag zur Entwicklung der Europäischen Währungsintegration verabschiedet, der am 14. April 1989 vom Europäischen Parlament mit großer Mehrheit angenommen wurde. Wenige Tage später hat der unter dem Vorsitz von EG-Kommissionspräsident Jacques Delors arbeitende Ausschuß zur Prüfung der Wirtschafts- und Währungsunion seinen „Bericht zur Wirtschafts- und Währungsunion in der Europäischen Gemeinschaft" vorgelegt. Die Voraussetzungen und Zielsetzungen des Delors-Berichtes und der Parlamentsentschließung (Franz-Bericht) sind weitgehend identisch. Dies ist kein Zufall. Die Zusammenarbeit des Europäischen Parlaments mit der EG-Kommission, insbesondere auch mit Jacques Delors und seinen Mitarbeitern war über viele Jahre hinweg sehr konstruktiv. Darüber hinaus haben viele der im Delors-Ausschuß mitarbeitenden Zentralbankpräsidenten und Währungsexperten in der interfraktionellen Arbeitsgruppe „Europäische Währung" des Europaparlaments ihre Ansichten über die Europäische Währungsintegration zur Diskussion gestellt und damit ihren Sachverstand in die Diskussion des Parlaments eingebracht.

Im Grundsatz sind sich das Europäische Parlament und das Delors-Komitee über den Weg zu einer Europäischen Wirtschafts- und Währungsunion einig. Mit einer vor wenigen Jahren noch für unmöglich gehaltenen Klarheit hat das Europaparlament als Vertretung des Europäischen Volkes eine Währungsunion und eine unabhängige, dem Stabilitätsziel verpflichtete Zentralbank gefordert. Auch für das Delors-Komitee ist eine unabhängige Zentralbank der Schlüssel zu einer auf Stabilität ausgerichteten Europäischen Währungsunion. Die beiden Berichte bilden eine

Grundlage für die europäische Währungsintegration. Es war daher naheliegend, führende Zentralbankpräsidenten, Währungspolitiker und Währungswissenschaftler um eine Stellungnahme zur Entschließung des Europäischen Parlaments und zum Delors-Bericht zu bitten.

Der Vorsitzende des Ausschusses der Notenbankgouverneure der EG und Präsident der Deutschen Bundesbank Karl-Otto Pöhl sowie seine Kollegen Robin Leigh-Pemberton aus Großbritannien, Jacques de Larosière aus Frankreich, Carlo Ciampi aus Italien, Erik Hoffmeyer aus Dänemark und Maurice F. Doyle aus Irland begründen in ihren Beiträgen ausführlich, warum sie dem Delors-Bericht zugestimmt haben und wie sie die Vorstellungen des Europäischen Parlaments im Vergleich zum Delors-Bericht beurteilen. Ihre Ausführungen werden von den Zentralbankpräsidenten Hellmuth Klauhs aus Österreich, Markus Lusser, Schweiz, und Ferenc Bartha, Ungarn, ergänzt.

Im zweiten Teil äußern sich führende Währungspolitiker zu einer Europäischen Zentralbank. Helmut Schmidt, Altbundeskanzler und Mitbegründer des EWS, hält ein klares Plädoyer für eine Währungsunion mit einem unabhängigen Zentralbanksystem. EG-Kommissar Peter M. Schmidhuber analysiert die monetäre Integration in der Europäischen Gemeinschaft seit dem Werner-Bericht; anschließend werden aus der Sicht der EG-Kommission der Parlaments- und der Delors-Bericht beurteilt. Der Bundesminister des Auswärtigen Hans-Dietrich Genscher spricht sich in seinem Beitrag für weitere schnelle Schritte auf dem Weg zur Wirtschafts- und Währungsunion aus. Der ehemalige Finanzminister von Rheinland-Pfalz Johann Wilhelm Gaddum diskutiert aus der Sicht des Bundesbankdirektoriums die mit der europäischen Währungsintegration verbundenen Chancen und Risiken. Der frühere Staatssekretär im Bundesfinanzministerium Hans Tietmeyer und der FDP-Vorsitzende Otto Graf Lambsdorff stellen die Grundsätze für eine Europäische Zentralbank in den Mittelpunkt ihrer Ausführungen.

Efthimios Christodoulou, Europaminister Griechenlands, der über lange Jahre die Währungspolitik des Europäischen Parlaments mitgestaltet hat, untersucht in seinem Beitrag die Rolle des Europäischen Parlaments bei der Schaffung einer Wirtschafts- und Währungsunion. Einen Vergleich zwischen seinem Bericht von 1971 und dem Delors-Bericht zur Währungsunion stellt der ehemalige luxemburgische Ministerpräsident Pierre Werner an, während die mit einer Währungsunion auf Basis des Delors-Berichts verbundenen wirtschaftspolitischen Konsequenzen Thema des Beitrages des Bundesministers für Wirtschaft Helmut Haussmann sind. Der zweite Teil schließt mit einem ausführlichen Vergleich des Delors- und des Franz-Berichts zur Europäischen Währungsintegration durch den früheren Finanzsenator der Hansestadt Hamburg Hans-Joachim Seeler und Ausführungen der stellvertretenden kanadischen Finanzministerin Wendy Dobson zu beiden Berichten.

Stellungnahmen von Vertretern aus Wirtschaft und Wissenschaft im dritten Teil runden den Band ab. Die Professoren Wolfgang Filc aus Trier und Alfonso Jozzo aus Turin analysieren den Bericht des Europaparlaments zur Währungsintegration und Professor Norbert Kloten den Delors-Bericht. Helmut Geiger formuliert aus der Sicht des Deutschen Sparkassen- und Giroverbandes die Anforderungen an eine gemeinsame Europäische Notenbank. Mit den Aussichten für eine engere währungspolitische Zusammenarbeit in der Europäischen Gemeinschaft und der Errichtung einer Zentralbank beschäftigt sich der langjährige Aufsichtsratsvorsitzende der Deutschen Bank Wilfried Guth. Für Rainer Hellmann, Wirtschaftsjournalist in Brüssel, ist ein harter Ecu conditio sine qua non für die weitere Währungsintegration. Die Bedeutung des Ecu für die Europäische Investitionsbank beschreibt ihr Präsident Ernst-Günther Bröder, während der frühere Hauptgeschäftsführer des Bundesverbandes der Deutschen Industrie Siegfried Mann die Chancen und Risiken der Wirtschafts- und Währungsunion für die deutsche Industrie aufzeigt.

Bei allen Unterschieden über den Weg und die Zeitvorstellungen bei der Schaffung einer Europäischen Währung sind sich die Autoren einig, daß zur Verwirklichung der angestrebten Europäischen Wirtschafts- und Währungsunion eine unabhängige, dem Stabilitätsziel verpflichtete Europäische Zentralbank gehört.

Mein Dank gilt Dr. Alexander Tesche für seine wertvolle Unterstützung bei der Herausgabe dieses Buches, für die wissenschaftliche Beratung, die Übersetzung der englischen Beiträge von Robin Leigh-Pemberton, Erik Hoffmeyer, Maurice F. Doyle, Ferenc Bartha, Efthimios Christodoulou und Wendy Dobson sowie der französischen Beiträge von Jacques de Larosière und Alfonso Jozzo und für die Lesung der Korrekturen.

Mülheim, Juli 1990   Otmar Franz

Die Europäische Zentralbank

Otmar Franz

1.

Die Europäische Zentralbank wird der Eckpfeiler einer Europäischen Stabilitätsgemeinschaft sein. Darüber gibt es – anders als noch vor wenigen Jahren – heute kaum eine ernsthafte Diskussion. Die Idee einer gemeinsamen europäischen Währung, die die Bevölkerung in der Europäischen Gemeinschaft überwiegend positiv beurteilt, ist – wie Karl Otto Pöhl ausführt – keine Utopie mehr. Zu fragen bleibt allerdings, welche Voraussetzungen für die Gründung einer derartigen Zentralbank geschaffen werden müssen, welche Aufgaben und Rechte sie haben soll und von wem und wann eine Europäische Zentralbank gegründet werden kann.

Die Gemeinschaft hat sich im Rahmen der Einheitlichen Europäischen Akte erneut zu dem Ziel der Wirtschafts- und Währungsunion bekannt. Viele Regierungen der Mitgliedstaaten der Europäischen Gemeinschaft sind daran interessiert, möglichst bald die Voraussetzungen für die Gründung einer Europäischen Wirtschafts- und Währungsunion zu schaffen. Dazu müssen alle Mitgliedsländer der EG dem Wechselkurs- und Interventionssystem des EWS beitreten und die Verpflichtung zu gemeinsamer Wirtschaftspolitik gemäß den Römischen Verträgen erfüllen. Die Errichtung des Gemeinsamen Marktes ist ein wichtiger Schritt auf dem Wege zur Europäischen Wirtschafts- und Währungsunion und zu einer Europäischen Zentralbank. Mit der weitgehenden Aufhebung der Kapitalverkehrsbeschränkungen rückt das Ziel des freien Kapitalverkehrs endlich in erreichbare Nähe.

Dr. Otmar Franz, Ehrenmitglied des Europäischen Parlaments

Im Streben nach Konvergenz der Wirtschaftspolitik und der Wirtschaftsentwicklung haben die Mitgliedstaaten der Europäischen Gemeinschaft in den letzten Jahren große Fortschritte gemacht. Geldwert- und Wechselkursstabilität in den dem Wechselkurs-Mechanismus des EWS angehörenden Ländern wurden in höherem Maße als je zuvor erreicht. Das 1978 beschlossene Europäische Währungssystem EWS hat zu dieser inneren und äußeren Währungsstabilität maßgeblich beigetragen, wobei das EWS sicher von der Rolle der DM als Anker für die Stabilitätspolitik profitiert hat. Die Schwankungen der am Wechselkursmechanismus beteiligten Währungen untereinander haben sich deutlich verringert und liegen weit unter den Kursschwankungen zwischen den Währungen anderer bedeutender Industrieländer. Die Länder der Europäischen Gemeinschaft können inzwischen mehr als 50% ihres Außenhandels zu kalkulierbaren Wechselkursen abwickeln. Dies hat den Handel innerhalb der Gemeinschaft gestärkt. Die Akzeptanz des EWS als Währungsgruppe ist gewachsen. Das EWS hat einen Beitrag zur Stabilisierung des Weltwährungssystems geleistet.

Die für die Währungsintegration unverzichtbare wirtschaftliche Integration wird aber nach wie vor durch Grenzkontrollen im innergemeinschaftlichen Warenverkehr, Beschränkungen bei der freien Berufsausübung und im Bereich der Dienstleistungen sowie Hindernisse für den freien Kapital- und Zahlungsverkehr beeinträchtigt. Außerdem bestehen in der Gemeinschaft noch gravierende Unterschiede in der Finanz-, Wettbewerbs-, Struktur- und Regionalpolitik sowie der Außenwirtschaftspolitik gegenüber Drittländern.

Dieser Integrationsrückstand soll bis zum 31.12.1992 mit der Schaffung des Europäischen Binnenmarktes abgebaut werden. Mit der Vollendung des Europäischen Binnenmarktes für Güter, Dienstleistungen und Finanzleistungen werden elementare Voraussetzungen für die Herstellung einer Europäischen Wirtschafts- und Währungsunion geschaffen. Zwar verlangt die Vollendung des Binnenmarktes keine einheitliche Währung. Weitere Fortschritte bei der Währungsstabilisierung als Ausdruck zunehmender Konvergenz der Wirtschaftspolitiken und der gesamtwirtschaftlichen Entwicklung der Länder erleichtern aber die güterwirtschaftliche Integration. Zudem würde dadurch Spannungen im EWS vorgebeugt, die sich bei völliger Liberalisierung des Kapitalverkehrs in der Gemeinschaft bis Ende 1992 ergeben könnten.

Bei einer einheitlichen Europäischen Währung entfallen die Kosten des Umtauschs von Währungen und die Kosten von Devisenkurssicherungsgeschäften in der EG. Dies bedeutet größere Transparenz bei Kosten und Preisen und verstärkt damit den Wettbewerb. Die Wirtschafts- und Währungsunion wird deshalb der Europäischen Gemeinschaft neue Impulse geben, das Wachstum steigern, die Arbeitslosigkeit senken und den Wohlstand der Bürger dauerhaft verbessern. Außerdem wird eine Europäische Währung das monetäre Gewicht der Gemeinschaft in der Welt erhöhen.

Mit der Schaffung des Europäischen Binnenmarkts werden die wirtschaftspolitischen Handlungsspielräume der einzelnen Migliedstaaten aufgrund der enger werdenden Verflechtung der Volkswirtschaften kleiner. Alle Mitglieder der Europäischen Gemeinschaft werden gezwungen sein, ihre Zusammenarbeit in der Wirtschafts-, Finanz- und Währungspolitik weiter zu intensivieren. Die Schaffung des Binnenmarktes ist eine Voraussetzung für eine Europäische Währungsunion. Andererseits bleibt der Binnenmarkt ohne Währungsunion ein Torso. Eine einheitliche Europäische Währung würde den Zahlungsverkehr in Europa deutlich verbessern und vereinfachen. Ein gemeinsamer Markt mit zwölf verschiedenen Währungen wird nie zu einem echten Binnenmarkt werden. Alle historischen Erfahrungen sprechen für eine einzige Währung in der Europäischen Gemeinschaft. Niemand würde die Vereinigten Staaten von Amerika als einen Binnenmarkt bezeichnen, wenn es neben einem Texas-Dollar einen Kentucky-Franc, eine Florida-Krone, eine California-Mark und 46 weitere Währungen gäbe, deren Wechselkurse untereinander zwar in einem Amerikanischen Währungssystem AWS weitgehend fest wären, die aber nur in jeweils einem Bundesstaat gesetzliches Zahlungsmittel wären und daher bei Reisen oder Handelsgeschäften über Landesgrenzen hinweg getauscht werden müßten. Niemand kann sich eine Wirtschaftsmacht Japan mit 12 Währungen vorstellen. Schon im klassischen Römischen Reich — Helmut Schmidt weist darauf hin — war der gemeinsame Markt selbstverständlich auch deshalb so effektiv, weil von Spanien bis Palästina ein und dieselbe Währung gegolten hat.

Bei der derzeitigen Abhängigkeit der DM und aller anderen europäischen Währungen vom Dollar und den Entscheidungen des amerikanischen Finanzministers ist die Schaffung einer einheitlichen stabilen europäischen Währung, die ein weit größeres Gewicht als die DM hat, auch im Interesse der deutschen Sparer. Nicht zuletzt zur Identifikation mit der Wirtschafts- und Währungsunion benötigt die Gemeinschaft eine einheitliche stabile Währung, die in Europa und in der Welt anerkannt wird.

2.

Wenngleich sich heute die Mehrzahl der Währungswissenschaftler, Politiker und Praktiker — und dieser Band bestätigt dies — einig sind, daß in einer Wirtschafts- und Währungsunion die nationalen Währungen durch eine Gemeinschaftswährung ersetzt werden müssen, die in der gesamten Währungsunion gesetzliches Zahlungsmittel wird, so gehen doch die Meinungen auseinander, wie dies erreicht werden kann.

Immer wieder wird die Idee der Parallelwährung als „einfachster Weg" herausgehoben, wobei viele Politiker glauben, man müsse nur die Korbwährung Ecu fördern, um schließlich dank der Marktkräfte zu einer europäischen Währung zu kommen. Man hofft, daß eine Parallelwährung Ecu die nationalen Währungen im Laufe der Zeit verdrängen und schließlich völlig ersetzen würde. Vor diesem Irrtum ist nur dringend zu warnen. Die bisherigen Erfahrungen — auch die Freigabe der privaten Verwendung des Ecu durch die Deutsche Bundesbank 1987 — haben bestätigt, daß auf diesem Wege keine stabile europäische Währung entstehen kann. Selbst die vielfach empfohlene Privilegierung des Ecu würde, abgesehen von stabilitätspolitischen Überlegungen, nicht zu einer europäischen Währung führen.

Gewiß hat die Bedeutung des Ecu in den letzten Jahren für die Wirtschaft vor allem in Italien, Frankreich und anderen Ländern in denen Kapitalverkehrskontrollen herrschten, zugenommen. Einige europäische Unternehmen verwenden den Ecu als interne

Abrechnungswährung. Im Anleihemarkt, vor allem auch für die Europäische Investitionsbank, hat der Ecu seinen Stellenwert. Ecu-Kreditkarten und Traveller Schecks ermöglichen seine private Verwendung im Zahlungsverkehr. Dies alles macht aber den Ecu weder zu einer wirksamen Parallelwährung noch bietet es eine Voraussetzung für den Ersatz der bestehenden Währungen.

Eine Wirtschafts- und Währungsunion entsteht nicht dadurch, daß die Korbwährung Ecu in allen Mitgliedstaaten des EWS zum gesetzlichen Zahlungsmittel erklärt wird, die nationalen Währungen aber weiterhin bestehen bleiben, nur in einem Land Gültigkeit besitzen und ihr Wechselkurs zum Ecu noch geändert werden kann. Eine Korbwährung als Parallelwährung wird von den Bürgern und Unternehmen in der Gemeinschaft auf Dauer nicht akzeptiert werden, zumal ihre Stabilität schon per definitionem geringer sein muß als die Stabilität der stärksten Währung des EWS. Eine künftige Europäische Währung kann keine Korbwährung sein. Eine Korbwährung wird auch durch verstärkte Verwendung nicht zu einer einheitlichen Europäischen Währung führen können. Eine Europäische Währung wird sich nur durchsetzen und aus Stabilitätsgründen angenommen werden, wenn sie von einer autonomen, dem Stabilitätsziel verpflichteten Europäischen Zentralbank ausgegeben und kontrolliert wird und als alleiniges gesetzliches Zahlungsmittel in der Europäischen Währungsunion umläuft. Nur so ist den berechtigten Sorgen vor Inflationsrisiken zu begegnen. Bei der Schaffung einer europäischen Währung muß sichergestellt werden, daß sie mindestens die gleiche Stabilität wie die DM hat.

Erfreulich ist, daß der Delors-Bericht und der Parlamentsbericht von 1989 klargemacht haben, daß eine Europäische Währungsunion nicht durch die Hintertür einer Parallelwährung geschaffen werden kann. Wie Karl Otto Pöhl ausführt, werden die mit einer Parallelwährung verbundenen institutionellen, währungspolitischen, rechtlichen und praktischen Probleme vielfach unterschätzt. Allerdings ist zu bedauern, daß sich das Delors-Komitee und der Madrider EG-Gipfel nicht eindeutig auf eine einzige Währung in der EG festgelegt haben. Selbst bei einer irreversiblen Festlegung der Wechselkurs-Paritäten, wäre die unbegrenzte Fortführung von zwölf nationalen Währungen nicht erstrebenswert, ja es wäre fraglich, ob die Festlegung tatsächlich dauerhaft wäre.

Der Delors-Bericht läßt offen, ob es in der Europäischen Währungsunion eine einheitliche Währung geben soll oder ob irreversibel feste Wechselkurse der Währungen untereinander ausreichen. Dem Vorteil, daß traditionsreiche nationale Geldbezeichnungen wie Franc, Pfund und Mark bei Verzicht auf eine einheitliche Währung erhalten blieben, steht der gravierende Nachteil gegenüber, weiterhin Währungen tauschen oder verschiedene Währungen bei sich führen zu müssen. Die Kosten eines Währungstausches würden nicht eingespart. Der britische Zentralbankgouverneur Robin Leigh-Pemberton weist darüber hinaus darauf hin, daß man aus einer Währungsunion mit nationalen Geldzeichen, die in einem festen Verhältnis zueinander stehen, leichter wieder austreten kann als aus einer Währungsunion, in der es nur noch eine gemeinsame Währung gibt. Auch zur Identifikation der Bürger mit der Währungsunion ist eine alleingültige gemeinsame Währung besser geeignet als ein System mit nationalen Währungen.

Auch wenn der Währungskorb Ecu nicht zu der Europäischen Währung werden kann, besitzt der Name Ecu doch den für eine künftige Europäische Währung erwünschten Bekanntheitsgrad und die notwendige Akzeptanz. Anknüpfend an die Geschichte – hat doch der Ecu seit seiner ersten Prägung von 1266 mehr als 500 Jahre zur Währungsstabilität in einem unter Kriegen, Hungersnöten und Epidemien leidenden Europa beigetragen – und die gegenwärtige Entwicklung des Privaten Ecu kann die Europäische Währung Ecu weltweit zu einem Synonym für eine Europäische Stabilitätsgemeinschaft werden. Es muß aber ein neuer Ecu sein, der von einer europäischen Zentralbank als alleinige europäische Währung emittiert wird.

Die Parlamentsentschließung sieht in Artikel 19 vor, daß die nationalen Währungen aus technischen Gründen für drei Jahre gesetzliches Zahlungsmittel bleiben können, um den Übergang auf die neue Währung zu erleichtern. Da die Währungen zu diesem Zeitpunkt bereits irreversible Wechselkurse haben sollen, handelt es sich dabei allerdings nicht – wie gelegentlich mißverstanden wurde − um eine wirkliche Parallelwährung. In Anbetracht der Gefahr, daß sich aus dieser Übergangsregelung ein längerfristiger Zustand entwickeln könnte und nach den Erfahrungen, die mit dem Stichtagsumtausch am 1. Juli 1990 von der Mark der DDR auf die DM gemacht worden sind, empfiehlt es sich, diese Übergangsregelung fallen zu lassen. Am Tage der Einführung der neuen europäischen Währung, des korbfreien Ecu, sollte dieser nicht nur gesetzliches Zahlungsmittel der Europäischen Währungsunion werden, sondern auch den Ecu-Währungskorb des EWS und die nationalen Währungen der Währungsunion ersetzen. Natürlich muß man − Hans-Joachim Seeler weist zu Recht darauf hin − Imponderabilien wie die Gefühlsbindungen an die eigene Währung beachten. Aber vor der Schaffung der Europäischen Währung und damit vor der Umstellung wird es eine längere Vorbereitungs- und Einstimmungsphase geben. Für viele Länder − auch hier ist Seeler beizupflichten − wird die Aufgabe der nationalen Währung der Ersatz einer weichen durch eine neue harte Währung sein, so daß sich ein erkennbarer Vorteil für die Bürger ergibt.

3.

Wie in dem vom Europaparlament im April 1989 verabschiedeten Entwurf für ein Statut der Europäischen Zentralbank in Artikel 2 ausgeführt ist, soll die Europäische Zentralbank das Gemeinschaftsinstitut eines Europäischen Zentralbanksystems werden. An ihm sollen alle Zentralbanken der in der Europäischen Wirtschafts- und Währungsunion vereinigten Länder beteiligt sein. Die Europäische Zentralbank wird auf dem föderativen Prinzip basieren.

Ein Europäisches Zentralbanksystem kann sich auf die bestehenden nationalen Zentralbankstrukturen stützen, muß aber die Entscheidungen zentralisieren, die für die Durchsetzung einer gemeinsamen Währungspolitik notwendig sind. Ähnlich dem amerikanischen Federal Reserve Board muß die Europäische Zentralbank eine Institution sein, die gemeinsame, verbindliche Entscheidungen zur Geld- und Kreditpolitik trifft.

Die Zentralbanken der Mitgliedstaaten der Europäischen Wirtschafts- und Währungsunion werden Mitglieder des Europäischen

Zentralbanksystems. Ihnen obliegt die Ausführung der vom Europabankrat gefaßten Beschlüsse zur Geld- und Kreditpolitik, soweit sie nicht dem Direktorium vorbehalten sind. Die nationalen Notenbankgesetze und -satzungen sind entsprechend zu ändern.

Die Europäische Zentralbank regelt, wie aus Artikel 6 des Satzungsentwurfs des Europäischen Parlaments hervorgeht, mit Hilfe der währungspolitischen Befugnisse, die ihr nach diesem Statut zustehen, d.h. der Zins- und Liquiditätspolitik, den Geldumlauf und die Kreditversorgung der Wirtschaft in den Ländern der Wirtschafts- und Währungsunion mit dem Ziel, die Stabilität zu sichern, und sorgt für die bankmäßige Abwicklung des Zahlungsverkehrs innerhalb der Europäischen Wirtschafts- und Währungsunion und mit Drittländern. Die Europäische Zentralbank übt die Bankenaufsicht aus und arbeitet eng mit den Währungsbehörden von Drittländern und internationalen Institutionen wie dem IWF und der Weltbank zusammen, um auf diese Weise einen Beitrag zur internationalen Währungsstabilität zu leisten. Aufgabe der Europäischen Zentralbank ist, wie in Artikel 7 hervorgehoben wird, die Regelung des Geldumlaufs unter Wahrung der Geldstabilität, d.h. die Geldpolitik, aber nicht etwa die regionale Verteilung des Wohlstandes.

Daß eine Geldpolitik, die zur Preisstabilität führt, auch die Grundlage für Wachstum und Beschäftigung legt, ist heute weithin unbestritten. Es ist aber nicht die Aufgabe der Zentralbank, Wachstum und Beschäftigung sicherzustellen, sondern ihre Aufgabe konzentriert sich auf die Stabilität der Währung. Dies ändert nichts daran, daß die Europäische Zentralbank verpflichtet ist, unter Wahrung ihres Stabilitätsauftrags mit dem Finanz- und Wirtschaftsrat der Wirtschafts- und Währungsunion und den Gemeinschaftsinstitutionen eng zusammenzuarbeiten sowie die wirtschaftspolitischen Leitlinien der gemeinschaftlichen Entscheidungsgremien der Wirtschafts- und Währungsunion zu unterstützen. Sie hat die Kommission, den Ministerrat und die Entscheidungsgremien der Wirtschafts- und Währungsunion in Angelegenheiten von wesentlicher währungspolitischer Bedeutung zu beraten.

Organe der Europäischen Zentralbank sind der Europabankrat und das Direktorium.

Der Europabankrat soll die Währungs- und Kreditpolitik der Bank bestimmen. Er stellt allgemeine Richtlinien für die Geschäftsführung und Verwaltung auf und grenzt die Zuständigkeiten des Direktoriums sowie der Vorstände der nationalen Zentralbanken im Rahmen der Bestimmungen des Zentralbankstatuts ab. Er kann im Einzelfall dem Direktorium und den Vorständen der nationalen Zentralbanken Weisungen erteilen. Der Europabankrat soll aus den Präsidenten der nationalen Zentralbanken, dem Präsidenten und dem Vizepräsidenten der Europäischen Zentralbank und den übrigen Mitgliedern des Direktoriums bestehen. Er berät unter dem Vorsitz des Präsidenten oder des Vizepräsidenten der Europäischen Zentralbank und faßt seine Beschlüsse mit der Mehrheit der abgegebenen Stimmen.

Das Direktorium ist u.a für die Durchführung der Beschlüsse des Europabankrates verantwortlich. Es leitet und verwaltet die Bank, soweit nicht die Vorstände der Nationalbanken zuständig sind. Das Direktorium ist ausschließlich zuständig für Geschäfte mit der Kommission der Europäischen Gemeinschaften, mit Kreditinstituten, die zentrale Aufgaben in der Währungsunion haben, für Devisengeschäfte und für Geschäfte im Verkehr mit dem Ausland.

Das Direktorium sollte aus dem Präsidenten und dem Vizepräsidenten der Europäischen Zentralbank und sechs weiteren Mitgliedern bestehen. Zu Mitgliedern des Direktoriums müssen Persönlichkeiten bestellt werden, die volle Gewähr für Unabhängigkeit und Befähigung bieten.

Die Mitglieder des Direktoriums werden nach Art. 10 des Statuts vom Ministerrat der Europäischen Gemeinschaft anhand einer von der Kommission und vom Europäischen Parlament vorgeschlagenen Liste für acht Jahre ernannt. Das Direktorium berät unter dem Vorsitz des Präsidenten oder des Vizepräsidenten der Europäischen Zentralbank. Es faßt seine Beschlüsse mit der Mehrheit der abgegebenen Stimmen.

4.

Großen Raum in der Diskussion um die Europäische Zentralbank nimmt die Frage der Autonomie ein. Artikel 7 des vorgeschlagenen Statuts sieht ebenso wie die Parlamentsentschließung vor, daß die Europäische Zentralbank bei der Ausübung ihrer geldpolitischen Entscheidungen von Weisungen des Ministerrats, der Kommission der Europäischen Gemeinschaften und des Europäischen Parlaments unabhängig ist. Gerade weil die meisten europäischen Zentralbanken zur Zeit keine so weitgehende Autonomie kennen, ist es von zentraler Bedeutung, daß sich die Abgeordneten aus den 12 Ländern der Europäischen Gemeinschaft im Europaparlament darauf geeinigt haben. Daß die nationalen Notenbankgesetze und -satzungen bei Schaffung der Europäischen Wirtschafts- und Währungsunion entsprechend geändert werden müssen, ist selbstverständlich, wobei es gewiß für viele Regierungen einfacher ist, Rechte an eine Europäische Institution abzugeben als an ihre nationale Zentralbank. Autonomie in der Geldpolitik bedeutet andererseits natürlich nicht − wie manche glauben −, daß die Deutsche Bundesbank mit ihrer weitgehenden Autonomie oder eine Europäische Zentralbank im luftleeren Raum schweben. Auch die Bundesbank ist nach §12 Bundesbank-Gesetz verpflichtet, die allgemeine Wirtschaftspolitik der Bundesregierung zu unterstützen.

Nach Artikel 7 des vorgeschlagenen Statuts ist die Europäische Zentralbank verpflichtet, der Kommission, dem Ministerrat und den Entscheidungsgremien der Wirtschafts- und Währungsunion auf Verlangen Auskunft über ihre Geschäftspolitik zu geben.

Die Präsidenten der Kommission der Europäischen Gemeinschaften, des Ministerrats und des Europäischen Parlaments haben das Recht, an den Beratungen des Europabankrates teilzunehmen. Sie haben zwar kein Stimmrecht, können aber Anträge stellen. Der Präsident der Europäischen Zentralbank soll dem Europäischen Parlament oder dem Ausschuß für Wirtschaft, Währung und Industriepolitik mindestens dreimal jährlich Rechenschaft über die Politik der Europäischen Zentralbank ablegen. Auch ohne direkte Einflußmöglichkeit des Parlaments auf die Entscheidungen der Bank wird durch die öffentliche Diskussion der Währungspolitik die Verantwortung der Europäischen Zentralbank gegenüber den europäischen Bürgern verdeutlicht. In der Entschließung des Ministerrats der Europäischen Gemeinschaft vom März 1971 zur stufenweisen Verwirklichung einer Wirtschafts- und Währungsunion wird die Eingliederung des

Europäischen Fonds für währungspolitische Zusammenarbeit (EFWZ) in eine gemeinschaftliche Zentralbankorganisation verlangt. Die Erfahrungen des EFWZ mit dem Management von Währungsreserven und dem Saldenausgleich könnten zwar beim Aufbau der Europäischen Zentralbank genutzt werden; da der Fonds aber nicht nur die allgemeinen wirtschaftspolitischen Leitlinien des Ministerrats unterstützen soll, sondern auch an Richtlinien des Rates gebunden ist, kann der EFWZ nicht zu einem Europäischen Währungsfonds und einer Europäischen Zentralbank weiterentwickelt werden.

5.

Anders als noch vor einigen Jahren, als sich die Diskussion darum drehte, ob eine Europäische Währung und eine Europäische Zentralbank eine Utopie, eine Vision fürs nächste Jahrhundert oder eine realistische Option seien, wird heute über konkrete Daten diskutiert. Das Delors-Komitee hat auf Daten verzichtet, sieht man vom 1.7.1990 für den Beginn der ersten Stufe ab und ist dafür von vielen wegen seiner „Weisheit" gelobt und von vielen wegen seiner Zurückhaltung getadelt worden. Das Europäische Parlament hat sich auf das Ziel der Schaffung der Europäischen Währungsunion zum 1.1.1995 verständigt unter der Voraussetzung, daß die in der Parlamentsentschließung enthaltenden Vorbedingungen, d.h. insbesondere Konvergenz in Wirtschaftspolitik und Wirtschaftsentwicklung bis dahin erfüllt sind. Das Europaparlament geht davon aus, daß die Wirtschafts- und Währungsunion nur durch schrittweise, parallele Integrationsfortschritte in der Wirtschafts- und Währungspolitik zu erreichen ist. Die Wirtschaftspolitik der EG-Kommission und der 12 Mitgliedstaaten der EG muß zunehmend darauf gerichtet sein, mögliche Spannungen zu vermeiden, die den Währungszusammenhalt gefährden. Die endgültige Festschreibung der Wechselkurse und damit der Übergang zur Wirtschafts- und Währungsunion setzt voraus, daß Unterschiede der wirtschaftlichen Entwicklung und der Wirtschaftspolitik zwischen den Mitgliedsländern nicht größer sind als zwischen Regionen nationaler Währungsräume heute. Auf dieses Ziel hin muß das EWS schrittweise durch engere Zusammenarbeit der Zentralbanken und durch Fortschritte bei der Koordinierung der Wirtschaftspolitiken der EG-Länder weiterentwickelt und gehärtet werden.

Die Europäische Kommission und der Ministerrat müssen im Rahmen einer gemeinschaftlichen Regional- und Strukturpolitik darauf hinwirken, Unterschiede im strukturellen Entwicklungsstand der EG auszugleichen. Sie müssen zügig die für die Verwirklichung des Binnenmarktes erforderlichen Verordnungen und Richtlinien erarbeiten und verabschieden. Die Steuerharmonisierung und die Gestaltung einer europäischen Bankaufsicht sind voranzutreiben. Die EG-Kommission muß die Außenwirtschaftspolitik gegenüber Drittländern harmonisieren und ihre Rechte bei der Gestaltung einer gemeinschaftlichen Konjunkturpolitik aktiv wahrnehmen.

Auf der Grundlage weiterer Konvergenzfortschritte in der Wirtschaftspolitik und der Wirtschaftsentwicklung sowie der in Basel und Nyborg vereinbarten engeren Währungskooperation sind die Schwankungsmargen für die am Wechselkursmechanismus des EWS beteiligten Währungen zu verringern.

Das Europaparlament setzt dabei auf parallele Fortschritte, ohne den Entwicklungsprozeß wie das Delors-Komitee in drei Stufen einzuteilen, wobei allerdings auch beim Delors-Bericht der Unterschied und der Übergang zwischen der zweiten und dritten Stufe nicht überzeugt. Die Übertragung der Geldpolitik auf die Europäische Zentralbank ist eine politische Entscheidung, die nicht in Stufen vollzogen werden kann.

Der Zeithorizont des Europaparlaments macht bereits deutlich, daß nicht damit gerechnet werden kann, daß alle 12 Länder der Europäischen Gemeinschaft zur gleichen Zeit volle Mitglieder der Währungsunion werden.

Währungsintegration ist unvereinbar mit Sonderregelungen für einzelne Währungen. Deshalb muß das britische Pfund dem Wechselkursmechanismus des EWS beitreten und die Sonderregelungen, u.a. bei der Bandbreite für Spanien, sind abzubauen, bevor diese Länder der Europäischen Währungsunion beitreten können. Dies sind erreichbare Ziele.

Es ist aber kaum denkbar, daß die noch bestehenden wirtschaftlichen, strukturellen und regionalen Disparitäten in der Gemeinschaft innerhalb weniger Jahre auf das für eine Währungsunion vertretbare Maß vermindert werden können.

Deshalb sollten die Mitgliedstaaten, deren Währungen zu gleichen Bedingungen dem Wechselkursmechanismus des EWS angehören und die politisch bereit und wirtschaftlich in der Lage sind, die Europäische Wirtschafts- und Währungsunion vorzubereiten, den Europäischen Finanz- und Wirtschaftsrat und den europäischen Gouverneursrat gründen. Ziel bleibt es, daß alle zwölf Staaten schnellstmöglich eine Europäische Wirtschafts- und Währungsunion bilden. Zunächst könnte die Wirtschafts- und Währungsunion aber von den dem EWS-Wechselkursmechanismus voll angehörenden Ländern geschaffen werden, d.h. den Ländern, die vollständige Freizügigkeit für den internationalen Kapitalverkehr realisiert haben, deren Währungen zu gleichen Bedingungen dem Wechselkursmechanismus des EWS angehören und die politisch und wirtschaftlich die Wirtschafts- und Währungsunion gründen können. Für diejenigen Migliedstaaten, die diese Voraussetzungen zu diesem Zeitpunkt noch nicht erfüllen, werden Übergangsregelungen geschaffen, damit sie der Wirtschafts- und Währungsunion zu jedem späteren Zeitpunkt beitreten können, an dem die genannten Bedingungen erfüllt sind.

Der Europäische Finanz- und Wirtschaftsrat wird aus den Finanz- und Wirtschaftsministern der Länder, die die Wirtschafts- und Währungsunion kurzfristig schaffen wollen, gebildet. Er ist nur notwendig, wenn sich nicht alle Länder der EG an den einstimmigen Beschluß zur Schaffung der Wirtschafts- und Währungsunion halten bzw. die Voraussetzungen dafür nicht verwirklichen wollen oder können. Dieser Rat muß in Abstimmung mit der EG-Kommission und dem Europäischen Parlament die Eckdaten der Konjunktur- und Finanzpolitik festlegen.

Der Europäische Gouverneursrat soll aus den Notenbankpräsidenten dieser Länder bestehen. Über verpflichtende Vorabkonsultationen hinaus muß der Europäische Gouverneursrat die Beschlüsse der Notenbanken zur Geldmengensteuerung und Zinspolitik koordinieren, eine europäische Geld- und Währungspolitik entwickeln, die geldpolitischen Instrumente angleichen und die Währungsunion vorbereiten. Wie Wolfgang Filc fordert, sollte der Gourverneursrat monatlich über die wirtschaftliche Lage berichten und zum Abschluß jeden Jahres einen Bericht über die Geld- und Kreditpolitik der Gemeinschaft verabschieden.

Fortschritte in der Währungsintegration erfordern eine Stärkung des wirtschaftlichen und sozialen Zusammenhalts in der Gemeinschaft. Alle zwölf Mitgliedstaaten sollten sich über das Ziel und den dahin führenden Weg einig sein. Die Geschwindigkeit, mit der die verschiedenen Mitgliedstaaten die Strecke zu dem gemeinschaftlich vereinbarten Ziel zurücklegen, kann in gegenseitiger Übereinstimmung variieren. Alle sollten aber geschlossen die Verantwortung dafür tragen, daß sämtliche zwölf Mitgliedstaaten das Ziel letztendlich erreichen.

Wenn die spanische, griechische und portugiesische Regierung den Beschluß fassen, sich in die Währungsunion zu integrieren, sollten sie berechtigt sein, an den Einrichtungen der Wirtschafts- und Währungsunion teilzuhaben; für diese Länder ist also eine Übergangszeit notwendig, damit sie einen ausreichenden Grad der wirtschaftlichen und sozialen Konvergenz erreichen. Die Dauer dieses Zeitraums ist abhängig von der wirtschaftlichen Lage dieser Länder, die zweckmäßige Maßnahmen für diese Integration ergreifen.

Bei einer anhaltenden Ablehnung der Integration in die Mechanismen des EWS müßten aber die Währungen der betroffenen Länder vom EWS-Korb ausgeschlossen werden, wenn durch sie die Stabilität des Ecu gefährdet wird.

Vorstellbar wäre die Schaffung einer Währungsunion zum 1.1.1995 z.B. zwischen Frankreich, den Niederlanden, Belgien, Luxemburg, Deutschland und gegebenenfalls Italien. Wer in diesem Zusammenhang von einer Spaltung Europas oder von einem Europa der zwei Geschwindigkeiten spricht, vergißt, daß der jetzige Stand der europäischen Integration nur möglich wurde, weil der Europazug nicht jeweils auf den langsamsten Waggon wartete. Die Erfolge in der Luftfahrt mit dem Airbus, der Raumfahrt mit Ariane oder im Binnenmarkt mit dem Schengener Abkommen sind jeweils dadurch erreicht worden, daß die Länder, die bereit und in der Lage zu weiterer Integration waren, sich nicht haben aufhalten lassen. Wir haben nicht ein Europa von zwei, sondern von vielen Geschwindigkeiten. Sichergestellt muß allerdings immer werden, daß mit großer Flexibilität der Zugang für alle offen bleibt.

Bereits bei Verabschiedung der Parlamentsentschließung wurde der Termin 1995 von vielen für zu früh, von anderen für zu spät gehalten. Diejenigen, die eine schnellere Verwirklichung der Währungsunion anstreben, fühlen sich durch die Dynamik bei der Bildung der Deutsch-deutschen Währungsunion bestärkt. Es darf aber nicht übersehen werden, daß es sich bei der Europäischen Wirtschafts- und Währungsunion nicht um die Übernahme der Währung der Bundesrepublik Deutschland und die Übertragung der Währungshoheit auf die Deutsche Bundesbank handelt, sondern um die gemeinsame Schaffung neuer Strukturen. Die Deutsch-deutsche Wirtschafts- und Währungsunion kann aber zu einer Intensivierung der Bemühungen um die Europäische Wirtschafts- und Währungsunion führen. Die deutsche Einheit wird die Europäische Integration stärken, dennoch sind noch viele sehr schwierige Probleme auf dem Wege zur Europäischen Wirtschafts- und Währungsunion zu lösen, selbst wenn man sich zunächst auf einige wenige Länder beschränkt.

Von „Realisten" – wie sich die größten Pessimisten stets gern bezeichnen – wird den Befürwortern einer Europäischen Wirtschafts- und Währungsunion vorgeworfen, sie wollten das Dach des Europäischen Hauses bauen, bevor das Haus steht.

Kein vernünftiger Bauherr wird das Dach eines Hauses bauen, bevor das Haus steht, aber er wird auch nicht ein Haus bauen, ohne zu wissen, ob es ein Dach bekommen soll und wie dies aussehen soll. Die Planung des Daches ist mit der Planung des Hauses untrennbar verbunden, so wie eine einheitliche Europäische Währung und eine unabhängige, stabilitätsorientierte Europäische Zentralbank eine notwendige Ergänzung des Europäischen Binnenmarktes sind, und daher zusammen mit den Schritten für einen Binnenmarkt geplant werden müssen. Es ist sehr zu begrüßen, daß basierend auf der Entschließung des Europäischen Parlaments vom 14. April 1989 und dem Delors-Bericht die im Dezember 1990 beginnende Regierungskonferenz die Voraussetzungen für die Europäische Wirtschafts- und Währungsunion schaffen soll.

Die Europäische Wirtschafts- und Währungsunion, der nicht nur das vereinte Deutschland, Frankreich, die Beneluxstaaten und Italien, sondern möglichst alle Länder der EG und die ihr noch beitretenden Länder angehören sollen, bietet der Wirtschaft, großen, mittleren und kleinen Unternehmen, neue Chancen. Sie ist eine Notwendigkeit, wenn Europa auf Dauer im Wettbewerb mit dem großen amerikanischen Markt und dem pazifischen Markt bestehen will. Vor allem ist die Wirtschafts- und Währungsunion mit einer dem Stabilitätsziel verpflichteten Europäischen Zentralbank aber ein wichtiger Schritt auf dem Wege zur Erreichung des großen Traumes unserer Generation, der friedlichen Einigung Europas zur politischen Union, den Vereinigten Staaten von Europa. Die Chancen dafür sind heute größer als je zuvor. Das Ziel ist erreichbar.

I. STELLUNGNAHMEN ZUR EUROPÄISCHEN ZENTRALBANK VON ZENTRALBANKPRÄSIDENTEN

Europäische Währung und Europäische Zentralbank aus deutscher Sicht

Karl Otto Pöhl

1.

Die Idee einer gemeinsamen europäischen Währung, der die Bevölkerung in der Europäischen Gemeinschaft überwiegend positiv gegenübersteht, ist heute keine Utopie mehr. Ging es nach dem Scheitern des Stufenplans für eine Wirtschafts- und Währungsunion (WWU) Anfang der 70er Jahre und nach den zunächst von Skepsis begleiteten ersten Schritten des Europäischen Währungssystems (EWS) Anfang der 80er Jahre noch um das ‚Ob‘ einer Währungsunion, so beschäftigen uns heute Fragen, wie und wann eine solche Union zu verwirklichen ist. Die politisch lange offene Frage, ob alle Mitgliedstaaten der Europäischen Gemeinschaft das Ziel einer WWU mittragen werden, ist spätestens mit der Madrider Gipfelkonferenz der EG-Staats- und -Regierungschefs beantwortet worden. Denn der Europäische Rat hat seine Entschlossenheit, dieses Ziel schrittweise zu verwirklichen, einhellig bekräftigt. Daran ändern auch die Meinungsverschiedenheiten über den besseren Weg zu diesem Ziel sowie darüber, ob die einzelnen Stufen dieses Prozesses automatisch oder aufgrund besonderer Beschlüsse in Kraft treten sollten, nichts. Der Prozeß in Richtung WWU ist insgesamt gesehen unaufhaltsam.

In den bisherigen Diskussionen über die weitere Währungsintegration ist der Integrationswille der Deutschen Bundesbank gelegentlich in Zweifel gezogen worden. Diese Kritik wird dem Beitrag, den die deutsche Notenbank zur europäischen Währungskooperation leistet, sowie ihrem besonderen Auftrag im institu-

---

Dr. Karl Otto Pöhl, Präsident der Deutschen Bundesbank, Vorsitzender des Ausschusses der Notenbankgouverneure der EG

31

tionellen System der Bundesrepublik Deutschland allerdings nicht gerecht.

Die Bundesbank hat sich nach dem Zusammenbruch des Bretton-Woods-Systems an den Bemühungen, den währungspolitischen Zusammenhalt der EG-Länder zu sichern, von Beginn an aktiv beteiligt. Sie hatte maßgeblich Anteil daran, daß sich die Währungsschlange zu einem relativ stabilen Verbund entwickelte – ohne Beteiligung jener Länder, die schon damals nicht in der Lage waren, die Verpflichtungen eines Systems fester, wenngleich anpaßbarer Wechselkurse einzuhalten. Auch im Europäischen Währungssystem haben wir uns stets als loyales Mitglied erwiesen, das den gemeinsam vereinbarten Pflichten ohne Einschränkungen nachgekommen ist. Auf der anderen Seite nehmen andere Länder noch mehr als ein Jahrzehnt nach Errichtung des EWS Sonderregelungen in Anspruch. Das gilt nicht nur für Spanien, das mit einer Marge von ± 6% seinem Wechselkurs einen erheblich höheren Schwankungsspielraum beläßt als die Mehrzahl der EWS-Länder; das gilt besonders für Großbritannien, das sich am Wechselkursmechanismus – dem Kernstück des EWS – weiterhin nicht beteiligt. Es mehren sich freilich berechtigte Hoffnungen, daß in absehbarer Zukunft Bewegung in der Haltung der Regierungen einiger Länder eintritt. Aber noch ist dies nicht geschehen. Außerdem gibt es noch etliche EWS-Mitglieder, die bis heute Beschränkungen aufrechterhalten, die sowohl den Liberalisierungszielen des EWS widersprechen, eine stabile Währungszone durch eine auf größere innere und äußere Stabilität gerichtete Politik zu gewährleisten.

Hinzu kommt ein weiterer Gesichtspunkt, dem die Kritiker offenbar nicht genügend Rechnung tragen, nämlich der besondere gesetzliche Auftrag der Bundesbank, die Preisstabilität in der Bundesrepublik zu sichern. Hieraus erwächst für die Bundesbank – vielleicht mehr als für manche andere – die Verpflichtung, alle Vorschläge zur Weiterentwicklung des Europäischen Währungssystems darauf zu prüfen, ob sie mit der Erfüllung unseres Stabilitätsauftrages vereinbar sind. Ich meine, dies liegt nicht nur in unserem eigenen Interesse, sondern auch im Interesse unserer Partner. Eine europäische Inflationsgemeinschaft wäre gewiß nicht in der Lage, eine Europäische Währung zu schaffen, der genügend Vertrauen entgegengebracht würde, um sich in der Gemeinschaft und auch weltweit behaupten zu können.

Ich mache keinen Hehl daraus, daß unsere zuweilen skeptische Einstellung gegenüber manchen weitreichenden Vorschlägen noch zurückreicht in die Zeit vor 1973, als die Verpflichtung, feste Wechselkurse gegenüber dem Dollar zu verteidigen, die Geldpolitik der Bundesbank wiederholt außerordentlich stark beeinträchtigt hat. Erst durch die Freigabe der Wechselkurse war es der Bundesrepublik wieder möglich, eine autonome Geldpolitik zu betreiben, mit der wir uns von der weltweiten Inflation weitgehend abkoppeln konnten. Der Bundesrepublik blieben dadurch in den 70er Jahren als einzigem OECD-Land zweistellige Inflationsraten erspart. Im Lichte dieser Erfahrungen war unsere vorsichtige Haltung besonders gegenüber Vorschlägen, die auf weitreichende Interventionsverpflichtungen zur Stabilisierung des EWS-Wechselkursgefüges hinausliefen, nicht unbegründet. Dabei übersehen wir keineswegs die Vorteile stabiler Wechselkurse in Europa. Vom Außenhandel der Bundesrepublik entfallen mehr als 40% auf die Länder des Wechselkursverbundes, und wenn ich Österreich und die Schweiz hinzurechne, zu denen de facto stabile Wechselkursbeziehungen bestehen, wickeln wir über die Hälfte unseres Außenhandels zu weitgehend festen Wechselkursen ab.

2.

Der Verzicht auf voreilige institutionelle Schritte in der Währungsintegration und die konsequente Ausrichtung der Geldpolitik auch anderer Mitgliedstaaten auf Preisstabilität haben entscheidend dazu beigetragen, daß das EWS eine Zone zunehmender Währungsstabilität wurde. Der einstimmig verabschiedete Delors-Bericht zur Wirtschafts- und Währungsunion, den der Europäische Rat in Madrid als gute Grundlage für die weitere Arbeit bezeichnet hat, stellt dem EWS ein bemerkenswert gutes Zeugnis aus. Er hebt hervor, daß der Erfolg des EWS zu einem guten Teil auf dem Willen der Teilnehmerländer beruht, der Stabilitätspolitik Vorrang zu gewähren. Er würdigt die flexible und pragmatische Handhabung des Systems, mit der eine immer engere Zusammenarbeit der Zentralbanken einherging. Der

Bericht verschweigt allerdings auch nicht, daß das System von der Rolle der D-Mark als ‚Anker' für die Geld- und Interventionspolitik der Teilnehmerländer profitiert hat. Die deutsche Währung hätte diese Rolle gewiß nicht einnehmen können, wenn der Stabilitätsauftrag der Bundesbank über scheinbaren Integrationsfortschritten vernachlässigt worden wäre.

Aus den Erfahrungen mit dem EWS haben wir Lehren gewonnen, die auf dem Wege zur Wirtschafts- und Währungsunion beherzigt werden sollten. Die wohl wichtigste Voraussetzung für eine sich selbst tragende Integration ist, daß Wirtschafts- und Währungsintegration parallel voranschreiten und zur Konvergenz der wirtschaftlichen Ergebnisse in Richtung auf Preisstabilität führen. Der Delors-Bericht weist zu Recht darauf hin, daß unter binnenmarktähnlichen Verhältnissen unvereinbare nationale Wirtschaftspolitiken rasch zu Wechselkursspannungen führen und der Geldpolitik eine wachsende und unangemessene Last aufbürden würden. Parallele Fortschritte sind danach unerläßlich, um Ungleichgewichte zu vermeiden, die den Integrationsprozeß mit wirtschaftlichen Spannungen belasten und ihn durch abnehmenden politischen Konsens schwächen würden.

Nach den Erfahrungen mit dem EWS hat sich außerdem als wichtig erwiesen, daß zwischen der funktionellen Integration über die Märkte und der institutionellen Integration über die Respektierung gemeinschaftlicher Regeln, zwischen den Kompetenzen der Gemeinschaftsinstanzen und jenen der Regionalinstanzen, zwischen dem auf das Endziel gerichteten Kurs und den von den Umständen abhängigen Einzelschritten jeweils ein Gleichgewicht gefunden wird, das die Kontinuität des Integrationsprozesses gewährleistet. Die Integration kann weder den Märkten allein überlassen bleiben noch allein ‚verordnet' werden; die Beachtung des ‚Subsidiaritätsprinzips' soll sicherstellen, daß die Kompetenzen übergeordneter Stellen zugunsten nachgeordneter Instanzen möglichst begrenzt bleiben; und die Schaffung einer Wirtschafts- und Währungsunion muß als einheitlicher Prozeß gesehen werden, auf den Einzelschritte, auch wenn sie von pragmatischen Überlegungen geleitet sind, letztlich ausgerichtet bleiben müssen.

Unter diesen Voraussetzungen hat die Europäische Gemein-

schaft gute Aussichten, die drei wichtigsten Hürden auf dem Weg zu einer WWU zu überwinden:
- die Vollendung binnenmarktähnlicher Verhältnisse
- die unwiderrufliche Festschreibung der Wechselkurse und die Einführung einer gemeinsamen Währung sowie
- die institutionelle Ausgestaltung der WWU.

3.

Der gemeinsame Binnenmarkt ist gewissermaßen die Grundmauer, auf der das Gebäude einer Wirtschafts- und Währungsunion errichtet werden kann. Dieses Fundament, das die Architekten der Europäischen Wirtschaftsgemeinschaft bereits mit dem EWG-Vertrag vorgezeichnet hatten, steht erst jetzt – über 30 Jahre nach Gründung der Gemeinschaft – vor der Vollendung. In den letzten Jahren haben Mitgliedstaaten und Gemeinschaftsinstitutionen verstärkte Anstrengungen unternommen, die materiellen und technischen Binnengrenzen zu beseitigen, damit die Gemeinschaft Ende 1992 über einen einheitlichen Wirtschaftsraum verfügt, in dem sich Personen, Waren, Dienstleistungen und Kapital frei bewegen können.

Mit Blick auf die angestrebte Währungsunion kommt dabei dem Binnenmarkt für Geld und Kapital besondere Bedeutung zu. Nach einer langen Periode der Stagnation war der Liberalisierungsprozeß wieder in Gang gekommen, nachdem Länder wie Frankreich und Italien dank wirtschafts- und währungspolitischer Stabilitätserfolge zunehmend bereit waren, sich dem Wettbewerb auf den Finanzmärkten stärker zu öffnen. Damit war eine wesentliche Voraussetzung für eine Einigung auf die Liberalisierungs-Richtlinie vom Juni 1988 erfüllt, die – von eng begrenzten Übergangsfristen abgesehen – den freien Geld- und Kapitalverkehr ab Mitte 1990 verbindlich vorschreibt.

Weitere Integrationsfortschritte hängen entscheidend davon ab, daß die Liberalisierung der Kapitalmärkte in der Gemeinschaft wie beschlossen eingehalten und unumkehrbar gemacht wird. Dabei ist unerläßlich, daß die Freiheit des Kapitalverkehrs nicht auf die Gemeinschaft beschränkt bleibt, sondern ‚erga omnes‘, also auch im Kapitalverkehr mit Drittländern, verwirklicht wird. Außerdem verlangt die Liberalisierungs-Richtlinie noch eine

Antwort auf die Frage, wie die „Gefahren von Steuerumgehungen, Steuerpflicht und Steuerhinterziehung beseitigt oder vermindert" werden können. Allerdings wurde hiermit kein Junktim begründet, das die Liberalisierung an die Erfüllung weiterer Voraussetzungen, etwa die Harmonisierung der Besteuerung der Kapitalerträge zwischen den Mitgliedstaaten, binden würde. Die Schaffung des gemeinsamen Marktes für Geld und Kapital ist eine unbedingte Vertragsverpflichtung und zugleich ein Testfall dafür, daß die Mitgliedstaten das Ziel einer WWU ernst nehmen.

Ein europäischer Finanzraum erfordert neben freien Geld- und Kapitalmärkten auch einheitliche Rahmenbedingungen im Banken- und Börsenwesen. Sie ermöglichen die freie Niederlassung von Finanzinstituten und die Freizügigkeit der finanziellen Dienstleistungen in der Gemeinschaft. Erst dadurch kann die Liberalisierung des Geld- und Kapitalverkehrs voll zum Tragen kommen.

4.

Die zweite Säule einer Währungsunion, die unwiderrufliche Festschreibung der Wechselkurse zwischen den Währungen aller EG-Mitgliedstaaten, muß noch gefertigt werden − aber, um im Bild zu bleiben, der Rohling liegt schon vor. Italien ein Land, das lange die erweiterte Bandbreite von ± 6% beansprucht hat, nimmt jetzt am engeren Band teil. Schließlich läßt der Vorschlag des britischen Schatzamtes über einen „evolutionären Weg zur Wirtschafts- und Währungsunion" erkennen, daß eine Teilnahme des Vereinigten Königreiches am EWS zumindest aus politischer Sicht wahrscheinlicher geworden ist.

Entscheidend für eine weitere Festigung der Wechselkursrelationen bleibt freilich vor allem, daß in allen EG-Mitgliedsländern eine auf Preisstabilität ausgerichtete Politik betrieben wird, das heißt aber keineswegs, daß alle Entscheidungen sofort gemeinsam getroffen werden müssen und daß alle an den Entscheidungen zu beteiligen sind, sondern es heißt, daß in jedem Land die in diesem Sinne „richtigen" Entscheidungen getroffen werden müssen.

Gemeinsam getroffene Entscheidungen können im übrigen

durchaus falsch sein und zu einem falschen Ergebnis führen. Aber wenn man sich über das Ziel einig wäre, nämlich nicht nur Wechselkursstabilität, sondern – was viel wichtiger ist – Geldwertstabilität in allen Mitgliedsländern der EG anzustreben, dann wäre das zunächst wichtiger, als neue Institutionen zu schaffen. Man muß in diesem Zusammenhang darauf hinweisen, daß es heute in der Europäischen Gemeinschaft eine ganze Reihe von Ländern gibt, die Preissteigerungsraten und Haushaltsdefizite haben, die mit der Mitgliedschaft in einer Währungsunion mit unverrückbar festen Wechselkursen nicht vereinbar sind. Das heißt, wenn man von heute auf morgen eine Währungsunion schaffen würde, dann könnte eine ganze Reihe europäischer Länder an dieser Union gar nicht teilnehmen. Sie müßten ausscheiden, weil sie die Disziplin eines solchen Systems gar nicht erfüllen könnten. Gleichwohl darf man die Fähigkeit des Umdenkens und der politischen Anpassungsfähigkeit nicht unterschätzen, wie man gerade in diesen Zeiten in Osteuropa eindrucksvoll erkennen kann. Denken wir auch daran, welche beeindruckende wirtschaftliche Leistung unser Nachbarland Frankreich vollbracht hat, dessen Inflationsrate sich kaum noch von der deutschen unterscheidet. Noch 1979 bei Errichtung des EWS betrug das Inflationsdifferential zwischen den beiden Ländern fast 7%. Ich vermag daher sehr gut nachzuvollziehen, daß die Bereitschaft in den EWS-Mitgliedsländern weiter abgenommen hat, Wechselkursanpassungen vorzunehmen. Ihre Sorge, in einen circulus vitiosus von Abwertung – höheren Preissteigerungsraten – erneuter Abwertung zu geraten, ist verständlich. Gleichwohl wäre es noch viel zu früh, den endgültigen Schritt zu einer unwiderruflichen Fixierung der Wechselkurse heute schon zu gehen. Die wirtschaftliche Konvergenz reicht dazu noch nicht aus.

5.

Nicht zuletzt aus diesem Grunde müssen wir uns auch im dritten Fragenkomplex einer Währungsunion, den institutionellen Notwendigkeiten, vor voreiligen Festlegungen hüten. Ich habe zwar Verständnis, daß unsere Partner im EWS bei aller Zustimmung zur gegenwärtigen Funktionsweise des Wechselkursverbundes politische Probleme mit der faktischen Dominanz der D-Mark haben. Gleichwohl dürfen wir „die Sache selbst" nicht aus den Augen lassen, d.h. eine europäische Währungsordnung, die stabile Preise garantieren und damit das optimale Funktionieren einer europäischen Marktwirtschaft überhaupt erst ermöglichen kann. Das bedeutet, wir dürfen nur solche institutionellen Neuerungen ins Auge fassen, die mit hinreichender Wahrscheinlichkeit mindestens gleich gute oder bessere Ergebnisse der stabilitätspolitischen Anstrengungen in der EG als der Status quo erwarten lassen.

Der erste Punkt aus unserer Sicht ist die Notwendigkeit, daß ein europäisches Notenbanksystem klar und unmißverständlich als Hauptaufgabe zugewiesen werden müßte, für Preisstabilität zu sorgen. Dies scheint eine bare Selbstverständlichkeit zu sein, ist aber in Wirklichkeit äußerst umstritten. In der politischen Praxis versucht man immer wieder, Notenbanken zusätzliche Aufgaben zuzuweisen, die ihre eigentliche Funktion, für einen stabilen Geldwert zu sorgen, gefährden, so z.B. für die Stabilität der Wechselkurse zu sorgen. Die Prioritäten werden hier zum Teil von unseren Partnern ganz anders gesetzt als von uns. Genannt wird auch oft, für Wirtschaftswachstum, für Vollbeschäftigung, auch für eine bessere regionale Verteilung des Wohlstands zu sorgen, u.ä. Ich glaube, es ist daher sehr wichtig, hier eine klare Definiton der Aufgabe einer Notenbank zu schaffen.

Wenn eine europäische Notenbank eine solche Aufgabe übertragen bekommen würde, wenn man sich also tatsächlich darauf verständigen könnte, daß Preisstabilität die erste Priorität sein muß in der Politik eines solchen Notenbanksystems (und nicht etwa die Stabilisierung der Wechselkurse im EWS oder die Stabilisierung des ECU gegenüber dem Dollar oder ähnliche Ziele), dann muß man diesem Institut auch die entsprechenden Instrumente geben, um dieses Ziel erreichen zu können. Auch hier ergeben sich außerordentlich schwerwiegende, vielleicht die schwierigsten Probleme. Denn was sind die Instrumente einer Notenbank in einer Marktwirtschaft? Für uns ist natürlich klar, daß es sich nur um ein marktwirtschaftliches System handeln kann. Systemkonforme Instrumente sind die Zins- und die Liquiditätspolitik. Andere Instrumente gibt es praktisch nicht. Die

Frage ist, sind die Regierungen in der Europäischen Gemeinschaft wirklich bereit, diese Instrumente einer Gemeinschaftsin-
stitution zu übertragen? Sind sie wirklich bereit, das Recht, die
Zinsen festzusetzen und die Geldmenge zu kontrollieren, aus der
Hand zu geben? Ich habe hier gewisse Zweifel, nicht nur im Falle
Großbritanniens, sondern auch, was andere Regierungen angeht. Man wird abwarten müssen, ob eine solche Bereitschaft besteht. Die Vorstellung, man könne dies sozusagen in kleinen
Schritten tun, ist nicht sehr realistisch. Entweder die nationalen
Instanzen bestimmen über die Zinsen oder sie bestimmen nicht
über die Zinsen. Schon eine kleine Verlagerung von Kompeten-
zen würde im Falle der Bundesrepublik z.B. bedeuten, daß man
das Bundesbankgesetz ändern müßte, denn man müßte die
Kompetenzen des Zentralbankrates einschränken. In anderen
Länder müßten − was nicht minder schwierig ist − die Finanzminister auf einen Teil ihrer Kompetenz verzichten.

Nach unserer Ansicht kann eine Notenbank das ehrgeizige Ziel,
Preisstabilität in Europa mit Mitteln der Geldpolitik anzustreben, nur erreichen, wenn es von Weisungen der nationalen Regierungen unabhängig ist. Das ist für uns nicht nur eine Frage der
„Ideologie", was man uns oft unterstellt, denn wir haben in der
Bundesrepublik erst seit etwas mehr als drei Jahrzehnten eine
wirklich unabhängige Notenbank. Dies ist vielmehr eine praktische Frage, denn ich meine, daß nur eine von den nationalen Regierungen und auch von der EG-Kommission und anderen EG-
Institutionen, z.B. dem Finanzministerrat, unabhängige Notenbank in der Lage ist, eine effiziente Geldpolitik zu betreiben.
Das wird einem sofort klar, wenn man sich überlegt, wie schwierig die Entscheidungsfindung in Europa ist. In wichtigen Fragen
kann sie z.B. nur einstimmig erfolgen. Außerdem kann man sich
nicht vorstellen, daß der Ministerrat etwa in der Lage wäre, eine
effiziente europäische Geldpolitik mit dem Ziel der Preisstabilität zu formulieren. Politiker und Notenbanken haben unterschiedliche Zielsetzungen. Der frühere amerikanische Noten-
bankchef William McChesney Martin hat einmal gesagt, die Notenbank „müsse den Punsch wegnehmen, gerade wenn die Party
richtig lustig wird". Das fällt Politikern besonders schwer. Das ist
auch klar, weil sie andere Aufgaben wahrzunehmen haben.

6.

Viele z.T. schwierige Fragen der europäischen Währungsintegration sind entweder noch ungeklärt oder zwischen den Mitgliedstaaten strittig. Dazu gehört z.b. die Frage nach den Voraussetzungen und dem Umfang einer eventuellen Übertragung nationaler wirtschafts- und währungspolitischer Souveränität auf Gemeinschaftsebene. Vor diesem Hintergrund ist es für die Bundesbank von besonderer Bedeutung, daß ihre Vorstellungen über die wichtigsten Prinzipien einer WWU sowohl durch den Delors-Bericht als auch durch den Franz-Bericht – die Entschließung des Europäischen Parlaments zur europäischen Währungsintegration vom April 1989 – gestützt werden. Dies gilt vor allem für die von beiden Gremien vertretenen Forderungen nach schrittweisen, parallelen Fortschritten bei der Koordinierung der Wirtschafts- und Währungspolitik sowie nach einem autonomen, föderativ strukturierten und dem Ziel der Preisstabilität verpflichteten europäischen Zentralbanksystem. Auch eine Vielzahl der konkret vorgeschlagenen Schritte zur Stärkung der währungspolitischen Zusammenarbeit – Beitritt aller Mitgliedstaaten zum EWS so rasch wie möglich, Beseitigung der gegenwärtig geltenden Sonderregelungen im Wechselkursmechanismus, Verringerung der Schwankungsmargen auf der Grundlage weiterer Konvergenzfortschritte – sind identisch mit den Auffassungen der deutschen Währungsbehörden.

Positiv bewerten wir auch die klare Ablehnung eines Parallelwährungskonzepts. Die damit verbundenen institutionellen, währungspolitischen, rechtlichen und praktischen Probleme werden vielfach unterschätzt. Gebot der Stunde ist das Zusammenwachsen aller EG-Währungen auf der Basis größtmöglicher Preisstabilität und nicht, auch nicht eine vorübergehende, Vergrößerung der schon bestehenden Währungsvielfalt in der Gemeinschaft. Dieses Ziel muß behutsam angegangen werden. Seine Verwirklichung läßt sich nicht durch eine ehrgeizige Terminplanung herbeizwingen, sondern erfordert substantielle Konvergenzfortschritte bei der Inflationsbekämpfung und Haushaltskonsolidierung im Zuge der Vollendung des EG-Binnenmarktes. Je sorgfältiger und gewissenhafter dabei vorgegangen wird, desto größer dürfte die Chance sein, die Integrationsfähigkeit und Integrationsbereitschaft bei allen EG-Ländern so weit zu steigern, daß ein Europa der zwei oder mehr Geschwindigkeiten, das sowohl im Delors-Bericht als auch in der Entschließung des Europäischen Parlaments als Problem gesehen wird, vermieden werden kann.

7.

Selbst wenn noch viele Probleme vor Erreichen der Währungsunion gelöst werden müssen, so bin ich doch zuversichtlich, daß die Intensität, mit der heute das Thema einer zukünftigen europäischen Geldordnung behandelt wird, zu konkreten Ergebnissen führen wird. Der Satz von Hermann Hesse, „damit das Mögliche entsteht, muß immer wieder das Unmögliche versucht werden", hat vielleicht auch in diesem Zusammenhang seine Berechtigung. Gleichwohl ist ein gehöriges Maß an Geduld und Behutsamkeit angebracht. Europa und stabile Währung müssen zwei Begriffe sein, die zueinander passen. Sonst wird man bei den Deutschen keine Zustimmung zu diesem ehrgeizigen Projekt einer einheitlichen europäischen Währung finden. Dies gilt heute mehr denn je zuvor in der Nachkriegsgeschichte.

Europäische Währung und Europäische Zentralbank aus britischer Sicht

Robin Leigh-Pemberton

Die Diskussion über die Schaffung des Gemeinsamen Binnenmarktes 1992 wird seit kurzem von der kontroversen Vision einer Wirtschafts- und Währungsunion überlagert. Diese Vision ist maßgeblich durch die Veröffentlichung des Berichts des Delors-Komitees geprägt. Ich verwende den vorsichtigen Begriff Vision anstatt Trugbild oder Wunschvorstellung in der Hoffnung, ein Gleichgewicht zwischen Skepsis und Enthusiasmus zu finden. Wir alle kennen Visionen der Freude, aber Dante hatte vor 700 Jahren nicht nur die Vision des Paradieses, sondern auch Visionen des Fegefeuers und der Hölle!

Es ist unvermeidlich, daß die Währungsunion kontrovers diskutiert wird, da sie die Frage berührt, wie die Gemeinschaft letztendlich gestaltet und wie das Verhältnis zwischen der Gemeinschaft und den Regierungen der Mitgliedstaaten aussehen soll. Angesichts der politischen Sensibilität dieses Themas ist es interessant, sich noch einmal zu vergegenwärtigen, daß das Delors-Komitee − bestehend aus den Zentralbankchefs und anderen Experten − aufgrund einer einstimmigen Entscheidung des Europäischen Rates eingesetzt wurde, um technische und grundsätzliche Fragen zu klären und nicht, um bereits die Gestalt einer Währungsunion festzulegen.

Der Europäische Rat von Hannover stellte fest, daß die Mitgliedstaaten mit der Ratifizierung der Einheitlichen Europäischen Akte die rasche Verwirklichung der Wirtschafts- und Währungsunion beschlossen hatten und übertrug deshalb dem Delors-Komitee die Aufgabe, die konkreten Etappen zur Verwirklichung dieser Union zu prüfen und vorzuschlagen. Vereinfacht

Robin Leigh-Pemberton, Präsident der Bank of England

gesagt war es nicht Aufgabe des Komitees zu entscheiden, ob eine Wirtschafts- und Währungsunion erstrebenswert sei, noch war es seine Aufgabe, vorzuschlagen, wann sie verwirklicht sein sollte. Das Delors-Komitee sollte lediglich die Bedingungen und Stufen klarstellen, die zur Schaffung der Wirtschafts- und Währungsunion notwendig sind.

Als Zentralbankgouverneur möchte ich denselben technischen und analytischen Ansatz wählen. Ich möchte eine Reihe von Fragen näher beleuchten, die der Bericht aufgeworfen hat und die vielfach kommentiert werden. Ich werde versuchen, einige der Argumente in dieser Diskussion zu präzisieren. Mehr will ich nicht tun. Es ist Aufgabe der Regierungen zu verkünden, ob eine Wirtschafts- und Währungsunion entstehen soll und wann dies geschehen soll. Ich kann nur einige Fragen klären, die sich bei einer Entscheidung der Regierungen zur Bildung der Wirtschafts- und Währungsunion unvermeidlich stellen werden.

1. Vorschriften für die nationalen Staatshaushalte?

Zuerst möchte ich prüfen, ob die im Delors-Bericht aufgestellte Behauptung richtig ist, daß für eine Währungsunion eine abgestimmte Budgetpolitik der Mitgliedstaaten unerläßlich ist.

Das Komitee ist der Ansicht, daß der Umfang nationaler Budgetdefizite genauso beschränkt werden muß wie die Art und Weise, mit der Budgetdefizite finanziert werden, vor allem die Finanzierung durch die Notenbank. Seine Begründung ist relativ einfach: „Kohärente, nichtmonetäre Wirtschaftspolitiken auf gemeinschaftlicher Ebene wären notwendig, damit unwiderruflich festgelegte Wechselkurse zwischen den Gemeinschaftswährungen aufrechterhalten werden können" (Punkt 25 des Delors-Berichts), während „unkoordinierte, divergierende nationale Haushaltspolitiken die monetäre Stabilität untergraben" (Pkt. 30). Nach Meinung des Komitees führt ein erhebliches Budgetdefizit eines Mitgliedstaates, vor allem wenn es durch die Notenpresse finanziert wird, zu zwei unliebsamen Entwicklungen: Zum einen wird der Wechselkursverbund zwischen dem betreffenden Mitgliedstaat und der übrigen Gemeinschaft belastet, solange es noch keine einheitliche Währung gibt. Zum anderen würde ein großes Mitgliedsland durch diese Budgetpolitik die Haushaltspolitik aller Mitgliedsländer beeinflussen und möglicherweise dadurch auch die Geldpolitik.

Die Einschränkungen bei der Finanzierung von Budgetdefiziten sind unumstritten. Viel schwieriger ist die Frage zu beantworten, ob die Höhe eines Budgetdefizits (oder -überschusses) geregelt werden muß, wie es das Komitee verlangt.

Es gibt eine Reihe föderaler Systeme ohne derartige Regelmechanismen. In den USA und Kanada übt die Bundesregierung z.B. keine Aufsicht über Defizite und Überschüsse der Regierungen der Bundesstaaten und Provinzen aus. Allerdings haben einzelne Bundesstaaten der USA sich selber Regeln über den Umfang der zulässigen Budgetdefizite auferlegt. Damit werden die größten Probleme vermieden, ohne daß die Haushaltspolitik in diesen Staaten ein Bestandteil der Haushaltspolitik des Bundes ist. Einen ähnlichen Mechanismus gab es in den Tagen des Goldstandards, als es eine allgemeine Übereinkunft über den Ausgleich der Budgets gab. Diese Beispiele zeigen, daß eine Koordinierung der Staatshaushalte in einer Währungsunion nicht notwendigerweise erforderlich ist.

Wie sieht es aber in der Theorie aus? Können Divergenzen in der Haushaltspolitik eine gemeinsame Geldpolitik untergraben – auch wenn die Budgetdefizite nicht durch die Notenpresse finanziert werden? Meiner Meinung ist die Kreditfähigkeit entscheidend. Wenn es nicht wahrscheinlich ist, daß eine Bundesregierung für Bundesstaaten (oder im Fall der Gemeinschaft, Staaten), die in Schwierigkeiten geraten, bürgt, dann werden funktionierende Kapitalmärkte bei der Finanzierung der Budgetdefizite Zinsen mit einem ausreichenden Risikoaufschlag verlangen und bei unerträglich hohen Defiziten die Finanzierung verweigern.

Die Märkte müssen allerdings wirklich überzeugt sein, daß eine Zentralregierung, die in der Theorie einer Politik des Nichtbürgens verpflichtet wäre, auch tatsächlich so handelt. Es hat lange gedauert, bis der Finanzmarkt im Vereinigten Königreich davon überzeugt war, daß die Zentralregierung Verpflichtungen von Gebietskörperschaften nicht einlöst. Die Märkte müssen eine ähnliche Erfahrung auf einer gemeinschaftlichen Ebene machen, wenn sie die Haushaltspolitik von Mitgliedstaaten so bestrafen sollen, wie es die Theorie annimmt.

Überdies kann sogar ein Defizit, das in einem der großen Staaten als tragbar angesehen wird, so groß sein, daß es die Gemeinschaft dennoch beeinflußt – über den Umweg hoher Realzinsen und über den Wechselkurs gegenüber Drittländern. Für gewöhlich ist in einem föderalen Staatssystem der Zentralhaushalt im Vergleich zu den Haushalten der Mitgliedstaaten so groß, daß nur die Auswirkungen der verfehlten, zentralen Haushaltspolitik bedeutend werden können. Im Gegensatz dazu ist der Haushalt der Europäischen Gemeinschaft, und so wird es wohl auch bleiben, im Vergleich zu den Haushalten der Mitgliedstaaten klein.

Ich bin der Ansicht, daß eine Währungsunion in der Gemeinschaft ohne generelle Auflagen für nationale Haushalte möglich ist. Es ist mit Sicherheit einfacher, eine derartige Union aufrechtzuerhalten, wenn die Haushaltspolitiken die Geldpolitik ergänzen, aber ich gehe davon aus, daß dies eher durch eine verbesserte Politikkoordination als durch formale Regeln erreicht wird. Wenn wir uns entscheiden, den Weg zur Währungsunion einzuschlagen, dann wird es ab einem bestimmten Punkt unvermeidlich werden, irgendeine Form bindender Beschränkungen einzuführen. Aber wenn diese Beschränkungen notwendig werden, wird es möglicherweise ausreichen, nur einen Rahmen abzustecken, der größere Abweichungen von der gemeinsam vereinbarten Politik verhindert. Auch der Delors-Bericht bemerkt, daß die meisten fiskalischen Entscheidungen in der Zuständigkeit der Mitgliedstaaten verbleiben sollten.

In jedem Fall gibt es zu dieser Frage sehr viele Ansichten, die ohne Zweifel künftig ernsthaft diskutiert werden müssen.

2. Unabhängigkeit des Europäischen Zentralbanksystems

Wenn sich die Regierungen dazu entscheiden, die Geldpolitiken gegenseitig abzustimmen und zu koordinieren, dann müssen die institutionellen Vorkehrungen für eine Währungsunion diese Entscheidung reflektieren. Eine wichtige Frage wird sein, wie unabhängig das vom Delors-Bericht und vom Franz-Bericht vorgeschlagene Europäische Zentralbanksystem sein muß.

Der Delors-Bericht beginnt mit der Feststellung, daß „dieses neue System den vollen Status eines autonomen Organs der Gemeinschaft erhalten sollte" (Pkt. 32) und daß „der EZBS-Rat von Weisungen der nationalen Regierungen und Gemeinschaftsorgane unabhängig sein sollte" (ebd.) Aber so unabhängig wie es zunächst scheint, ist der Rat nicht. Der Bericht schlägt vor, dem Europäischen Zentralbanksystem einen Rat und ein Direktorium zu geben. Der Rat sollte aus den Gouverneuren der Zentralbanken und den Mitgliedern des Direktoriums zusammengesetzt sein. Obwohl der Bericht vorschlägt, alle Mitglieder des Rates für eine angemessen lange Amtszeit zu bestellen, sollen die Gouverneure weiterhin aufgrund der bestehenden nationalen Regelungen ernannt werden, während die Direktoriumsmitglieder durch den Europäischen Rat bestellt würden. Der Zentralbankrat ist daher doch gegenüber gewählten politischen Einrichtungen verantwortlich.

Das Delors-Komitee schlägt außerdem Einschränkungen der Befugnisse des Europäischen Zentralbanksystems vor. Zwar soll die Zentralbank für die Formulierung und Umsetzung der Geldpolitik zuständig sein, sie ist aber nichtsdestoweniger „der Preisstabilität verpflichtet" und soll gleichzeitig „die auf Gemeinschaftsebene beschlossene Wirtschaftspolitik" unterstützen. Schließlich wird auch gefordert, daß „angemessene Konsultationsmechanismen eingerichtet werden, die eine wirkungsvolle Koordination zwischen Geld- und Fiskalpolitik ermöglichen". Der Bericht schlägt also Regelungen vor, die sich von denen im Vereinigten Königreich deutlich unterscheiden, aber die Entscheidungsfreiheit des Europäischen Zentralbanksystems durch klare Verantwortlichkeiten vermindern.

Es überrascht nicht, daß sich die neue Institution von den bestehenden nationalen Zentralbanken unterscheiden soll. Die Zentralbanken sind keine einheitlichen Einrichtungen; nicht eine Zentralbank gleicht der anderen in ihrem Aufbau und ihrem Verhältnis zur Regierung. Aber aus dem gleichen Grund ist es nicht überraschend, daß das Delors-Komitee kein völlig unabhängiges Europäisches Zentralbanksystem gefordert hat. Ich glaube, man kann zu recht sagen, daß keine Zentralbank wirklich völlig unabhängig ist, auch nicht die Deutsche Bundesbank, deren Unabhängigkeit durch ein Gesetz garantiert wird. Dieses Gesetz verleiht der Bundesbank bestimmte Rechte und sorgt dafür, daß sie diese Rechte unabhängig von Weisungen der Bundesregierung ausüben kann. Aber gleichzeitig wird die Bundesbank verpflichtet, die allgemeine Wirtschaftspolitik der Bundesregierung zu unterstützen.

Das im Delors-Bericht und im Franz-Bericht vorgeschlagene Europäische Zentralbanksystem und die Bundesbank sind sich im Aufbau sehr ähnlich. Dies überrascht nicht. Aber obgleich keine der beiden Modelle eine völlige Unabhängigkeit vorsieht, ist beiden im Grundsatz gemeinsam, daß die Zentralbank für die Festlegung und Durchführung der Geldpolitik allein verantwortlich ist. Bei einer Wirtschafts- und Währungsunion wird es deshalb unvermeidlich sein, die nationale Souveränität über die Geldpolitik bis zu einem gewissen Grad aufzugeben. Aber gerade dieser Verzicht auf Befugnisse zugunsten der Zentralbank der Gemeinschaft ist besonders umstritten. Prof. Helmut Schlesinger, Mitglied des Direktoriums der Deutschen Bundesbank, hat sich z.B. gegen eine Aufgabe nationaler Autonomie in der Geldpolitik ausgesprochen, solange es keine gemeinsamen Rechtsgrundlagen in der Gemeinschaft gibt. Sie zu schaffen, wird nicht schnell möglich sein.

3. Eine Einheitliche Währung?

Eine Frage, bei der sich das Delors-Komitee nicht klar festgelegt hat, ist, ob die gemeinsame Währungspolitik auf zwölf nationale Währungen mit irreversiblen Wechselkursen aufbauen sollte, oder ob sie als Grundlage eine einheitliche Europäische Währung benötigt. Der Werner-Bericht von 1976, der in einigen Teilen der Vorgänger des Delors-Berichtes ist, definierte den Begriff Währungsunion mit der erstgenannten Möglichkeit, den irreversibel festen Wechselkursen untereinander. Der Delors-Bericht beginnt zwar mit der gleichen Definition, aber fährt dann mit der Bemerkung fort, daß „die Einführung einer einheitlichen Währung, obwohl für die Schaffung einer Währungsunion nicht unbedingt erforderlich, aus wirtschaftlichen sowie psychologischen und politischen Gründen, als natürlich und wünschenswert für die weitere Entwicklung angesehen wird". Mutig, aber vielleicht immer noch etwas zu zögernd, schließt der Bericht daraus, daß „die Verdrängung der nationalen Währungen durch eine einheitliche Währung deshalb so schnell wie möglich nach der endgültigen Festlegung der Wechselkurse stattfinden sollte". Die angeführten technischen Argumente lassen nur den Schluß zu, daß es auf dem Weg zur Währungsunion unvermeidlich wird, eine einheitliche Währung einzuführen. Nur feste Wechselkurse zu haben, genüge nicht.

Das erste Argument ist ein sehr praktisches Argument. Eine einheitliche Währung ist selbstverständlich effizienter, da sie die Transaktionskosten des Währungsumtausches beseitigt. Die Geschichte des Europäischen Verbraucherverbandes von dem hypothetischen Reisenden, der eine Fahrt durch die Gemeinschaft mit 40 000 belgischen Franc beginnt und lediglich mit der Hälfte des Betrages zurückkommt, obwohl er nur in jedem Land sein Geld in Landeswährung getauscht hat, ist wohlbekannt. Bei festen Wechselkursen verringern sich die Umtauschkosten, da die Spannen bei abnehmender Wechselkursunsicherheit geringer werden. Bei der einheitlichen Währung entfallen sie allerdings völlig.

Wichtiger als die Frage der Umtauschkosten ist das größere Vertrauen, das eine einheitliche Währung einer Währungsunion verleiht. Ein Währungsverbund kann jederzeit gelöst werden, aber es ist unvergleichlich schwieriger, eine einheitliche Währung wieder in zwölf Einzelwährungen zu zerlegen, als für irreversibel bezeichnete Wechselkurse doch wieder zu ändern. Bei Festkursen müssen die einzelnen Preise immer noch in verschiedenen Währungen ausgedruckt werden. Es wird weiterhin einen Devisenmarkt geben müssen und es kann Zeiten geben, in denen ein ungeheurer Druck entsteht, die Preise auf diesem Markt zu ändern. Dies kann besonders dann der Fall sein, wenn sich die Politik oder der allgemeine Zustand eines Mitgliedstaates nach Ansicht des Marktes signifikant von den anderen Mitgliedstaaten unterscheidet. Meiner Ansicht nach ist deshalb in einer Währungsunion eine einheitliche Währung unbedingt erforderlich und nicht nur eine von vielen Möglichkeiten.

4. Die Rolle des Ecu

Der Delors-Bericht stellt fest, daß eine einheitliche Währung aufgrund der Logik der Ecu sein müßte. Den Ecu gebe es bereits und er habe schon heute einen hohen Bekanntheitsgrad. Außerdem ist er eine Währung, die man mit dem Begriff Europa verbindet und nicht nur mit einem Mitgliedstaat.

Aufgrund dieser beiden Argumente hat es in den vergangenen Jahren nicht an Vorschlägen gefehlt, den Ecu sofort als Parallelwährung einzuführen, als ernsthafte Alternative zu den nationalen Währungen. Ich kann den Reiz dieses Vorschlages verstehen. Er verspricht scheinbar die automatische, schrittweise Einführung einer einheitlichen Währung, und dies ohne Schwierigkeiten, wenn die Bürger in Europa ihren Nutzen schätzen lernen und die gemeinsame Währung der nationalen Währung vorziehen.

Das Delors-Komitee hat jetzt klar gesagt, daß dieser Weg aus zwei Gründen nicht angebracht ist. Zunächst bedeutet eine Parallelwährung eine zusätzliche Quelle der Geldschöpfung, die die Preisstabilität gefährdet. Ferner würde eine Parallelwährung die ohnehin schon schwierige Aufgabe, verschiedene nationale Geldpolitiken zu koordinieren, weiter komplizieren. Überzeugender ist, daß eine Parallelwährung einfach nicht die ehrgeizigen Erwartungen, die in sie gesetzt werden, erfüllen kann. Der Gebrauch einer Währung hängt weitgehend von ihrer Wertaufbewahrungs- und ihrer allgemeinen Zahlungsmittelfunktion ab. Solange der Gebrauch der Parallelwährung nicht gefördert wird, werden die Bürger bei ihren vertrauten nationalen Währungen bleiben. Eine einheitliche Währung wird deshalb nicht „automatisch" entstehen.

Von einigen wird behauptet, daß man den Ecu nur nationalen Währungen gleichstellen müsse, um seinen Gebrauch zu intensivieren. Tatsächlich kann aber der Ecu heute schon für die überwiegende Zahl von Transaktionen benutzt werden, aber er wird – durchaus verständlich – von den Bürgern kaum benutzt. Man kann natürlich die Entwicklung des Ecu beschleunigen, wenn man seinen Gebrauch für bestimmte Transaktionen zwingend vorschreibt. Aber dieser Schritt wäre höchst ungewöhnlich und äußerst unpopulär.

Das Vereinigte Königreich hat ein Interesse daran, daß dem Gebrauch des Ecu zu wirtschaftlichen Zwecken keine künstlichen Barrieren in den Weg gelegt werden. Dies war ein Grund für die

Ausgabe von Schatzanweisungen in Ecu. Die freiwillige Verwendung des Ecu sollte ein Beitrag zur Entwicklung von Ecu-Märkten sein und dazu beitragen, daß sich der Ecu bei bestimmten Verwendungen mit der Zeit zu einer ernsthaften und nützlichen Alternative zu den nationalen Währungen entwickelt. Außerdem sollten daneben die Bürger mit der Idee einer Europäischen Währung vertraut gemacht werden.

Dies sollte allerdings nicht als ein Versuch mißverstanden werden, aus einer Parallelwährung eine einheitliche Währung zu entwickeln. Ein derartiger Weg wäre nicht nur zum Scheitern verurteilt, sondern würde auch die Bürger in der falschen Hoffnung bestärken, eine Währungsunion sei möglich, ohne daß mit harter Arbeit die notwendigen Grundlagen geschaffen werden.

5. Zusammenfassung

Eine Währungsunion ist von großer Tragweite und führt zu einer Reihe komplizierter Fragen. Der Delors-Bericht gibt selber zu, daß die Schaffung einer Währungsunion ein langer und schwieriger Weg ist. Es ist ein Weg, der erst eingeschlagen werden kann, wenn die Koordination der Wirtschaftspolitik verbessert ist, die Konvergenz der Volkswirtschaften größer ist und nationale Zuständigkeiten an eine Zentrale abgegeben werden. Das Ziel, das im Delors-Bericht beschrieben wird, ist umstritten und noch weit entfernt. Das Komitee hat gut daran getan, keinen Zeitplan für seine Verwirklichung zu präsentieren. Umso wichtiger ist es, klare Vorstellungen über die möglichen Zwischenstationen zu haben. Die vielleicht wichtigste ist die Integration der europäischen Volkswirtschaften in einen Binnenmarkt, eine notwendige und schwierige, aber auch durchführbare Aufgabe.

Europäische Währung und Europäische Zentralbank aus französischer Sicht

Jacques de Larosière

A. Auf dem Weg zur Wirtschafts- und Währungsunion

1. Die Erfolge des Europäischen Währungssystems

Das Europäische Währungssystem war bei der Schaffung stabiler Wechselkurse innerhalb der Zielzonen und bei der Schaffung größerer Konvergenz der Wirtschafts- und Währungspolitik sehr erfolgreich. Während in den ersten acht Jahren seines Bestehens noch 11 Wechselkursanpassungen notwendig waren, gab es in den vergangenen drei Jahren keine Wechselkursanpassung mehr. Dies ist ein bemerkenswerter Erfolg im Kampf gegen die Inflation. Die Wechselkursschwankungen zwischen den EWS-Ländern haben sich seit der Gründung des Systems deutlich vermindert. Dies wurde ohne unzulässige Intervention, ohne einen ungerechtfertigten Rückgriff auf den gemeinsamen Beistandsmechanismus und ohne eine Verschärfung der Kapitalverkehrsbeschränkungen erreicht. Die Kapitalverkehrsbeschränkungen konnten sogar in den vergangenen Jahren abgebaut werden. Auch die Zinsunterschiede zwischen den am Wechselkursmechanismus teilnehmenden Ländern haben sich vermindert.

Diese Wechselkursstabilität wäre ohne eine Zunahme der Konvergenz in der wirtschaftlichen Entwicklung der Mitgliedstaaten nicht möglich gewesen. Nach den durch den zweiten Ölschock hervorgerufenen Turbulenzen in den Jahren 1980 und 1981 fielen die Inflationsraten und erreichten ihren niedrigsten Stand seit 1974 in den Jahren 1985 bis 1988. Nach 1988 sind die Inflationsraten wieder etwas gestiegen, wobei sich zwei Ländergruppen abzeichnen: Zum einen die Gruppe der Länder, die die enge Bandbreite im Wechselkursmechanismus des EWS übernommen haben, d.h. die

Jacques de Larosière, Präsident der Banque de France

51

Niederlande, Belgien, Bundesrepublik Deutschland, Frankreich und Irland mit einer Inflationsrate von 3-3,5% und zum anderen die Ländergruppe Italien, Spanien und Vereinigtes Königreich, die eine Inflationsrate von ungefähr 6% aufweisen.

Es wird oft behauptet, daß sich der Rückgang der Inflationsraten nicht auf die EWS-Mitgliedstaaten beschränkt hat, sondern in allen Industriestaaten zu beobachten war. Wenn man die Entwicklung genauer analysiert, zeigt sich, daß zwar in allen OECD-Staaten die Inflation in dieser Zeit bekämpft wurde, die durchschnittliche Inflationsrate außerhalb der EWS-Mitgliedstaaten aber geringer gefallen ist als in den EWS-Mitgliedstaaten. Die Inflationsunterschiede zwischen den Nicht-Mitgliedern des EWS haben sich außerdem nicht verringert.

Der Grund für die zunehmende Konvergenz zwischen den Mitgliedstaaten des EWS liegt in der wachsenden Politikkoordination. Bei der Geldpolitik wird dies offensichtlich. Mit dem Beitritt zum Wechselkursmechanismus des EWS haben sich die Staaten verpflichtet, ihre Geldpolitik sehr eng zu koordinieren und die Disziplin des Wechselkursmechanismus hat wesentlich dazu beigetragen, daß bei der Bekämpfung der Inflation Erfolge erzielt wurden.

Dieses System der Stabilität und der Konvergenz muß erhalten werden, da es Europa große Vorteile gebracht hat. Ich bin persönlich davon überzeugt, daß das große Wachstum, die Investitionswelle und der Exportboom, den wir in den europäischen Staaten in den vergangenen Jahren beobachtet haben, auf die Wechselkursstabilität und die geringeren Inflationsraten in den Ländern zurückzuführen sind, die sich der Disziplin des Wechselkursmechanismus des EWS unterworfen haben.

2. Die Weiterentwicklung des EWS

Die wieder steigenden Inflationsraten in einigen EWS-Ländern zeigen, daß eine freiwillige geldpolitische Zusammenarbeit im Wechselkurssystem seine Grenzen hat. Bei größeren wirtschaftlichen Schocks, wie z.B. einem starken Anstieg der öffentlichen Ausgaben oder bei großen Lohnsteigerungen, gelangt die enge Zusammenarbeit in der Geldpolitik an ihre Grenzen, denn die Geldpolitik allein kann diese wirtschaftlichen Schocks nicht abfedern. Das EWS in seiner heutigen Form verhindert zwar hohe Inflationsraten, aber nicht eine Politik ungenügenden wirtschaftlichen Wachstums.

Die Inflation ist zur Zeit weitgehend zurückgedrängt. Zwischen Frankreich und der Bundesrepublik Deutschland beträgt z.B. der Inflationsunterschied nach den letzten Jahresangaben 0,6 Prozentpunkte. In den letzten 6 Monaten ist dieser Abstand sogar auf Null geschrumpft. Wir brauchen jetzt eine gemeinsame Definition der anzustrebenden wirtschaftlichen Ziele in den Mitgliedstaaten und wir müssen darüber nachdenken, mit welchen Mitteln wir diese Ziele erreichen können.

In diesem Zusammenhang spielt das Problem der Asymmetrie des europäischen Wechselkurssystem eine große Rolle. Es ist sicherlich gerechtfertigt, daß bei großen Inflationsunterschieden die sogenannten Schwachwährungsländer die gesamte Last der Interventionen und Anpassung tragen müssen. Es läßt sich dagegen nicht rechtfertigen, daß bei geringen Inflationsunterschieden die sogenannten Hartwährungsländer große Zahlungsbilanzungleichgewichte aufweisen und die sogenannte Schwachwährungsländer auch in diesem Fall die Anpassungslast tragen müssen.

Ein weiterer Nachteil ist die Regionalität des Systems. Das System ist zwar in sich geschlossen, aber seine Währungen floaten gegenüber Währungen aus Drittländern. Das Problem läßt sich nicht mit dem Hinweis darauf lösen, daß mehr als 50% des Handels der EWS-Mitgliedstaaten zwischen diesen Staaten selbst stattfindet. Dies wäre eine mehr als merkantilistische und unzulässig enge Betrachtungsweise. Wir müssen uns darüber im klaren sein, daß wir in einer Welt leben, in der die internationalen Finanzbeziehungen immer enger werden, in einer Welt, in der die Kapitalbewegungen und die amerikanischen und japanischen Märkte eine entscheidende Rolle spielen. Die EWS-Mitgliedstaaten haben deswegen keine Wahl: sie müssen in das System einen Bezug zu Drittwährungen einbauen. Aus diesem Grund haben einige Staaten an dem Plaza- und dem Louvre-Accord teilgenommen. Europa wird nicht darum herumkommen, eine gemeinsame Haltung gegenüber Drittländern und dem internationalen Währungssystem zu entwickeln.

Der für den Januar 1993 geplante gemeinsame Binnenmarkt wird auch ohne die Schaffung einer Währungsunion möglich sein. Eine Währungsunion ist aber die logische Fortsetzung des gemeinsamen Marktes. Ein Markt, in dem die Freizügigkeit für Personen hergestellt ist und es keine Hindernisse mehr für Güter, Dienstleistungs- und Kapitalbewegungen gibt, wird erst mit der Einführung einer einheitlichen Währung wirklich voll funktionsfähig sein. Erst mit einer einheitlichen Währung oder einem System nationaler Währungen, die durch irreversibel feste Wechselkurse miteinander verbunden sind, werden Kurssicherungsgeschäfte und Umtauschkosten von einer Währung in eine andere vermieden.

B. Grundsätze einer Wirtschafts- und Währungsunion

1. Institutionelle Änderungen

Der Bericht des Delors-Komitees kann sicherlich in einigen technischen Aspekten kritisiert werden, aber mit Sicherheit nicht in seinen grundsätzlichen Aussagen. Seine Definition einer Währungsunion ist unumstößlich. Eine Währungsunion muß nach allen historischen Erfahrungen und wissenschaftlichen Erkenntnissen die völlige Freiheit der Kapitalbewegungen, die vollständige Konvertibilität der Währungen und irreversibel feste Wechselkurse der beteiligten Währungen enthalten. Der Versuch eines EG-Mitgliedstaates, eine Alternative zum Delors-Bericht zu präsentieren, ist fehlgeschlagen. Der Vorschlag sah vor, daß die Marktkräfte weiter bestimmend sein sollten, begleitet von einer stärkeren Kooperation der Mitgliedstaaten. Diese Konstruktion entspricht der im Delors-Bericht vorgeschlagenen ersten Stufe einer Währungsunion, aber es ist keine wirkliche Union.

Eine Währungsunion verlangt die Schaffung eines unabhängigen institutionellen Rahmens. Dies ist eine unabdingbare Voraussetzung. Eine Währungsunion ist ein Gebiet, in dem die Mitgliedsländer eine gemeinsame Währungspolitik betreiben müssen. Eine gemeinsame Währungspolitik erfordert oft schnelle Entscheidungen, die im gesamten Währungsgebiet durchgesetzt werden müssen. Weder ein telefonischer Kontakt noch guter Willen kann gewährleisten, daß die notwendigen Entscheidungen schnell getroffen und durchgesetzt werden. Darin liegt der Unterschied zwischen einem System mit stabilen, aber anpassungsfähigen Wechselkursen, das auf einer freiwilligen Zusammenarbeit von Staaten basiert, und einer Währungsunion, in der die Wechselkurse irreversibel fest sind und in der die Währungspolitik gemeinschaftlich gestaltet werden muß. Wenn gemäß den Beschlüssen des Madrider Gipfels vom Juni 1989 eine Wirtschafts- und Währungsunion in Europa entstehen soll, ist es notwendig, einen neuen Vertrag auszuhandeln, der die Schaffung europäischer Währungsinstitutionen beinhaltet. Der Europäische Rat hat deshalb im Dezember 1989 in Straßburg beschlossen, noch vor Ende des Jahres 1990 eine Regierungskonferenz zu diesem Thema einzuberufen.

2. Geldwertstabilität

Das Ziel der Geldwertstabilität ist ein Eckpfeiler der vom Delors-Komitee vorgeschlagenen Wirtschafts- und Währungsunion. Alle Vorstellungen, die davon ausgehen, daß eine Währungsunion auf der Grundlage einer durchschnittlichen Inflationsrate gschaffen werden könnte, sind abwegig. Kein Land mit einer niedrigen Inflationsrate oder mit Preisniveaustabilität wäre bereit, seine Währung in einen Schmelztiegel einzubringen und seine Währungsstabilität damit zu gefährden. Heute fühlen sich alle Mitgliedstaaten des EWS dem Ziel der Preisniveaustabilität verpflichtet. Die Einigung auf eine durchschnittliche Inflationsrate wäre ein deutlicher Rückschritt gegenüber der heutigen Situation, in der ein klarer Konsens darüber besteht, daß Inflation kein Mittel ist, um zusätzliches Wachstum zu erreichen. Die Erfahrung hat gezeigt, daß es zwischen Wachstum und Inflation keine positive Beziehung gibt und daß stabiles wirtschaftliches Wachstum nur mit Geldwertstabilität zu erreichen ist.

Vor allen Dingen in den Jahren 1982 und 1983 ist dies allen Mitgliedstaaten des EWS klar geworden und auch zwischen den Mitgliedstaaten der Europäischen Gemeinschaft bestand darüber Einigkeit. Auch die Wirtschafts- und Finanzminister der Gemeinschaft haben das Primat der Geldwertstabilität kürzlich deutlich bekräftigt, als sie einer Neuregelung der 1964 festgelegten Aufgaben des Ausschusses der Notenbankgouverneure der Mitgliedstaaten der Europäischen Gemeinschaft zugestimmt haben.

Das Stabilitätsziel kann nur durch eine Europäische Zentralbank erreicht werden, die ausreichend unabhängig von den nationalen Regierungen und der Kommission ist. Wenn Geldwertstabilität das oberste Ziel der gemeinsamen Geldpolitik sein soll, dann muß die zentrale geldpolitische Institution – im Delors-Bericht Europäisches Zentralbanksystem genannt – auch in der Lage sein, dieses Ziel zu erreichen. Es darf nicht dem Zwang unterworfen werden, andere Ziele, wie z.B. Wirtschaftswachstum oder Vollbeschäftigung, vorrangig verfolgen zu müssen. Diese Ziele, wie wichtig sie auch immer sein mögen, gehören nicht zum Wesen der Geldpolitik. Sie müssen mit anderen Instrumenten erreicht werden.

Aus währungstechnischer Sicht läßt sich noch hinzufügen, daß die von den Märkten erzwungene Geschwindigkeit geldpolitischer Entscheidungsprozesse kaum von gemeinschaftlichen Institutionen geleistet werden kann, deren Mitglieder an möglicherweise unterschiedliche nationale Vorgaben gebunden sind. Eine Geldpolitik auf der Ebene einer Europäischen Union verlangt eine kompetente Institution, die über Entscheidungsgewalt und damit über unabhängig arbeitende Organe verfügt.

Im Delors-Komitee war dieses Konzept unumstritten und es findet heute wachsendes Verständnis und Unterstützung. Nichtsdestoweniger wird es auch in Zukunft ernsthaft diskutiert werden. Die Frage einer Übertragung geldpolitischer Souveränität an eine zentrale Institution muß äußerst sorgfältig unter Beachtung der bestehenden Bedingungen geprüft werden, unter denen schon heute eine sehr eng koordinierte Geldpolitik im EWS verfolgt wird. Anstatt von einem Verlust an Souveränität zu sprechen, sollten wir uns vorstellen, Souveränität in eine Institution einzubringen, in der alle Beteiligten ein einheitliches Mitspracherecht haben. Eine Teilnahme aller Mitgliedstaaten der Europäischen Gemeinschaft an dieser Institution ist dabei von großem Vorteil.

Deutlich auszusprechen ist in diesem Zusammenhang die Frage, in welcher Form diese zukünftige Institution an die politischen Organe der Gemeinschaft berichten muß. In der Englisch-sprachigen Welt wird dies als „Rechenschaftspflicht" bezeichnet. Die Bedingungen, unter denen die Führungskräfte des Europäischen Zentralbanksystems ernannt werden und unter denen sie über ihre Tätigkeit berichten, sind der Schlüssel zur Beantwortung dieser Frage. Abgesehen von diesen formalen Aspekten ist entscheidend, inwieweit der Europäische Ministerrat und die europäischen Regierungen ihren eigenen Entscheidungsprozeß über die Wirtschaftspolitik auf europäischer Ebene erfolgreich verbessern, denn eine Geldpolitik kann nur Teil einer breit angelegten makroökonomischen Politik sein.

3. Konvergenz der Wirtschaftspolitik

Eine Wirtschafts- und Währungsunion erfordert eine große Konvergenz der allgemeinen Wirtschaftspolitik und vor allem eine Konvergenz in der Fiskalpolitik. Es ist offensichtlich, daß die Fiskalpolitik der Mitgliedsländer, vor allen Dingen die der großen Mitgliedsländer, einen erheblichen Einfluß auf die Wirtschaft der Partnerländer hat. Eine Serie von Haushaltsdefiziten würde es äußerst schwierig und schließlich sogar unmöglich machen, das Ziel der Geldwertstabilität zu erreichen, das der Eckpfeiler einer Währungsunion ist. Man muß sich klarmachen, daß es am Ende des angestrebten Prozesses nur noch eine Zahlungsbilanz für die gesamte Währungsunion geben wird, denn in der lezten Stufe des angestrebten Prozesses sind die Wechselkurse zwischen den Mitgliedstaaten irreversibel fest. Unter diesen Bedingungen führt eine Ausweitung der öffentlichen Ausgaben in einem Mitgliedsland nicht mehr zu einer defizitären Zahlungsbilanz oder zu einer Abwertung der Währung gegenüber den Partnerstaaten. Der Zwang, Haushaltsungleichgewichte zu korrigieren, wird dann davon abhängen, inwieweit die Kapitalmärkte bereit sind, das Defizit zu finanzieren. Ich befürchte, daß Korrekturmaßnahmen sehr spät ergriffen werden, nicht aufgrund der Kurzsichtigkeit der Kapitalmärkte, sondern weil die Teilnehmer am Kapitalmarkt ihre eigenen Vorstellungen darüber haben, was mit einem Mitgliedstaat der Wirtschafts- und Währungsunion geschehen wird, der überschuldet ist. Auch wenn zunächst klargestellt werden sollte, daß die Union nicht die Schulden eines Mitgliedstaates begleichen wird, wird der Markt dies testen.
Aus diesem Grund werden in dem Bericht des Delors-Komitees eine Reihe von Vorsichtsmaßnahmen vorgeschlagen. Zunächst wird dem Europäischen System der Zentralbanken untersagt, Haushaltsdefizite zu finanzieren. Aber dies reicht nicht aus.

Denn die Geschäftsbanken könnten kurzfristige Schatzwechsel kaufen und damit Geld schaffen. Das Europäische System der Zentralbanken muß bei einer durch derartige Käufe hervorgerufenen, übermässigen Geldmengenexpansion seine Geldpolitik gegenüber einem Zustand ohne Ausweitung der öffentlichen Defizite restriktiver gestalten können. Dadurch werden allerdings die wirtschaftspolitischen Instrumente der Wirtschafts- und Währungsunion allein auf eine restriktivere Geldpolitik beschränkt. Die klassischen Gefahren einer allein der Geldpolitik auferlegten Anpassungslast, wie hohe Zinsen und eine Verdrängung der privaten Nachfrage von den Kapitalmärkten sind damit vorprogrammiert. Vorstellbar ist auch, daß die Banken Budgetdefizite durch den Kauf langfristiger Staatspapiere finanzieren und damit die Geldpolitik nicht unmittelbar berühren. Aber auch in diesem Fall würden übermäßige Budgetdefizite zu einem Anstieg der Zinssätze und zu einer Verdrängung der Privaten von den Kapitalmärkten der Währungsunion führen.

Aus den genannten Gründen wird deutlich, warum im Bericht des Delors-Komitees klare und bindende Vorschriften für nationale Budgetdefizite gefordert werden. Insbesondere wird vorgeschlagen, eine Obergrenze für die Budgetdefizite der Mitgliedstaaten einzuführen. Damit wird eine politisch sehr sensitive Frage berührt und sie wird Gegenstand weiterer Diskussionen sein. Der Delors-Bericht schlägt eine gemeinschaftliche Definition für ein akzeptables Budgetdefizit vor. Unabhängig von der Beantwortung der Frage, ob es Grenzen für nationale Budgetdefizite geben soll, muß die für die europäische Wirtschaftspolitik entscheidende Institution gestärkt werden und es müssen klare Beziehungen zwischen dem Europäischen Zentralbanksystem und den europäischen Institutionen hergestellt werden, die für die Ausgestaltung und Durchsetzung der Wirtschaftspolitik der Gemeinschaft verantwortlich sind. Mit diesem Problem wird das äußerst feinfühlige Netz der institutionellen Beziehungen zwischen den Mitgliedstaaten, dem Europäischen Rat, der Kommission, dem Europäischen Parlament und dem Europäischen Zentralbanksystem berührt. Alle diese Fragen erfordern klare Antworten. Wir sollten die Komplexität dieser Fragen weder unterschätzen noch überschätzen.

Das Prinzip der Subsidiarität, das eines der Grundlagen des Delors-Berichts ist, sollte ein wichtiges Element in der Diskussion sein. Weitere Aufgaben sollten den europäischen Institutionen nur dann übertragen werden, wenn sie von den nationalen Institutionen nicht ausgeübt werden können. Ein System, mit dem auf europäischer Ebene makroökonomische Ziele angestrebt werden, ist daher mit dem Weiterbestehen nationaler Fiskalpolitiken nicht unvereinbar. Dieses System gibt den nationalen Politiken die Rahmenbedingungen vor. Die nationale Politik soll nicht vorbestimmt werden, aber ihre geldpolitische Konsequenzen müssen mit dem in der Währungsunion gemeinschaftlich vereinbarten Ziel der Geldwertstabilität vereinbar sein.

4. Flexibilität bei der Schaffung der Wirtschafts- und Währungsunion

Die Schaffung einer Wirtschafts- und Währungsunion muß die unterschiedlichen Ausgangssituationen in den Mitgliedsländern berücksichtigen. Das Delors-Komitee hat die Notwendigkeit betont, in einzelnen Stufen vorzugehen. In dem Bericht werden drei Stufen vorgeschlagen. Ich will den Prozeß nicht im Detail beschreiben. Entscheidend ist, daß in der zweiten Stufe eine gemeinschaftliche Währungsinstitution geschaffen werden soll. Die dritte Stufe beinhaltet die Festlegung irreversibler Wechselkurse, die Zusammenlegung der Währungsreserven der Mitgliedstaaten und schließlich die Ausgabe einer gemeinsamen Währung, deren Vorläufer der Ecu ist.

Die erste, mittlerweile beschlossene Stufe ist äußerst wichtig. Sie beginnt zum 1. Juli 1990. Bis dahin muß von den großen Mitgliedstaaten des EWS die völlige Freiheit des Kapitalverkehrs hergestellt sein. Ich möchte in diesem Zusammenhang daran erinnern, daß Frankreich den Zeitplan übererfüllt hat und die letzten Kapitalverkehrskontrollen zum 1. Januar 1990 abgeschafft hat.

Bei der Geldpolitik verlangt die erste Stufe eine „ex ante" Koordination der Geldpolitik der Mitgliedsländer und nicht mehr eine „ex post" Erklärung der Geldpolitik durch die einzelnen nationalen Institutionen. Diese „ex ante" Koordination verlangt von den Notenbanken die Festlegung gemeinsamer geldpolitischer Ziele und von den Mitgliedsländern Instrumente, um diese Ziele zu erreichen. Der Ausschuß der Notenbankgouverneure der Europäischen Gemeinschaft hat eine schrittweise Harmonisierung der einzelnen geldpolitischen Ziele in den Mitgliedsstaaten beschlossen. Mit dieser sehr wichtigen Aufgabe wird eine kleine Gruppe international erfahrener geldpolitischer Spezialisten betraut werden, die zur Zeit von dem Ausschuß der Notenbankgouverneure der Europäischen Gemeinschaft zusammengestellt wird. Diese Gruppe, die im Juli 1990 ihre Arbeit aufnehmen soll, wird die Keimzelle für eine spätere europäische Währungsinstitution sein. Der Ausschuß der Gouverneure hat darüber hinaus die Strukturen festgelegt, die für ein wirksames und kontinuierliches Arbeiten notwendig sind und für seinen Vorsitzenden eine 3-jährige Amtsperiode festgelegt. Karl Otto Pöhl wurde zum ersten Vorsitzenden mit dieser Amtszeit gewählt.

Von der ersten Stufe auf dem Weg zur Wirtschafts- und Währungsunion vespricht man sich vor allem Verbesserungen in der praktischen Zusammenarbeit der Notenbanken und der Regierungen. Bevor institutionelle Veränderungen aufgrund von Regierungsbeschlüssen möglich sind, werden die Märkte die Ernsthaftigkeit des eingeschlagenen Weges zur Wirtschafts- und Währungsunion und das Vertrauen auf die Erklärung der Mitgliedstaaten zur Geldwertstabilität testen.

Die Mitgliedstaaten der Gemeinschaft unterscheiden sich zur Zeit noch erheblich hinsichtlich ihres Entwicklungsniveaus, ihrer Produktivität und ihrer Investitionsbedürfnisse. Es wird die Frage sein, ob die weniger entwickelten Staaten der Gemeinschaft in der Lage sind, alle Voraussetzungen für eine Wirtschafts- und Währungsunion mit derselben Geschwindigkeit wie die anderen Staaten zu schaffen − vor allen Dingen den Verzicht auf Wechselkursveränderungen als ein Mittel zur wirtschaftlichen Anpassung. Es müssen deshalb bei Bedarf Übergangsregelungen möglich sein. Einige Staaten haben auch auf ihre großen strukturellen Probleme hingewiesen. Sie bestehen darauf, daß die Institutionen einer Wirtschafts- und Währungsunion ihre Probleme als eine wichtige Aufgabe der Gemeinschaftspolitik ansehen und entsprechende Maßnahme ergreifen.

C. Schlußfolgerungen

Die europäische Integration ist heute weiter fortgeschritten als dies vielen Menschen bewußt ist. Die französischen Unternehmen arbeiten heute z.B. weltweit. Sie wissen, wie man auf dem Weltmarkt überlebt und wie man aus dem Weltmarkt Vorteile erlangt. Ein großer Teil des Weltmarktes ist der Europäische Markt. Diese Entwicklung läßt sich nicht mehr zurückdrehen.

Uns stellt sich heute die Frage, ob wir überhaupt mehr wollen als Niederlassungsfreiheit für die Produktionsfaktoren und mehr als einen gemeinsamen Binnenmarkt. Es ist die Frage, ob wir weiterhin ein Europa mit einem Flickenteppich an Währungen und den damit verbundenen Risiken und Unsicherheiten haben wollen. Die Frage ist, ob wir darauf vorbereitet sind, wie in den Vereinigten Staaten eine gemeinsame Währung für über 250 Mio. Menschen zu schaffen. Dies ist die Herausforderung, der sich die Staats- und Regierungschefs gestellt haben.

Es ist eine gewaltige Herausforderung, denn sie zwingt die Mitgliedstaaten, eine Politik der Geldwertstabilität einzuschlagen und Instrumente zu schaffen, um die Geldwertstabilität zu verteidigen. Frankreich wird diesen Weg unumstößlich gehen. Es ist außerdem eine sehr faszinierende Herausforderung, denn mit der Wirtschafts- und Währungsunion sind große Hoffnungen verbunden, vor allem die Hoffnung auf ein starkes Europa, die Hoffnung auf schnelleres wirtschaftliches Wachstum und die Hoffnung, daß Europa zu einem Finanzzentrum wird, das die Entwicklung und die Stabilität des internationalen Währungssystems maßgeblich beeinflussen kann.

Wir sind diesem Ziel näher als jemals zuvor. Unsere Märkte sind weitgehend offen und integriert. Unsere Wirtschafts- und Währungspolitik wird durch äußere Einflüsse maßgeblich mitbestimmt, vor allen Dingen in den Staaten, die am Wechselkursmechanismus des EWS teilnehmen. Die Ereignisse in Ost-Europa und die Fortschritte bei der deutsch-deutschen Währungsunion unterstreichen die Notwendigkeit und die Bedeutung der Schaffung einer Europäischen Wirtschafts- und Währungsunion. Es ist unbedingt notwendig, den Prozeß zu ihrer Schaffung ohne Verzögerung zu festigen und zu vervollständigen, damit die Wirtschafts- und Währungsunion ein Eckpfeiler für ein künftiges Europa sein kann.

Europäische Währung und Europäische Zentralbank aus italienischer Sicht

Carlo Azeglio Ciampi

Europa durchläuft ausgangs dieses Jahrhunderts eine Zeit großer Anspannung, eine Anspannung, die sich erheblich von jener unterscheidet, die meine Generation in ihrer Jugend kannte. Es ist die Anspannung in den Völkern, die ein Leben in Frieden wollen und die diesen Frieden in der Vereinigung suchen, indem sie erkennen, daß die gemeinsamen Ursprünge in ihren jeweiligen Kulturen und Traditionen überwiegen, und überzeugt sind, vereint ein Modell des friedlichen Zusammenlebens der Völker werden zu können.

Vor etwa zweihundert Jahren schrieb Kant in seiner *Idee zu einer allgemeinen Geschichte in weltbürgerlicher Absicht*: „Nach vielen Verwüstungen, Umkippungen ... treibt die Natur die Menschen zu dem , was ihnen die Vernunft auch ohne so viel traurige Erfahrung hätte sagen können, nämlich ... in einen Völkerbund zu treten; wo jeder, auch der kleinste Staat, seine Sicherheit und Rechte ... erwarten könnte."

Allerdings erfordert der Sieg der Vernunft, daß der Mensch im richtigen Moment mutige Entscheidungen trifft, um die eigene Zukunft zu gestalten. Schumann, Adenauer und De Gasperi, die als erste die Idee lancierten, auf den Trümmern des Krieges ein Vereinigtes Europa zu errichten, sind als Visionäre betrachtet worden. Heute können wir sagen, daß sie „lediglich" intelligent, ja sogar realistisch waren, denn sie erkannten vor den anderen, auf welchen Wegen man voranschreiten mußte, um der Venunft zum Sieg zu verhelfen.

Der Prozeß der europäischen Integration, der in diesen Jahren begann, fand – wenn er sich auch auf einen sicheren ideologischen Unterbau stützen konnte – Raum und Kraft bei der Suche

---

Carlo Azeglio Ciampi, Präsident der Banca d'Italia

nach einer Überlebenslösung für einen Kontinent, auf dem das Erbe zweier Kriege lastete. Der europäische Elan jener Jahre schlug sich in konkreten Maßnahmen nieder, die der Sorge um das Finden einer Versöhnung potentiell gegensätzlicher nationaler Interessen Rechnung trugen, indem sie diese auf eine gemeinschaftliche Ebene verlagerten. Der gemeinsame Ausbau der für die Nachkriegswirtschaft so überaus wichtigen Sektoren Kohle und Stahl und die zur Verhinderung des Wiederauflebens von Handelskonflikten in Europa so wesentliche Beseitigung der Zollschranken waren der Ausgangspunkt der Integration des Handels.

Es war eine grundlegende Intuition, der Leitidee der Einigung der europäischen Völker beizeiten institutionellen Ausdruck zu geben, indem man sie im Vertrag von Rom würdigte. Die Bedingung, die es ermöglicht hat, diese Idee voranzubringen und zu verwirklichen, war während vierzig Jahren der Grundsatz der Gleichheit, durch den das gemeinschaftliche institutionelle System von der Gleichheit der Verantwortung und Würde aller Mitglieder ausgeht, ungeachtet der Kraft oder des Reichtums des jeweiligen Mitglieds.

Vor vier Jahren kennzeichnete die Einheitliche Akte den Weg in eine neue, dynamischere Phase des Aufbaus Europas. Mit der Beseitigung aller der Freizügigkeit der Güter und Produktionsfaktoren entgegenstehenden Schranken und mit der Vollendung des Binnenmarktes wird jetzt der entscheidende Schritt zum Verzicht auf jedwelche Unterscheidung in den Wirtschaftsbeziehungen zwischen Europäern getan. Um die Schwelle der wirtschaftlichen Vereinigung endgültig zu überschreiten, muß der Schritt zwangsläufig auch den monetären Bereich erfassen. In der Tat kann es zwischen den Ländern und Märkten keine vollständige Integration geben, wenn der relative Wert der Güter und wenn die Faktoreinkommen Währungsschwankungen ausgesetzt bleiben. Das Fortbestehen der Möglichkeit, den Außenwert der Währungen zu ändern, behindert den Warenaustausch und die Mobilität der Faktoren innerhalb integrierter Volkswirtschaften und bedeutet, daß ein potentiell Verzerrungen hervorrufendes handelspolitisches Instrument weiterbesteht.

In Hannover erkannten die Staats- und Regierungschefs dieses

Problem und beauftragten einen sich aus dem Präsidenten der EG-Kommission, den Notenbankgouverneuren der Gemeinschaft und einigen Experten zusammensetzenden Ausschuß, einen Plan der Wirtschafts- und Währungsunion auszuarbeiten. Der Bericht der Expertengruppe zeichnet ein klares Bild von der Struktur der Union in ihrer Endphase, wobei er die Verflechtung der wirtschaftlichen mit den monetären Aspekten unterstreicht und deshalb die Notwendigkeit eines gleichzeitigen Fortschreitens in Richtung Union in beiden Bereichen bekräftigt. Die Konstruktion ist in bezug auf die monetäre Komponente eindeutiger definiert, nicht so sehr, weil der größere Teil der Mitglieder der Gruppe von Berufs wegen für diese stärker empfindet, sondern weil im Einigungsprozeß die Notwendigkeit und die Möglichkeit einer vollständigen Union im monetären Bereich offensichtlicher sind.

Mit der Währungsunion möchte ich mich nun eingehender befassen. Ich möchte aber zuächst noch einmal betonen, daß die Währungs-und die Wirtschaftsunion ihrem Wesen nach eng miteinander verknüpft, zwei Fassaden einer einzigen Konstruktion sind. Es wird allgemein eingeräumt, daß in der Koexistenz eines freien Waren-, Dienstleistungs- und Kapitalverkehrs sowie fester Wechselkursrelationen und der nationalen Ausübung der Geldpolitik eine Widersprüchlichkeit liegt. Ein derartiges System ist strukturell instabil; in einer Gemeinschaft, die Fortschritte in Richtung auf die vollständige Integration zu machen gedenkt, löst sich diese Widersprüchlichkeit allein durch den Übergang zu einer gemeinsamen Geld- und Währungspolitik auf.

Im Ausschuß war die Übereinstimmung einhellig, und, so kann ich hinzufügen, rasch erzielt hinsichtlich dessen, was ich gerne „die Zeichnung der Kathedrale", d.h. die Architektur der Währungsunion nenne: Die institutionelle Form der Europäischen Zentralbank erhielt die Gestalt eines föderativen Modells; als vorrangiges Ziel wurde die Preisstabilität vorgegeben; als grundlegende Voraussetzung eines einwandfreien Funktionierens wurde auf die Unabhängigkeit der Institution hingewiesen.

Eine Prüfung der gegenwärtigen Situation, wenn sie auch den vollen Erfolg der 1979 mit der Errichtung des EWS eingeleiteten Vorhaben bestätigt, läßt gerade wegen des Zusammenhangs zwischen diesem Erfolg und den mit der Einheitlichen Akte ergriffenen Initiativen besorgniserregende potentielle Ungleichgewichte erkennen. Es handelt sich hierbei um jene, die durch die Widersprüchlichkeit impliziert sind, die ich soeben angesprochen habe. Sie sind zugleich eine Stimulanz für spätere Fortschritte. Es ist der Prozeß der Vereinigung, der sich selbst alimentiert. Die größten Tücken und Gefahren liegen in der Unentschlossenheit, der Verzögerungen und im Stillstehen auf halbem Wege.

Der Erfolg des Europäischen Währungssystems hat zu einer zunehmenden, aber nicht vollständigen Konvergenz der Volkswirtschaften geführt, die mittels einer starken Verringerung der Inflationsunterschiede erreicht wurde; sie ging nicht auf Kosten des Wachstums, sondern hat vielmehr dessen Dauer verlängert. Ich stimme mit Bundesbankpräsident Pöhl überein, daß die Konvergenz der Inflationsraten durch den Wechselkursverbund begünstigt wurde und noch immer wird. Italien hat im Gegensatz zu anderen dem EWS beigetretenen Ländern von Anfang an am Wechselkursverbund teilgenommen und, wie mir scheint, davon guten Gebrauch gemacht.

Die stärker verbreitete Stabilität und das größere Wachstum haben es ermöglicht, die Liberalisierung des Kapitalverkehrs, die nun kurz vor ihrem Abschluß steht, reibungslos zu verwirklichen. Die Zusammenarbeit der Zentralbanken in der Währungs- und Geldpolitik hat sich intensiviert, sie ist jedoch noch weit von einer wirklichen Koordinierung entfernt.

Die erste der drei im Bericht des Ausschusses von Hannover genannten Phasen beinhaltet einen wichtigen Fortschritt, der im Rahmen des gegenwärtigen institutionellen Gefüges möglich ist: Die ex-ante-Koordinierung der Geld- und Währungspolitik. Das Instrument dafür ist die Verstärkung der gegenwärtigen Strukturen, insbesondere des Ausschusses der Zentralbankpräsidenten. Es geht darum, die gemachten Erfahrungen zu verwerten, vor allem aber, auf der Verfahrensebene über das Konzept von Arbeitsgruppen hinauszugehen, deren Mitglieder als Vertreter der einzelnen Zentralbanken auftreten.

Der Ausschuß der Zentralbankpräsidenten muß möglichst bald über einen eigenen Stab für Analysen und Vorschläge verfügen, der gegenüber anderen Gemeinschaftsorganen und den Zentralbanken autonom ist. Dies schließt sachdienliche Kontakte und eine Zusammenarbeit nicht aus, ja impliziert sie sogar. Nur so wird sich eine gemeinsame Vision von einer Geld- und Währungspolitik in der Gemeinschaft durchsetzen, die auf die Sicherung der Preisstabilität in allen Mitgliedsländern zielt und so geschaffen ist, daß sie bereits in der ersten, gerade begonnenen Phase die Richtung der Geld- und Währungspolitik der einzelnen Zentralbanken bestimmt.

Der sich daran anschließende Weg zur Formulierung und Verwirklichung einer einheitlichen Währungspolitik wird nicht leicht zu gehen sein; sein Verlauf ist nicht in jeder Hinsicht eindeutig definiert. Auf den ersten Blick gibt es drei mögliche Ansätze. Man kann sie als den Ansatz der Hegemonialwährung, den Ansatz der Konkurrenz zwischen den einzelnen Währungen und den Ansatz der gemeinsamen Geld- und Währungspolitik bezeichnen. Nur der letztere, so glaube ich, führt zu einer soliden, auf dem Grundsatz der Gleichheit beruhenden Währungsunion, die auf Dauer Stabilität zu gewährleisten vermag.

Der erste Ansatz beruht auf der Verwendung einer der bestehenden Währungen als Anker für das gesamte System und auf der Anpassung der monetären Bedingungen eines jeden Landes an die des die Reservewährung ausgebenden Landes, dem andere Rechte und Verpflichtungen zugewiesen sind als den übrigen Mitgliedern.

Die Erfahrung hat jedoch gezeigt, daß der Ansatz der Hegemonialwährung keine dynamische Stabilität aufweist. Das System fester Wechselkurse, das nach diesem Schema aufgebaut war, ist zusammengebrochen, obwohl umfangreiche Kapitalverkehrskontrollen aufrechterhalten wurden und der Dollar kraft der in Bretton Woods beschlossenen Statuten und der absoluten Vorherrschaft der Wirtschaft der Vereinigten Staaten die Funktion der internationalen Reservewährung voll und ganz übernommen hatte.

In Europa sind noch weniger die technischen und politischen Voraussetzungen gegeben, die es ermöglichen würden, die Währung und die Zentralbank eines Landes auf stabile Weise und offiziell anerkannt als Anker für das ganze System zu nehmen. Bis jetzt ist im EWS eine solche Funktion faktisch von der D-Mark ausgeübt worden, d.h. von der Währung des Landes mit der niedrigsten Inflationsrate. Das Bestehen von Kapitalverkehrs-kontrollen in den anderen Ländern, in denen der Preisauftrieb stärker war, begünstigte dieses System.

In der ersten Hälfte der achtziger Jahre hat die Ausrichtung auf die D-Mark eine monetäre Stabilitätspolitik in verschiedenen Ländern der Gemeinschaft erleichtert. Freilich sind mit der Ver-ringerung der Inflationsdifferenzen und mit der vollständigen Li-beralisierung des Kapitalverkehrs die Voraussetzungen für eine weitere wirksame Führungsrolle der D-Mark immer weniger ge-geben. Der Wettbewerb um die Ankerfunktion verbreitert sich, und bei tendenziell festen Wechselkursen wird das System über-determiniert. Die jüngst beobachtete Schwäche der D-Mark und die daraus in Deutschland selbst erwachsenen Schwierigkeiten bei der Umsetzung der Geldpolitik bestätigen die Bedeutung der dem gegenwärtigen System innewohnenden Instabilitätsfaktoren.

Eine andere Schwachstelle ist das Fehlen einer Währung, die in der Gemeinschaft die Reservefunktion ausübt. Die D-Mark stößt derzeit an Grenzen, insbesondere was ihre Verwendung und ihren Erwerb seitens der Zentralbanken angeht; dies steht in Widerspruch nicht nur zu den Grundsätzen der Konvertibilität und der Freizügigkeit im Kapitalverkehr, auf denen die Wäh-rungsunion gründen sollte, sondern noch mehr zu der Hypothese einer Ankerwährung als Mittel zur Verwirklichung der Wäh-rungsunion.

Ein „Wechselkurssystem" zu verwalten ist etwas ganz anderes als eine Währungsunion zu bewerkstelligen. Jedes Währungssystem ist als Pyramide organisiert, auf deren Spitze die Institution steht, deren Aufgabe es ist, die Liquidität des Systems zu regulie-ren und dessen Stabilität zu sichern. Während in einem Wechsel-kurssystem im allgemeinen ein Teilnehmer diese Aufgaben wahrnimmt, werden sie in einer Währungsunion gemeinsam aus-geübt.

Das Fortbestehen einer für ein Wechselkursregime typischen Struktur liefe dem Grundsatz der Gleichheit zuwider, auf dem das europäische Gebäude ruht, und würde Spannungen zwischen den Partnerländern erzeugen.

Auch der Ansatz der Konkurrenz zwischen den Währungen, der

von einem Mitgliedsland der Gemeinschaft als Strategie erneut vorgeschlagen wird, würde nicht zur Währungsunion führen. Sollte dieser Weg bei festen Wechselkursen beschritten werden, widerspräche er dem von dem Vorschlagenden vertretenen Grundprinzip der Wahrung der monetären Souveränität der EG-Mitglieder, denn eine echte Konkurrenz würde mit der Zeit dazu führen, daß die Währungsvielfalt verschwinden und eine Währung sich als gemeisamer Standard behaupten würde. Vor allem aber würden miteinander konkurrierende Währungen die spontane Verwirklichung unwiderruflich fester Wechselkursrelationen, die von allen als wesentliches Merkmal einer Währungsunion angesehen werden, unmöglich machen. Im Gegenteil: Wie die in den achtziger Jahren gemachten Erfahrungen zeigen, erhöht der zunehmende Wettbewerb und die Substituierbarkeit der Währungen tendenziell die Volatilität der Wechselkurse.

Tatsächlich ist der Prozeß hin zu einer Europäischen Währungsunion ein wirklich neues Unternehmen, das nicht durch das Wiederbegehen ausgetretener Pfade, seien es die der Hegemonie oder jene des Währungswettbewerbs, verwirklicht werden kann. Nur die gemeinsame Ausübung einer einheitlichen Geld- und Währungspolitik wird zu einer Währungsunion führen. Dies ist die Position, die wir einhellig im Bericht zur Wirtschafts- und Währungsunion zum Ausdruck gebracht haben; ferner haben wir dort die Notwendigkeit hervorgehoben, daß in der zweiten Phase die operationellen Mechanismen und die Institutionen geschaffen und getestet werden, die im Endstadium voll funktionsfähig sein müssen. Unter Bezugnahme auf dieses Erfordernis und um zu zeigen, daß diesem zu genügen möglich ist, habe ich im Rahmen der vorbereitenden Arbeiten des Ausschusses einige Ideen über einen Koordinationsmechanismus für die Geldschöpfung in den verschiedenen Währungen vorgetragen, durch den bereits vor Verwirklichung der Endstufe in der ganzen Gemeinschaft das Gesamtangebot an Geld so reguliert wird, daß es mit dem Ziel der Preisstabilität kompatibel ist.

Grundlegend für die Verwirklichung der Union ist die Änderung des Vertrags von Rom. Ein erster Schritt ist mit der Einheitlichen Akte getan worden, die als institutioneller Bezugsrahmen für die Verabschiedung der Richtlinien zum Binnenmarkt diente. Hätte man nicht von Anfang an über diesen Rahmen verfügt, wären die in den letzten Jahren erzielten Fortschritte kaum möglich gewesen. Ebenso muß in dem Prozeß der Annäherung an die Wirtschafts- und Währungsunion von Beginn an ein institutioneller Rahmen als Bezugsbasis vorgesehen sein. Eine Entwicklung hin zu einem neuen Vertrag erlaubt es, und im Folgenden beziehe ich mich auf eine Bemerkung von Herrn Pöhl, besser zu erkennen, was das Ziel der Reise ist. Einzig ein Vertrag kann rechtlich verbindlich die Formen der Währungsunion festlegen. Die erste Stufe des Delors-Berichts ist notwendig, sie reicht aber nicht aus.

Die Änderung des Vertrags bedeutet jedoch nicht die sofortige Einsetzung der Wirtschafts- und Währungsunion. Die Einheitliche Akte hat mit Sicherheit nicht die sofortige, vollumfängliche Verwirklichung des gemeinsamen Binnenmarkts verfügt, und dasselbe wird auch für die Währungsunion gelten. Auch die Festlegung genauer Fristen wird nicht erforderlich sein: Auf der Grundlage des Vertrags wird man mit der gebotenen Behutsamkeit vorgehen und die parallele Entwicklung der verschiedenen Komponenten der Wirtschafts- und Währungsunion sicherstellen können.

Im Ausland wird man manchmal überrascht sein von dem in Italien über das Ziel einer Wirtschafts- und Währungsunion bestehenden Konsens. Diesen Konsens gab es indes sowohl in den fünfziger und sechziger Jahren, als unser Land eine Phase der Geldwertstabilität erlebte, als auch in den Jahren mit hoher Inflation, und die Erfahrungen mit dem EWS in den letzten elf Jahren haben ihn gestärkt. Er ist vor allem in der Geschichte eines Landes verwurzelt, das seine politische Einheit im letzten Jahrhundert verwirklicht hat, und zwar gemäß der Vorstellung von Männern, die neben nationalen auch europäische Ziele im Blick hatten. Auf rein ökonomischer Ebene entsteht dieser Konsens in dem Bewußtsein, daß die italienische Wirtschaft sich nicht innerhalb ihrer geographischen Grenzen erschöpft, sondern ihren Platz im Raum des gesamten Kontinents findet. Dies gilt auch für die anderen Länder der Gemeinschaft, für die Bundesrepublik Deutschland nicht weniger als für Italien. Unser wirklicher „Inlandsmarkt", bezüglich dessen wir alle ein vorrangiges Interesse haben, daß dort die Voraussetzungen für freien Wettbewerb und monetäre Stabilität herrschen, ist die gesamte Gemeinschaft und nicht allein Italien oder die Bundesrepublik. In Europa hat das Konzept vom Markt bereits jeglichen nationalen Bedeutungsgehalt verloren.

Mit der Schaffung einer eigenen Währungsunion wird Europa wirksam die eigene innere Stabilität schützen können, indem es voll und ganz die Geldpolitik in einem System von gegenüber dem Dollar und dem Yen flexiblen Wechselkursen einsetzt. Die europäische Wirtschaft- und Währungsunion wird ein Beispiel wirtschaftspolitischer Koordinierung sein, an dem sich eines Tages andere regionale oder internationale Kooperationsabkommen werden orientieren können. Mit einem ganz anderen Gewicht als dem gegenwärtigen kann Europa Förderer konstruktiver Initiativen in den Bereichen der internationalen Währungsbeziehungen und des Freihandels werden. Verträge mit den anderen bedeutenden Industrieländern mit direktem Bezug auf die gesamte europäische Wirtschaft werden stärkere Auswirkungen auf die internationalen Märkte haben, so daß die monetäre Zusammenarbeit der drei Pole − Amerika, Japan und Europa − daraus gestärkt hervorgehen wird.

Abschließend möchte ich betonen, wie wichtig es ist, ohne unnützes Zaudern ans Werk zu gehen. Die Geschichte unserer beiden Länder zeigt die Schwierigkeiten, zur Einheit zu gelangen, die verpaßten Gelegenheiten und die schwerwiegenden Folgen auf, die sich ergeben, wenn man es nicht verstanden hat, günstige Gelegenheiten für geeignete Lösungen zu nutzen. So erinnerte Luigi Einaudi zu dem Zeitpunkt, als der Plan einer Europäischen Verteidigungsgemeinschaft diskutiert wurde, daran: „Im Leben der Nationen ist der Fehler, den flüchtigen Augenblick nicht festgehalten zu haben, gewöhnlich irreparabel ... Die Unschlüssigkeit und die Zwietracht der italienischen Staaten am Ende des 15. Jahrhunderts brachte den Italienern den Verlust ihrer Unabhängigkeit während dreier Jahrhunderte ein; und die Zeit der Entscheidung betrug damals vielleicht einige wenige Monate."

Das gegenwärtige Währungsgefüge weist die Zerbrechlichkeit eines unvollendeten Gebäudes auf. Der gemeinsame Binnenmarkt kann nicht voll und auf Dauer verwirklicht werden, wenn nicht die durch die Verwendung verschiedener Währungen entstandenen Schranken beseitigt werden.

Allein die baldige Fertigstellung eines Vertrages kann gewährleisten, daß das vorgezeichnete Schema in das Verhalten und in die Institutionen Eingang findet. Es geht darum, die Früchte des Konsenses zu ernten, auf den derzeit eine auf Preisstabilität zielende Geldpolitik und eine mit einem klaren Ziel ausgestattete unabhängige Institution treffen.

Es ist gewiß nicht Aufgabe der Zentralbankpräsidenten, politische Richtungen zu weisen. Aber wir sind nicht von der Pflicht entbunden, die historische Tragweite des Prozesses zu verstehen, in den wir verwickelt sind. In Hannover ist durch politischen Willen ein für die Integration der Gemeinschaft wesentlicher Prozeß in Gang gesetzt worden, an dem teilzuhaben wir Techniker aufgefordert wurden. Wir haben die mit dem Mandat verbundene Verantwortung auf uns genommen, indem wir einen Bericht erstellt haben, der den Wert und die technische Durchführbarkeit des Vorhabens einer Währungsunion bekräftigt und der für diese eine präzise Ausgestaltung vorschlägt.

Ich erinnere Sie an die Errichtung des EWS, hinsichtlich dessen nicht wenige Zweifel bestanden. Sie wurden überwunden und gefährliche Verzögerungen vermieden. Wäre dies nicht geschehen, hätte wahrscheinlich die Entwicklung der Weltwirtschaft in den Jahren 1979/80 zur Verschiebung des Inkrafttretens des Abkommens geführt, oder sogar dazu, daß es als nicht vollziehbar erklärt worden wäre. Das EWS hat sich als Stabilitätsinstrument erwiesen, und die sich dank des EWS einstellenden Konvergenzerfolge bildeten den Antrieb zur vollständigen Öffnung der Märkte und zur Liberalisierung des Kapitalverkehrs in Europa. Heute stellt die monetäre Dimension erneut einen Wendepunkt in der wirtschaftlichen Vereinigung Europas dar. Der erste Teil dieser Wende, der die Ausarbeitung konkreter Lösungen für die Probleme beriftt, denen wir uns gegenübersehen, ist vollzogen. Jetzt geht es darum, das Vorhaben in die Tat umzusetzen; sein Beginn kann nicht aufgeschoben werden. Auf dem zeichnerischen Entwurf der „Kathedrale" muß die Eröffnung der Baustelle folgen. Es obliegt unserer Generation, die die Barbarei des Krieges kennengelernt hat, es aber verstanden hat, den Frieden zu errichten, das Werk zu vollenden und in die Hände der neuen Generation zu legen.

Europäische Währung und Europäische Zentralbank aus dänischer Sicht

Erik Hoffmeyer

Ich war ebenso ein Befürworter der dänischen Mitgliedschaft im gemeinsamen Markt (1972) wie auch der grundlegenden Integration mit dem Ziel, ein vereinigtes Europa zu haben. Ich denke an meine Erfahrung während des Zweiten Weltkrieges zurück und es erscheint mir für Europa wichtig, sowohl wirtschaftlich wie auch politisch integriert zu sein.

Ich möchte versuchen, aus den Erfahrungen, die wir in der Währungskooperation seit 1972 gemacht haben, die zu erreichenden Ziele zu beschreiben. Ich habe während all dieser Jahre an der Währungs-Zusammenarbeit in Europa mitgewirkt.

Es gibt zwei große Bereiche, eine wirtschaftliche und eine politische Integration. Die erste umfaßt die Liberalisierung der Waren und Dienstleistungen und die zweite die Konvergenz der Wirtschaftspolitik.

Was die Liberalisierung der Waren und Dienstleistungen betrifft, haben wir ganz wesentliche Resultate erzielt und ich denke, daß die Europäische Akte, die vor 1993 verwirklicht werden soll, äußerst wichtig ist. Innerhalb der Währungspolitik wird die Liberalisierung von Finanz-Dienstleistungen ein entscheidender Faktor sein, um Europa wirtschaftlich zu integrieren.

Der zweite wichtige Bereich ist die Konvergenz der Wirtschaftspolitik. Trotz der unterschiedlichen Leistungsfähigkeit der Länder des gemeinsamen Marktes hat sich der Grad der Konvergenz innerhalb Europas während der letzten Jahre verbessert. Einen nicht unerheblichen Verdienst bei dieser Konvergenz gebührt dem Europäischen Währungssystem.

Dr. Erik Hoffmeyer, Präsident der Danmarks Nationalbank

Vor diesem Hintergrund möchte ich Ihre Aufmerksamkeit gern auf drei Punkte lenken, die wichtig sind, um die Entwicklung seit 1972 zu bewerten:

Ich konzentriere mich zuerst auf die Erfahrung mit Frankreich. In den Jahren seit 1972 hat Frankreich das System zweimal verlassen. Ich muß klarstellen, daß das 1979 eingeführte System nicht so verschieden von den früheren Systemen war. Frankreich verließ das System im Jahre 1974 das erstemal, trat im Sommer 1975 erneut bei und verließ es das zweitemal im März 1976. Im März 1983 beabsichtigten die Franzosen, das System zum drittenmal zu verlassen. Während die Franzosen berieten, ob sie im EWS bleiben oder es verlassen sollten, waren alle Notenbankchefs für zwei Tage in Brüssel in Klausur. Aus welchem Grund haben die Franzosen dreimal ernsthaft erwogen, das System zu verlassen und es tatsächlich zweimal verlassen? Meiner Meinung nach hängt es mit einer grundsätzlichen Schwäche unseres Systems zusammen — es ist asymetrisch. Ich will später darauf zurückkommen. Ich glaube, daß es für eine Bewertung des Europäischen Währungssystems wichtig ist, sorgfältig zu analysieren und zu bedenken, warum die Franzosen das System zweimal, fast dreimal verlassen haben.

Mein zweiter Punkt ist, daß sich die Art der Zusammenarbeit zwischen den Zentralbanken und auch Politikern im Europäischen Währungssystem erheblich verbessert hat. Es herrscht jetzt eine ganz andere Einstellung zum System, verglichen mit der Zeit Anfang der 70er Jahre. Wir haben gelernt, wie man miteinander arbeitet. Dies trifft auf technische Interventionen wie auch Währungsinterventionen zu, d.h. die Überlegungen, bei welchen Währungen und mit welchen Beträgen eingeschritten werden muß. Ich muß den deutschen Währungsbehörden ihre positive Haltung zur europäischen Zusammenarbeit auf diesem Gebiet anrechnen. Es muß jedoch hinzugefügt werden, daß auch die anderen Mitglieder sie nie mißbraucht haben. So gab es auch kaum einen Grund für eine deutsche Beschwerde.

Mein dritter Punkt ist die Konvergenz der Wirtschaftspolitik. Dies betrifft nicht nur die Währungs- und Wechselkurspolitik, sondern auch die Konvergenz der allgemeinen Wirtschaftspolitik. Wie ich schon erwähnte, glaube ich, daß wir Fortschritte gemacht haben. Wir sind uns näher gekommen, besonders bei der Inflationsbekämpfung und in gewissem Umfang auch in anderen wirtschaftspolitischen Fragen.

Während sich die Zusammenarbeit und Konvergenz der Politik zufriedenstellend entwickelt haben, ist die Hauptschwäche des Europäischen Währungssystems, die asymetrische Natur dieses Systems, geblieben. Diese Asymetrie zeigt sich gewöhnlich darin, daß sich die Last von Wechselkursanpassungen auf die schwachen Länder konzentriert. Ein Beispiel ist, daß Länder mit einer höheren Inflationsrate meistens die Initiative ergreifen und ihre Währungen abwerten müssen. Andererseits halten Länder mit einem Export-Überschuß ihren Wechselkurs zum Teil wegen besserer innerer Stabilität oder aufgrund niedrigen Wachstum konstant.

Dänemark muß eine Politik betreiben, die für uns zu negativem Wachstum führt, da wir ein großes Defizit in der Zahlungsbilanz ausgleichen müssen. Es ist offensichtlich, daß bei höheren Wachstumsraten in anderen Ländern des Systems eine solche Politik für uns nicht notwendig wäre. Es würde auch uns ermöglichen, eine hohe Wachstumsrate zu haben. So hat auch Frankreich eine Wachstumsrate zu akzeptieren, die unter der möglichen Rate liegt.

Ich denke, daß der Zwang, den Grad des inneren Wachstums zu akzeptieren, für kleine Länder wie Dänemark und vielleicht auch für Belgien und die Niederlande natürlich ist, weil wir gewöhnt sind, Länder zu sein, die sich anpassen müssen. Aber dies ist für Frankreich nicht der Fall.

Die Hauptursache, warum Großbritannien 1979 nicht dem EWS beitrat, ist m.E., daß es keine konkrete Garantie der anderen Länder erhalten konnte, das EWS nicht zu einem asymetrischen System werden zu lassen. Die jetzige Regierung ist gegen den Beitritt, weil sie es für ein asymetrisches System hält, das nicht zum Vorteil Großbritanniens ist.

In der Diskussion, wie man das EWS weniger asymetrisch gestalten kann, kam die Idee einer europäischen Zentralbank und einer europäischen Währung auf. Ich würde diesen Plan gerne unterschreiben, wenn er über einen angemessenen Zeitraum ausgeführt werden könnte. Es ist keine Frage, daß eine Wirtschaftsunion eine gemeinsame Zentralbank und eine gemeinsame Währung haben muß. Dies ist ein Ziel, das wir anerkennen.

Ich glaube jedoch nicht, daß es möglich ist, eine europäische Zentralbank oder eine europäische Währung über Nacht einzuführen. Ich glaube auch nicht, daß ein schwacher internationaler Rahmen viel zur Lösung unserer fundamentalen Probleme beitragen würde.

Harte Arbeit ist nötig, um das EWS zu stabilisieren, da es ein schwaches System ist. Eine gemeinsame Zentralbank und eine europäische Währung könnten vom Europäischen Fonds für Währungspolitische Zusammenarbeit (EFWZ) entwickelt werden. Sie würde die Möglichkeit haben, Ecu zu emittieren.

Aber da wir uns noch auf halbem Weg zur Währungsunion befinden, ist es zunächst wichtiger, das EWS zu stabilisieren.

Man könnte sich fragen, wie es möglich wäre, ein symetrisches System zu schaffen. Wir haben verschiedene Dinge versucht, aber ich bin etwas bekümmert über die Resultate. Um die Interventionspolitik zu stärken, haben wir eine Spanne diskutiert, die nicht nur für die schwachen, sondern auch für die starken Währungen gilt. Die Finanzierung von Interventionen hat sich etwas verbessert, aber nicht entscheidend. Bisher wurde kein Weg eingeschlagen, das EWS grundlegend zu ändern.

Eine Idee, die als Vorbedingung für die Rückkehr der Franzosen in das System von 1978/79 aufkam, war der Divergenzanzeiger. Er ist aber nie angewandt worden.

Wenn nun die Politiker eine Entwicklung in Richtung einer Währungsunion mit dem Endziel einer europäischen Zentralbank und einer europäischen Währung in Gang setzen wollen, dann müssen die Länder mit starken Währungen ihren Beitrag leisten, um das EWS symetrischer zu gestalten. Die allgemeine Konvergenz der Wirtschaftspolitik und die Mechanik des Systems müssen verbessert werden.

Zusammenfassend kann gesagt werden, daß die Entwicklung über die Jahre zufriedenstellend war. Aber es ist noch ein langer Weg, bis das EWS ebenso für die großen wie für die kleinen Länder zufriedenstellend funktioniert. Eine meiner Sorgen ist, daß die Zuständigen nicht erkennen, daß das EWS ein schwaches System ist, daß harte Arbeit notwendig ist, es zu stabilisieren. Man sollte sich auf diese Aufgabe konzentrieren, anstatt Pläne zu diskutieren, die erst das Resultat dieser Arbeit sein können, die sich nicht verwirklichen lassen, bevor das System symetrisch ist.

Im Juni 1988 entschieden die Staats- und Regierungschefs, einen Bericht über die Realisierung der Wirtschafts- und Währungsunion erstellen zu lassen. Das Delors-Komitee, dem ich als Mitglied angehörte, schloß im April 1989 seinen Bericht ab. Im Juni entschieden die Staats- und Regierungschefs gemäß den Vorschlägen des Delors-Komitees die erste Stufe mit dem 1. Juli 1990 zu realisieren und zu prüfen, wie die zweite und dritte Stufe erreicht werden kann, damit eine Wirtschafts- und Währungsunion in Europa entsteht.

Auch das Europaparlament hat sich mit dem Franz-Bericht in einer Resolution zum Prozeß der europäischen Währungsintegration geäußert. Ein Vergleich zwischen der Resolution des Europaparlaments und dem Delors-Bericht zeigt, daß die Resolution Daten für Entscheidungen und die Schaffung von Institutionen festsetzt, während der Delors-Bericht in dieser Richtung sehr behutsam ist. Der Delors-Bericht empfiehlt eine allmähliche Entwicklung, er stützt sich in der ersten Stufe auf bestehende Institutionen und betont die Bedeutung vorbereitender Arbeiten, die der Einberufung einer Regierungskonferenz zur Änderung des EWG-Vertrages vorangehen müssen.

Ein Vergleich der Berichte zeigt die Unterschiede zwischen den Aktivisten, die auch ein Europa der zwei Geschwindigkeiten akzeptieren würden, und den Gradualisten. Es mag eine symbiotische Beziehung zwischen den beiden geben, aber trotz des sehr wichtigen Wechsels in der französischen Politik, die sich jetzt besonders verpflichtet sieht, schnell eine Währungsunion zu schaffen, glaube ich, daß viele Mitwirkende an Währungsdebatten unterschätzen, wie schwierig es ist, wirtschaftspolitische Ziele in Einklang zu bringen.

Europäische Währung und Europäische Zentralbank aus irischer Sicht

Maurice F. Doyle

Das Europäische Währungssystem EWS trat am 13. März 1979 mit dem Ziel in Kraft, durch ein engere wirtschaftspolitische Zusammenarbeit zu einer Zone der Währungsstabilität in Europa zu gelangen. Durch die Teilnahme am Wechselkursmechanismus des EWS sollten eine große Wechselkursstabilität und dadurch eine Verringerung der Inflation, niedrigere Zinsen und größeres Wirtschaftswachstum angestrebt werden. Obwohl das EWS nicht bei der Erreichung aller dieser Ziele gleich erfolgreich war, hat es doch im allgemeinen die Erwartungen übertroffen, die 1979 in das System gesetzt wurden.

Welche Herausforderungen muß das System nun in Zukunft bestehen? Jeder Gedanke über die Zukunft des Systems ist seit dem Franz- und dem Delors-Bericht untrennbar mit der Frage einer Wirtschafts- und Währungsunion verbunden.

Eine Wirtschafts- und Währungsunion bedeutet die völlige Freiheit für den Waren-, Dienstleistungs- und Kapitalverkehr und die Wanderung von Arbeitskräften. Die Politiken müssen auf hohem Niveau koordiniert werden und regionale Disparitäten müssen abgebaut sein. Damit ist die Wirtschaftsunion beschrieben. Eine Währungsunion, die der Schlußpunkt der Entwicklung ist, erfordert zusätzlich unwiderruflich feste Wechselkurse zwischen den Mitgliedswährungen. Um dieses Ziel zu erreichen, sind Verpflichtungen notwendig, die über den Beitritt zum EWS oder die Ratifizierung der Einheitlichen Europäischen Akte weit hinausgehen.

Die Wirtschafts- und Währungsunion wird seit langem als ein wünschenswertes, wenn auch weit entferntes Ziel der Europäischen Integration angesehen. Schon 1972 stimmten die Regie-

---

Maurice F. Doyle, Präsident der Central Bank of Ireland

rungen einer Ratsentscheidung zur Wirtschafts- und Währungsunion zu, die aber ein bloßes Stück Papier blieb. Bei der Gründung des EWS war die Wirtschafts- und Währungsunion noch kein beherrschendes Thema. Mit der Verabschiedung der Einheitlichen Europäischen Akte bestätigten die Mitgliedstaaten das Ziel der Wirtschafts- und Währungsunion jedoch wieder. Auf dem Europäischen Rat von Hannover 1988 wurde dann vereinbart, das Delors-Komitee einzusetzen, um die konkreten Etappen zur Verwirklichung dieser Union auszuarbeiten.

Woher kommt diese erneute Begeisterung für eine Wirtschafts- und Währungsunion? Sie ist auf verschiedene, aber doch zusammenhängende Gründe zurückzuführen. Neben dem Erfolg des EWS ist die wesentliche Ursache in den bedeutenden Fortschritten bei der Liberalisierung des Kapitalverkehrs und der für 1992 vorgesehenen Schaffung des Binnenmarktes für Waren und Dienstleistungen zu sehen. Freiheit des Kapitalverkehrs auf der einen und Freiheit des Waren- und Dienstleistungsverkehrs auf der anderen Seite sind die wesentlichen Elemente der Europäischen Integration.

Einheitliche Waren- und Kapitalmärkte führen aber auch zu Spannungen, die nur durch einen erweiterten Integrationsprozeß gelöst werden können. Bei freiem Kapitalverkehr und einem Festkurssystem sind die Möglichkeiten für eine autonome Geldpolitik sehr eingeschränkt. Ohne entsprechende Konvergenz der Budgetpolitiken und der allgemeinen Wirtschaftspolitik können massive Spekulationen die Wechselkursstabilität bedrohen. Auf den Waren- und Dienstleistungsmärkten kann es darüber hinaus durch die neuen Freiheiten zu einer Konzentration auf die Zentren der Gemeinschaft kommen, während die peripheren Regionen veröden.

Um derartige Probleme zu vermeiden, ist eine Politik notwendig, mit der sichergestellt wird, daß alle Mitgliedstaaten eine annähernd gleiche wirtschaftliche Entwicklungstufe erreichen. So gesehen, zielt die wirtschaftliche Integration darauf ab, den notwendigen Rahmen für eine Koordination der Wirtschafts- und Währungspolitik sowie der Verringerung regionaler Unterschiede zu schaffen. Beide Ziele sind notwendige Voraussetzungen für eine Währungsunion mit irreversibel festen Wechselkursen.

Aus diesem Grund kann die Wirtschafts- und Währungsunion als logische Fortsetzung des Integrationsprozesses angesehen werden. Sie bietet außerdem die Gewähr dafür, daß dieser Prozeß für alle Mitgliedstaaten durchführbar und nützlich ist.

Wir unterstützen die Schaffung einer Wirtschafts- und Währungsunion schließlich auch aus der Überzeugung, daß feste Wechselkurse das beste Umfeld für eine wirksame Verringerung der Inflationsrate und Förderung des Wirtschaftswachstums bieten. Die Erfahrung kleiner, offener Volkswirtschaften zeigt, daß Abwertungen keine Lösung für wirtschaftliche Probleme sind. Alle Vorteile aus einer Wechselkursanpassung sind höchstens temporär und werden schnell durch eine höhere Inflation und eine Verlust an Kreditfähigkeit aufgezehrt. Dazu kommt, daß dies inzwischen nicht nur für kleine, offene Volkswirtschaften gilt. Auch von den größeren Teilnehmern am Wechselkursmechanismus des EWS wird der Verzicht auf Wechselkursänderungen zunehmend als notwendig angesehen, um das Vertrauen in die Wirtschaft zu erhöhen und die Preisstabilität zu sichern.

Auf welchem Wege soll nun die Wirtschafts- und Währungsunion entstehen, damit sie für alle Mitgliedstaaten gewinnbringend ist? Aufgrund der Erfahrungen mit dem EWS ist die Politikkoordination besonders wichtig. Die Ziele, die mit der Wirtschafts- und Währungsunion verfolgt werden, liegen deutlich über denen eines Wechselkursmechanismus und erfordern deshalb auch einen wesentlich höheren Grad an Politikkoordination. Wir haben schon in den vergangenen elf Jahren erkennen müssen, daß die Geldpolitik überbeansprucht wurde, wenn nur sie die Hauptanpassungslast im Wechselkursmechanismus zu tragen hat. Wenn wir uns in Richtung Wirtschafts- und Währungsunion bewegen wollen, ist es unabdingbar, wirkungsvolle Mechanismen zur Abstimmung der nationalen Wirtschaftspolitiken zu entwickeln. Vor allem muß die Koordination der Haushaltspolitiken verbessert werden, die weit hinter dem hinterherhinkt, was auf dem Feld der Geldpolitik heute schon erreicht worden ist.

Parallele Fortschritte auf allen verbundenen Gebieten muß ein zweites Prinzip auf dem Weg zur Währungsunion sein. Bis heute wurden die größten Fortschritte bei der Geldpolitik erzielt. Es muß sichergestellt werden, daß die Entwicklung einer Währungsunion mit irrevesibel festen Wechselkursen von der parallelen Entwicklung einer Wirtschaftsunion begleitet wird. Alle Mitgliedstaaten der Gemeinschaft müssen vor Erreichen der letzten Stufe der Wirtschafts- und Währungsunion einen vergleichbaren Stand der wirtschaftlichen Entwicklung sowie eine hohe Konvergenz bei der Fiskalpolitik, der Geldpolitik und der allgemeinen Wirtschaftspolitik erreicht haben. Wenn das nicht der Fall ist, werden die Disparitäten in der Gemeinschaft zu einer anhaltenden Wanderung von Kapital und Arbeit aus den weniger entwickelten in die reicheren Regionen führen. Diese Wanderung wird zu unberechenbaren Belastungen bei der Schaffung einer Wirtschafts- und Währungsunion führen.

Wenn dieses Prinzip ernst genommen wird, muß es zu einer konzertierten gemeinschaftlichen Anstrengung bei der Minimierung der regionalen Unterschiede in der Gemeinschaft kommen. Die sehr zu begrüßende Entscheidung, den Strukturfond der Gemeinschaft zu verdoppeln, wird nicht ausreichen, um die mit einer Wirtschafts- und Währungsunion verbundenen Probleme regionaler Unterschiede zu lösen. Bei fortschreitender Integration wird die Autonomie der nationalen Wirtschaftspolitik in zunehmendem Maße abnehmen. Die Regionalpolitik der Gemeinschaft wird daher immer stärker gefördert werden, um eine Wirtschafts- und Währungsunion erträglich zu gestalten. Es ist unabdingbar, daß von Anfang an geeignete Gremien zur Verfügung stehen, die sich mit dem Problem regionaler Strukturunterschiede befassen.

Eine wichtige Erfahrung des EWS ist, daß durch die Nicht-Teilnahme einiger Mitglieder am Wechslkursmechanismus der Erfolg des Systems eingeschränkt wurde. Besonders Irland hat unter der Nicht-Teilnahme Großbritanniens, unseres wichtigsten Handelspartners, leiden müssen. Der Wechselkurs des irischen Pfundes war unter diesen Umständen nur sehr schwer zu steuern. Auf der anderen Seite hat die Nicht-Teilnahme es dem Vereinigten Königreich auch nicht ermöglicht, eine Stabilitätspolitik durchzuführen.

Es ist schon etwas seltsam, wenn im Vereinigten Königreich Wechselkursautonomie mit dem Kampf gegen die Inflation begründet wird, während in den Ländern, die am Wechselkursmechanismus des EWS teilnehmen, feste Wechselkurse als die schärfste Waffe im Kampf gegen die Inflation genannt werden. Darüber hinaus ist es sehr fraglich, ob es Sinn macht, große Anstrengungen zur Beseitigung von Handelshemmnissen zu unternehmen, um den Binnenmarkt voranzutreiben, während eines der größten Hemmnisse – die durch Wechselkursschwankungen hervorgerufene Unsicherheit – keine größere Aufmerksamkeit erfährt. Die Nicht-Teilnahme am Wechselkursmechanismus läßt daher Zweifel an dem Interesse eines Mitgliedslandes an der europäischen Integration aufkommen.

Für die Teilnahme an der Wirtschafts- und Währungsunion gelten die gleichen Grundsätze. Alle Mitgliedstaaten müssen sich nicht nur über das Ziel einig sein, sondern auch darüber, daß alle Zwischenschritte auf dem Weg zur Währungsunion von allen mitgemacht werden. Ein wichtiges Zeichen, das ohne Veränderung der Römischen Verträge möglich ist, wäre der Beitritt aller Mitgliedstaaten zum Wechselkursmechanismus des EWS bis 1992, begleitet von einer zunehmenden Verringerung der zulässigen Schwankungsbreiten der Teilnehmerwährungen.

Die institutionellen Vorkehrungen für eine Wirtschafts- und Währungsunion sollten auf den Erfahrungen mit dem EWS aufbauen. Dabei drängen sich zwei Überlegungen auf. Zum einen muß jede neue Institution die Macht besitzen, ihre Aufgaben unabhängig durchzuführen und gleichzeitig an ein sich veränderndes Umfeld anpassungsfähig sein. Zum anderen sollten die Entscheidungen und die Durchführung der Entscheidungen so weit wie möglich auf nationaler Ebene stattfinden.

Aufgrund dieser Prinzipien sollte eine zukünftige gemeinschaftliche Währungsbehörde aus dem bestehenden, aber mit erweiterten Rechten und Pflichten ausgestatteten Ausschuß der Notenbankgouverneure entstehen.

Damit würde sichergestellt, daß ein Europäisches Zentralbanksystem die größtmögliche Unabhängigkeit von den nationalen Regierungen und den Gemeinschaftsinstitutionen, wie Rat und Kommission, erhalten würde. Ohne eine derartige Unabhängigkeit wäre es dem Europäischen Zentralbanksystem nicht möglich, die Preisstabilität als oberstes Ziel zu garantieren. Darüber hinaus sollte ein Europäisches Zentralbanksystem föderal strukturiert sein, so daß ihm nur die unbedingt notwendigen Aufgaben übertragen werden müssen, während die nationalen Zentralbanken weiterhin so viele Aufgaben wie möglich behalten. Die föderale Struktur sollte auch dazu führen, daß jede teilnehmende Zentralbank eine Stimme bei den geldpolitischen Entscheidungen hat.

Zu Beginn einer Wirtschafts- und Währungsunion, d.h. bevor die geld- und wirtschaftspolitischen Entscheidungen gemeinschaftlich getroffen werden und die Wechselkurse irreversibel fest sind, kann die währungspolitische Zusammenarbeit ohne eine neue Institution auskommen. Eine wirkliche Wirtschafts- und Währungsunion wird allerdings nur Bestand haben, wenn die Geldpolitik von einer neuen oder bestehenden Institution koordiniert, die allgemeine Wirtschaftspolitik abgestimmt und die Verringerung der regionalen Strukturunterschiede ernsthaft betrieben wird.

Der Wechselkursmechanismus des EWS hat besser funktioniert, als es selbst die größten Befürworter des Systems 1979 zu hoffen gewagt haben. Das EWS hat so gut funktioniert, daß es heute eine bedeutende und nicht mehr wegzudenkende Einrichtung für die europäischen Finanzmärkte ist. In Verbindung mit der Vorbereitung des Binnenmarktes hat dieser Erfolg die Aussichten für eine Wirtschafts- und Währungsunion in Europa entscheidend verbessert. Eine Wirtschafts- und Währungsunion, die nach den von mir genannten Kriterien geschaffen wird, bedeutet, daß alle Mitgliedsländer an den Vorteilen eines starken Europas teilhaben können.

Europäische Währung und Europäische Zentralbank aus österreichischer Sicht

Hellmuth Klauhs

Währungs- und Wechselkurspolitik spielen eine entscheidende Rolle in den Diskussionen und bei der Durchführung der Wirtschaftspolitik eines Landes. Sie sind von Bedeutung nicht nur im wirtschaftspolitischen sondern auch im allgemeinen politischen Zusammenhang. Für ein kleines Land wie Österreich sind die Entwicklungen jenseits seiner Grenzen besonders wichtig, denn diese bestimmen die wirtschaftlichen Bedingungen und Österreich muß seine Konzepte und Strategien daran orientieren. Da Österreich nunmehr den Antrag um Aufnahme in die EG gestellt hat, wird dieser Blick über die Grenzen sogar noch wichtiger. Von besonderer Bedeutung sind für uns natürlich die währungspolitischen Entwicklungen in den EG-Ländern, mit denen wir mehr als zwei Drittel unserer Handels- und Zahlungsbilanz abwickeln. Sicher ist die Europäische Währungsunion noch eine Vision mit Stolpersteinen, aber wir bejahen sie voll und ganz. Wer sich zur EG bekennt, muß dies auch tun.

Am 17. Juli 1989 hat Österreich nach intensiven innerösterreichischen Diskussionen und Befassung des Parlaments den Antrag auf Aufnahme in die Europäischen Gemeinschaften unter Wahrung der Neutralität dem damaligen Vorsitzenden des EG-Außenministerrates Dumas übermittelt.

Ein intensiver Abstimmungsprozeß in Österreich ist damit zum Abschluß gekommen, ein langwieriger und schwieriger Verhandlungsprozeß mit Brüssel − dessen Verlauf durchaus nicht vorhergesehen werden kann − hat damit seinen Anfang genommen.

Von der ökonomischen Seite war der erwähnte Beitrittsantrag eine logische Konsequenz der aus wirtschaftlicher Sicht erstrebenswerten, möglichst weitgehenden Integration in den EG-Bin-

Dr. Hellmuth Klauhs, ehemaliger Präsident der Österreichischen Nationalbank

nenmarkt. Dank einer hervorragenden Ausgangsposition ergeben sich von der währungspolitischen Seite her keine Bedenken
gegen die Vollintegration.

Auf währungspolitischem Gebiet könnte die Vollmitgliedschaft
dann problemlos in ihren Vorteilen genutzt werden, wenn die
EG sich tatsächlich zu einer Stabilitätsgemeinschaft unter Mitwirkung eines unabhängigen Zentralbankensystems in voll integrierten Geld- und Kapitalmärkten entwickelt, was wir derzeit
zumindest als Zielvorstellungen annehmen können.

Im EG-Raum ist die Liberalisierung der Kapitalbewegungen und
der Bankdienstleistungen sowie die Harmonisierung der wichtigsten Aufsichtsbestimmungen einschließlich ihrer Überwachung
ein integrierender Bestandteil der Binnenmarktphilosophie. Wir
werden uns diese Prinzipien − soweit sie bei uns noch nicht verwirklicht sind − zu eigen machen müssen.

Zunächst steht fest, daß durch die Bindung des Schillings an die
DM Österreich bis heute indirekt an das europäische Währungssystem gekoppelt ist. Unsere derzeitige währungspolitische Integration übersteigt de facto die einiger EG-Länder.

Währungspolitisch blicken wir also ohne jede Hektik den nächsten
Schritten der EG auf dem Weg zur Wirtschafts- und Währungsunion entgegen. Dem Endkonzept fixer Wechselkurse, die in Übereinstimmung mit den wirtschaftlichen Gegebenheiten stehen, ist
Österreich näher als die Mehrzahl der Mitgliedstaaten.

Ein entscheidender Schritt zur Schaffung eines wirklich integrierten Finanzraumes innerhalb der Europäischen Gemeinschaft
wurde im Juni 1988 gesetzt, als der Rat die vollständige Liberalisierung durch die Aufhebung der verbleibenden Beschränkungen im Kapitalverkehr beschloß. Diese Entscheidung stellt auch
eine wichtige Richtlinie für die Oesterreichische Nationalbank
dar. Inzwischen sind die erforderlichen Liberalisierungsmaßnahmen in den meisten EG-Ländern in Kraft getreten. Österreich
wird sich diesem Schritt anschließen, wenn wir die Umwandlung
der EG-Beschlüsse in das praktische Recht der einzelnen EG-
Länder klar sehen.

Ein weiterer Meilenstein auf dem Weg zur Währungs- und Finanzintegration der Gemeinschaft ist die zweite Richtlinie zur
Koordinierung der Banktätigkeiten. Sie basiert auf der vollstän

digen Liberalisierung der Kapitalbewegungen und erlaubt den Banken, ihre Dienstleistungen, insbesondere auch sämtliche Arten von Wertpapiergeschäften, überall in der Gemeinschaft anzubieten. Die Oesterreichische Nationalbank reagiert auf diese Herausforderung einerseits durch ihre Befürwortung der Öffnung des österreichischen Bankensystems und andererseits durch ihre Unterstützung des Finanzministeriums bei der Angleichung der österreichischen Bestimmungen an die EG-Richtlinien.

Wir setzen uns als OeNB für die völlig Freigabe aller Emissionen und auch für die Öffnung des Kapitalmarktes für alle Ausländer ein, begrüßen ein neues Börsenrecht mit mehr Transparenz und EG-konformen Insider-Regelungen sowie ein geändertes Emissionsgesetz ohne behördliche Eingriffe. Auch beim Kreditwesengesetz denken wir an eine EG-konforme Novellierung, insbesondere der Eigenkapital- und Zulassungsvorschriften, etwa zum gleichen Zeitpunkt wie die EG-Länder.

Während die Liberalisierung des Kapitalverkehrs und der Bankdienstleistungen Teil der Vollendung des Europäischen Binnenmarktes ist, wird ein völlig einheitliches Währungssystem in diesem Zusammenhang offensichtlich nicht vorausgesetzt – weder vor noch im Zuge oder nach der Vollendung des Binnenmarktes. Es wurden jedoch in den vergangenen Monaten lebhafte und äußerst interessante Diskussionen über eine gemeinsame Währung und eine Europäische Zentralbank geführt. Für die OeNB als außenstehenden Beobachter signalisierte die ECOFIN-Konferenz am 13. November 1989 in Brüssel Einigung über die Maßnahmen in der ersten Stufe des Delors-Plans sowie eine Vielzahl von Meinungen über die in der zweiten und dritten Stufe zu setzenden Schritte.

Unser Bundeskanzler erklärte erst kürzlich, daß er keine Probleme bezüglich der österreichischen Neutralität hinsichtlich der Verwirklichung einer Wirtschafts- und Währungsunion sieht und daß uns auch die Aufgabe einer gewissen währungspolitischen Souveränität keine Probleme bringen wird. Ich kann dieser Erklärung nur voll beipflichten. Mit dem Teil 1 des Delors-Plans können wir uns voll identifizieren, wir sehen nicht die geringsten Schwierigkeiten. Was die weitere Entwicklung in den Teilen 2 und 3 anbelangt, vertrete ich eine vorsichtige Haltung. Ich glaube, daß wir hier mit größerer Vorsicht ans Werk gehen werden, uns aber durchaus einer gesamteuropäischen Entwicklung anschließen können. Wir haben absolut Verständnis für die britische Position, die auch von anderen EG-Ländern bis zu einem gewissen Grad geteilt wird, glauben aber, daß in der EG alle relevanten Entscheidungen getroffen sein werden, wenn über den Vollbeitritt Österreichs gesprochen wird.

Wie auch immer diese Grundsatzdebatte innerhalb der EG enden wird, die Liberalisierung des Kapitalverkehrs und der Bankdienstleistungen sowie die Wirtschafts- und Währungsintegration der Gemeinschaft werden − wie bereits erwähnt − zu keiner Änderung des währungspolitischen Ansatzes der OeNB führen.

Im Ratsbeschluß zum EWS werden europäische Länder mit engen Wirtschafts- und Finanzverflechtungen mit der Gemeinschaft eingeladen, am Wechselkurs- und Interventionsmechanismus mitzuwirken. Bisher hat noch kein Land diese Einladung angenommen. Die Art einer Assoziierung mit dem EWS ist nach wie vor unklar. Eine Frage betrifft das Recht assoziierter Mitglieder, Vertreter (mit oder ohne Stimmrecht) in den Währungsausschuß und den Ausschuß der Zentralbankgouverneure zu entsenden. Ich glaube, daß die Teilnahme von Drittländern mit engen Verbindungen zur EG auch für die Gemeinschaft von Vorteil wäre, weil diese Länder somit dem währungspolitischen Kurs der EG-Länder folgen würden. Wir sind im Einvernehmen mit der Bundesregierung bereit und gerüstet, in detailliertere explorative Gespräche über unsere Assoziierung mit dem EWS einzutreten, wenn dies von allen EG-Ländern gewünscht wird. Der letzte Besuch von EG-Kommissar Andriessen in Wien hat diesbezüglich neue Aspekte ergeben. Ein mögliches Assoziierungsabkommen müßte jedenfalls ein ausgewogenes Gleichgewicht zwischen den Vor- und Nachteilen für beide Parteien herstellen. Aus währungspolitischer Sicht könnte Österreich dem EWS ohne Schwierigkeiten als assoziiertes Mitglied beitreten.

Um sämtliche Gerüchte über eine mögliche „währungspolitische Festung Europa" zum Schweigen zu bringen, sollte sich die Gemeinschaft um eine engere währungspolitische Zusammenarbeit mit Drittländern − wie etwa Österreich − bemühen. Die „erga omnes" Klausel in der Richtlinie über die vollständige Liberalisierung der Kapitalbewegungen und Abschnitt III der zweiten Richtlinie zur Koordinierung der Banktätigkeiten sind erste Schritte in diese Richtung.

Ungeachtet der offenen Fragen einer Assoziierung mit dem Wechselkursmechanismus verstärkt die OeNB ihre Zusammenarbeit mit den EG-Gremien: Die OeNB nimmt an den täglichen Abstimmungen der Zentralbanken an den Devisenmärkten teil. Bei den jährlichen Treffen mit Vertretern des Währungsausschusses werden Fragen von allgemeinem Interesse diskutiert. Zwischen dem Vorsitzenden des Währungsausschusses und Vertretern der OeNB erfolgt ein regelmäßiger Informationsaustausch. Seit kurzem hält die OeNB offizielle ECU in ihren Reserven.

Bevor ich mich den kommenden Liberalisierungsmaßnahmen, die Anfang 1990 in Kraft getreten sind, zuwende, möchte ich kurz auf den bedeutenden Schritt, den wir im Februar 1989 setzten, eingehen. In diesem Zusammenhang wurde die Mehrzahl der österreichischen Vorbehalte zum OECD-Kapitalverkehrskodex aufgehoben, d.h. die wesentlichen Beschränkungen im mittel- und langfristigen Kapitalverkehr beseitigt.

Der nächste Schritt änderte den bisherigen Ansatz, daß generelle Verbote im Devisengesetz aus dem Jahr 1946 durch eine Reihe von Ermächtigungen, Zusagen, Bewilligungen und Freigaben der OeNB in Kundmachungsform gelockert bzw. neutralisiert wurden, insofern, als eine Kundmachung alle Arten von Geschäften, die unter Einschaltung einer inländischen Bank erfolgen, generell bewilligen und die fortbestehenden Restriktionen explizit nennen kann. Im Zuge dieser Änderung des Prinzips haben wir den kurzfristigen Kapitalverkehr, die Kreditgewährung an ausländische Unternehmungen und Privatpersonen sowie sämtliche Goldtransaktionen liberalisiert. Gleichzeitig werden die Meldeverfahren für Kapitalbewegungen aus statistischen Gründen ausgebaut.

Als Folge der Liberalisierung des Kapitalverkehrs wird es zwischen österreichischen und ausländischen Banken zu einer Wettbewerbsverschärfung kommen. Deshalb appelliert die OeNB an die heimischen Banken, ihre Eigenmittel im Verhältnis zu den Aktiva und den außerhalb der Bilanz geführten Geschäften an den Standard der europäischen Banken anzupassen. Die im Januar 1989 informell eingeführten Berechnungen, welche auf der Empfehlung des Cooke-Ausschusses und den Eigenmittel- und Solvenzkoeffizienten-Richtlinien der EG aufbauen, zeigen erste positive Ergebnisse.

Die fortschreitende Währungsintegration, vor allem die Liberalisierung des Kapitalverkehrs und die erwartete verstärkte Tätigkeit österreichischer Banken innerhalb der Gemeinschaft sowie der internationale Trend zur „Securitization" erfordern einen leistungsfähigen österreichischen Kapitalmarkt, um Kapitalabflüsse und ein Ansteigen der Zinssätze zu vermeiden.

Österreichische Wertpapiere sind zwar für internationale Anleger sehr attraktiv, dennoch ergaben jüngste Studien, daß der österreichische Kapitalmarkt noch effizienter sein könnte. Der Rentenmarkt wird weiterhin vom Bund und den Kreditunternehmen als den beiden wichtigsten Emittenten beherrscht. Im Jahr 1989 vergrößerte sich die Angebotslücke und inländische Anleger erwarben vermehrt ausländische Wertpapiere. Der Kapitalmarktausschuß, der den Finanzminister hinsichtlich Emissionskalender und -volumen berät, reguliert den Markt nach wie vor bis zu einem gewissen Grad, obwohl die gehandhabte Praxis immer liberaler wird.

Zusammenfassend möchte ich festhalten, daß die Finanz- und Währungsintegration der Gemeinschaft zu keinerlei Änderung der von der OeNB betriebenen Hartwährungspolitik führen wird. Die Hauptaufgabe der Bank ist die Sicherung des Innen- und Außenwertes des Schillings. Durch unsere Assoziierung mit dem EWS ergeben sich keine zusätzlichen Anreize für die stabilitätsorientierte Währungspolitik Österreichs. Dennoch sollten die Möglichkeiten der EG, Nichtmitgliedern die Mitarbeit in ihren Währungsgremien anzubieten, im Vorfeld der Mitgliedschaft Österreichs in der EG oder im Rahmen des sogenannten Oslo-Brüssel-Prozesses zwischen EG- und EFTA-Ländern nochmals näher untersucht werden. Durch seine Hartwährungspolitik ist Österreich dem Konzept einer Wirtschafts- und Währungsunion, dem Konzept unwiderruflich fester Wechselkurse, näher als die meisten EG-Mitglieder. Wir haben keine Angst davor, einen gewissen Teil unserer währungspolitischen Souveränität an eine unabhängige Europäische Zentralbank abtreten zu müssen. Letztlich müssen wir alle Möglichkeiten sehr sorgfältig überdenken.

Ein klar definiertes Ziel der Oesterreichischen Nationalbank ist die Liberalisierung des Kapitalverkehrs im Gleichklang mit der Europäischen Gemeinschaft. Liberalisierung sollte zu einer Kostenverringerung bei internationalen Transaktionen führen. Um für den Europäischen Finanzraum im Jahr 1993 gerüstet zu sein, muß der österreichische Kapitalmarkt noch weiter liberalisiert werden, z.B. durch eine Reform des Kapitalmarktausschusses, und auch in technischer Hinsicht verbessert werden, z.B. durch ein vielfältigeres Angebot an Wertpapieren.

Währungspolitik ist dem Wesen nach internationale Politik. Österreich räumt dem direkten Weg zur EG Priorität ein. Wir halten auch eine Europäische Währungsunion für sehr wichtig. Vielleicht können die im Nationalbankgesetz verankerten Grundsätze − insbesondere Unabhängigkeit, Preisstabilität und Sozialpartnerschaft − bei der Entwicklung der Europäischen Zentralbank von Nutzen sein. Wir glauben nicht an eine „währungspolitische Festung Europa" mit Begrenzung gegenüber Drittländern. Sie wäre von vornherein Isolation statt Internationalisierung, Diskriminierung statt Abbau von Schranken, und damit eine Fehlgeburt für die Beteiligten.

Wir sehen in der Europäischen Währungsunion oder zumindest in der Koordinierung der europäischen Währungspolitik das beste Instrument, um an der Globalisierung der Währungspolitik mitzuarbeiten, die allein Wohlstandsmehrung für alle bedeutet. Wir fühlen uns auch unseren EFTA-Partnern gegenüber in währungspolitischer Hinsicht zu Übereinstimmung und Gleichklang verpflichtet und sollten nicht die Fragen einer vernünftigen währungspolitischen Entwicklung im Osten Europas aus den Augen verlieren. Das trifft besonders für Österreich zu, als einem Land, das mit den Ostländern Europas jahrhundertealte Bande vielfältigster Art hat. Unser Bekenntnis zu Europa soll keine Exklusivität beinhalten, sondern Ausdruck unserer Meinung sein, daß stabile Währungsverhältnisse der beste Boden für soziale Gerechtigkeit, Wohlstandsmehrung und Harmonie in der Welt sind.

Europäische Währung und Europäische Zentralbank aus schweizerischer Sicht

Markus Lusser

Es gibt neben Regimes fixer oder flexibler Wechselkurse währungspolitische Strategien, die Merkmale beider Regime aufweisen. Das Europäische Währungssystem (EWS) ist für die Schweiz wohl die wichtigste dieser Alternativen. Das EWS, das seine Tätigkeit 1979 aufnahm, umfaßt die meisten Mitglieder der Europäischen Gemeinschaft (EG). Diese breite Mitgliedschaft – sie erstreckt sich allerdings nicht durchwegs auf das System der Stabilisierung der Wechselkurse – deutet auf das politische Ziel des EWS hin. Das EWS ist das Fundament für einen späteren Ausbau der EG zu einer europäischen Wirtschafts- und Währungsunion. Hinter dieser Union zeichnet sich – in groben Konturen – die politische Vision eines europäischen Zentralbanken-Systems und einer einheitlichen EG-Währung ab.

Das Währungskonzept des EWS kennt für jedes Land ein Band, innerhalb dessen der Wechselkurs gehalten werden muß. Die Wechselkurswerte sind in Einheiten ECU's – der europäischen Währungseinheit – definiert. Die Notenbank eines Landes, dessen Währung stark vom Mittelwert des Wechselkursbandes abweicht, muß – so wollen es die Spielregeln des EWS – intervenieren, um die Währungsrelationen auf den vereinbarten Niveaus zu stabilisieren. Die wichtigste Maßnahme, die die Notenbanken zur Verteidigung der vereinbarten Währungsrelationen ergreifen können, ist die Änderung des in ihren Ländern bestehenden Zinsniveaus. Eine solche Zinsveränderung entscheidet über die Attraktivität, die eine Währung auf die Anleger ausübt. Die Notenbank beeinflußt damit die relative Knappheit ihrer eigenen im Vergleich zu anderen Währungen. Mit Zinsveränderungen gehen typischerweise auch Veränderungen der Geldmengen einher.

Dr. Markus Lusser, Präsident der Schweizerischen Nationalbank

Ich will dies an einem Beispiel verdeutlichen. Wertet sich die D-Mark gegenüber anderen Währungen auf, so läßt dies auf eine Verknappung schließen. Die Deutsche Bundesbank kann auf diese Verknappung reagieren, indem sie dem Markt Geld zu tieferen Zinssätzen anbietet. Was hat dies zur Folge? Der Bedarf an deutschen Währungseinheiten ist wieder reichlicher gedeckt. Die Verzinsung von D-Mark Anlagen sinkt. Diese beiden Faktoren werden dazu führen, daß der ECU-Preis der D-Mark sinkt. Was vermögen die EWS-Länder zu tun, um die Wechselkurse innerhalb des EWS-Systems möglichst stabil zu halten? Sie müssen ihre Geldpolitik — diese vor allem — und ihre Fiskalpolitik dem Ziel der Stabilisierung der Wechselkurse zu einem großen Teil unterordnen. Das bedeutet konkret, daß alle am System beteiligten Länder eine Politik, die zu ungefähr gleichen Inflationsraten führt, zu verfolgen haben. Die Wachstumsraten der Geldmengen der einzelnen EWS-Länder dürften — um es auf eine einfache Faustregel zu bringen — nur in dem Maße, in dem sich die Wachstumsraten der realen Volkseinkommen unterscheiden, voneinander abweichen.

Diese Faustregel ist leichter zu formulieren als zu befolgen. Es ist vor allem die Fiskalpolitik, die Probleme schafft. Länder, die große Budgetdefizite aufweisen und nicht über genügend hohe Steuereinnahmen verfügen, stehen nur zwei Finanzierungsmöglichkeiten offen. Sie verschulden sich entweder — durch die Ausgabe von Staatsanleihen — beim privaten Publikum oder sie veranlassen ihre Notenbank, die nötigen Mittel in Form neu geschaffenen Geldes zur Verfügung zu stellen. Ein Land, das den zweiten Weg wählt, wird es schwierig oder gar unmöglich finden, sein Geldmengenwachstum den Erfordernissen der Stabilisierung des Wechselkurses anzupassen.

Die geldpolitischen Imponderabilien drohen den Weg zur Stabilisierung der Wechselkurse aber ebenso sehr wie die Fiskalpolitik zu erschweren. Zwei Hindernisse treten im EWS besonders häufig auf:

– Unterschiedliche Vorstellungen in bezug auf die Inflationsrate, die die einzelnen EWS-Länder als tolerierbar erachten, bilden das erste Hindernis. Der Konflikt im EWS ist immanent, wenn die Bundesrepublik Deutschland Stabilität des Preisniveaus anstrebt und andere EWS-Länder ein davon abweichendes Inflationsziel verfolgen. Die Gefahr einer solchen Abweichung läßt sich nicht vernachlässigen. Einige EWS-Länder befürchten – dies ist nicht zu übersehen – höhere Arbeitslosenzahlen, falls sie ihre Inflationsraten weiter senken. Die deutsche Arbeitslosenrate, die seit langem auf hohem Niveau verharrt, ist nicht geeignet, solche Befürchtungen zu zerstreuen. Es wäre daher zu begrüßen, wenn die Bundesrepublik Deutschland ihren Arbeitsmarkt liberalisieren und die Wachstumsdynamik durch Deregulierungen entfesseln würde. Gelänge es ihr damit, die Arbeitslosigkeit in Deutschland zu verringern, so vermöchte sie die Zweiflern unter ihren EWS-Partnern am nachhaltigsten davon zu überzeugen, daß eine Senkung der Inflation die Arbeitnehmer nicht benachteiligt.

– Die Vielzahl von unterschiedlichen monetären Kontrollmechanismen in den EWS-Ländern bildet das zweite geldpolitische Hindernis. Die geldpolitische Behörde eines Landes, die schwergewichtig eine Politik der Zinsstabilisierung betreibt und auf die Entwicklung der Geldmenge wenig Rücksicht nimmt, tut sich erfahrungsgemäß schwer, wenn sie eine bestimmte Inflationsrate erreichen oder stabilisieren soll. Dies vermag in einem Währungsverbund wie dem EWS beträchtliche Konflikte zu stiften. Diese Konflikte sind umso gewichtiger, je größer die Länder, die der Stabilisierung der Zinsen den Vorrang vor der laufenden Kontrolle der Geldmenge geben, sind. Eine Politik, die auf die Stabilisierung der nationalen Zinssätze auf gleichem Niveau zielt, verspräche zwar Erfolg, wenn die Stabilisierung der Wechselkurse das einzige Ziel des EWS darstellte. Das Preisniveau im Währungsverbund hätte dann aber – das ist das Problem jeder Zinsstabilisierung – keinen monetären Anker mehr. Was würde dies bedeuten? Es würde heißen, daß die Inflationsrate, mit der die Wirtschaft im EWS zu leben hätte, weder steuer- noch voraussehbar wäre.

Die geschilderten Probleme setzen dem Erfolg des EWS Grenzen. Das EWS hat zwar – dies ist unbestritten – die Variabilität der Wechselkurse der Währungen der am System beteiligten Länder vermindert. Anpassungen der Paritäten blieben aber –

zumindest bis 1987 – recht häufig. Die Paritätsanpassungen sind das Resultat unterschiedlicher wirtschaftspolitischer Interessen. Diese Divergenzen finden in den unterschiedlichen Inflationsraten – dem für die Entwicklung der Wechselkurse zentralen Punkt – ihren Ausdruck. Die normalen Wechselkursschwankungen – die Schwankungen zwischen den Interventionspunkten – sind ebenfalls nicht ohne Bedeutung. Das EWS vermochte wegen der Paritätsänderungen und der nach wie vor bestehenden Schwankungen den wesentlichen Vorteil fixer Wechselkurse – Wegfall der Kosten der Kurssicherung – nicht voll zu realisieren. Die Exporteure erhalten nur bei fixen Wechselkursen die Garantie, daß die Höhe ihrer ausländischen Erlöse vom Zeitpunkt, zu dem sie anfallen, unabhängig bleibt.

Wenden wir uns nun der Frage nach der Bedeutung, die das EWS für die Schweiz hat, zu! Wie könnte sich das Verhältnis unseres Landes zum EWS entwickeln? Die Schweiz ist nicht Mitglied des EWS. Dies erklärt sich zunächst rein historisch. Wir gehören auch nicht der EG an. Diese Feststellung weist auf eine Grundsatzfrage hin. Wird das EWS auch in Zukunft mit der EG deckungsgleich bleiben? Die Antwort ist ungewiß. Eines läßt sich aber absehen. Für Österreich z.B., das die EG-Mitgliedschaft anstrebt, liegt ein Beitritt zum EWS näher als für die Schweiz. Und er wird auch einfacher zu realisieren sein. Die Frage nach den künftigen Entwicklungen des EWS bleibt dagegen auch für die Schweiz wichtig. Wie wird sie die grundsätzlichen währungspolitischen Entscheidungen in der Schweiz beeinflussen? Der Versuch, diese Frage zu beantworten, zwingt mich, zwei mögliche Szenarien zu bedenken:

Das erste, eher pessimistische Szenario geht von der Vorstellung aus, daß der gegenwärtig im EWS bestehende Konsens, der Stabilisierung des Preisniveaus Priorität einzuräumen, zerbricht. Was wären die Auswirkungen des damit verbundenen, erneuten Auseinanderdriftens der nationalen Wirtschaftspolitiken? Die Paritätsänderungen im EWS würden sich wieder häufen. Die Bandbreiten für die Wechselkurse müßten möglicherweise ausgeweitet werden. Ein Neumitglied könnte seine Politik auf jene Länder – oder auf jenes Land –, die ähnliche wirtschaftspolitische Präferenzen haben, ausrichten.

Die Schweiz vermöchte sich unter diesem ersten Szenario kaum zu einem Mitmachen beim EWS zu entscheiden. Die deutsche Geldpolitik wäre − sollten die Inflationsraten im Verbund der EWS-Länder allgemein steigen − sicher nicht in der Lage, eine konsequentere Stabilitätspolitik als bisher zu verfolgen. Eine Fixierung der D-Mark, zu der wir uns aus vielen Gründen schon unter den gegenwärtigen Verhältnissen nicht entscheiden konnten, wäre in diesem Falle erst recht kein Gewinn.

Das eher optimistische, zweite Szenario orientiert sich an der Vision jener europäischen Politiker, die davon ausgehen, daß sich die wirtschaftspolitischen Vorstellungen der EWS-Länder zunehmend annähern. Diese bessere Abstimmung der Wirtschaftspolitiken soll − in einem ersten Schritt − dazu führen, daß die Inflationsraten der EWS-Länder gegen null Prozent absinken. Diese Hoffnung ist eine Vision, aber doch keine Utopie. Sie wird vom Verlauf, den die Inflation in den EWS-Ländern über die letzten Jahre nahm, gestützt. Die Häufigkeit der Pariätsänderungen nahm als Folge diese Prozesses ab. Diese Entwicklung könnte mit der Zeit den Eindruck, die Vorteile der Integration überwögen deren Nachteile, festigen und einen weiteren Schritt auslösen: den Übergang zu einer einheitlichen EG-Währung. Die Versorgung der EG-Wirtschaft mit einer solchen Währung müßte von einer europäischen Notenbank geregelt werden. Sie könnte ähnlich wie das amerikanische Federal-Reserve-System organisiert sein.

Die Vision der „Vereinigten Staaten von Europa" mit einer gemeinsamen europäischen Währung hätte − sollte sie Realität werden − auch für jene europäischen Länder, die der EG nicht angehören, weitreichende Folgen. Ein solch großer Wirtschaftsraum mit einheitlicher Währung und mit Kaufkraftstabilität würde vor allem auf die umliegenden Länder einen Anreiz, ihre Währungen fest an die europäische Währung zu knüpfen, ausüben. Dieses optimistische währungspolitische Konzept wäre − sollte es Wirklichkeit werden − eine Verlockung. Es könnte die Schweiz veranlassen, ihr Verhältnis zur EG − und zum EWS − neu zu überdenken.

Dürfen wir uns schon heute darauf verlassen, daß das EWS sich in diese Richtung entwickeln wird? Ich bezweifle es. Aber selbst wenn die Integration in näherer Zukunft zu einer einheitlichen EG-Währung und zu einer europäischen Notenbank führen sollte, hätte ein solches System noch für einige Zeit mit Problemen zu kämpfen. Das amerikanische Federal-Reserve-System, in dem viele ein Vorbild für die künftige europäische Notenbank sehen, bietet dafür guten Anschauungsunterricht. Die Geschichte der amerikanischen Notenbank ist reich an Episoden, die zeigen, wie leicht immer wieder Koalitionen, die der Zinsstabilisierung den Vorrang über die Stabilität des Preisniveaus einräumten, entstanden.

Die Fixierung der Wechselkurse ist − unter dem Eindruck der Entwicklung der achtziger Jahre − wieder zu einer auf Interesse stoßenden geldpolitischen Option geworden. Die tiefen Inflationsraten in der Bundesrepublik Deutschland haben eine währungspolitische Strategie der D-Mark-Fixierung auch für europäische Staaten, die der EG nicht angehören, attraktiv gemacht. Österreich ist mit dieser Politik gut gefahren.Die Schweiz ist einem anderen Weg gefolgt. Und sie wird ihren Weg weiter gehen. Die Stabilität des Preisniveaus ist für die Schweiz ein Gut von höchster Bedeutung. Wir können − und wollen − unsere Inflationsrate deshalb nicht vom Ausland bestimmen lassen. Die Geschichte hat uns nachhaltig gelehrt, daß wir unter fixen Wechselkursen keinen Einfluß auf das Inflationsgeschehen haben. Wir werden die Entwicklung der Europäischen Gemeinschaft in Richtung eines gemeinsamen Währungsraums aber aufmerksam verfolgen. Sollte diese Entwicklung über die Jahre durch anhaltenden Erfolg in der Stabilisierung der Kaufkraft gekrönt sein, so würde die Idee der Wechselkursfixierung wahrscheinlich auch in der Schweiz auf breiteres Interesse stoßen.

Europäische Währung und Europäische Zentralbank aus ungarischer Sicht

Ferenc Bartha

Zu dem Delors-Bericht möchte ich grundsätzlich anmerken, daß er einen klaren, logischen und sehr realistischen und kohärenten Plan zur schrittweisen Realisierung einer Europäischen Wirtschafts- und Währungsunion enthält. Die drei in dem Bericht skizzierten Stufen sollen nach meiner Meinung zu einer wesentlich größeren Integration führen, als dies der Werner-Bericht von 1970 vorsah. Der Werner-Bericht betrachtete die Schaffung einer Währungsunion schon als die höchste Integrationsstufe der Gemeinschaft.

Die Einheitliche Europäische Akte, ein Zusatz zu den Römischen Verträgen, der im Juli 1987 in Kraft trat, hat die Möglichkeit geschaffen, einen wirklichen Binnenmarkt in der Gemeinschaft zu bilden. Nach allem Anschein wird bis 1992 die vollständige Freiheit des Waren- und Dienstleistungsverkehrs einschließlich des Kapitalverkehrs und die uneingeschränkte Freizügigkeit für Arbeitnehmer hergestellt sein. Für Länder außerhalb der Gemeinschaft sind die einzelnen Verordnungen und Richtlinien, die als Folge der Einheitlichen Akte erlassen werden, klar erkennbar und auch sie sollten sich rechtzeitig auf die kommenden Veränderungen einstellen. In der nach 1992 bestehenden Situation werden die Mitgliedstaaten der EG stärker als jemals zuvor miteinander verbunden sein. Die Einführung einer gemeinsamen makroökonomischen Politik wird damit zu einer unabdingbaren Voraussetzung, um das gemeinsame Ziel einer hohen Integration problemlos zu erreichen. Ich möchte sogar soweit gehen, zu behaupten, daß die Gemeinschaft nur dann alle Vorteile der Einheitlichen Akte ausschöpfen kann, wenn die Harmonisierung der allgemeinen Wirtschaftspolitiken verbessert wird. Darüber hinaus muß die Geldpolitik, die Fiskalpolitik, die Steuerpolitik, die Sozialpolitik und die Regio-

Ferenc Bartha, Präsident der Ungarischen Nationalbank

nalpolitik besser in der Gemeinschaft abgestimmt werden. Ich stimme mit dem Delors-Bericht darin überein, daß der Prozeß des Binnenmarktes untrennbar mit der Schaffung einer Wirtschafts- und Währungsunion verbunden ist.

Eine Währungsunion ist ein noch ehrgeizigeres Ziel als ein Binnenmarkt, denn sie erfordert ein radikales Umdenken und umfangreiche Vorbereitungen in nahezu allen Bereichen der Wirtschaftspolitik. Anderenfalls würden sehr schnell ernste Probleme auftreten, die ihre Ursache in nicht abgestimmter Haushalts–, Steuer-, Regional- und Strukturpolitik hätten und die den weiteren Integrationsprozeß gefährden würden. Deshalb kann ich auch der Meinung des Delors-Berichtes zustimmen, daß eine Währungsunion nur schrittweise in einzelnen Stufen erreicht werden kann, die aber nicht alle institutionelle Veränderungen oder Änderungen der Römischen Verträge erfordern.

Die erste im Delors-Bericht vorgeschlagene Stufe läßt die Gemeinschaft bereits an einen Punkt gelangen, an dem eine Umkehr auf dem Weg zur Währungsunion kaum noch möglich ist. Die Vollendung des gemeinsamen Binnenmarktes und die vollständige Beseitigung aller Kapitalverkehrskontrollen erfordert aber auch zwingend eine wesentliche Verstärkung des seit elf Jahren erfolgreich arbeitenden Europäischen Währungssystems (EWS), selbst wenn einige der Neumitglieder der Gemeinschaft noch eine gewisse Zeit Ausnahmeregelungen in Anspruch nehmen dürfen. Die Teilnahme der Peseta am Wechselkursmechanismus des EWS und die Verringerung der Schwankungsbreite der Lira sind ein erster erfolgversprechender Schritt, der den Integrationsprozeß stärkt.

Auch die mehrfach erklärte Absicht des Vereinigten Königreiches, das britische Pfund am Wechselkursmechanismus des EWS teilnehmen zu lassen, wenn alle Kapitalverkehrskontrollen in der Gemeinschaft entfallen sind, sowie die Ankündigungen der griechischen und portugiesischen Regierungen, die Drachme und den Escudo in den Wechselkursmechanismus zu integrieren, zeigen, wie ernsthaft die zwölf Mitgliedstaaten die Währungsunion vorbereiten.

In einem gemeinsamen Markt, in dem die gegenseitigen Abhängigkeiten immer stärker werden, wird die Unsicherheit über die Wechselkurse zu einer wachsenden Belastung. Die schrittweise

Verringerung und schließlich völlige Abschaffung der Schwankungsbreiten zwischen den Währungen der Mitgliedsländer ist deshalb für alle EG-Länder von großem Vorteil. Bereits jetzt — wie etwa im Franz-Bericht — einen festen Zeitplan dafür vorzuschlagen, erscheint mir allerdings noch etwas verfrüht.

Von den drei im Delors-Bericht genannten Vorbedingungen für eine Währungsunion ist die irreversible Fixierung der Wechselkurse untereinander die wichtigste. So hat es auch schon der Werner-Bericht von 1970 gesehen. Die anderen beiden Vorbedingungen, die völlige und irreversible Konvertibilität der Währungen und die vollständige Freiheit des Kapitalverkehrs, d.h. ein einheitlicher Finanzmarkt, werden bei der Schaffung des gemeinsamen Binnenmarktes automatisch erfüllt. Eine einheitliche Währung ist dagegen nach meiner Ansicht keine notwendige Bedingung für eine Währungsunion. Eine einheitliche Währung ist allerdings dann vorstellbar, wenn sich die Regierungen in noch etwas entfernterer Zukunft über dieses Thema einig geworden sind. Mit der Schaffung einer einheitlichen Währung muß auch über die Gründung einer gemeinsamen, föderal strukturierten Zentralbank nachgedacht werden. Die Diskussion darüber wird heftig geführt werden, da eine Europäische Zentralbank den Verlust nationaler Souveränität an eine Gemeinschaftsinstitution bedeutet. Eine Lösung dieser hochempfindlichen Frage kann noch sehr schwierig werden.

Da der Delors-Bericht ein sehr weitreichendes Programm beinhaltet, das noch erhebliche Vorbereitungen erfordert, kann meiner Ansicht nach heute noch nicht ernsthaft gesagt werden, wann die Währungsunion vollendet sein wird. Die Reaktionen der EWS-Mitglieder und von Drittländern auf den Bericht zeigen, daß versucht wird, zunächst die in der ersten Stufe festgelegten Ziele zu erreichen.

Ich halte den von den sogenannten Pragmatikern — das sind vor allem die Bundesrepublik Deutschland, das Vereinigte Königreich, Luxemburg und Dänemark — vertretenen Standpunkt für realistisch, daß eine Wirtschafts- und Währungsunion nur nach einem längeren evolutionären Prozeß entstehen kann, der auf den Erfolgen des EWS aufbauen muß. Deshalb sehe ich auch zur Zeit noch keine Notwendigkeit, institutionelle Veränderungen vorzunehmen.

II. STELLUNGNAHMEN ZUR EUROPÄISCHEN ZENTRALBANK AUS DER POLITIK

Plädoyer für eine Währungsunion mit einem unabhängigen Zentralbanksystem in Europa

Helmut Schmidt

Mit der Einheitlichen Europäischen Akte haben sich die EG-Mitgliedstaaten 1987 vertraglich verpflichtet, bis zum Jahre 1992 den gemeinsamen Binnenmarkt in Europa schrittweise zu verwirklichen. Das Ziel war, in Europa einen Raum ohne Binnengrenzen zu schaffen, in dem der grenzüberschreitende Verkehr von Waren, Personen, Dienstleistungen und Kapital nicht mehr behindert werden sollte.

Die EG wollte von Anfang an und seit 1957 ausdrücklich mehr als ein Zollverein sein. Die Errichtung des gemeinsamen Marktes ist seit 1957 vertraglich erklärtes Ziel der Europäischen Gemeinschaft. Mit dem gemeinsamen Europäischen Parlament, dem schrittweise immer mehr Kompetenzen übertragen werden, mit dem gemeinsamen Binnenmarkt und mit einer Währungsunion hätten die Mitgliedsstaaten eine Chance, in Weltwirtschaft und -politik eine eigenständige Rolle im Sinne eines gleichberechtigten Partners gegenüber den USA und Japan zu übernehmen.

Die Geschichte lehrt, daß es in der Welt einen größeren Binnenmarkt — der diesen Namen auch verdient — ohne eine gemeinsame Währung bisher noch nicht gegeben hat. Ohne eine gemeinsame Währung bliebe auch die EG nur ein Zollverein mit einigen zusätzlichen gemeinsamen Regelungen und Organen.

Die Staats- und Regierungschefs hatten schon 1969 den Luxemburger Pierre Werner beauftragt, Vorschläge für eine Wirtschafts- und Währungsunion in Europa auszuarbeiten. Der Zusammenbruch des Weltwährungssystems — auch Bretton-Woods-System genannt — und der festen Wechselkurse zu Anfang der 70er Jahre und die tektonischen Verwerfungen in der

---

Dr. Helmut Schmidt, Bundeskanzler a.D.

Preisstruktur aller Volkswirtschaften infolge der beiden Ölpreis-schocks 1973/74 und 1979/80 haben den sogenannten Werner-Plan fast vergessen lassen.

Ein Jahrzehnt nach dem Auftrag an Werner beschlossen die Staats- und Regierungschefs im Jahre 1978 auf französisch-deutsche Initiative die Errichtung des Europäischen Währungssystems (EWS) mit festen, aber durch einvernehmliche Beschlüsse der Teilnehmer änderbaren Wechselkursen zwischen den Währungen der Teilnehmer-Staaten. Nach Jahren mit weltweit starken Wechselkursschwankungen sollte durch enge währungspolitische Zusammenarbeit wenigstens in Europa eine stabile Währungszone geschaffen werden. Dieser Beschluß war im Stadium der Vorbereitung auf starke Bedenken der Fachleute fast aller Zentralbanken gestoßen, es hatte erheblicher Anstrengungen durch die politisch verantwortlichen Regierungschefs bedurft, um diese zu überwinden. Großbritannien hat sich − wie zu erwarten − nicht beteiligt.

Rückschauend hat aber das Wechselkurssystem des EWS auch nach Auffassung aller damaligen Kritiker während der ersten elf Jahre seines Bestehens sehr erfolgreich gewirkt. Die Inflationsraten in allen Mitgliedsstaaten haben sich in dieser Zeit deutlich verringert. Die Schwankungen der Wechselkurse zwischen den am EWS teilnehmenden Ländern untereinander haben sich im Vergleich mit der einstmaligen „Währungsschlange", vor allem aber im Vergleich zu den nicht beteiligten Währungen, besonders zum US-Dollar, aber auch zum Sterling, deutlich vermindert.

Der ECU (European Currency Unit) ist heute schon weit mehr als eine bloße Verrechnungs-Einheit und auch mehr als nur ein Embryo der zukünftigen einheitlichen Währung der EG. Denn er ist zu einer international begehrten privaten Anleihe-Währung und zum Bestandteil von Verträgen mit Geschäftspartnern auch außerhalb der EG geworden; der ECU steht mittlerweile an fünfter Stelle aller Währungen der Welt, in denen internationale Verträge abgeschlossen werden. Im Durchschnitt werden täglich Beträge in einer Größenordnung von 15 bis 20 Mrd. ECU zwischen Banken verrechnet.

Die Stabilität der Wechselkurse der im EWS zusammengeschlossenen Währungen hat einen überragenden politischen Grund. Da Wechselkursänderungen von den Regierungen förmlich beschlossen werden müssen, trifft diese auch die volle öffentliche Kritik und Verantwortung dafür. Wer seine eigene Währung abwertet, setzt sich dem Vorwurf eines zusätzlichen Inflationsschubs durch höhere Importpreise aus. Das ruft die Gewerkschaften auf den Plan. Die Scheu davor hat die Regierungen sanft aber wirksam zu größerer budgetärer Zurückhaltung und zur Disziplinierung ihres economic policy mix geführt, ohne daß es dazu irgend eines Eingriffs der EG in die nationale Budgethoheit bedurft hätte.

Dies zu erreichen, war eines der Hauptziele der Urheber des EWS. Die stark defizitäre Haushaltspolitik der französischen Regierung nach dem Mai 1981, als man im Alleingang eine Wachstumspolitik zu Lasten der Stabilität betreiben wollte und infolgedessen mehrfache Abwertungen des Francs und Vertrauensverlust drohten, wurde deshalb alsbald durch die gleiche Regierung korrigiert. Das Beispiel demonstriert eindringlich, wie das EWS zur freiwilligen Harmonisierung der ökonomischen Politik führt.

Obgleich das EWS den zweiten Ölpreisschock 1979/80 fast mühelos bewältigt hatte, ist nach den Regierungswechseln in Paris 1981 und in Bonn 1982 lange Zeit keine ernsthafte Anstrengung zur Verwirklichung der damals vorgesehenen und schon zeitlich terminierten weiteren Stufen des EWS unternommen worden.

Erst auf Initiative des EG-Kommissions-Präsidenten Jacques Delors hat der Europäische Rat der Staats- und Regierungschefs 1988 einen erneuten Anlauf zum weiteren Ausbau des EWS unternommen. Man beauftragte eine Arbeitsgruppe unter seinem Vorsitz, darunter alle Zentralbankpräsidenten, mit der Ausarbeitung konkreter Vorschläge zur stufenweisen Realisierung der Wirtschafts- und Währungsunion. Der EG-Gipfel hat im Juni 1989 in Madrid die Vorschläge dieser Arbeitsgruppe erörtert und die Einleitung der ersten Stufe der sogenannten Delors-Vorschläge beschlossen. Die nächsten Schritte sollen zu einem späteren Zeitpunkt – nach Vorbereitung durch entsprechende Arbeitsgruppen – beraten und anschließend beschlossen werden. Positiv ist zu dem Delors-Bericht anzumerken, daß er auf dem heute vorhandenen und funktionierenden EWS aufbaut. Ein weiterer Vorzug ist die Einstimmigkeit, mit der die Beteiligten den Bericht verabschiedet haben; da die Mehrheit aus den Zentralbankpräsidenten der EG-Staaten bestanden hat, kann deren Konsens sich noch als sehr wertvoll für das weitere Procedere heraustellen. Die Selbstbindung der Zentralbankpräsidenten, die in Sachen EWS bisher immer wieder erhebliche Probleme und Schwierigkeiten vorgetragen haben, ist ein wichtiger Fortschritt.

Andererseits sind des erstrebten Konsenses wegen im Delors-Bericht einige Fragen nur vage beantwortet worden; dadurch ist viel Spielraum für zukünftige Kontroversen offen geblieben. So kann sich eine empfindliche Schwäche allein aus dem Fehlen zeitlicher Vorstellungen für das Durchlaufen der ersten und der zweiten Stufe ergeben. Der Eintritt in die erste Stufe ist zwar für den 1. Juni 1990 vorgesehen. Für die Errichtung einer vollen Währungsunion und einer einheitlichen Währung gibt es aber überhaupt noch kein Datum. Hier sollte der Empfehlung des Europäischen Parlaments (Franz-Bericht) gefolgt werden, das als Datum den 1. Januar 1995 vorgeschlagen hat.

Die Unwilligkeit des Delors-Komitees und des Madrider EG-Gipfels, sich hinsichtlich der endgültigen Phase eindeutig für den ECU als einzige Währung in der EG und für den vollständigen Ausbau einer Europäischen Währungsunion zu entscheiden – gleich ob im Sinne eines Systems der Europäischen Zentralbanken oder einer anderen Organisationsform – ist eine andere klare Schwäche der Madrider Entscheidungen. Damit bleibt weiterhin die Möglichkeit offen für eine unbegrenzte Fortführung der zwölf nationalen Währungen. Die Frage, wie dabei eine irreversible Festlegung der Wechselkurs-Paritäten erreicht werden kann, bleibt ungelöst.

Dies ist nicht nur aus Gründen der Behinderung der weiteren Integration innerhalb der EG ein schwerwiegendes Versäumnis. Denn darüber hinaus bedürfen die inzwischen globalisierten Finanzmärkte dringend eines starken europäischen Zentralbanksystems und einer starken europäischen Währung. Die weltweite Spekulation hat unübersehbare Risiken mit sich gebracht: von den off-shore-Banken, die wie Pilze aus dem Boden geschossen sind, um den heimatlichen Bank- und Steuergesetzen und den nationalen Aufsichtsbehörden zu entgehen, oder der immer weiter um sich greifenden Praxis der Abfall-Anleihen (junk bonds) bis zur Las-Vegas-Mentalität vieler Investment-Banken bei der Finanzierung von raubfischartigen Firmenankäufen. Wer außerdem die durch keinerlei reale Wertunterschiede gerechtfertigten, wilden Dollar-Wechselkursschwankungen der letzten zehn Jahre in Erinnerung hat, der muß dringend wünschen, daß dem Dollar und dem Yen eine einzige und deshalb gewichtige europäische Währung und ein einziges europäisches Zentralbanksystem als stabiler Anker gegenübergestellt wird. Dafür sollte allerdings nicht die DM in Betracht kommen, sondern vielmehr der ECU. Wer jedoch statt dessen die Deutsche Mark als Stabilitätsanker propagiert, der ist unter außen- und europapolitischem Aspekt ein Narr! Man kann nicht oft genug wiederholen: Währungspolitik ist immer zugleich auch Außenpolitik.

Alle wirtschaftsgeschichtlichen Erfahrungen sprechen für eine einzige Währung in der EG. Man stelle sich den Binnenmarkt der USA mit fünfzig verschiedenen einzelstaatlichen Währungen vor: der inneramerikanische Markt hätte niemals die Bedeutung und Dimension erreicht, welche die USA heute zur stärksten Wirtschaftsmacht der Welt haben aufsteigen lassen. Ähnliches gilt für die Sowjetunion. Schon im klassischen Römischen Reich war der gemeinsame Markt selbstverständlich nur deshalb so effektiv, weil von Spanien bis Palästina ein und dieselbe Währung gegolten hat.

Zu den Vorzügen des Delors-Berichts gehören die vorgeschlagene föderative Struktur des europäischen Zentralbanksystems, die den Modellen der deutschen Landeszentralbanken und der Deutschen Bundesbank oder der föderativen Struktur des amerikanischen Federal Reserve Systems nachempfunden ist, und das klare Bekenntnis zur politischen Unabhängigkeit des zukünftigen Zentralbanksystems. Nur ein von Weisungen unabhängiges Zentralbanksystem kann die Geldmenge innerhalb eines gemeinsamen Marktes so steuern, daß das Preisniveau relativ stabil bleibt.

Wir Deutschen haben spätestens seit 1919 (und die Sowjets seit Gorbatschows Perestrojka) begriffen: Ein Staat, der zusätzliches

Geld druckt oder entstehen läßt, ohne daß in gleichem Maße am Markt zusätzliche Ware zur Verfügung steht, verursacht Preissteigerungen. Dasselbe gilt ähnlich auch für Lohnerhöhungen, die nicht durch Produktivitätsfortschritte oder durch Senkung der übrigen Kosten aufgefangen werden können: Wenn in einem solchen Fall die Zentralbank die Geldmenge nicht vergrößert, so entsteht die Gefahr von Absatzstockungen und Arbeitslosigkeit; wenn aber die Zentralbank deshalb die Geldmenge erhöht, so führt dies zur Inflation.

Inflation entsteht auch, wenn ein Staat durch kreditweise Finanzierung seines Haushaltsdefizits einen zu hohen Anteil der Geldmenge und infolgedessen des Sozialprodukts beansprucht und wenn in solchem Falle die Notenbank veranlaßt wird, mehr Geld freizugeben, als für die Aufrechterhaltung des bisherigen Preisniveaus zuträglich ist. Beispiele dafür haben wir in Europa vielfältig erlebt.

In Deutschland haben wir in und nach beiden Weltkriegen schlimme Erfahrungen mit Inflationen gemacht. Als der Deutsche Bundestag im Jahre 1957 das Bundesbankgesetz verabschiedete, wurde deshalb der Bundesbank weitestgehende Autonomie in geldpolitischer Hinsicht eingeräumt; deshalb kann sie souverän über eine große Zahl von binnen- und außenwirtschaftlichen Instrumenten verfügen. Es gibt auf der Welt nur ganz wenige Staaten, deren Notenbanken eine ähnlich große, unabhängige Handlungsfreiheit besitzen. Die binnenwirtschaftliche Preisstabilität der DM ist im internationalen Vergleich der Inflationsraten seit langen Jahrzehnten eindrucksvoll. Hieraus leitet sich das Hauptargument zugunsten der Unabhängigkeit eines zukünftig förderativen Europäischen Systems der Zentralbanken ab.

Gegen die Unabhängigkeit werden auch Einwände vorgetragen. So fürchtet beispielsweise die englische Premierministerin Margaret Thatcher Kompetenzverluste, da sie an die überkommene Abhängigkeit der Bank of England von der britischen Regierung gewohnt ist; dabei kleidet sie ihre Ablehnung in das Argument vom angeblich unzumutbaren nationalen Souveränitätsverzicht. Es handelt sich um das fast schon traditionelle britische Zögern vor jeder Integrationsschwelle in Europa. England wird einer weitergehenden Integration in Europa immer erst dann beitreten, wenn deren Erfolg unverkennbar geworden ist und wenn deshalb eine weitere Enthaltung dem Vereinigten Königreich unverkennbar mehr Nach- als Vorteile einbringt.

Die Tatsache, daß die Nicht-Teilnahme am heutigen EWS überdurchschnittliche Wechselkursschwankungen des Sterling bei gleichwohl hoher britischer Arbeitslosigkeit nicht verhindert hat, spricht eindeutig gegen Margaret Thatchers Argument. Wer die relative Instabilität des Sterling-Wechselkurses oder die relativ hohen englischen Inflationsraten vor Augen hat, der kann von Frau Thatchers Argument kaum beeindruckt sein. Für viele englische Bankfachleute und Politiker ist deshalb der Zeitpunkt für den Beitritt zum EWS in seiner jetzigen, noch unfertigen Gestalt angesichts dessen unbestreitbaren Erfolges schon heute gekommen. Die übrigen Staats- und Regierungschefs täten nicht gut daran, Englands Beitritt durch Zugeständnisse erkaufen zu wollen, die den EWS-Prozeß verzögern oder gar verwässern könnten; denn das Vereinigte Königreich wird ohnehin über kurz oder lang aus eigenem Interesse beitreten.

Der andere Einwand gegen die Unabhängigkeit des Europäischen Zentralbanksystems hat bisher in Frankreich eine gewisse Rolle gespielt. Danach hat sich die Bundesbank durch ihre Unabhängigkeit zu einer ausschließlichen Fixierung auf das Ziel der binnenwirtschaftlichen Preisstabilität und zur Vernachlässigung der anderen im Vertrag von Rom festgelegten gesamtwirtschaftlichen Ziele verführen lassen: nämlich hohen Beschäftigungsstand und außenwirtschaftliches Gleichgewicht herzustellen. In Deutschland kann nach der Überwindung der beiden Ölpreisschocks, also seit Anfang der 80er Jahre, in der Tat von hoher Beschäftigung keine Rede sein. Auch das Ziel des außenwirtschaftlichen Gleichgewichts ist bei uns seit Jahren mißachtet worden. Die unerhörten deutschen Leistungsbilanzüberschüsse sind außenpolitisch gefährlich und weltwirtschaftlich widersinnig. Angesichts der hohen weltwirtschaftlichen Verflechtung der EG wären ähnliche Auswirkungen einer unabhängigen Europäischen Zentralbank für die ganze EG abträglich. Ihnen sollte deshalb durch vertragliche Definition der Aufgabenstellung des Systems — im Sinne des sogenannten magischen Drei- oder Vierecks — vorgebeugt werden. Am Prinzip der Unabhängigkeit des

Systems der europäischen Zentralbanken sollte aber auf jeden Fall festgehalten werden.

Einige der beteiligten Regierungen zögern noch, zumeist unter dem Einfluß ihrer nationalen Zentralbank. Dies gilt vor allem für die Bundesbank. Die große Mehrheit der Mitglieder ihres Zentralbankrates wäre im zukünftigen System nicht mehr einer souverän entscheidenden Ebene zugehörig; sie haben also Zuständigkeiten zu verlieren. Hierin liegt der Hauptgrund für ihren Widerstand gegen jeden Ausbau des EWS. Ihre Vertreter argumentieren dabei *national*-ökonomisch und nicht *international*-ökonomisch.

Für die weltpolitische, die gesamt-europäische, den langfristigen deutschen Interessen dienende Qualität der EG fehlen manchen der beteiligten deutschen Politiker leider noch die Weitsicht und die Fähigkeit zur Gewichtung der von der Bundesbank vorgetragenen Argumente, die tatsächlich deren Kompetenz-Interesse entspringen. Die negativen Argumente der Bundesbank sind nicht besser als diejenigen der britischen Premierministerin, beide dürfen politisch nicht durchschlagen.

Das Delors-Komitee hat nicht überzeugend begründet, warum es eine Zwischenphase ablehnt, während welcher der ECU als Parallelwährung neben die nationalen Währungen tritt, um diese schrittweise zu verdrängen. Diese Ablehnung schließt einen praktischen Weg aus, den die internationalen Anleihemärkte schon längst gegangen sind.

Zu den Nachteilen des Delors-Berichts gehört die künstliche Unterscheidung zwischen der Wirtschaftsunion und der Währungsunion. Tatsächlich kann die erste ohne die letztere nicht voll funktionsfähig werden. Die theoretische Unterscheidung ist ein deutliches Echo auf die sogenannte Krönungstheorie, die von einigen Mitgliedern des Frankfurter Zentralbankrates vertreten wird. Wenn die Währungsunion erst als „Krönung", also erst nach Abschluß aller anderen integrativen Schritte in Europa in Kraft treten soll, so wird das bedeuten, diesen Schritt möglichst spät zu tun, vielleicht gar erst am Sankt-Nimmerleins-Tag. Das würde aber dann ebenso die Herstellung des gemeinsamen Marktes auf unbestimmte Zeit verschieben. Denn ein gemeinsamer Markt mit zwölf verschiedenen Währungen ist keiner!

In Brüssel besteht die Gefahr allzu vieler, allzu detaillierter, allzu bürokratischer Regulierungen. Damit allein kommt man nicht weit. Im Jahre 1993 wird sich daher mancher fragen, worin denn nun eigentlich 1992 der qualitative Sprung gelegen hat; und mancher wird voraussichtlich den Unterschied zwischen 1992 und 1993 gar nicht bemerken.

Die Schaffung einer gemeinsamen Währung muß deshalb ökonomisch, politisch und psychologisch ein vorrangiges Ziel der EG sein. Was immer an den Delors-Vorschlägen zu kritisieren ist: Nach dem Eintritt in die erste Phase müssen die weiteren Schritte und Stufen terminiert werden. Die Bürger, die Unternehmer, die Banker und die Steuerzahler haben einen Anspruch darauf, zu wissen, wie und wann es mit Europa weitergeht.

Monetäre Integration in der Europäischen Gemeinschaft

Peter M. Schmidhuber

1. Einleitung

In den Medien in der Europäischen Gemeinschaft und darüber hinaus macht der Gemeinsame Binnenmarkt seit längerem Schlagzeilen. Auch in der öffentlichen Meinung in der Bundesrepublik nimmt das Thema mittlerweile seinen gebührenden Platz ein.

Spätestens seit dem zweiten Quartal 1989 ist aber ein anderes Integrationsprojekt in das Interesse der Öffentlichkeit gelangt, das einer Wirtschafts- und Währungsunion (WWU). Mit der Vorlage des sogenannten Delors-Berichts im April 1989 und der Annahme des sogenannten „Franz-Berichts" durch das Europäische Parlament am 14. April 1989 ist der politische Zusammenhang zwischen dem Binnenmarkt als Vorstufe zur Wirtschaftsunion und einer Europäischen Wirtschafts- und Währungsunion erneut unterstrichen worden, denn die Idee einer derartigen Union ist praktisch so alt wie die Gemeinschaft selbst.

2. Historische Entwicklung

Die Idee einer Währungsunion tauchte schon 1961 im Zusammenhang mit den agrarpolitischen Konsequenzen von Wechselkursänderungen auf. Dann wurde es aber fast ein Jahrzehnt still um das Projekt, bis aufbauend auf dem „Werner-Bericht" des Jahres 1970 der Rat der Gemeinschaft im März 1971 die „stufenweise Verwirklichung der Währungsunion in der Gemeinschaft" vereinbarte. Innerhalb von zehn Jahren sollten die freie Konvertierbarkeit der Währungen und unwiderruflich feste Wechselkurse ohne Schwan-

---

Peter M. Schmidhuber, Mitglied der EG-Kommission

kungsbreiten erreicht werden. Zusammen mit der Freiheit des Kapitalverkehrs bilden diese Elemente wichtige Voraussetzungen für eine Währungsunion, wie sie sowohl im Werner-Bericht als nun auch im Delors-Bericht formuliert wurden.

Als für eine Währungsunion nicht erforderlich angesehen wurde also auch schon damals eine gemeinsame Europawährung. Aus psychologischen und politischen Gründen scheint sie aber, wie es auch in beiden Berichten zum Ausdruck kommt, im Endstadium wünschenswert zu sein. Sie wäre der überzeugendste Ausdruck der Unveränderlichkeit der Wechselkurse.

Von diesem grandiosen Vorhaben, das letztlich an der Uneinigkeit darüber scheiterte, wie man wirtschaftspolitisch auf die erste Ölkrise 1973/74 reagieren sollte, blieben aber einige Elemente bestehen, von denen ich auf die beiden wichtigsten eingehen möchte.

Hier ist zunächst die sogenannte „Konvergenz-Entscheidung" des Rates von 1974 zu nennen, die inhaltlich auf den Werner-Bericht zurückgeht der, wie jetzt der Delors-Bericht, für die WWU auch das Erfordernis einer engen Harmonisierung der Wirtschaftspolitik der Mitgliedstaaten postulierte. Diese Konvergenzentscheidung sieht folgendes wirtschaftspolitisches Konsultationsverfahren vor: Die Kommission verfaßt jährlich drei Berichte an den Rat, betreffend die Lage und die Aussichten der Wirtschaft der Gemeinschaft. Der zweite Bericht enthält jeweils Orientierungsdaten für die Haushaltspolitiken der Mitgliedstaaten im nächsten Jahr, der dritte Bericht im letzten Quartal ist gleichzeitig der Jahreswirtschaftsbericht der Gemeinschaft mit Leitlinien für die Wirtschaftspolitik der Mitgliedstaaten im nächsten Jahr. Im ersten Bericht des nächsten Jahres werden diese Leitlinien dann aktualisiert.

Nach der Konvergenzentscheidung beraten und beschließen die im Rat versammelten Fachminister aufgrund der Berichte Leitlinien für die Haushalts- und Wirtschaftspolitik der einzelnen Mitgliedstaaten. Leider hat die Konvergenzentscheidung in der Realität aber nur begrenzt die erwünschte Koordinierung bewirkt. Wirtschaftspolitische Leitlinien und strenge Verfahren können den wirtschaftspolitischen Konsens und den politischen Willen für seine Umsetzung nicht ersetzen.

Das zweite, wesentlich bedeutendere Ergebnis des damaligen Anlaufs zur Währungsunion ist die Errichtung eines regionalen Systems fester Wechselkurse in Europa. Aufbauend auf dem Europäischen Währungsverbund wurde vor nunmehr 11 Jahren das Europäische Währungssystem geschaffen, das man als Keimzelle einer künftigen Währungsunion bezeichnen kann. Seine Entwicklung ist sehr lehrreich.

Nach den ursprünglichen Plänen sollte das System einen Währungskorb namens European Currency Unit zum Zentrum haben, zu dem die Teilnehmerwährungen eine feste Parität mit Schwankungsmargen hätten einhalten sollen. Dies hätte also dem Bretton-Woods-System mit dem Dollar als Leitwährung entsprochen. Die bilateralen Paritäten wären aus den Leitkursen zum Ecu abgeleitet worden. Da der Ecu selbst als Währungskorb definiert ist und aus gewichteten Teilmengen der Teilnehmerwährungen besteht, hätte sich das System also an einem gewichteten Durchschnitt dieser Währungen ausgerichtet.

Dazu kam es allerdings nicht. Wenn man heute vom Europäischen Währungssystem spricht, meint man daher eigentlich zwei verschiedene Dinge: einmal den Wechselkursmechanismus, in dem die Kurse der teilnehmenden Währungen innerhalb festgesetzter Margen um die bilateralen Leitkurse schwanken. Diese Leitkurse wurden bilateral in einem „Paritätengitter" festgesetzt; sie können im Rahmen von Realignments geändert werden. Als beispielsweise zuletzt die spanische Regierung die Peseta in den Wechselkursmechanismus einbrachte, setzte sie den Wechselkurs gegenüber der DM fest, woraus sich dann die weiteren Leitkurse gegenüber den restlichen Währungen ergaben. Auch in der andauernden Diskussion um die Einbeziehung des Pfunds Sterling in das System fester Wechselkurse wird immer nur diskutiert, zu welchem DM-Kurs es eintreten sollte, käme es denn dazu. Der Grund dieser herausragenden Stellung der DM ist, daß sie auf Dauer die stabilste Währung in dem System war.

Das zweite Element des Europäischen Währungssystems ist die Europäische Währungseinheit, nach ihrer englischen Abkürzung gemeinhin Ecu genannt. Sie ist als Währungkorb konstruiert und hätte eigentlich im Zentrum des Systems stehen sollen. Tatsächlich erfüllt sie eine wichtige Rolle als „Recheneinheit", als numéraire im Wechselkursverbund und bei den Beistandsmechanismen.

Von diesem offiziellen Ecu muß man den sogenannten privaten Ecu unterscheiden, der von den Geschäftsbanken geschaffen wird. Er ist zwar in allen Ländern der Gemeinschaft als Fremdwährung anerkannt und unterliegt damit auch den in einer Reihe von Ländern vorläufig noch geltenden Devisenrestriktionen; zu einer eigenständigen Währung hat er sich aber nicht entwickeln können. Mit Bundesbankpräsident Pöhl muß man jedoch seine Bedeutung als Finanzinnovation anerkennen. Die Kommission prüft unter dem Gesichtspunkt der Vereinfachung des Haushaltsgebarens derzeit die Einführung des Ecu als Zahlungsmittel über seine Rolle als Rechnungseinheit hinaus. Die Prüfungen, ob sich dadurch wirklich Erleichterungen ergeben, sind jedoch noch nicht abgeschlossen.

Das jetzt seit 1979 funktionierende Europäische Währungssystem hat bemerkenswerte Erfolge bei der Wechselkursstabilität erzielt, wenn man es mit der Entwicklung floatender Währungen − vor allem US-Dollar und Yen − vergleicht. Zu Anfang schienen sich die Prophezeihungen der Kritiker zu bewahrheiten. Es gab in den ersten vier Jahren nicht weniger als sieben Realignments im Wechselkursverbund. Seit 1983 aber ist zu beobachten, daß sich die Schwachwährungsländer im System ernsthaft an der Stabilitätspolitik der Hartwährungsländer ausrichten. Dies hatte zur Folge, daß die Inflationsraten der Teilnehmerländer am Wechselkursmechanismus bis 1988 eine deutliche Konvergenz nach unten aufwiesen.

Beklagt wird in Schwachwährungsländern gelegentlich die angebliche Asymmetrie des Systems, die den Ländern mit schwächeren Währungen höhere Anpassungslasten abverlange, wenn sie die jeweiligen Wechselkurse stabil halten wollen. Dies erklärt sich daraus, daß die D-Mark aufgrund der Wirtschafts- und Währungspolitik der Bundesrepublik, insbesondere wegen der strengen geldpolitischen Stabilitätspolitik der unabhängigen Bundesbank, zum Stabilitätsanker des Europäischen Währungssystems wurde. Der Markt bringt demgegenüber schwächeren Währungen einen Vertrauensmalus entgegen, der sich zum einen aus den Erfahrungen der Vergangenheit, zum anderen aus den noch bestehenden Kapitalverkehrsrestriktionen in diesen Ländern erklärt. Eine Auswirkung dessen ist, daß die Währungen im EWS unterschiedlich auf die Änderungen des US-Dollarkurses reagieren, der ja nach wie vor die bedeutendste Währung im internationalen Währungssystem ist. Dies führt dann im Wechselkursmechanismus des EWS zu Spannungen, die nur durch ein im Vergleich zu den Ländern mit starken Währungen höheres Zinsniveau in den Schwachwährungsländern geglättet werden können. Die andere Möglichkeit wäre, daß in der Bundesrepublik Deutschland die Leit- und Ankerwährung D-Mark stärker inflationiert wird; dies läge aber weder im Interesse der Bundesrepublik Deutschland noch im längerfristigen Interesse ihrer Partner. Der Konsens über die deutsche Stabilitätspolitik muß gepflegt und gestärkt werden. Dies ist einer der Gründe dafür, daß besonders der französische Partner auf Fortschritte zur Währungsunion drängt, wie er sich auch in dem Versuch ausdrückt, auf dem Weg über den deutsch-französischen Vertrag zur Schaffung eines gemeinsamen Finanz- und Wirtschaftsrates vom 22. Januar 1988 die Politiken in Paris, Bonn und Frankfurt zu erörtern und Einfluß auf die Geldpolitik der Bundesbank zu nehmen.

Mit dem Europäischen Rat von Hannover im Juni 1988 wurde das Ziel einer Wirtschafts- und Währungsunion für die Gemeinschaft bekräftigt, so wie es schon in der Einheitlichen Europäischen Akte stand, die bekanntlich die Grundlagen für die Schaffung des Gemeinsamen Binnenmarktes ab 1993 schuf. Der Rat beschloß außerdem, eine Sachverständigengruppe unter Vorsitz des Präsidenten der EG-Kommission einzusetzen, in der die zwölf Notenbankgouverneure der EG, drei unabhängige Experten und ein Vizepräsident der EG-Kommission vertreten waren. Dieses Gremium sollte über die weiteren Schritte hin zu einer Wirtschafts- und Währungsunion beraten und einen Abschlußbericht zur Vorbereitung der Beschlußfassung über dieses Thema auf dem Europäischen Rat von Madrid im Juni 1989 vorlegen. Dieser sogenannte Delors-Ausschuß hat seinen Auftrag im April 1989 erfüllt und seinen Bericht einstimmig verabschiedet.

Der **Delors-Bericht** beginnt mit einigen grundsätzlichen Feststellungen. So sei eine größere wirtschaftliche Konvergenz in der

Gemeinschaft nötig; nach wie vor gebe es große Unterschiede in den Haushaltspositionen, und die Unterschiede in den Außenwirtschaftspositionen seien in der letzten Zeit sogar größer geworden. Nach der Kapitalverkehrsliberalisierung seien kompatible Wirtschafts- und Währungspolitiken nötig, um Spannungen im bereits existierenden Rahmen des EWS zu vermeiden. Im übrigen sei eine Wirtschafts- und Währungsunion zwar die natürliche Konsequenz des Gemeinsamen Binnenmarktes, sie stelle jedoch im Vergleich einen Quantensprung dar.

Das Konzept einer Parallelwährung mit dem Ecu als Korb- oder eigenständiger Währung wird mit der Begründung abgelehnt, daß es nicht erfolgversprechend und für den Einigungsprozeß sogar gefährlich wäre.

Der Bericht postuliert dann, daß der Prozeß zur Wirtschafts- und Währungsunion eine Einheit bildet. Im Endstadium bedinge er eine Verlagerung von Entscheidungsbefugnissen von der nationalen auf die Gemeinschaftsebene unter Wahrung des Subsidiaritätsgrundsatzes; hierfür sei bereits für den Übergang auf die zweite Stufe eine Vertragsänderung erforderlich.

Die Delors-Gruppe übernahm die Definition der Währungsunion aus dem Werner-Bericht; sie sei noch einmal wiedergegeben:
- volle Konvertibilität der Währungen,
- volle Freiheit des Kapitalverkehrs, Integration der Finanzmärkte,
- unwiderrufliche Festlegung der Wechselkurse ohne Schwankungsbreite.

Wie im Werner-Bericht wird eine gemeinsame Währung als nicht konstitutives, aber wünschenswertes Merkmal einer Währungsunion bezeichnet.

Die Wirtschaftsunion setzt nach dem Delors-Bericht voraus:
- einen Binnenmarkt mit Freiheit des Verkehrs von Personen, Waren und Dienstleistungen und Kapital,
- eine Wettbewerbspolitik zur Stärkung der Marktkräfte; die Union soll auf marktwirtschaftlichen Prinzipien beruhen,
- eine aktive Regional- und Strukturpolitik der Gemeinschaft, um negative Auswirkungen auf die Randregionen zu vermeiden. Die Strukturfonds seien nach 1993 möglicherweise noch zu verstärken,

– eine Koordinierung der Wirtschaftspolitik einschließlich bindender Regeln für die Fiskalpolitik (einschließlich der Haushaltspolitiken).

In der Wirtschafts- und Währungsunion sei ein gegenseitig konsistentes Verhalten der wirtschaftlichen Entscheidungsträger, insbesondere auf dem Gebiet der Fiskalpolitik, unerläßlich. Der policy mix zwischen Geld- und Fiskalpolitik müsse auf Gemeinschaftsebene vorgegeben werden. Marktkräfte alleine wären zum Ausgleich interner Ungleichgewichte nicht ausreichend.

Eine Währungsunion würde die positiven Effekte eines einheitlichen Wirtschaftsraums durch die Beseitigung von Wechselkursunsicherheit und Transaktionskosten verstärken. Probleme entstünden in einer Währungsunion, weil einmal die Zahlungsbilanzstatistiken als Indikatoren für die Wirtschaftspolitik an Bedeutung verlieren würden und auch der Wechselkurs kein Druckmittel mehr für die nationalen Politiken wäre, zum zweiten, weil Anpassungen der Wechselkurse als Instrument zum Ausgleich regionaler Ungleichgewichte entfielen. Neben verstärkter Regional- und Strukturpolitik seien daher Flexibilität bei Lohnfindung und Preisen und Mobilität der Produktionsfaktoren nötig.

Zur Festsetzung einer gemeinschaftlichen Geldpolitik und ihrer Durchführung werde spätestens in der Dritten Stufe ein „Europäisches Zentralbanken-System" benötigt. Der „Zentralbankrat" dieser Institution würde Ziele und Leitlinien der Geldpolitik formulieren, die dann von den nationalen Zentralbanken ausgeführt werden. Der Rat bestünde aus den Notenbankgouverneuren, die derzeit im Ausschuß der Zentralbankgouverneure vereinigt sind, sowie den vom Europäischen Rat bestellten Mitgliedern des sogenannten „Board". Der Rat wäre das oberste Beschlußorgan, dem Board oblägen Überwachungsfunktionen. Das Europäische Zentralbanken-System wäre der Preisstabilität verpflichtet unter Unterstützung der Wirtschaftspolitik der Gemeinschaft. Zur Bekräftigung des Stabilitätszieles wären Notenbankkredite an öffentliche Haushalte untersagt. Die Weisungsunabhängigkeit des Rates wäre durch feste Amtszeiten für seine Mitglieder zu sichern.

Auf dem Gebiet der Wirtschaftspolitik seien die nötigen Institutionen mit dem Europäischen Parlament, dem Ministerrat, dem Währungsausschuß, der Kommission und dem Europäischen Gerichtshof bereits vorhanden. Der neue Vertrag müßte nur ihre Rollen stärken oder sie neu definieren. Auch hier sei im weiteren Verlauf eine Kompetenzübertragung von der nationalen auf die Gemeinschaftsebene erforderlich.

Der Bericht stellt, wie schon angedeutet, drei Etappen auf dem Wege zur Wirtschafts- und Währungsunion vor und meint, daß die Entscheidung, die erste Etappe zu beginnen, auch schon die Entscheidung beinhalten sollte, den gesamten Weg zu gehen. Der Übergang von einer Etappe zur nächsten hinge dabei jeweils von der aktuellen Entwicklung und den vorliegenden Erfahrungen ab. Der Weg müsse, um Spannungen zu vermeiden, in einem einzigen Prozeß parallel auf eine Wirtschafts- und eine Währungsunion hinführen.

Während der Konsens über das Endziel beibehalten werden sollte, könnte die Teilnehmerschaft flexibel gestaltet werden. Für alle EG-Mitglieder sollte jedoch immer die Tür zum späteren Beitritt offengehalten werden.

Innerhalb der Darstellung der einzelnen Etappen folgt der Bericht einer Dichotomie von Wirtschafts- und Währungspolitik.

In der ersten Etappe wäre bereits ein Vertrag für die nächste Stufe vorzubereiten.

Auf dem Gebiet der Wirtschaftspolitik sollen in dieser Anfangsstufe der Binnenmarkt verwirklicht und die Strukturfonds wie vorgesehen verdoppelt werden. Die Konvergenzentscheidung von 1974 wäre zu revidieren. Der Rat der Wirtschafts- und Finanzminister wäre zuständig für die Koordinierung der Wirtschaftspolitik, in der Form

— der Festsetzung von Indikatoren und deren Überwachung. Bei Abweichung spricht er Empfehlungen für die nationale Wirtschaftspolitik aus,

— der Erstellung genauer quantitativer Richtlinien für die Koordinierung der Haushaltspolitik mit einer mittelfristigen Vorausschau,

— einer konzertierten Haushaltspolitik der Mitgliedstaaten.

In der Währungspolitik blieben Realignments noch möglich, es sollen aber andere Mittel bevorzugt eingesetzt werden. Alle

Währungen sollen zu gleichen Bedingungen am EWS-Wechsel-kursmechanismus teilnehmen. Durch die Umsetzung der Be-schlüsse zur Schaffung eines gemeinsamen Finanzraumes sollen die Finanzmärkte integriert werden.

Der Ausschuß der Zentralbankgouverneure soll in der 1. Stufe ermächtigt werden, zu allen währungspolitischen Fragen und auch zu Einzelmaßnahmen der Staaten, die die Währungssitua-tion berühren könnten, öffentlich Stellung zu nehmen. Vor wich-tigen geldpolitischen Maßnahme, wie z.b. der Festlegung der na-tionalen Geldmengenziele, sei er zu konsultieren.

Der Ausschuß faßt nichtbindende Mehrheitsentscheidungen. Als Unterbau erhält er neben einem Sekretariat drei Unterkomitees mit ständigem Personal.

Die Frage eines Europäischen Währungsfonds wurde bereits für diese Phase diskutiert, aber im Bericht offengelassen. Ein derarti-ger Fonds wurde zwar als geeignet erachtet, die Koordinierung der Geldpolitik zu verbessern und als Symbol für eine gemeinsame Währungspolitik zu dienen. Andererseits sei er aber noch nicht wirklich nötig und würde einen neuen Vertrag voraussetzen.

Die zweite Stufe soll den Übergang auf die Endstufe erarbeiten. Die der ersten Stufe folgenden Etappen sollen nach den jeweils gesammelten Erfahrungen ausgestaltet werden.

Konkret müßte jedoch in der Wirtschaftspolitik die Koordinie-rung verstärkt werden:

- Es würden jetzt mit Mehrheitsentscheidung Leitlinien für die Wirtschaftspolitik festgesetzt.
- Für die wesentlichen volkswirtschaftlichen Ziele würde ein mittelfristiger Rahmen beschlossen werden.
- Bei Abweichungen käme es zu (im Bericht nicht präzisierten) Interventionen.
- Es würden präzise, aber nicht bindende Regeln für die Größe der Haushaltsdefizite und ihre Finanzierung aufgestellt.

In der Währungspolitik wären Realignments zwar noch möglich, würden aber nur in außergewöhnlichen Umständen vorgenom-men. Die Schwankungsmargen würden allmählich verringert.

Das bereits umrissene Europäische Zentralbanken-System wür-de geschaffen. Es käme so zu einer allmählichen Übertragung von Kompetenzen ohne genauen Zeitplan. Im einzelnen

- würden die geldpolitischen Zielvorgaben für die Gemeinschaft und nicht mehr für die nationalen Zentralbanken festgesetzt, die nationale Geldpolitik angepaßt;
- wäre beim Europäischen Zentralbanken-System ein bestimmter Teil der offiziellen Währungsreserven zusammenzulegen, das dann auch auf den Devisenmärkten intervenieren würde.

Die Endstufe schließlich ist gekennzeichnet durch die endgültige Festsetzung der Wechselkurse und die Einführung einer Gemeinschaftswährung.

In der Wirtschaftspolitik wären die Strukturpolitiken zu verstärken. Die Gemeinschaft erhielte folgende Kompetenzen (die Verfahren wären noch festzulegen):
- ihr Mittelaufkommen diskretionär zu verändern,
- die Mittelvergabe der Gemeinschaft an Konditionen zu knüpfen,
- Wirtschaftspolitik und Haushaltsvorgaben in der Gemeinschaft bindend festzulegen,
- nach außen geschlossen aufzutreten.

In der Währungspolitik würde das Europäische Zentralbanken-System die volle Festsetzung und Durchführung der Geldpolitik übernehmen. Es würde im Rahmen der Wechselkurspolitik der Gemeinschaft an den Devisenmärkten gegenüber Drittwährungen intervenieren. Die offiziellen Währungsreserven würden zusammengelegt.

Für die volle Durchführung der vorgeschlagenen Maßnahmen ist nach dem Delors-Bericht ab Stufe zwei ein neues Vertragswerk erforderlich. Zwei Möglichkeiten werden gesehen:
- Nach jeder Etappe wird ein neuer Vertrag erarbeitet; diese Vorgehensweise wäre zwar inhaltlich sehr flexibel, aber prozedural umständlich und langsam. Das Endziel sollte hier schon am Anfang klar definiert werden.
- Es wird ein umfassender Vertrag erarbeitet, der den institutionellen Rahmen beschreibt und die einzelnen Stufen definiert, die dann vom Europäischen Rat beschlossen würden.

Davon unabhängig ist übrigens die Frage, ob man den neuen Vertrag als Änderung des EWG-Vertrags nach Art. 236 abschließt und die dort vorgesehene Regierungskonferenz einberuft. Alternativ wird auch erwogen, zunächst eine intergouvernementale Vereinbarung zwischen den interessierten Staaten anzustreben. Der zweite Weg böte sich nach dem Vorbild des EWS an, wenn zunächst nicht alle Mitgliedstaaten den ganzen Weg bis zur Wirtschafts- und Währungsunion mitgehen wollen.

Vor einer Bewertung des Delors-Berichts erscheint es zweckmäßig, zunächst eine negative Abgrenzung vorzunehmen. Das Papier ist zweierlei nicht: Erstens eine Grundsatzentscheidung für oder wider eine Wirtschafts- und Währungsunion in Europa. Diese Entscheidung, und das gibt der Bericht zutreffend wieder, wurde bereits früher getroffen. So hat der Europäische Rat im Juni 1988 anläßlich der Einsetzung des Delors-Komitees ausdrücklich daran erinnert, daß die Mitgliedstaaten mit der Annahme der Einheitlichen Akte bereits das Ziel der fortschreitenden Verwirklichung der Wirtschafts- und Währungsunion in Europa beschlossen haben.

Der Bericht ist zweitens auch keine „Blaupause", nach der man einfach Schritt für Schritt vorgeht, bis man dann am Ende das fertige Produkt vor sich hat. Man wird zwar schrittweise vorgehen müssen, und am Ende wird nach meiner Überzeugung auch die Wirtschafts- und Währungsunion in Europa stehen, aber man kann diesen Weg nicht mit dem Delors-Bericht als „Wanderkarte" gehen. Man wird im Laufe des politischen Entscheidungsprozesses mit großer Wahrscheinlichkeit auch von einigen Einzelpunkten des Berichts abgehen.

Es ist ein Hauptverdienst des Berichts, daß er bestimmte Probleme deutlich aufzeigt. So unterstreicht er, daß trotz aller erzielten Fortschritte die Konvergenz volkswirtschaftlicher Grundpositionen zwischen den Mitgliedstaaten noch verbessert werden muß und daß Souveränitätsverzichte notwendig sein werden. Dies betrifft nicht nur die Geldpolitik, die ganz zwangsläufig bis zur Endstufe der Währungsunion auf ein Europäisches Zentralbankensystem übertragen werden müßte, sondern ganz allgemein die Harmonisierungserfordernisse auf dem Gebiet der Wirtschaftspolitik. Führt man sich vor Augen, daß sich die Mitgliedstaaten bindenden Regeln für ihre Haushaltssalden unterwerfen und auf Notenbankkredite zur Finanzierung von Defiziten verzichten müssen, erhält man einen Eindruck von den Hürden, die noch zu überspringen sind.

Das zweite große Verdienst des Berichts ist es, daß er einige Grundsatzfragen geklärt hat. Zunächst stellt er fest, daß der Weg zur Wirtschaftsunion und zur Währungsunion parallel beschritten werden sollte, graduell und mit Bedacht. Ein Beispiel dafür bietet das Europäische Zentralbankensystem. In der ersten Stufe soll es nur als Nukleus entstehen, indem dem Ausschuß der Notenbankgouverneure drei Unterausschüsse mit ständigem Personal beigegeben werden. In der zweiten Stufe soll es bereits feste institutionelle Formen annehmen, quasi ihr „Richtfest" feiern, und erst in der dritten Stufe mit allen Kompetenzen ausgestattet, also „bezugsfertig" sein. Es haben sich somit die Pragmatiker durchgesetzt. Insbesondere hat sich der Ausschuß gegen das Parallelwährungskonzept entschieden. Denn eine neben den nationalen Währungen umlaufende Europawährung wäre ein kostspieliger Umweg ohne Nutzen, aber mit Schadenspotential für den Integrationsprozeß.

Der Bericht stellt weiter auch einige unterstützenswerte Prinzipien für die Europäische Zentralbank auf. Sie soll föderal aufgebaut, unabhängig von Weisungen nationaler Stellen und von Gemeinschaftsorganen, dem Ziel der Geldwertstabilität verpflichtet sein und keine Kredite an den öffentlichen Sektor vergeben dürfen.

Einige Fragen läßt der Bericht jedoch offen, vor allem die nach einem Europäischen Währungsfonds schon in der ersten Stufe. Seine Funktionen würden ab der zweiten Stufe von der Europäischen Zentralbank übernommen; in der ersten Stufe wäre er wohl nichts weiter als ein Kostenträger mit gewissem Symbolgehalt ohne praktischen Nutzen. Noch wenig diskutiert, aber von erheblicher Konfliktpotential für die Gemeinschaft ist die Frage, welche Mitgliedstaaten wann und in welcher Form auf dem Wege zur Wirtschafts- und Währungsunion mitwirken. Denn wartet man immer auf den Integrationsunwilligsten, führt dies zum Geleitzugprinzip.

Geht man aber in kleinem Kreis schneller voran, besteht angesichts der engen Verknüpfung zwischen Wirtschafts- und Währungsunion die Gefahr, daß es Mitglieder unterschiedlicher Qualität mit unterschiedlichem Integrationsniveau gibt. L. Tindemans hat dieses Problem schon in seinem vielbeachteten Bericht aus dem Jahre 1975 angepackt und den Ansatz unterschiedlicher Integrationsgeschwindigkeiten entwickelt.

Der Franz-Bericht

Parallel zur Arbeit am Delors-Bericht wurde auch im Ausschuß für Wirtschaft, Währung und Industriepolitik des Europäischen Parlaments eine Stellungnahme zum Prozeß der Währungsintegration in der Gemeinschaft erarbeitet. Das Ergebnis war der Franz-Bericht, der am 14. April 1989 in Form einer Resolution vom Europäischen Parlament verabschiedet wurde. Er betont vor allem die monetäre Seite der Wirtschafts- und Währungsunion, sieht aber auch den Zusammenhang mit der Stärkung des wirtschaftlichen und sozialen Zusammenhalts in der Gemeinschaft. Wie vom Delors-Bricht wird die Herstellung des Binnenmarktes auch vom Franz-Bericht als elementare Voraussetzung weiterer Schritte postuliert. Die Eckdaten der Konjunktur- und Finanzpolitik sollen vom Rat der Wirtschafts- und Finanzminister festgelegt werden. Auch der Beitritt aller Mitgliedstaaten zum Wechselkursmechanismus des EWS zu letztlich gleichen Bedingungen sei erforderlich. Das EWS wird dann allmählich zur Währungsunion ausgebaut. Im Tandem mit Fortschritten in der Konvergenz von Wirtschaftspolitik und -entwicklung sollen die Schwankungsmargen um die Leitkurse verringert werden, und zwar bis zum 1. Januar 1995 auf Null. Ab dem 1. Januar 1998 soll dann eine auf Ecu lautende Einheitswährung eingeführt werden. Dieser Zeitplan stellt den wichtigsten Unterschied zum Delors-Bericht dar, dem der Franz-Bericht ansonsten materiell nicht widerspricht. Eine weitere Besonderheit ist, daß der Franz-Bericht ein Statut für eine Europäische Zentralbank vorschlägt. Auch hier ist das Vorbild der Deutschen Bundesbank unverkennbar. Die Europäische Zentralbank soll föderal aufgebaut, nach Art. 6 des vorgeschlagenen Statuts der Stabilität der Währung verpflichtet und nach Art. 7 von Weisungen der Gemeinschaftsorgane unabhängig sein; die nationalen Zentralbanken müßten autonom werden bzw. bleiben. Eine Parallelwährung neben den nationalen Währungen ist nicht vorgesehen.

Der Franz-Bericht ist eine wertvolle Anregung, und er sollte im Verlaufe der weiteren Arbeiten unbedingt neben dem Delors-

Bericht herangezogen werden. Das Datum 1. Januar 1995 für die Beseitigung der Schwankungsmargen erscheint allerdings zu ehrgeizig. Es stellt sich grundsätzlich die Frage, ob die Festlegung von Fristen über den Beginn der ersten Stufe hinaus zweckmäßig ist.

Der Franz-Bericht sieht vor, die Kreditgewährung der Notenbanken an alle öffentlichen Haushalte zu Zwecken der Konjunkturpolitik eng zu begrenzen. Eine Finanzierung von Haushaltsdefiziten ist aus ordnungspolitischen Gründen abzulehnen, wie ich später noch darlegen werden.

Der Europäische Rat von Madrid

Der Delors-Bericht ist, seiner Bestimmung gemäß, auf dem Europäischen Rat in Madrid im Juni 1989 beraten worden. Der Rat hatte beschlossen, die in ihm angesprochenen Prinzipien der Parallelität zwischen Wirtschafts- und Währungsunion, der Subsidiarität und der Berücksichtigung der jeweils aktuellen Lage beim weiteren Vorgehen den folgenden Arbeiten zugrundezulegen. Diese Arbeiten sollten betreffen:

– die Vorbereitung der ersten Stufe nach dem Delors-Bericht, die am 1. Juli 1990 begonnen hat,
– die Vorbereitung einer Regierungskonferenz gemäß Art. 236 zur Änderung des EWG-Vertrags. Sie soll nach Beginn der ersten Stufe einberufen werden.

Aufgrund dieser Beschlüsse hatte die französische Ratspräsidentschaft einen ehrgeizigen Zeitplan für die zweite Hälfte 1989 vorgelegt. Die französische Regierung ließ sich dabei offensichtlich von dem Wunsch leiten, in der Zeit ihrer Präsidentschaft soweit wie möglich zu kommen, um „Fakten zu setzen". Auf dem Europäischen Rat von Straßburg am 8./9. Dezember, wurden alle zur Vorbereitung der ersten Stufe nach dem Delors-Bericht nötigen Beschlüsse gefaßt werden; die Mitgliedstaaten hatten ein halbes Jahr Zeit, sich den neuen Gegebenheiten anzupassen. Gleichzeitig wird eine Themenliste für die nach dem 1. Juli 1990 einzuberufende Regierungskonferenz über vertragliche Vereinbarungen über das weitere Vorgehen erarbeitet. Die Kommission wird an beiden Vorhaben aktiv mit Vorschlägen von ihrer Seite teilnehmen. Die zweite Stufe soll nach dem Delors-Bericht frühestens beginnen, wenn der Binnenmarkt verwirklicht und die Strukturfonds verdoppelt sind, und wenn die aus diesen Aktionen gewonnenen Erfahrungen ausgewertet sind, also frühesten 1993. Wie schon angedeutet, halte ich Spekulationen über den weiteren Zeitplan heute für müßig. Vielmehr möchte ich mich hier darauf konzentrieren, was die nach dem Delors-Bericht schon für die erste Etappe vorgesehenen Maßnahmen bedeuten werden.

3. Der weitere Weg

Die erste Stufe

Wichtige Elemente der ersten Stufe wurden bereits oben dargestellt. Der Grundsatz der Parallelität der Maßnahmen zur Herstellung einer Wirtschafts- und Währungsunion soll auch hier eingehalten werden. Verdeutlichen kann man dies an der vorgesehenen Revision zweier Rechtsakte.

Der erste ist die schon vorgestellte Konvergenzentscheidung von 1974, mit der die erhoffte wirtschaftspolitische Koordinierung nicht erreicht werden konnte. Auf den ersten Blick mag es paradox erscheinen, daß diese Vorschrift – etwa in Richtung auf eine größere Bindungswirkung hin – nicht verschärft, sondern im Gegenteil gelockert werden soll. Doch setzt man gleich zu Anfang einen zu rigiden Rahmen, etwa im Bereich der Haushaltspolitik, würde die neue Konvergenzentscheidung nur das gleiche Schicksal wie die erste erleiden. Es ist daher sicher sinnvoller, den Prozeß hin zu einer bindenden Koordinierung der nationalen Wirtschaftspolitiken ganz allmählich anzugehen und so den Teilnehmern Zeit zur Anpassung zu gewähren. Statt auf einen starren Rechtsrahmen, eventuell gar mit denkbaren Vertragsverletzungsverfahren, sollte man eher auf die sogenannte „Peer-Pressure", auf altdeutsch Gruppenzwang genannt, setzen. Im Rahmen eines längeren Eingewöhnungsprozesses müßte erreicht werden, daß es gegen die Interessen der Mitgliedstaaten und der Gemeinschaft verstößt, gegen gemeinsame Beschlüsse zu verstoßen.

Die Kommission hat am 20. September 1989 einen Vorschlag zur Revision der Konvergenzentscheidung verabschiedet. In der politischen Diskussion wird dieser Vorschlag daran gemessen werden, ob der Vorschlag die klaren Anregungen im Delors- und Franz-Bericht zur Koordinierung der Haushaltspolitiken und zur Parallelität von Wirtschafts- und Währungspolitik in angemessener Form reflektiert.

Der zweite Rechtsakt ist der nur aus fünf Artikeln bestehende Beschluß des Rates über den Ausschuß der Notenbankgouverneure der EG von 1964. Hier gilt es, den Aktionsbereich dieses Ausschusses in zwei Richtungen hin auszuweiten. Einmal nach innen, d.h. als Auftrag und Ermächtigung an die Notenbankchefs, die Geldpolitiken intensiver abzustimmen. Zum anderen nach außen, d.h. in Richtung auf eine deutliche Meinungsäußerung des Gremiums zu wirtschaftspolitischen Fragen, die Konsequenzen für die Geldpolitik haben.

Auch dazu hat die Kommission am 20. September 1989 einen Vorschlag verabschiedet, der wiederum an den einschlägigen Anregungen der beiden genannten Berichte gemessen werden sollte.

Bei beiden Maßnahmen stellt sich die Frage nach den Institutionen und damit nach der demokratischen Legitimation. Für den Bereich des Gouverneurausschusses halte ich dies für weitgehend unproblematisch, doch soll dieser Aspekt im Zusammenhang mit der Autonomie des Europäischen Zentralbanksystems noch vertieft werden.

Betraut man aber, wie es im Delors-Bericht vorgesehen ist, den Rat der Wirtschafts- und Finanzminister mit der Koordinierung der allgemeinen Wirtschaftspolitik und läßt man ihn gar quantitative Leitlinien für die Haushaltspolitik aufstellen, dann sind die Rechte der nationalen Parlamente betroffen, die konstituierend für die parlamentarische Demokratie überhaupt sind und erst gegen die autokratischen Gewalt erkämpft wurden. Das Problem stellt sich unter einem anderen Aspekt, wenn auch die Kommission in das Verfahren eingeschaltet werden soll. Die Kommission ist als Institution der Gemeinschaft nicht an Weisungen gebunden. Demokratisch kontrolliert wird sie vom Europäischen Parlament, das, wie gerade der Franz-Bericht beweist, ein reges Interesse an den Problemen der Wirtschafts- und Währungsunion genommen hat.

Die Kontrolle auf unterschiedlichen Ebenen spricht jedoch dafür, daß die Zusammenarbeit zwischen dem Europäischen und den Nationalen Parlamenten verstärkt werden sollte.

Ein weiteres Problem ist mit der Tatsache aufgeworfen, daß die Währungen Großbritanniens, Griechenlands und Portugals außerhalb des Wechselkursmechanismus des EWS stehen. Außerdem wurde beschlossen, daß alle Schwankungsmargen um die bilateralen Leitkurse auf ± 2,25% festgesetzt werden. Zur Zeit darf die Peseta um ± 6% um die Leitkurse schwanken. Ein solcher Schritt ist ja vergleichsweise gering, bedenkt man, daß die Schwankungsmargen einmal ganz entfallen müssen. Was den Beitritt Großbritanniens zum Wechselkursverbund angeht, läßt sich der Eindruck nicht vermeiden, daß in Großbritannien selbst die befürwortenden Stimmen deutlich zugenommen haben. Dahinter steht wohl die Einsicht, daß ein Beitritt letztlich im Interesse der britischen Wirtschaft selbst läge, nicht zuletzt weil London der bedeutendste europäische Finanzplatz ist, und weil das wirtschaftspolitische Gewicht Großbritanniens voll in die Gemeinschaft eingebracht werden sollte. Demzufolge wäre ein solcher Schritt auch keine Vorleistung, für die man eine Gegenleistung erwarten könnte, sei es im Hinblick auf die eigenen Vorstellungen bezüglich des Prozesses hin zur Währungsunion, sei es in der Frage des Sitzes der künftigen Europäischen Notenbank. Abgesehen davon wäre es bedauerlich, wenn sich das Vereinigte Königreich dem monetären Integrationsprozeß entzöge. Die geldpolitische Philosophie der britischen Regierung wäre eine willkommene Stimme im Chor der Meinungen.

Probleme für das EWS

Nach der Ratsentscheidung vom 24. Juni 1988 sind in einigen Migliedstaaten, darunter vor allem Italien und Frankreich, die Beschränkungen im innergemeinschaftlichen Kapitalverkehr entfallen. Bis spätestens 1995 soll dann die völlige Freiheit des Kapitalverkehrs in der ganzen EG hergestellt sein, die eine der Voraussetzungen für eine Währungsunion ist. Es gibt nun Stimmen, die im Zuge der Anfangsliberalisierung 1990 die Gefahr zu starker Kapitalbewegung zwischen den Währungen sehen. Dies könnte gemäß dem Gesetz von Angebot und Nachfrage auf den Devisenmärkten die Aufrechterhaltung der Leitkurse gefährden. Ursachen dieser Kapitalströme könnten erstens die unterschiedliche Durchsetzung der Besteuerung der Kapitalerträge und zweitens spekulative Erwartungen an ein Realignment sein. Hierzu ist pauschal zu bemerken, daß ein Abbau von Kapitalverkehrskontrollen und damit die Herstellung der völligen Konvertibilität, wie dies in der Bundesrepublik Deutschland bereits 1958 geschehen ist, das Vertrauen in eine Währung erhöht und sie somit stärkt. Für ausländische Anleger ist wichtig zu wissen, ob sie Währungen auch wieder verkaufen können, wenn sie wollen. Entscheidend für die Stabilität der Wechselkurse und die Gleichmäßigkeit der Kapitalströme ist die Solidität der gesamten Wirtschaftspolitik.

Im ersten Halbjahr 1989 wurde gelegentlich der Eindruck erweckt, es bestehe ein Junktim zwischen der Kapitalmarktrealisierung und der Kapitalertragsbesteuerung. Dies hat speziell in Paris den Wunsch entstehen lassen, Maßnahmen zur Bekämpfung von Steuerhinterziehung durch Verlagerung von Spargeldern in das Ausland zu treffen, beispielsweise mittels einer europaweiten Quellensteuer. Gerade wenn so stark auf Fortschritte zur Währungsunion gedrängt wird wie dies auf die französische Regierung zutrifft, und wenn außerdem noch Paris als Finanzzentrum ausgebaut werden soll, müssen auch die entsprechenden Konsequenzen gezogen werden. Ein freier Kapitalverkehr in der EG, der zusammen mit den bereits beschlossenen Richtlinien zur Schaffung eines gemeinsamen Bankenmarkts ein Zusammenwachsen der Finanzmärkte der Gemeinschaft ermöglicht, trägt sicher mehr zur monetären Integration bei als administrativ/institutionelle Krücken wie neue Maßnahmen zur Überwachung oder Besteuerung des Kapitals bzw. seiner Erträge.

Dabei wären entsprechend abgestimmte Zinspolitiken eine Möglichkeit, störende Kapitalströme zu beeinflussen. Freilich würden sie erfahrungsgemäß im Falle einer Aufwertungsspekulation nicht ausreichen, weil der volle Ausgleich erwarteter Aufwertungsgewinne durch eine entsprechende Differenz im Zinsniveau zwischen der abwertungs- und aufwertungsverdächtigen Währung nicht zu gewährleisten wäre. Ganz wird man Auf- und Abwertungsspekulationen auch in Zukunft nicht verhindern können; auch die Gefahr, daß sie zur „self-fulfilling prophecy" werden und das erwartete Realignment erst hervorrufen, wird man wohl nie völlig ausschalten können. Das potentielle Problem kann aber dadurch entschärft werden, daß die Leitkurse im EWS im wesentlichen den grundlegenden Wirtschaftsdaten entsprechen und eine konsistente, koordinierte Wirtschaftspolitik betrieben wird. Auf einer solchen marktgesteuerten Koordinierung der Wirtschaftspolitik, wie sie das EWS in gewissem Umfang bereits jetzt erfordert, könnte man aufbauen. Auch die Erfahrungen mit der „multilateralen Überwachung" nach der „Basel-Nyborg-Vereinbarung" von 1987 sprechen für eine kombinierte Abstimmung von geld- und wirtschaftspolitischen Instrumenten.

Probleme der monetären Integration

Ein ganz entscheidendes Problem wird die Koordinierung der Haushaltspolitiken der Mitgliedstaaten sein, die ja schon in der ersten Stufe beginnen soll. Denn verschiedentlich, z.B. vom wissenschaftlichen Beirat beim Bundeswirtschaftsministerium, wird das Erfordernis einer zentralen Koordinierung bestritten und es wird die Meinung vertreten, die Regierungen sollten hier in einen Wettbewerb treten. Die britische Regierung hat bereits eine Vorlage im Ministerrat angekündigt, die vermutlich dieser Linie folgen wird. Dem wird entgegengehalten, daß der Markt zwischen guten und schlechten öffentlichen Schuldnern unter den Mitgliedstaaten unterscheiden können und von den Mitgliedstaaten mit höheren Schulden und höherem Risiko einen Aufschlag auf das Zinsniveau erwarten würde.

Diese Argumentation weist aber einige Schwächen auf: Einmal ist fraglich, ob der Markt zu einer vollständigen Abschätzung dieser Risiken wirklich in der Lage wäre. Und dann wäre immer noch zu berücksichtigen, ob im Extremfall überhaupt Zahlungsunfähigkeit bei einem überschuldeten Mitgliedstaat praktisch eintreten könne, weil ja letztlich die Union solidarisch einspringen müßte. In der Tat wäre es politisch wohl nur schwer vorstellbar, daß einem Mitgliedstaat Kredit verweigert würde, er damit seinen Haushalt nicht mehr vollständig finanzieren könnte, und die anderen Mitglieder der Union gleichzeitig passiv bleiben. Jedes Mitglied würde also an der Bonität der anderen partizipieren. Auf der anderen Seite ist mehr als fraglich, ob selbst ein Zinsaufschlag einen Staat von einem exzessiven Ausgabengebaren abhalten würde. Erleichternd käme ja hinzu, daß er in einer Wirtschafts- und Währungsunion auf seine Zahlungsbilanzsituation keine Rücksicht mehr zu nehmen brauchte.

Leistet sich ein Mitgliedstaat – jedenfalls von einer gewissen Größe an – gleichwohl hohe Haushaltsdefizite, so ist dies aber mit Kosten für die anderen Mitglieder der Währungsunion verbunden. Einmal direkt über ein höheres als sonst herrschendes Zinsniveau, mit der Möglichkeit eines crowding out privater Investitionen in der gesamten Wirtschafts- und Währungsunion, zum anderen bestünde die Gefahr einer akkomodierenden Geldpolitik auf politischen Druck hin im Falle von Finanzierungsschwierigkeiten eines Staates, und damit eines Inflationsschubes. Sowohl das Interesse an der eigenen Position auf den internationalen Kapitalmärkten als auch das Inflationsproblem sprechen also für strenge Koordinierungsvorschriften. Das wichtigste Argument für eine Koordinierung der nationalen Haushaltspolitiken ist jedoch das Erfordernis, daß nur durch eine gewisse Konzentration der in einer Wirtschafts- und Währungsunion erforderliche „policy mix" zwischen Geld- und Fiskalpolitik hergestellt werden kann. Beispielsweise würden sonst konjunkturelle Impulse, die von bewußtem deficit spending eines Staates ausgingen, durch die restriktive Politik eines anderen konterkariert und umgekehrt.

Zwar wird hiergegen oft argumentiert, daß in Bundesstaaten die Einzelstaaten ja auch freie Hand in der Fiskalpolitik hätten und diese auch weidlich ausnutzten, etwa in Kanada. Dieser Vergleich verkennt aber, daß aus heutiger Sicht der Zentralhaushalt der EG vermutlich nicht über 3% des BSP ansteigen dürfte (von etwa 1% gegenwärtig). Demgegenüber liegt er in Bundesstaaten in einer Größenordnung von 10 bis 30% der nationalen BSP womit er ausreichend ist, um auch ohne Koordination mit den Regionalhaushalten eine makroökonomisch wirksame Politik zu erlauben.

Eine Abstimmung der Fiskalpolitik auf Gemeinschaftsebene ist also nicht nur wünschenswert, sondern für eine Währungsunion auch erforderlich. Denn auf keinen Fall, und das ist auch im Delors-Bericht so vorgesehen, dürfen in der Wirtschafts- und Währungsunion Staatsausgaben durch Notenbankkredite finanziert werden. Hier liegt auch eine Schwäche der Resolution des Europäischen Parlaments. Ein Staat, der auf den Geld- und Kapitalmärkten keinen Kredit mehr findet, darf sich nicht durch Rückgriff auf eine allgemeine Steuer für alle Bürger der Gemeinschaft in Form höherer Inflation der nötigen Ausgabendisziplin entziehen können. Um schon den Anfängen zu wehren, sollte deshalb auch kein Kassenkredit gewährt werden dürfen, wie er in der Bundesrepublik Deutschland üblich ist; eine solche Bresche könnte auf europäischer Ebene doch wohl zu leicht ausgeweitet werden.

Das Europäische Zentralbankensystem

Das Europäische Zentralbankensystem ist nach dem Delors-Bericht und dem Franz-Bericht als weisungsunabhängig konzipiert. Denn gerade die Geldpolitik sollte von der Tagespolitik frei bleiben, insbesondere auf europäischer Ebene mit sehr viel stärker divergierenden Anschauungen und häufigen Kompromißerfordernissen.

Für die Unabhängigkeit einer europäischen Notenbank spricht neben diesen allgemeinen ordnungspolitischen Gründen aber auch ihr vorgesehener föderativer Aufbau. Der ohnehin notwendige Interessenausgleich in dieser Institution würde durch Abhängigkeiten nach außen nur weiter kompliziert. Und in der Realität würden im Zweifel wohl alle Beteiligten versuchen wollen, auf die europäische Geldpolitik Einfluß zu nehmen.

Die Position der Notenbanken ist in den Verfassungen der Mitgliedstaaten sehr unterschiedlich gestaltet. Bis heute ist nur in der Bundesrepublik Deutschland und mit Einschränkungen in Italien die Unabhängigkeit der Notenbank gegeben. Die Zusammenarbeit im Ausschuß der Zentralbankgouverneure während der ersten Stufe der Wirtschafts- und Währungsunion wird deutlich machen, ob und wieweit sich die Mitgliedstaaten auf ein unabhängiges Europäisches Zentralbankensystem umstellen. Ein erster Schritt und ein Zeichen , daß die Unabhängigkeit des Europäischen Zentralbanksystems ernst gemeint ist, könnte sein, daß die Mitgliedstaaten ihren nationalen Zentralbanken schon in der ersten Stufe zur Währungsunion hin Autonomie einräumen. Ein nicht zu unterschätzendes Problem betrifft die Stimmrechte in einer künftigen Notenbank oder deren Vorläufern. Beispielsweise sind die Stimmrechte der Mitgliedstaaten im Internationalen Währungsfonds nach Kapitalquoten gewichtet. Wie könnte dies in einem Europäischen Zentralbankensystem, in das die Mitgliedstaaten ja beispielsweise Teile ihrer Währungsreserven einbringen, gehandhabt werden?

Demgegenüber dürfte die Frage der organisatorischen Gliederung einer künftigen Euopäischen Zentralbank derzeit noch nicht aktuell sein. Sowohl der Delors-Bericht wie der Franz-Bericht sehen ja im wesentlichen zwei Gremien vor. Zum einen ein Beschlußorgan, bei Delors „Rat des Europäischen Zentralbankensystems" und bei Franz „Europabankrat" genannt und ein Exekutivorgan mit dem Namen „Direktorium" in beiden Berichten. Ein derartiges Modell hat sich in den Fällen Deutsche Bundesbank und Federal Reserve System bewährt.

Das letzte, aber sicher nicht einfachste Problem in diesem Zusammenhang ist schließlich schlicht die Standortfrage. Bewerbungen liegen bereits in Fülle vor.

Monetäre Integration in Stufen

Von verschiedener Seite ist vorgetragen worden, daß die zweite Stufe eigentlich überflüssig ist und man demzufolge gleich in der ersten Phase anfangen solle, am Übergang in die Endstufe zu arbeiten. Dem ist entgegenzuhalten, daß schon der Werner-Bericht mit guten Gründen von einer Verwirklichung des ja doch sehr ehrgeizigen und bisher einmaligen Vorhabens in Stufen ausgeht. Und zwischen der Anfangsstufe, die ja in weniger als einem Jahr beginnen soll, und der Endstufe sollte eine ausreichend bemessene Phase liegen, in der man − jeweils im Lichte der gewonnenen Erkenntnisse − behutsam vorangeht und sozusagen die Währungsunion „trainiert".

Solange noch so große strukturelle Unterschiede zwischen den Mitgliedstaaten bestehen, kann die schnelle währungspolitische Integration kein Mittel zur Beschleunigung auch der wirtschaftlichen Integration sein. Denn ein zu schneller Verzicht auf die Möglichkeit von Leitkursänderungen würde bedeuten, daß beispielsweise eine Verschlechterung der Wettbewerbssituation der wirtschaftlich noch schwächeren Länder, etwa durch zu stark steigende Arbeitskosten, nicht mehr durch Abwertung ausgeglichen werden könnte. In einer Wirtschafts- und Währungsunion käme es dann zu einer Abwanderung von Kapital und Arbeit an begünstigte Standorte. Dies wäre eine große Gefahr vor allem für die Länder an der Peripherie der Gemeinschaft, die ohnehin natürliche Standortnachteile gegenüber den Zentren aufweisen. Gegensteuern könnte man dann nur mit einem sehr großen Volumen an öffentlichen Ressourcentransfers, also einem weit über das bisherige Volumen hinausgehenden Finanzausgleich. Eine derartige Konstruktion ist schon wegen der Akzeptanzprobleme in den Geberländern nur für die Endstufe vorstellbar.

Ein weiterer Grund, sich Zeit für eine sorgfältige Vorbereitung der Endstufe zu lassen, ist die Tatsache, daß ja die nationale geldpolitische Autonomie am Ende dieses Prozesses erlöschen wird. Gerade aus deutscher Sicht wird man daher aufpassen müssen, daß dieses europäische Zentralbankensystem der Stabilität verpflichtet ist, wie im Delor-Bericht und Franz-Bericht vorgesehen. Denn keinesfalls sollte es dazu kommen, daß eine harmonisierte Geldpolitik in der Gemeinschaft die Geldwertstabilität gefährdet, die − jedenfalls zum Teil − Grundlage des wirtschaftlichen Erfolgs der Bundesrepublik ist. Natürlich würde in einem Europäischen Zentralbankensystem die Politik dann von Verantwortlichen aus verschiedenen Ländern mit unterschiedlichen Philosophien und Erfahrungen gemacht. Hier wird oft bezweifelt, daß das Stabilitätsbewußtsein unserer Partner so ausgeprägt ist, wie in der Bundesrepublik. Das Beispiel des EWS zeigt aber entgegen den Aussagen der Auguren, daß die Partner des EWS letztlich bereit sind, dem Stabilitätskurs der Bundesbank zu folgen, auch wenn dies gelegentlich mit vernehmbarem Murren und Zähneknirschen erfolgt.

4. Perspektiven

Die weiteren Perspektiven für die Wirtschafts- und Währungsunion könnte man daher unter das Motto „First things first" stellen. Wenn, wie ja geplant, parallel auf die wirtschaftliche und monetäre Integration hingearbeitet und dabei jeweils die aktuelle Lage berücksichtigt wird, ist ein exakter Fahrplan nicht möglich. Alle Aufmerksamkeit sollte einer reibungslos funktionierenden ersten Stufe zugewandt werden. Und dies bedeutet: ein einheitlicher, freier Binnenmarkt, freier Kapitalverkehr, feste Leitkurse zwischen den Währungen aller Mitgliedsländer mit einer Schwankungsbreite von $\pm 2,25\%$ und die Möglichkeit einer Leitkursänderung nur, wenn dies unumgänglich ist. Dies wäre ein solcher Anfang. Und je mehr der Traum von der Umwandlung der Europäischen Gemeinschaft in eine auch politische Union Wirklichkeit wird, desto leichter werden auch die Hürden auf dem Weg zu einer Wirtschafts- und Währungsunion zu nehmen sein.

Auf dem Weg zur Wirtschafts- und Währungsunion

Hans-Dietrich Genscher

1.

20 Jahre nachdem die Gemeinschaft mit dem Werner-Bericht einen ersten Anlauf zur Schaffung einer Wirtschafts- und Währungsunion nahm und 11 Jahre nach Gründung des EWS hat die Diskussion um die Schaffung einer Wirtschafts- und Währungsunion sehr konkrete Formen angenommen.

Der Europäische Rat hat im Juni 1989 in Madrid einstimmig beschlossen, daß die erste Stufe der Verwirklichung der Wirtschafts- und Währungsunion am 1. Juli 1990 beginnt und daß eine Regierungskonferenz zur Festlegung der anschließenden Stufen zusammentritt, sobald die erste Stufe begonnen hat. Diese Regierungskonferenz soll umfassend und angemessen vorbereitet werden und die für die Vollendung der WWU notwendigen Änderungen und Ergänzungen der Römischen Verträge ausarbeiten. Mit diesen Beschlüssen ist der Europäische Rat dem Gebot der politischen und ökonomischen Konsequenz und Glaubwürdigkeit gefolgt. Er hat somit zugleich wichtige Perspektiven auf dem Wege zur Europäischen Union aufgezeigt.

Als ich im Februar 1988 ein Memorandum zur Schaffung eines einheitlichen europäischen Währungsraums und einer europäischen Zentralbank vorlegte, hatte ich die Absicht, eine substantielle Diskussion in Gang zu setzen. Damals war offen, ob es in einer so kurzen Zeit gelingen würde, solche weitgehenden Beschlüsse des Europäischen Rates herbeizuführen. Die Entwicklung hat bestätigt, daß die Zeit reif ist, die Verwirklichung der WWU prioritär auf die Tagesordnung europäischer Integrationspolitik zu setzen.

Dr. Hans-Dietrich Genscher MdB, Bundesminister des Auswärtigen

Der vom Europäischen Rat in Hannover im Juni 1988 eingesetzte Ausschuß unter Leitung des Präsidenten der EG-Kommission Delors hat im April 1989 eine Bericht mit weitreichenden Vorschlägen für die Schaffung einer Wirtschafts- und Währungsunion vorgelegt. Der in dem Ausschuß versammelte Sachverstand war groß. Es gehörten ihm sämtliche Notenbankpräsidenten der Gemeinschaft an. Deshalb haben seine Schlußfolgerungen und Empfehlungen großes Gewicht. Auch das Europäische Parlament hat im April 1989 mit großer Mehrheit eine Entschließung zur Entwicklung der europäischen Währungsintegration angenommen (Franz-Bericht).

In wichtigen Sachpunkten decken sich die Vorstellungen des Parlaments mit denen des Delors-Ausschusses. In anderen gehen sie drüber hinaus. Insbesondere setzt das Parlament einen Zeitrahmen und fordert die Schaffung der Währungsunion mit einer gemeinsamen Währung bereits zum 1. Januar 1995.

Es geht nicht mehr um die Frage, ob eine Wirtschafts- und Währungsunion wünschenswert ist. Diese Frage haben alle 12 Mitgliedstaaten zuletzt auf dem Europäischen Rat in Madrid mit ja beantwortet. Es geht jetzt darum, wie schnell sie erreicht werden kann, wie sie ausgestaltet werden soll und welche ordnungspolitischen Rahmenbedingungen gesetzt werden müssen. Bei der Beantwortung dieser Fragen ist darauf zu achten, daß die Schaffung einer Wirtschafts- und Währungsunion stets als ein einheitlicher Prozeß gesehen wird. Mit Beginn der ersten Stufe muß Klarheit über das zu erreichende Endziel bestehen. Nur so können die notwendigen Entscheidungen sachgemäß und zielgerichtet getroffen werden. Nur so kann auch die allmähliche Übertragung von nationalen Kompetenzen auf gemeinschaftliche Institutionen plausibel gemacht und gerechtfertigt werden.

Deshalb muß nach Beginn der ersten Stufe zur Festlegung der anschließenden Stufen eine Regierungskonferenz im 2. Halbjahr 1990 zusammentreten, die ihre Arbeit im Verlaufe des Jahres 1991 beschließen sollte. In seiner Rede vor dem Europäischen Parlament am 25. Oktober 1989 hat Präsident Mitterrand gefordert, daß die nationalen Ratifizierungsverfahren für den von der Regierungskonferenz auszuarbeitenden Vertrag rechtzeitig vor der vollständigen Verwirklichung des Gemeinsamen Binnenmarktes zum 01.01.1993 abzuschließen sind. Diese Meinung liegt in der Logik des am 01.01.1993 beginnenden Binnenmarktes.

2.

In dem durch die Regierungskonferenz auszuhandelnden Vertrag müssen die grundlegenden institutionellen und funktionellen Regelungen einer Wirtschafts- und Währungsunion sowie Bestimmungen über die stufenweise Realisierung eindeutig festgelegt werden. Die damit verbundene Übertragung von nationalen Souveränitätsrechten auf Gemeinschaftsinstitutionen muß durch eine Stärkung der Kontrollrechte des Europäischen Parlaments ergänzt werden.

Der Werner-Bericht vom 8. Oktober 1970 definiert die Wirtschafts- und Währungsunion als eine Zone

– in der sich der Güter-, Dienstleistungs-, Personen- und Kapitalverkehr frei und ohne Wettbewerbsverzerrung vollzieht,

– in der die unwiderrufliche Festsetzung der Wechselkurse und die völlige Integration der Kapitalmärkte gegeben ist und

– in der die wichtigsten wirtschaftspolitischen Entscheidungen auf Gemeinschaftsebene getroffen werden.

Diese Definition gilt nach wie vor. Sie liegt auch dem Bericht des Delors-Ausschusses und der Entschließung des Europäischen Parlaments zugrunde. Sie bedeutet, daß Wirtschafts- und Währungsunion zwei Teile eines Ganzen bilden und weitgehend parallel zueinander nach dem Prinzip des „vorstoßenden und nachfolgenden Wettbewerbs" realisiert werden müssen, ohne daß dabei starre Regeln zugrunde gelegt werden. Der Europäische Rat Madrid hat sich ausdrücklich zu diesem Parallelansatz bekannt.

Im *wirtschaftlichen Bereich* geht es in der *ersten Stufe* vor allem um

– die Vollendung des Binnenmarkts und

– eine wirksame Koordinierung der Wirtschaftspolitiken der Mitgliedstaaten.

An der Schaffung des großen Europäischen *Binnenmarkts* arbeiten wir intensiv seit Mitte 1987. Ein wichtiges Stück des Weges ist zurückgelegt. Aber ein schwieriges Stück liegt noch vor uns. Vor allem die Fragen der Steuerharmonisierung und des Abbaus der Grenzkontrollen müssen entschlossen angegangen und gelöst werden. Die Gemeinschaft muß auch hier ihren sich selbst gesetzten Zeitplan einhalten. Europa muß seine wirtschaftlichen und technologischen Kräfte bündeln, wenn es im härter werdenden Wettbewerb auf den Weltmärkten bestehen will. Dazu bedarf es eines politischen Willens, der die Bereitschaft zum Kompromiß ebenso einschließt wie das Bestehen auf sachgerechten Lösungen im Interesse der Gemeinschaft.

Eine wirksamere *Koordinierung der Wirtschaftspolitiken* wird durch die Neufassung der Konvergenz-Entscheidung von 1974 erreicht werden.

Im *monetären Bereich* geht es in der *ersten Stufe* vor allem um

— die Schaffung eines einheitlichen Finanzraums,

— ein neues Mandat für den Ausschuß der Notenbankpräsidenten und

— eine Komplettierung des EWS.

Für die Schaffung eines *einheitlichen Finanzraums* sind die Kapitalverkehrsliberalisierung und die Schaffung eines einheitlichen Marktes für Finanzdienstleistungen unverzichtbar. Insbesondere die Kapitalverkehrsliberalisierung ist ein konstituierendes Element einer Wirtschafts- und Währungsunion. Ohne sie ist eine Wirtschafts- und Währungsunion nicht möglich. Deshalb war die Inkrafttretung der im Juni 1988 unter deutscher Präsidentschaft verabschiedeten Richtlinie zur Liberalisierung des Kapitalverkehrs wichtig.

Der einheitliche Markt für Finanzdienstleistungen wird im Rahmen des Binnenmarktprogramms geschaffen.

Eine Neufassung des Mandats von 1964 für den *Ausschuß der Notenbankpräsidenten* dürfte ebenfalls noch im Jahre 1990 vom Ministerrat verabschiedet werden. Bisher haben sich die Zentralbankgouverneure vor allem mit der Analyse von Entwicklungen in der Vergangenheit beschäftigt. Mit Beginn der ersten Stufe wird ihre Arbeit zukunftsorientierter sein. Mit Stellungnahmen und Empfehlungen werden sie gegenüber nationalen Regierungen und Zentralbanken wie auch gegenüber Gemeinschaftsinstitutionen gestaltend auf die künftige Geld-, Währungs- und Wirtschaftspolitik einwirken können. Wünschenswert wäre, daß alle Mitglieder des Ausschusses bereits in diesem Stadium bei ihrer Tätigkeit im Ausschuß unabhängig von Weisungen jedweder politischer Institution sind. Am ehesten wäre dies zu erreichen, wenn auch die jeweiligen nationalen Notenbanken in anderen EG-Ländern zunehmend unabhängig würden. Der Ausschuß könnte zu einem Nukleus für ein Europäisches Zentralbanksystem werden.

Zur *Komplettierung des EWS* ist notwendig, daß alle Gemeinschaftswährungen, die dazu in der Lage sind, möglichst bald dem Wechselkursmechanismus beitreten und sämtliche Sonderregelungen, vor allem die erweiterten Bandbreiten, revidiert werden. Für Mitgliedstaaten, die willens sind, sich der strengen Disziplin einer Wirtschafts- und Währungsunion zu unterwerfen, sollte die Annahme der weniger weit gehenden Regeln und Erfordernisse des EWS eine Selbstverständlichkeit sein. Der Beitritt der spanischen Peseta zum Wechselkursmechanismus im Juni 1989 war ein mutiger Schritt, zum Vorteil Spaniens und zum Vorteil der Gemeinschaft.

Nachdem sich in einer Umfrage 93% der britischen Wirtschaftsführer für einen Beitritt des Pfundes zum Wechselkursmechanismus und rd. 60% für ein europäisches Zentralbanksystem ausgesprochen haben, ist zu hoffen, daß Großbritannien bald dem spanischen Beispiel folgen wird.

Die Entscheidung für die Schaffung einer Wirtschafts- und Währungsunion ist gefallen, mit der Stimme Großbritanniens. Wir dürfen deshalb erwarten, daß sich das Vereinigte Königreich auch an den konkreten Arbeiten zu ihrer zügigen Verwirklichung vorbehaltlos beteiligen wird.

3.

Die zur Verwirklichung der ersten Stufe notwendigen Maßnahmen werden zwar de facto zu einer stärkeren gemeinschaftlichen Bindung der Mitgliedstaaten führen, sie werden aber de jure auf der gegenwärtigen Rechtslage, d.h. der gültigen Aufteilung nationaler und gemeinschaftlicher Zuständigkeiten, gründen. Die in den folgenden Stufen angestrebte und notwendige Verlagerung von Kompetenzen auf Gemeinschaftsebene erfordert neues Gemeinschaftsrecht. Deshalb muß im Rahmen einer Regierungskonferenz über eine entsprechende Änderung der Römischen Verträge verhandelt werden. Die vom Europäischen Rat in Madrid geforderte „umfassende und angemessene" Vorbereitung dieser Konferenz hat begonnen.

Notwendig ist vor allem ein Konsens zwischen den Mitgliedstaaten über den ordnungspolitischen Rahmen einer Wirtschafts- und Währungsunion und die wirtschaftspolitischen Grundprinzipien. Ist dieser Konsens einmal erreicht, so dürfte die Formulierung der eigentlichen Vertragstexte kein unüberwindliches Problem mehr aufwerfen.

In der Bundesrepublik Deutschland besteht zwischen den maßgeblichen politischen und gesellschaftlichen Kräften weitgehende Einigkeit über den anzustrebenden *ordnungspolitischen Rahmen und die wirtschaftlichen Grundprinzipien:*

- Die *Währungsunion* ist gekennzeichnet durch uneingeschränkte, irreversible Konvertibilität der Währungen und vollständige Liberalisierung des Kapitalverkehrs sowie eine unwiderrufliche Fixierung der Wechselkursparitäten.
- Die *Wirtschaftsunion* ist gekennzeichnet durch einen nach marktwirtschaftlichen Prinzipien gestalteten, wettbewerbsorientierten Markt mit einer gemeinsamen Wettbewerbs-, Struktur- und Regionalpolitik sowie einer Koordinierung der makroökonomischen Politiken, die durch ein System verbindlicher Regeln über den Umfang und die Finanzierung nationaler Haushaltsdefizite geleitet werden muß.
- Die *Grundprinzipien* für eine auf nicht-inflationäres Wachstum und ein hohes Beschäftigungsniveau gerichtete Wirtschaftspolitik sind Preisstabilität, solide öffentliche Finanzen, stabile, gesunde Gesamtzahlungsbilanz sowie offene und wettbewerbsorientierte Märkte.
- Unter strikter Anwendung des *Subsidiaritätsprinzips* müssen Entscheidungen nationaler politischer Instanzen in einen vereinbarten makroökonomischen Rahmen gestellt werden und verbindlichen Verfahren und Regeln unterliegen.
- Zum Funktionieren der Wirtschafts- und Währungsunion ist im wirtschaftlichen Bereich eine Stärkung der Kompetenzen und Strukturen der bestehenden *Institutionen* der Gemeinschaft notwendig, im monetären Bereich die Einrichtung eines Europäischen Zentralbanksystems.

– Das *Europäische Zentralbanksystem* muß der Preisstabilität verpflichtet, von Weisungen der nationalen Regierungen und der Gemeinschaftsinstitutionen unabhängig und föderal strukturiert sein. Es darf keine Kredite zur Finanzierung von Haushaltsdefiziten gewähren.

Es ist besonders wichtig und erfreulich, daß sich sowohl der Delors-Ausschuß als auch das Europäische Parlament für diese ordnungspolitischen Rahmenbedingungen und wirtschaftspolitischen Gundprinzipien ausgesprochen haben. Die Rolle des Europäischen Parlaments muß im übrigen in der Wirtschafts- und Währungsunion entscheidend gestärkt werden. Es darf in der Gemeinschaft kein Demokratie-Defizit geben.

Zu einer europäischen Wirtschafts- und Währungsunion gehört eine *europäische Währung.* Der Delors-Ausschuß hat vorgeschlagen, die nationalen Währungen so bald wie möglich nach endgültiger Festschreibung der Paritäten durch eine einheitliche europäische Währung zu ersetzen. Das wollen auch die Bürger der Gemeinschaft. Das will vor allem die europäische Wirtschaft, denn die Transaktionskosten beim Wirtschaften mit 11 Währungen in der Europäischen Gemeinschaft sind groß.

Nicht zuletzt würde auch das internationale Währungssystem durch die Bildung eines stabilen europäischen Währungsblocks gefestigt und die Pflege gleichgewichtiger Wechselkurse zu Drittwährungen erleichtert.

Wie immer eine europäische Währung heißen mag – sie muß eine stabile Währung sein. Aus deutscher Sicht ist eine der bemerkenswertesten Aussagen des Delors-Berichts der Satz: „Das Europäische Währungssystem hat von der Rolle der DM als Anker für die Geld- und Interventionspolitik der Teilnehmerländer profitiert." Dieser Satz ist ein beeindruckender Vertrauensbeweis für die DM. Innerhalb des Europäischen Währungssystems spielt die DM eine ähnlich zentrale Rolle als Leit- und Reservewährung wie der Dollar im Weltmaßstab. Sie ist der Stabilitätsanker des Systems. Es muß von Anfang an Klarheit darüber bestehen, daß eine europäische Wirtschafts- und Währungsunion ebenfalls einen zuverlässigen Stabilitätsanker in Form einer stabilen europäischen Währung erhält. Die Europäische Gemeinschaft muß eine Stabilitätsgemeinschaft bleiben.

Chancen und Risiken der europäischen Währungsintegration

Johann Wilhelm Gaddum

1992 ist ein magisches Datum geworden. Es verbindet sich mit dem Ziel der wirtschaftlichen Union Europas. Dieses Datum als Zäsur in der Zeitgeschichte ist für mich weniger wichtig als die mit der Ankündigung dieses Datums in Gang gekommenen Entwicklungen und Implikationen. Das gilt auch dann, wenn es nicht ohne Reiz ist, sich vorzustellen, künftig den Beginn der europäischen Union immer zusammen mit der Entdeckung Amerikas feiern zu können, die 1992 exakt 500 Jahre zurück liegt.

Faszinierend für mich ist, was sich im Hinblick auf eine wachsende Integration Europas an Prozessen im ökonomischen und politischen Bereich in Bewegung gesetzt hat. Unternehmen innerhalb und außerhalb der Europäischen Gemeinschaft richten sich auf diesen größeren Markt ein. Es werden Marktkonzepte und -strategien entwickelt, die abgestellt sind auf einen einheitlichen Markt Europa. Über Beteiligungen, Sortimentsabgrenzungen und Unternehmensformierungen werden Fakten geschaffen, die dieses ökonomische Datum letztlich zu einem politischen machen.

Es gibt auch jetzt schon keine währungspolitische Entscheidung im Zentralbankrat oder im Direktorium der Deutschen Bundesbank, bei der nicht Weiterungen für und in Europa zu bedenken wären. – Natürlich nicht nur die. Das Zinsgefälle zwischen Dollar und D-Mark mag eine größere Rolle für Kapitalströme und Wechselkurse spielen. Dies gilt aber nur, solange das System relativ stabiler Wechselkurse im EWS hält.

Ökonomische Integration bleibt nicht unpolitisch. Sie schränkt politische Handlungsspielräume ein. Sie fordert politische Kon-

Johann Wilhelm Gaddum, Mitglied des Direktoriums der Deutschen Bundesbank und ehemaliger Finanzminister des Landes Rheinland-Pfalz

sequenzen. Insofern ist die Kontroverse Delors/Thatcher über die politische Entwicklung der EG verständlich und sachgerecht. Die ökonomische Integration verlangt den Abbau von Handelshemmnissen und national unterschiedlichen Regulierungen. Und der Ruf nach einer einheitlichen Währung, um Wechselkursrisiken zu vermeiden, die Kosten des Zahlungsverkehrs zu senken und den freien Fluß der Kapitalien zu fördern, ist folgerichtig, greift aber spürbar in die Souveränität der Einzelstaaten ein. Genau dies ist wohl der Grund, daß manche, die die politische Integration wollen, sich auf das Ziel einer zentralen Notenbank konzentrieren. Für sie ist sie weniger ökonomische Notwendigkeit, als das Vehikel, um die politische Einigung Europas zu erreichen.

Der unter Vorsitz von Herrn Delors arbeitende Ausschuß der Notenbankgouverneure hat den Regierungschefs der Europäischen Gemeinschaft sein Gutachten zu der Entwicklung der europäischen Währungsunion vorgelegt. Die Fragen und Erwartungen konzentrieren sich jetzt darauf, welche Konsequenzen die Regierungen aus dieser Stellungnahme zu ziehen bereit sind. Die Plattform, von der aus Entwicklungen weiter zu führen haben, ist nicht die völliger nationaler Selbständigkeit und Ungebundenheit. Mit dem EWS hat sich die währungspolitische Landschaft in Europa in den letzten elf Jahren verändert. Das im Mittelpunkt des Vertragswerks stehende Beistandssystem der Mitgliedsländer im Falle außergewöhnlicher Wechselkursschwankungen innerhalb der Gemeinschaft wird immer weniger in Anspruch genommen. Wir haben kein System fester Wechselkurse innerhalb der Staaten des EWS, sondern ein System von Bandbreiten, innerhalb deren die Wechselkurse schwanken können. Woran es liegt, daß die Notwendigkeit der Anpassung von Wechselkursen durch administrative Festsetzung innerhalb des EWS, als sog. Realignments, geringer geworden ist, ist schwer auf *eine* Ursache zurückzuführen. Bekanntlich hat der Erfolg viele Väter. Der Mißerfolg ist dafür ein Waisenkind.

Liegt es am stabilisierenden System? Liegt es an weltwirtschaftlichen Einflüssen, die eine spannungsfreie Politik zeitweise erleichterten? Es spricht viel dafür, daß von entscheidender Bedeutung war − auch wenn ich damit keine neue monokausale

142

Theorie aufstellen möchte –, daß die Mitgliedstaaten in zunehmendem Maße erkannt haben, daß sie über inflationäre Prozesse nichts zu gewinnen haben. Sie haben erkannt, daß Stabilität der Währung die Anpassungsprozesse der Wirtschaft im Sinne einer größeren Effizienz und besserer Wachstumschancen verstärkt. Sie haben erfahren, daß sich soziale Spannungen durch eine Politik leichten und billigen Geldes nicht beseitigen lassen, sondern ganz im Gegenteil inflationäre Prozesse zu Lasten der sozial Schwächsten gehen. Es mag die Erfahrung mitgespielt haben, daß auch die politische Stabilität letztlich unter spürbaren Geldentwertungsproblemen leidet.

Kurzum – der Wert des stabilen Geldes ist wiederentdeckt worden, und vielleicht ist es einer der wichtigsten Beiträge der Bundesrepublik zu der Entwicklung Europas in den letzten Jahren, daß sich unter dem Einfluß der dargestellten Erkenntnisse eine größere Konvergenz der Politik in Richtung Stabilität entwickelt hat. Man weiß, daß eine Abwertung der eigenen Währung die inflationären Spannungen im eigenen Lande verstärkt. Noch immer gibt es deutliche Unterschiede. Die Erfolge bei den Bemühungen, die Inflationsquelle Staatsbudget zu verstopfen, sind unterschiedlich in den Mitgliedsländern der EG. Aber im Fortschritt liegt eine große Chance.

Entgegen vielen Erwartungen hat sich der Ecu nicht zu einem Instrument besonderer Bedeutung entwickelt. Er ist nicht das Integrationsvehikel geworden. Man orientierte sich an der D-Mark als dem stabilsten Element des Ecu. Die stabilste Währung innerhalb der Europäischen Gemeinschaft hat sich zum Maßstab für alle anderen entwickelt.

Sie ist nicht zum Maßstab ernannt worden. Sie – das heißt hier die Deutsche Bundesbank – hat sich nicht in die Rolle der zweitgrößten Reservewährung der Welt gedrängt, sondern sie eher währungspolitisch als Belastung empfunden. Die Orientierung an der D-Mark als Stabilitätsmaßstab ist Ergebnis wirtschaftlicher und währungspolitischer Bewertungen und Erfahrungen unserer Partner.

Es ist wohl verständlich, daß eine solche Ausrichtung der Politik für viele unserer Partnerschaftsländer mit schwierigen Umstellungsprozessen verbunden war und ist. Und so ist es wohl auch verständlich, wenn der Wunsch zunimmt, auf die Währungspolitik des Landes, das sozusagen das Tempo im Geleitzug bestimmt, einen gewissen Einfluß ausüben zu wollen. Ich sage dies ganz ohne Kritik, aber ich meine, es ist hilfreich, sich über die Motive der währungspolitischen Diskussion in der Europäischen Gemeinschaft klar zu sein. Die Diskussion um eine Währungsunion oder um eine Zentralbank läßt sich nicht lösen von dem politischen Anliegen, auf die Willensbildungsprozesse der Leitwährung Einfluß zu gewinnen.

Zwei Wege werden hier im wesentlichen diskutiert. Der eine führt konsequent zu einer zentralen Entscheidungsinstitution in Europa, sprich einer zentralen europäischen Notenbank. Der andere Weg setzt auf ein Mehr an Kooperation, auf ein Mehr an Koordinierung der Maßnahmen bei Beibehaltung eigener Entscheidungsspielräume. Hier geht es mehr darum, die Bundesbank in ihrer Politik stärker einzubinden, ohne allzuviel an eigenen Entscheidungsmöglichkeiten aufzugeben.

Eine Notenbank und eine Währungspolitik sind Elemente einer politischen Ordnung. Es sind staatliche Gesetze, die eine Währung zu dem machen, was sie im 20. Jahrhundert ist. Es ist das Gesetz, das den Annahmezwang vorsieht, und ohne Annahmezwang ist Papiergeld keine Währung. Schon im Neuen Testament wird bekanntlich im Markusevangelium berichtet von der Münze als *dem* Symbol der Staatlichkeit, das Christus verwendet, um klarzumachen, welchen Anspruch der Kaiser, sprich der Staat, hat und welchen Gott.

Es erscheint mir notwendig, auf diese Selbstverständlichkeiten hinzuweisen, die in der aktuellen Diskussion offensichtlich gerne unterbelichtet werden. Mit der Entscheidung für eine europäische Währung, steht eine Frage höchster politischer Relevanz an. Führen wir uns folgende Zusammenhänge vor Augen.

– Wer eine Währung ausgibt, ist verantwortlich für ihre Qualität. Er steuert die Geldmenge bzw. beeinflußt die Zinsen, und dies gilt in einem offenen Markt eindeutig für das gesamte Verbreitungsgebiet dieser Währung.

– Es mag über das Maß der Verbindung zwischen staatlicher Wirtschaftspolitik und der Geldpolitik unterschiedliche Meinungen geben. Aber auch Währungspolitik in Unabhängigkeit von politischen Weisungen der Regierungen und Parlamente, wie in den USA und der Bundesrepublik, kennen wir nur in einer Eigenverantwortung, die die wirschaftspolitische Zielsetzung des Staates beachtet, solange ihr Stabilitätsauftrag nicht in Frage gestellt wird. Das heißt nichts anderes, als daß die Notenbank *ein* wirtschaftspolitisches Gegenüber braucht.

– Wenn in den Staaten unserer Zeit jede zweite Mark oder anders ausgedrückt die Hälfte des Sozialproduktes über öffentliche Kassen und Parafisci umgeleitet und umverteilt wird, dann bestimmt in einem funktionierenden Gesamtsystem die Fiskalpolitik auch die Möglichkeiten der Währungspolitik. Nicht ein Haushalt innerhalb des Gesamtstaates ist hier gefordert, wohl aber ein gesamtstaatliches Verhalten aller Haushalte und Parafisci, das mit den Zielsetzungen der Währungspolitik harmoniert.

– *Eine* Währung hat auch nach außen nur *einen* Kurs, d.h. einer Währung entspricht die gebündelte Verantwortung für den Außenwert dieser Währung. Dafür muß es eine Verantwortlichkeit im staatlichen Gesamtgefüge geben. Auch umgekehrt gilt: Ein fester Wechselkursverbund nach außen funktioniert nur bei einer zentralen Verantwortung für die an einem Festkurssystem beteiligten Notenbanken. Dann bleibt kein Platz für nationale Notenbankpolitik.

An diese vier beispielhaften Punkte schließt sich nur eine Frage an: Wie weit geht der politische Wille auf Souveränitätsverzicht bei den Mitgliedstaaten, bei den Regierungen, bei den Parlamenten?

Auf dem Weg dorthin mögen Kooperationsformen als Zwischenformen denkbar sein. Sie müssen sich aber immer auf diesen einen entscheidenden Punkt hin abfragen lassen: Wo liegt die Letztverantwortung und damit letztlich die Entscheidungshoheit? Sie können bei der nationalen Notenbank oder supranational, d.h. bei einer europäischen Zentralinstanz in unserem Fall, liegen. Wo sie liegen, hat den genannten politischen Verantwortungen und Entscheidungen zu entsprechen. Verhängnisvoll wäre aber die Entstehung einer Grauzone von Unverantwortlichkeiten. Dazu gehören Kooperationen von selbst Nichtverantwortlichen, die aber ihrerseits die Beteiligten in ihrer Verantwortung und Entscheidungsfähigkeit einschränken sollen. Skepsis gegenüber solchen Kooperationsformen ist nicht die Scheu vor Zusammenarbeit, sondern resultiert aus dem Wissen um die Gefahr der Verwischung von klaren Entscheidungsstrukturen, die sich letztlich auf einen politischen Auftrag zurückführen lassen. Hier liegt ein nicht unbeträchtliches Risiko.

Das Ziel eines auch durch eine gemeinsame Währung zusammengebundenen Europa ist ökonomisch die Wohlstandssteigerung für seine Bürger. Ich würde den Effekt im Hinblick auf dieses Ziel geringer einschätzen als den Nutzen freien Kapitalverkehrs, für den allerdings ein einheitlicher Währungsraum sehr förderlich wäre. Freier Kapitalverkehr heißt, daß innerhalb Europas die Ersparnisse zu der wirtschaftlichsten Investition wandern. Dieser Chance steht allerdings die Notwendigkeit verstärkter Leistungen aus öffentlichen Haushalten gegenüber, um die adäquate öffentliche Infrastruktur in der Gemeinschaft zu schaffen. Die damit verbundenen Probleme eines Finanzausgleichsystems in einer föderalen Ordnung lassen sich in Deutschland gut studieren. In Europa dürften sie sich potenzieren. Hier liegt das Risiko.

Anpassungen innerhalb des Gemeinsamen Marktes erfolgen durch staatliche Regulierungen oder im Zuge des Wettbewerbs. Soweit die Finanzmärkte in einem einheitlichen Währungsgebiet betroffen sind, besteht ein nicht unerhebliches Risiko in der Tendenz zur Überregulierung. Geld ist ein flüchtiges Reh. Jeder nationale Markt in Europa hat hier schon seine negativen Erfahrungen gesammelt. Das gilt für Deutschland, für Frankreich, für Italien u.a. Es ist zu hoffen, daß sich nicht die dort erlebten Fehler im gemeinsamen Europa wiederholen.

Die Entschließung des Europäischen Parlaments vom 14.4.1989 zur Entwicklung der europäischen Währungsintegration (Franz-Bericht) spiegelt einen Diskussionsstand wider, der viele wichtige Zusammenhänge aufzeigt, aber noch weiterentwickelt werden muß. An drei Themen möchte ich dies erläutern:

– Zu Recht wird Währungsstabilisierung im EWS als Ausdruck und Folge wirtschaftspolitischer Konvergenz gewertet. Mögliche Spannungen im EWS bei einer Liberalisierung des

146

Kapitalmarktes wären die Folge noch ungenügender Konvergenz in Wirtschafts-, Finanz- und Währungspolitik. Diese Spannungen müssen sich in schwankenden Wechselkursen bzw. Realignments entladen können, wenn man Explosionen vermeiden will. Spannungen lassen sich nicht institutionell „verbieten". Man muß ihre Ursachen (z.B. in der Fiskalpolitik) beseitigen. Die in der Entschließung des Parlaments für die Gemeinschaft und die gemeinsame Notenbank geforderten Verhaltensregeln müssen deshalb in der Übergangszeit von den nationalen Politiken eingeübt werden. Das ist die Funktion der Übergangszeit. Bis dahin helfen institutionelle Veränderungen nicht weiter. So ist es konsequent, wenn in Ziff. 10 der Übergang zu einem Festkurssystem in der Gemeinschaft zwar zum 1.1.1995 gefordert, aber zugleich abhängig gemacht wird von dem Erreichen hinreichender Konvergenz in Wirtschaftspolitik und Wirtschaftsentwicklung.

– Die in dem Entwurf des Status einer europäischen Zentralbank postulierte Unabhängigkeit und Verpflichtung auf *die* Priorität Geldwertstabilität findet sich in der Entschließung nicht wieder. Die Verpflichtung auf „Zielprioritäten", die das Europäische Parlament und der Wirtschafts- und Finanzrat setzen (Ziff. 22), widersprechen dem ebenso wie die Kreditgewährung an öffentliche Haushalte zu konjunkturpolitischen Zwecken.

– Ein Gouverneursrat mit gewichtigen Empfehlungs- und Koordinierungskompetenzen muß auch in der Übergangsphase die Unabhängigkeit besitzen, die der Entwurf des Statuts zu Recht für die Notenbankpolitik fordert. Eine Änderung nationalen Notenbankrechts wird aber nur einmal erfolgen können, und zwar auf den Endzustand hin. Ein Zwischending zwischen nationaler Verantwortung für die Währung oder europäischer Verantwortung für die Währung kann es nicht geben. Deshalb werden notwendig die Funktion und Kompetenzen eines Rates der Notenbankgouverneure bis dahin nicht abweichen können von dem bisherigen Procedere. Das steht aber den Bemühungen um mehr Konvergenz nicht im Wege.

Der Bericht der Delors-Kommission, der Sachverständigengruppe, die unter Vorsitz des Kommissionspräsidenten Jacques Delors dem Europäischen Rat am 17. April auftragsgemäß einen Bericht vorgelegt hat, geht von einer nüchternen Darstellung der bisherigen Bemühungen und Erfolge aus. Das gilt insbesondere im Hinblick auf die Interdependenzen zwischen den verschiedenen Politikbereichen, wenngleich es stärker betont werden sollte, daß zwar eine Wirtschaftsunion ohne Währungsunion denkbar ist, eine Währungsunion aber in Europa notwendig Teil einer politischen Union ist. Nüchternheit und Konsequenz kann der Bericht auch da für sich in Anspruch nehmen, wo er die Bedingungen einer auf Währungsstabilität ausgerichteten Zentralbank in der Endphase beschreibt. Diskussionsbedarf sehe ich auch in diesem Bericht im Hinblick auf die Übergangphase (Kapitel III). Hier zeigen sich ähnliche Schwachstellen wie in der Entschließung des Parlaments. Der Ausschuß der Zentralbankpräsidenten (ähnlich dem Gouverneursausschuß des Parlaments) sollte hier allerdings Gewicht gewinnen durch ein Mehr an Autonomie für die Zentralbanken – und damit ihrer Präsidenten. Nach dem Bericht sollte dies zumindest erwogen werden.

Ungeachtet der Frage, ob diese Erwägungsüberlegung Erfolgsaussicht hat, bleibt die Antinomie zwischen der Verantwortung der nationalen Notenbanken und dem Gewicht europäischer Empfehlungen. Die notwendige Einschränkung nationaler Souveränitätsrechte in einer Währungsunion ist Inhalt einer Regelung, die das Endziel umschreibt. Insoweit besteht prinzipiell Konsens. Jede Übergangsphase muß aber auf dem Hintergrund des Risikos gesehen werden, in ihr gleichsam steckenzubleiben. Diese Gefahr ist umso größer, als eine Koordinierung im Sinne einer Einbindung der Politik der Bundesbank sich mit der Zielvorstellung einer Politik verbinden könnte, die an dem Folgeweg zu einer Aufgabe nationaler Souveränitätsrechte im Sinne des Endzustandes dann kein Interesse mehr hätte. Deshalb müssen vor der Abgabe von faktischen oder formalen Souveränitätsrechten die Handlungsfähigkeit und die Kompentenz der bislang national Verantwortlichen erhalten bleiben. Übergangsregelungen müssen deshalb unter der Schwelle von Rechtsänderungen bleiben.

Ich bin ein entschiedener Freund der politischen Integration Europas. Aber – und deshalb mein Rat zur Behutsamkeit – ich bin auch ein Freund sauberer handwerklicher Arbeit und habe eine hohe Auffassung vom Wert der Geldwertstabilität.

Es wäre katastrophal, in eine Währungsintegration zu stolpern, ohne die Konsequenzen zu beherrschen. Verantwortlichkeiten müssen eindeutig zugeordnet sein. Eine europäische Währung darf nicht „schlechter" sein als die bisher stabilste Währung. Die Währungspolitik eignet sich nicht für Experimente, um sogenannte höhere politische Ziele zu fördern. Sie muß stimmig sein in Ziel, Methode und politischem Umfeld.

Grundsätze für ein europäisches Zentralbanksystem

Hans Tietmeyer

1.

Zunächst einmal gilt es festzustellen, daß im Laufe der letzten Jahre offenkundig Bewegung in die Diskussion über die europäische Währungspolitik gekommen ist. Noch 1987 hatten die EG-Finanzminister auf ihrem informellen Treffen in Nyborg/Dänemark vereinbart, mit den von ihnen gebilligten währungspolitischen Vereinbarungen der Zentralbankpräsidenten zum EWS während einer zweijährigen Phase nachhaltige Erfahrungen zu sammeln. Heute wird dagegen nicht nur über eine Weiterentwicklung des EWS, sondern auch über das weitergehende Ziel einer Wirtschafts- und Währungsunion (WWU) diskutiert. Eine Vielzahl von Memoranden, Plänen und Stellungnahmen ist im Laufe des letzten Jahres veröffentlich worden. Selbst für den Experten ist es schwierig geworden, dabei noch den vollen Überblick zu behalten.

Mit Interesse habe ich den Franz-Bericht zur Europäischen Währungsunion zur Kenntnis genommen. Den meisten Elementen und Aspekten dieses Planes kann ich zustimmen; allerdings gibt es auch einige Punkte, zu denen ich Vorbehalte habe. Doch darüber wird später noch zu diskutieren sein.

Ich beginne meine Ausführungen mit zwei Fragen:

1. Woher rührt das wiedererwachte Interesse auch an längerfristigen Fragen der europäischen Währungsintegration, die bereits vor 20 Jahren im sogenannten Werner-Bericht behandelt wurden?

Dr. Hans Tietmeyer, Mitglied des Direktoriums der Deutschen Bundesbank, ehemaliger Staatssekretär im Bundesfinanzministerium

2. Haben sich die Voraussetzungen für Fortschritte in der europäischen Währungsintegration so sehr verbessert, daß das weitergehende Ziel der WWU, bereits zu Anfang der 70er Jahre aufgestellt und durch die Einheitliche Europäische Akte bestätigt, jetzt realisierbar erscheint?

2.

Für die Renaissance der währungspolitischen Diskussion in Europa sind aus meiner Sicht im wesentlichen vier unterschiedliche Gründe und Motive zu nennen:

Als *erstes* ist festzustellen, daß wir im EWS in den letzten 7 Jahren trotz mehrerer kleinerer Realignments eine relativ spannungsfreie Wechselkursentwicklung erlebt haben. Im Vergleich zu früheren Jahren sind nicht nur die Anpassungen der Leitkurse kleiner ausgefallen; auch die Häufigkeit von Auf- oder Abwertungen hat abgenommen. Diese Wechselkursstabilität ist um so bemerkenswerter, als in den vergangenen Jahren extreme Dollarkursfluktuationen zu verzeichnen waren und in einigen unserer Partnerländer wichtige politische Wahlen und Regierungswechsel stattgefunden haben. Selbst gegenüber dem zeitweilig starken Dollarkursverfall im Gefolge der weltweiten Börsenkrise 1987 hat sich das EWS als robust erwiesen.

Dies ist primär zurückzuführen auf die bemerkenswert hohe Geldwertstabilität in fast allen dem Wechselkursmechanismus des EWS angehörenden Staaten sowie eine weitreichende Konvergenz bei fast allen übrigen ökonomischen Grunddaten. Diese Erfolge innerhalb Europas sind zweifellos zu einem erheblichen Teil auf die stärkere Stabilitätsorientierung der meisten EWS-Partnerländer in den letzten Jahren zurückzuführen. Ich hoffe, daß diese Ausrichtung auch in Zukunft Bestand haben wird. Das von den Regierungen und Zentralbanken abgegebene Bekenntnis zur Stabilität wird inzwischen auch von den Devisen- und Finanzmärkten ernst genommen. Die bislang erreichten Fortschritte in der Konvergenz der Wirtschaftspolitik und der Wirtschaftsentwicklung haben nunmehr offenbar die Grundlage geschaffen, um über eine Weiterentwicklung des EWS und auch über weiterreichende Pläne zur Verwirklichung der Wirtschafts- und Währungsunion erneut nachzudenken.

3.

Im Zusammenhang mit dieser wachsenden wirtschaftspolitischen Konvergenz auf der Grundlage größerer Geldwertstabilität steht eine Entwicklung des EWS, die von manchen Partnerländern in der Gemeinschaft als asymmetrisch kritisiert wird. In dieser – meines Erachtens allerdings weitgehend unberechtigten – Kritik sehe ich das *zweite* Motiv für manche Vorschläge zur Weiterentwicklung der europäischen Währungspolitik. Mit dem Vorwurf der Asymmetrie ist bekanntlich gemeint, daß die Anpassungslasten im EWS einseitig den sogenannten Schwachwährungsländern aufgebürdet worden seien. Diese haben sich, um ihre Währungsrelation zur D-Mark stabil zu halten, in der Tat weitgehend an der Geldpolitik des Landes mit der stärksten Währung, d.h. an der Politik der Deutschen Bundesbank, orientiert. Die D-Mark ist dadurch in den letzten Jahren zu einer Schlüsselwährung oder zum – auch von der EG-Kommision in ihren eigenen Papieren so genannten – Stabilitätsanker im EWS geworden. Mit zunehmenden Stabilitätserfolgen empfinden einige unserer Nachbarländer diese de facto-Leitwährungsfunktion der D-Mark inzwischen als eine Belastung für die eigenen wirtschafts- und währungspolitischen Ziele, vor allem, weil sie die Politik der Bundesbank zumindest zeitweise für zu restriktiv halten. Es werden daher – insbesondere von französischer und italienischer Seite – gewisse Korrekturen am Regelwerk des EWS gefordert wie z.B. eine Veränderung der Verteilung der Interventionspflichten und ein wechselseitiges Halten von EG-Währungen als Währungsreserve neben dem Dollar.

Solche Vorschläge nach einer stärkeren Stützung von marktmäßig schwächer bewerteten Währungen können meines Erachtens jedoch stabilitätspolitisch in eine falsche Richtung führen. Sie laufen darauf hinaus, daß die Geldpolitik des Starkwährungslandes mögliche monetäre Fehlentwicklungen in den Partnerländern unterstützt und ihre eigene stabilitätsorientierte Ausrichtung gefährdet. Das EWS würde damit leicht seinen Charakter als Stabilitätsgemeinschaft einbüßen und letztlich vom Ziel der Geldwertstabilität wegführen. Sicherlich muß die Politik des Starkwährungslandes – und das muß durchaus nicht immer die

Bundesrepublik sein – oder mehrerer Starkwährungsländer bei ihren Entscheidungen auch die Rückwirkungen auf die anderen EWS-Länder bedenken und abwägen; sie hat ihre internationale und europäische Verantwortung in Rechnung zu stellen. Ich bin aber nicht davon überzeugt, daß dem Ziel der europäischen Wirtschafts- und Währungsintegration mit einer geldpolitischen Lockerung der Starkwährungsländer wirklich gedient wäre. Vielmehr ist anzunehmen, daß wenigstens einige der Partnerländer den dadurch gewonnenen Handlungsspielraum nutzen und in ihren Konsolidierungsbemühungen nachlassen würden. Am Ende ergäbe sich dann wahrscheinlich das gleiche Inflationsgefälle wie heute, nur auf einem höheren Durchschnittsniveau. Das mühsam aufgebaute Vertrauen der Märkte in manche EWS-Währung könnte dabei verloren gehen.

Im Unterschied zu solchen Vorschlägen für eine instrumentelle Reform des EWS, die jedoch noch im einzelnen geprüft werden, ziehen wir andere Maßnahmen zur Festigung und Stärkung des EWS in der näheren Zukunft vor.

Trotz aller Erfolge ist das EWS bis heute leider ein Torso geblieben. Selbst mehr als 11 Jahre nach Einführung des Systems gehören dem Wechselkursverbund mit der engeren Bandbreite von 2,25% nur 9 von 12 Mitgliedstaaten an. Das System würde sicherlich gestärkt und könnte sein Gewicht im internationalen Währungssystem besser entfalten, wenn z.B. Großbritannien dem Wechselkursmechanismus beitreten und die Sonderregelungen wie z.B. die Ausnahmebandbreite von 6% für die spanische Peseta allmählich aufgegeben würden.

Stärkung und Festigung des EWS werden letztlich nur durch eine größere Konvergenz der Wirtschafts- und Währungspolitiken auf der Basis stabiler Preise zu erreichen sein. Dazu ist es vor allem wichtig, die von den Zentralbankpräsidenten und Finanzministern der EG vereinbarten neuen Kooperationsverfahren durch eine regelmäßige Überprüfung der Wirtschafts- und Währungsentwicklung in der Gemeinschaft intensiver anzuwenden. Dieses sogenannte Monitoring findet inzwischen vor allem im EG-Währungsausschuß und im Ausschuß der EG-Notenbankgouverneure statt; und das ist gut so, denn – bei aller nationalen Souveränität der Entscheidung – ist es wichtig, die

Zusammenhänge und möglichen Fehlentwicklungen rechtzeitig zu erkennen.

Schließlich wäre eine instrumentelle oder gar institutionelle Weiterentwicklung des EWS auch zumindest solange fragwürdig, als auf das künstliche Element der Stabilisierung der Wechselkurse im EWS durch Festhalten an Kapitalverkehrsbeschränkungen nicht verzichtet wird. Denn durch die Kapitalverkehrsbeschränkungen ist der volle „Konvergenztest durch die Märkte" bisher verhindert worden. Eine wichtige Aufgabe der europäischen Währungspolitik ist deshalb meines Erachtens die Umsetzung des bahnbrechenden Grundsatzbeschlusses des Ministerrates über die volle Kapitalverkehrsliberalisierung. Geld und Kapital müssen in naher Zukunft völlig ungehindert über die Grenzen der Mitgliedstaaten fließen und sich die Anlagemöglichkeiten mit der höchsten Rendite suchen können. Im Kapitalverkehr mit Drittstaaten sollte dabei grundsätzlich der gleiche Grad an Liberalisierung wie im Innern der Gemeinschaft gelten.

Ein freier Kapitalverkehr wird aber auch − und dies sollte nicht übersehen werden − höhere Anforderungen an die Kooperationsbereitschaft von Regierungen und Währungsbehörden in der Gemeinschaft stellen. Bei freizügigem Geld- und Kapitalverkehr wird der Spielraum für etwaige nationale Alleingänge in der Wirtschafts- und Währungspolitik immer geringer. Der damit erzwungene Abstimmungsbedarf zwischen den Mitgliedstaaten wird dann aber auch zu einer weiteren Festigung und Stärkung des EWS führen; dies ist um so eher zu erwarten, je mehr die unverzichtbare Annäherung der Politiken von Notenbanken und Regierungen am Ziel der Preisstabilität ausgerichtet ist.

Mit der Einführung des freien Geld- und Kapitalverkehrs und der Entwicklung zu einem einheitlichen Finanzraum als einem elementaren Pfeiler des Binnenmarkts stellt sich natürlich auch die Frage, wie weit die Überwachungsvorschriften für Finanzinstitute und die Besteuerung der Kapitaleinkünfte in der Gemeinschaft harmonisiert werden müssen. Grundlegende Unterschiede in den Eigenkapitaldefinitionen, bei den Anrechnungsfaktoren für risikotragende Aktiva und den Kreditinstitutsbegriffen können genau so wie unterschiedliche Besteuerungsverfahren für Kapitalerträge zu problematischen Wettbewerbsverzerrungen auf dem angestrebten gemeinsamen Finanzmarkt führen.

Im Bereich der Aufsichtsregeln gibt es bereits seit einiger Zeit Beratungen, die auf eine gewisse Annäherung der rechtlichen Rahmenbedingungen hinzielen. Hierbei sollte aus unserer Sicht das Grundprinzip „soviel Markt wie möglich, soviel Aufsicht wie nötig" gelten. Die für die gegenseitige Anerkennung nationaler Aufsichtsmaßnahmen notwendigen Harmonisierungsarbeiten dürfen nicht zu einem *Auf*bau, sondern müssen zu einem *Ab*bau staatlicher Regulierungen führen.

Noch heikler dürften die Beratungen über die Kapitalertragsbesteuerung werden. Hier hat der Rat bisher erst einen Verfahrensbeschluß gefaßt, über diese Fragen bis Mitte 1990 auf der Basis von Vorschlägen der EG-Kommission zu befinden, und zwar einstimmig. Bei allem Verständnis für die Komplexität des Problems darf dadurch aber die Verwirklichung der Kapitalverkehrsliberalisierung nicht blockiert werden. Mit Bedacht hat die deutsche Präsidentschaft ein Junktim dieser Entscheidungen vermieden.

4.

Einen *dritten* Ansatzpunkt für eine Reihe von Memoranden und Stellungnahmen zur Weiterentwicklung des EWS sehe ich in der Sorge einiger Partnerländer, daß der Abbau aller Kapitalverkehrsschranken in den nächsten Jahren das Wechselkurssystem starken Spannungen aussetzen könne. Parallel zur zunehmenden Freizügigkeit des Geld- und Kapitalverkehrs müsse daher – so wird von mehreren Seiten argumentiert – das EWS durch eine Reform seines Regelwerks weiterentwickelt werden. Gemeint sind zumeist großzügigere Zahlungsbilanzfazilitäten und vor allem eine gemeinschaftliche Einbindung der Geldpolitik der Notenbanken.

Richtig an dieser Sorge ist, daß es bei völliger Freiheit des Kapitalverkehrs zweifellos zu kurzfristigen Kapitalbewegungen mit entsprechenden Konsequenzen für die Wechselkursstabilität kommen kann und das EWS einem härteren Test durch die Märkte ausgesetzt wird. Die beste Sicherung gegen Zahlungsbilanzprobleme ist meines Erachtens aber nicht eine Reform der EWS-Regeln, sondern eine auf Dauer an Stabilität orientierte Wirtschafts- und Währungspolitik. Schließlich sollte auch nicht übersehen werden, daß Mitgliedstaaten mit freiem Kapitalverkehr sich in ihrer Wirtschafts- und Währungspolitik zwar dem Test der Märkte unterwerfen; andererseits bekommen sie aber auch einen Bonus, der sich in wachsendem Vertrauen in ihre Währungen auszeichnet, sobald diese von dem Stigma der „Mausefallenwährung" erst einmal unwiderruflich befreit sind.

5.

Ein *vierter* und letzter Grund zahlreicher Überlegungen für eine Fortentwicklung der währungspolitischen Zusammenarbeit in Richtung einer europäischen Währungsunion steht im Zusammenhang mit der für Ende 1992 angestrebten Verwirklichung des europäischen Binnenmarkts. Man mag bezweifeln, ob alle im Weißbuch der EG-Kommission von 1985 aufgeführten Maßnahmen bis zu diesem Stichtag vollständig durchgeführt sein werden. Entscheidend ist jedoch, daß die in wohl fast allen Mitgliedsländern ausgelöste Aufbruchstimmung den Integrationsprozeß, wie der Europäische Rat in Hannover festgestellt hat, irreversibel gemacht hat. In vielen Memoranden und Plänen wird deshalb gefordert, die zunehmende wirtschaftliche und finanzielle Verflechtung der Mitgliedstaaten zu einem gemeinsamen Binnenmarkt durch die Einführung einer gemeinsamen Währung oder einer Währungsunion mit absolut festen Wechselkursen zu ergänzen. Dabei wird jedoch bisweilen − was ich für problematisch halte − das näherliegende Ziel eines europäischen Binnenmarktes inhaltlich und zeitlich mit dem weiterreichenden Ziel der Wirtschafts- und Währungsunion gleichgesetzt. Mit gewissem Recht ließe sich argumentieren, daß die Vollendung des Binnenmarktes die Möglichkeit von Auf- und Abwertungen als Notmaßnahme geradezu noch erfordert. Denn allein der freie Verkehr von Waren, Dienstleistungen, Personen und Kapital garantiert ja noch keine Kongruenz der ökonomischen Grunddaten und Politiken in der Gemeinschaft. Bei divergierenden Entwicklungen und wirtschaftlichen Krisensituationen ist der Rückgriff auf protektionistische Maßnahmen und Eingriffe in den Freiverkehr dann aber um so eher zu verhindern, je besser Wechsel-kursanpassungen ihre Ventilfunktion ausüben können.

Eine weitgehende Angleichung der Wirtschaftsabläufe und vor allem eine dauerhaft gesicherte Konvergenz der grundlegenden Politiken wird wohl erst in einer Wirtschafts- und Währungsunion mit entsprechender institutioneller Ausgestaltung und Fundierung zu erwarten sein. Diese erfordert nämlich die Übertragung wesentlicher Teile nationalstaatlicher Souveränität in der Wirtschafts- und Währungspolitik auf die Gemeinschaftsebene − worauf bereits der Werner-Bericht aus dem Jahre 1970, an dem ich seinerzeit mitgewirkt habe, mit aller Deutlichkeit hinweist. Die Wirtschafts- und Währungsunion geht somit eindeutig über das reine Binnenmarktziel hinaus und stellt weitaus höhere Anforderungen an die Integrationsbereitschaft als der Binnenmarkt im bisherigen Verständnis.

Geht man jedoch über diese engere Interpretation des Binnenmarktes hinaus, so kann kaum ein Zweifel daran bestehen, daß die Weiterentwicklung des Binnenmarktes durch eine gemeinsame Währung wirksam gefördert würde. Sicherlich liegt es somit in der Logik des weiterentwickelten Binnenmarktes, wenn letztlich alle Transaktionen von Waren, Dienstleistungen und Kapital zu unwiderruflich festen Wechselkursen oder − was ökonomisch dasselbe ist − in einer einzigen Währung abgewickelt werden. Der Europäische Rat von Hannover hatte deshalb zurecht dieses weiterreichende Thema mit aufgegriffen und − wie bekannt − eine Arbeitsgruppe unter dem Vorsitz des Präsidenten der EG-Kommission mit der Prüfung der konkreten Etappen zur Verwirklichung der Wirtschafts- und Währungsunion und zur Vorlage entsprechender Vorschläge beauftragt. Zwar ist im Auftrag weder von einer gemeinsamen Währung noch von einer europäischen Zentralbank die Rede; die Frage nach den Verwirklichungsmöglichkeiten der WWU schließt diese Themen jedoch unbestreitbar ein.

Bei den Beratungen über eine Währungsunion dürfen die positiven Erfahrungen, die wir in der Bundesrepublik Deutschland in den letzten 40 Jahren mit einer unabhängigen und zur Sicherung des Geldwertes verpflichteten Notenbank gemacht haben, nicht übersehen werden. Die wirtschaftlichen Erfolge in der Bundesrepublik lassen sich gewiß nicht monokausal unserer Geldverfassung zurechnen; die von politischen Tageseinflüssen unabhängige Position der Deutschen Bundesbank hat daran jedoch einen großen Anteil. Zwar plädiere auch ich nicht für eine Übertragung der deutschen Verhältnisse tel quel auf die Gemeinschaftsebene. Unerläßlich scheint mir jedoch in einer europäischen Währungsunion ein Zentralbanksystem zu sein, das von tagespolitischen Einflüssen unabhängig ist und das den Marktkräften möglichst weiten Entfaltungsspielraum überläßt. Deshalb sollte meines Erachtens die Weisungsunabhängigkeit der Notenbank und ihre Verpflichtung zur Sicherung der Geldwertstabilität gesetzlich verankert, d.h. in die Verfassung eines europäischen Zentralbanksystems aufgenommen werden. Ihr geldpolitisches Instrumentarium sollte auch keine quantitativen Kontrollen oder andere dirigistische Maßnahmen enthalten, welche die Steuerungsfunktion der Märkte beeinträchtigen könnten. Defizite in den öffentlichen Haushalten dürften nicht durch Geldschöpfung finanziert werden. Schließlich empfiehlt sich für den Aufbau des europäischen Zentralbanksystems eine angemessene Balance zwischen zentralen und föderativen Elementen.

Die längerfristigen integrationspolitischen Überlegungen dürfen sich aber nicht auf die Errichtung eines europäischen Zentralbanksystems beschränken, wie dies in der aktuellen Diskussion häufig der Fall zu sein scheint. Gegen einen solchen engen monetaristischen Ansatz hat sich bereits 1970 die Werner-Gruppe ausgesprochen. Als unverändert gültige Grundsätze ihres Berichts möchte ich hier nur die folgenden zwei Punkte hervorheben:

– *Erstens* das Postulat der effektiven Parallelität zwischen zunehmender währungspolitischer Bindung und Fortschritten bei der wirtschaftspolitischen Konvergenz.

– *Zweitens* die Notwendigkeit der Übertragung weitreichender nationaler Kompetenzen in der Wirtschafts- und Währungspolitik auf die Gemeinschaftsebene, was eine progressive Entwicklung der politischen Zusammenarbeit voraussetzt und bedeutet. Dies beinhaltet nicht nur Konsultationen über Entscheidungen, sondern eine substantielle Übertragung der Entscheidungsgewalt.

Eine europäische Zentralbank wird ihre Aufgabe nämlich nur

dann erfolgreich erfüllen können und nur dann auf Dauer Bestand haben, wenn sie von Integrationsfortschritten in weiten Bereichen der Wirtschafts- und Finanzpolitik unterstützt wird. So wird beispielsweise die Finanzpolitik der Mitgliedstaaten nicht mehr primär national betrieben werden können. Um eine gemeinsame Stabilitätsorientierung zu erreichen, wird man sich bei stabilitätswidrigem Verhalten einiger Mitgliedstaaten kaum allein auf marktmäßige Disziplinierungszwänge wie Zinsanstieg bei abnehmender Bonität des Schuldners verlassen können. Ebenso werden regional- und strukturschwache Mitgliedsländer in einer Währungsunion nicht mehr auf das Instrument der Wechselkursabwertung zurückgreifen können, um ihre Wettbewerbsnachteile auszugleichen.

Dies wird auch einen breiter angelegten interregionalen Finanzausgleich erfordern. Die Regionalpolitik wird teilweise an die Stelle der Zahlungsbilanz- bzw. Wechselkurspolitik treten.

Schließlich werden auch die Tarifvertragsparteien das Entwicklungsfälle zwischen den einzelnen Mitgliedstaaten berücksichtigen und sich zu einer differenzierten Einkommenspolitik bereitfinden müssen. Die Vergemeinschaftung der grundlegenden wirtschafts- und finanzpolitischen Entscheidungsfindung wird dann neben dem Zentralbanksystem auch den Aufbau entsprechender anderer gemeinschaftlicher Entscheidungsgremien notwendig machen, auf die nationalstaatliche Kompetenzen übertragen werden.

6.

Solchen weitreichenden Grundsatzentscheidungen wird man auf Dauer auch nicht mit Integrationskonzepten ausweichen können, die seit längerer Zeit unter dem Begriff „Parallelwährung" angeboten werden. Die Befürworter dieses Ansatzes schlagen vor, den Ecu als Parallelwährung neben den nationalen Währungen in der Gemeinschaft umlaufen zu lassen in der Hoffnung, daß er die nationalen Währungen im Laufe der Zeit verdrängen und am Ende eines solchen Prozesses völlig ersetzen würde.

In der Bundesrepublik Deutschland ist seit Sommer 1987 die private Verwendung des Ecu im gleichen Umfang möglich wie die Verwendung fremder Währungen. Die bisherigen Erfahrungen mit seiner Verbreitung lassen aber nicht annehmen, daß er sich in seiner jetzigen Struktur als Korbwährung ohne künstliche Privilegierung tatsächlich durchsetzen wird. Eine solche künstliche Privilegierung gegenüber den nationalen Währungen kann aber nicht in Frage kommen. Für den Ecu muß das gleiche gelten, was für Konkurrenten im gemeinsamen Markt üblich ist. Er hat sich in Konkurrenz mit den nationalen Währungen am Markt durchzusetzen. Ob und inwieweit für ihn ein Bedarf besteht, muß letztlich von den Marktteilnehmern entschieden werden.

Schließlich sprechen gegen eine Privilegierung des Ecu auch stabilitätspolitische Überlegungen. Seine bislang geringe Akzeptanz ließe sich „technisch" vermutlich durch aktive Kursstabilisierung seitens der Zentralbanken durch entsprechende An- und Verkäufe nationaler Währungen verbessern. Solche Interventionsverpflichtungen kämen dann aber insbesondere auf die Notenbanken zu, deren Währungen sich vom Gemeinschaftdurchschnitt am weitesten entfernt hätten. Die von anderer Seite im Rahmen der o.g. Asymmetriekritik vorgeschlagene Umverteilung der Interventionslasten liegt unverkennbar auf dieser Linie. Damit würde aber die geldpolitische Autonomie der Notenbank mit der stabilsten Währung ausgehölt bzw. ihre stabilitätsorientierte Geldpoltik beeinträchtigt.

Die Problematik des geldpolitischen Souveräntitätsverzichts stellt sich bei diesem Ansatz somit schon zu Beginn des Integrationsprozesses, d.h. bereits mit offizieller Privilegierung des Ecu, ohne daß währungspolitische Kompetenzen auf eine Gemeinschaftsinstanz übertragen wären. Der Seitenweg über das Parallelwährungskonzept auf der Grundlage des jetzigen Ecu scheint mir – und übrigens auch der Deutschen Bundesbank – deshalb keine vertretbare Integrationsstrategie zu sein. Dies gilt besonders, solange der Ecu eine Korbwährung ist.

Ein sicherlich anderer Ansatz wäre die Einführung eines neuen Ecu im Sinne einer selbständigen Währung, die von einer europäischen Zentralbank in Konkurrenz zu den nationalen Währungen geschaffen und verwaltet würde. Ein solcher Weg würde allerdings letztlich die gleichen Fragen und Probleme – insbesondere hinsichtlich des Souveräntitätsverzichtes – aufwerfen wie die Wirtschafts- und Währungsunion.

7.

Der mit der Wirtschafts- und Währungsunion verbundene Verzicht auf nationale Autonomie in der Geldpolitik und weiten Bereichen der Wirtschafts- und Finanzpolitik wird – und dies belegt eine Vielzahl historischer Erfahrungen – um so eher geleistet werden, wenn sich die Gemeinschaft parallel auch zu einer Art politischer Union entwickelt. Die Entscheidung über die Wirtschafts- und Währungsunion impliziert damit auch eine Antwort auf die Frage nach der politischen Zukunft der Gemeinschaft: Soll sie sich auf Dauer auf die wirtschafts- und währungspolitische Kooperation unabhängiger souveräner Mitgliedstaaten beschränken – wie dies Premierministerin Thatcher in ihrer Rede vor dem Europa-Kolleg in Brügge gefordert hat –, oder soll sie in Richtung einer bundesstaatsähnlichen Organisation mit einer weitreichenden dezentralisierten Struktur ausgebaut werden. Ich glaube kaum, daß alle Mitgliedsländer bereits innerhalb weniger Jahre eine endgültige Antwort auf diese grundlegende Frage finden werden. Ohne eine gewisse Klärung über diese grundlegende Orientierung haben aber weitere institutionelle Schritte im Währungsbereich kein festes Fundament und können deswegen rasch zu Problemen führen.

Es mag sein, daß nicht alle Mitgliedstaaten in den nächsten Jahren zu einer gleichen Einschätzung der weiteren politischen Zielsetzung für die Gemeinschaft finden. Wenn dies der Fall sein sollte, kann die Frage entstehen, ob – wie schon jetzt beim EWS – auch im weiteren politischen Bereich unterschiedliche Intensitäten möglich und vertretbar sind. Wegen der weitreichenden Konsequenzen ist hier jedoch sicherlich Vorsicht geboten. Die offensichtlichen Nachteile müssen gegen mögliche Vorteile abgewogen werden.

Schließlich ist auch ein anderer Aspekt von großer Bedeutung: Die mit der Verwirklichung der Wirtschafts- und Währungsunion notwendig werdende Übertragung nationalstaatlicher Kompetenzen auf die Gemeinschaftsebene wird auch eine Stärkung der Legislative, d.h. des Europaparlaments, notwendig machen. Denn eines dürfte unbestritten sein: Die politische Einigung Europas, wenn sie zustande kommt, darf nicht zu einem Verlust an demokratischer Legitimation führen.

8.

Der Europäische Rat von Hannover hat einen wichtigen Anstoß zur Diskussion elementarer Zukunftsfragen der Europäischen Gemeinschaft gegeben. Selbst wenn diese Diskussion noch längere Zeit in Anspruch nimmt, ist es nützlich und notwendig, diese wichtige Frage ernsthaft zu klären.

Die Klärung der längerfristigen Perspektive scheint mir nicht zuletzt auch deswegen wichtig zu sein, weil sie insgesamt zu mehr Realismus und zur Klärung der langfristigen Implikationen beitragen dürfte. Das Ziel der Wirtschafts- und Währungsunion und der europäischen Union erfordert sicherlich Visionen und Mut zu weitreichenden Zukunftsentscheidungen. Es erfordert aber ebenso Einsicht in Zusammenhänge und eine nüchterne Einschätzung der Risiken, die gegen die Chancen abgewogen werden müssen. Gefordert ist eine Kombination von mutiger Zukunftsorientierung einerseits und Realitätssinn für das Machbare und für die unmittelbar vor uns liegenden Aufgaben andererseits.

9.

Der Delors-Ausschuß hat seinen Bericht über die konkreten Etappen zur Verwirklichung der Wirtschafts- und Währungsunion rechtzeitig vor der Tagung des Europäischen Rats in Madrid vorgelegt. Damit war eine wertvolle Grundlage für die weiteren Beratungen über die Möglichkeiten zur Verwirklichung der Wirtschafts- und Währungsunion gegeben.

In zahlreichen Fragen stimmen die einvernehmlichen Empfehlungen des Ausschusses mit den von mir dargelegten Grundsatzpositionen überein. Dies gilt insbesondere für die vorgeschlagenen Konstruktionsmerkmale eines Europäischen Zentralbanksystems, für die empfohlene Parallelität der Integrationsfortschritte in der Währungspolitik und in der allgemeinen Wirtschaftspolitik und für die Ablehnung einer Integrationsstrategie über eine Parallelwährung. Bemerkenswert ist auch, daß alle Ausschußmitglieder die positive Rolle der D-Mark als Stabilitätsanker im EWS ausdrücklich anerkennen.

Sicher ist der Delors-Bericht keine Blaupause für die Schaffung einer Wirtschafts- und Währungsunion. Zahlreiche Aspekte insbesondere der Wirtschaftsunion bedürfen noch einer eingehenden Klärung durch die zuständigen Fachgremien der Gemeinschaft. So werden die Finanzminister noch intensiv darüber beraten müssen, wie eine stabilitätsgerechte Koordinierung der Finanzpolitiken der Mitgliedsstaaten erreicht werden kann. Ungeklärt ist auch die Frage, wie zum Abbau des Entwicklungsgefälles in der Gemeinschaft ein ausgewogenes Verhältnis zwischen marktmäßigen Ausgleichsmechanismen einerseits und öffentlichen Finanztransfers andererseits zustandekommen soll, wobei aus meiner Sicht öffentliche Finanztransfers allenfalls eine subsidiäre Rolle spielen können. Die Klärung aller dieser Fragen erfordert eine Einigung über gemeinsame marktwirtschaftliche Grundsätze und Zielrichtungen in der Währungs-, Wirtschaftsund Finanzpolitik sowie ihre institutionelle Absicherung und damit letztlich über die politische Zukunft der Gemeinschaft. In kluger Selbstbeschränkung hat der Delors-Ausschuß keinen konkreten Zeitplan für die Verwirklichung der Wirtschafts- und Währungsunion vorgeschlagen.

Autonome Europäische Notenbank: Voraussetzung für eine Stabilitätsunion

Otto Graf Lambsdorff

1.

Die Einheitliche Europäische Akte ist in Kraft getreten. Das Ziel der Wirtschafts- und Währungsunion für die Gemeinschaft ist erstmals im Vertrag verankert. Bis 1992 sollen zusammen mit dem Gemeinsamen Binnenmarkt die noch bestehenden umfangreichen Kapitalverkehrsbeschränkungen abgebaut werden.

Die Deutsche Bundesbank hat die Vorbehalte für Ecu-Verbindlichkeiten aufgehoben. Damit ist, wie erwartet, das letzte Hemmnis in der Bundesrepublik für eine freie Verwendung der europäischen Rechnungseinheit Ecu beseitigt.

Bei der Verwirklichung der Kapitalverkehrsfreiheit hat es nach der Richtlinie von 1962 einen fast 25-jährigen Stillstand in Europa gegeben; teilweise wurden die Barrieren sogar höher. Nachdem Dänemark schon vor längerer Zeit seine Kapitalmärkte geöffnet hatte, liberalisierten jetzt auch Frankreich und Italien. In die europäische Kapitalmarktintegration scheint endgültig Bewegung gekommen zu sein.

Zu den positiven Faktoren im europäischen Einigungsprozeß gehört sicher das Europäische Währungssystem. Es hat in den mehr als elf Jahren seines Bestehens insgesamt reibungslos funktioniert. Viele der Befürchtungen, die gerade in der Bundesrepublik bestanden, haben sich als unbegründet erwiesen. Dafür lassen sich mehrere Ursachen anführen. Die währungspolitischen Ziele des EWS waren von Anfang an nicht zu ambitiös angelegt. Der Wechselkursverbund nahm bewußt einige schwerwiegende Lücken in Kauf, die in realistischer Weise der unzulänglichen europäischen Einigung Rechnung trugen.

Dr. Otto Graf Lambsdorff MdB, Vorsitzender der F.D.P., ehemaliger Bundesminister für Wirtschaft

Die währungspolitische Autonomie der Mitgliedstaaten bzw. ihrer Notenbanken insbesondere blieb unangetastet. Auf der anderen Seite sind die Interventionsverpflichtungen durch großzügige Finanzierungsmechanismen abgesichert. Die fast unlimitierten Kreditfazilitäten gehen sehr viel weiter, als dies etwa im Bretton Woods-System der Fall war.

Vor allem aber umfaßt das EWS eine ziemlich homogene Gruppe von Ländern. Nicht nur in der wirtschaftlichen Struktur, sondern auch in der wirtschafts- und währungspolitischen Zielsetzung der Teilnehmerstaaten besteht ein hohes Maß an Übereinstimmung. Dies ist auch der entscheidende Grund dafür, daß das EWS nicht als Vorbild für ein internationales Währungssystem mit festen Wechselkursen dienen kann.

Deutliche Fortschritte in der Konvergenz der Gemeinschaft sind unverkennbar. Die Disparitäten in den ‚fundamentals' der Mitgliedstaaten sind geringer geworden. Für den bedeutendsten Erfolg halte ich es, daß Preisstabilität heute in allen Mitgliedstaaten einen hohen Rang einnimmt.

Dies war nicht immer so. Alle Mitgliedstaaten sind sich einig, daß Wachstum auf stabiler Basis das gemeinsame Ziel sein muß. Das EWS mit seinem Anpassungsmechanismus fördert die wechselseitige Integration der Gemeinschaftsländer. Es hat an den Konvergenzfortschritten daher erheblichen Anteil. Dem EWS ist es zu verdanken, daß in Europa eine Zone relativer Währungsstabilität entstanden ist. Trotz hektischer Dollarkursschwankungen blieb der EWS-Wechselkursverbund bemerkenswert festgefügt. Für die exportorientierte Wirtschaft der Bundesrepublik ist dies von besonderer Bedeutung. Nahezu die Hälfte unseres Außenhandels wird mit Ländern abgewickelt, die feste Wechselkurse im Verhältnis zur D-Mark haben.

Das EWS war von Anfang an nicht als bloßer Wechselkursverbund konzipiert, wie es bei der vorangegangenen Währungsschlange der Fall war. Es soll eine Etappe auf dem Weg zu einer europäischen Wirtschafts- und Währungsunion sein. Eine wirkliche europäische Union ist nur vorstellbar mit einer eigenen Währung, die von einer europäischen Zentralbank ausgegeben und gesteuert wird. Von diesem Ziel sind wir weit entfernt. Deshalb verstehe ich − trotz aller Fortschritte, die bereits im und mit dem

EWS erreicht sind – sehr wohl, daß sich kein Europapolitiker mit dem bestehenden Zustand zufrieden geben kann.

Europa braucht ständig neue schöpferische Unruhe. Andernfalls droht die Gefahr, daß der Einigungsprozeß zum Stillstand kommt und das Ziel der europäischen Einigung im praktischen Alltagsgeschäft verlorengeht. Nächtelange ergebnislose Agrarpreisverhandlungen, jahrelanges Feilschen um die Ausgestaltung von Traktorensitzen und der ewige Streit um die Finanzbeiträge der Mitgliedstaaten zur Abwendung des finanziellen Konkurses der Gemeinschaft sind nichts, was die Begeisterung und den politischen Willen zu einem geeinten Europa vorwärtsbringen kann. Die Währungsintegration hat demgegenüber einen hohen Stellenwert, der weit in die Zukunft greift; sie kann dem europäischen Einigungsprozeß wichtige Impulse geben. Die einheitliche europäische Währung ist aus europäischer Sicht ein unverzichtbares Ziel, sie muß es auch weiterhin bleiben.

Der für 1992 angestrebte einheitliche Binnenmarkt macht im übrigen auch währungspolitische Fortschritte unerläßlich. Ein gemeinsamer Markt für Waren und Dienstleistungen ohne nationale Grenzen kann nur mit einem hohen Maß monetärer Integration funktionieren. Ohne Kapitalverkehrsfreiheit bleibt die Liberalisierung des Waren- und Dienstleistungsverkehrs unvollständig; mögliche Störungen von den Währungsmärkten würden eine ständige Gefahr darstellen.

2.

Die Mängel und Unvollkommenheiten des heutigen Währungssystems sind beträchtlich. Dennoch richten sich viele europäische Hoffnungen vor allem auf den weiteren Ausbau des EWS. Mit dem Übergang in die zweite institutionelle Phase sollen unwiderrufliche Fakten geschaffen werden. Die Einrichtung einer gemeinsamen Währungsinstitution mit nicht mehr änderbaren Kompetenzen soll einen systemimmanenten Druck schaffen, durch den die Mitgliedstaaten praktisch zu einer stärkeren Konvergenz genötigt werden – einer Konvergenz, die mit den normalen wirtschafts- und währungspolitischen Mitteln eben nicht erreichbar ist. Es soll also ein Prozeß eingeleitet werden, an dessen Ende automatisch und zwangsläufig die vollständige Währungsunion entsteht. In diesem

Sinne, so wird argumentiert, habe das bestehende EWS bereits erfolgreich gewirkt. Einige Mitgliedstaaten haben ihre grundsätzliche Bereitschaft zu einem solchen Schritt erklärt. Auch in der Bundesrepublik gibt es nicht wenige, die der europäischen Einigung auf diese Weise entscheidende Anstöße geben wollen. Bundesregierung und Bundesbank halten jedoch daran fest, daß vor einem institutionellen Ausbau des EWS zunächst wichtige Voraussetzungen erfüllt sein müsen. Ich teile ihre Auffassung.

Wenn man eine eigene europäische Währung schafft, setzt dies aus deutscher Sicht zwingend voraus, daß zuvor für die Stabilität dieser Währung gesorgt ist. Auch dafür besteht zur Zeit keine hinreichende Aussicht. Vor allem fehlt es an einer europäischen Notenbank, die den Umlauf dieser Währung organisieren und kontrollieren kann. Eine europäische Notenbank müßte − dies ist für uns eine unverzichtbare Forderung − mit ähnlicher Autonomie wie die Deutsche Bundesbank ausgestattet sein. Um dies zu erreichen, sind tatkräftige politische Entscheidungen und ein weitreichender Souveränitätsverzicht der Mitgliedstaaten erforderlich. Ich sehe nicht, daß die Regierungen in der jetzigen Situation die politische Kraft zu solchen Beschlüssen aufbringen könnten. Die Vorstellungen der Partnerländer über Strukturen und Autonomie der Währungsbehörden, ihre geldpolitischen Steuerungsinstrumente und die monetäre Kontrolle weichen noch erheblich voneinander ab. Dies heißt nicht, daß sich die Bundesrepublik einer weiteren Verbesserung des EWS widersetzen sollte. Sie wird dies auch nicht tun. Die Fortschritte müssen sich aber im Rahmen des geltenden institutionellen Systems bewegen. Die Grenzen für einen weiteren Ausbau sind dort erreicht, wo die monetäre Autonomie der Notenbank auf dem Spiele steht und andererseits, ohne ausreichende Konvergenz, die Stabilität der eigenen Währung gefährdet ist.

Die Regierungschefs der EG haben auf dem Madrider Gipfel im Juni die Beratungen über den Ausbau des EWS aufgenommen. In der Vergangenheit war diese Diskussion nicht selten durch europapolitische Visionen geprägt; der währungspolitische Sachverstand hatte dagegen einen schweren Stand. Es ist das besondere Verdienst der Delors-Kommission, hier klare Konturen eingezogen zu haben.

Freilich darf man nicht übersehen, daß die Meinung der Notenbankchefs nicht immer von ihren Regierungen geteilt wird; das gilt nicht nur für Großbritannien. Allein die unbestreibaren Fakten in dem Delors-Bericht machen klar, daß es den „großen Sprung" in eine Währungsunion weder jetzt noch in naher Zukunft geben kann.

Diese Feststellung bedeutet keineswegs, dem Ziel einer europäischen Währungsintegration zu entsagen.

Genau das Gegenteil ist richtig.

Über die Prinzipien eines künftigen europäischen Zentralbanksystems besteht heute weitgehend Einvernehmen. Die Unabhängigkeit einer europäischen Notenbank, ihre strikte Ausrichtung auf Geldwertstabilität und eine förderale Struktur ihrer Organe gehören dazu. Die Delors-Kommission fordert darüber hinaus ein Kreditverbot an öffentliche Stellen − ein mutiger, aber richtiger Vorschlag. Daß ihm ausgerechnet der italienische Außenminister als erster zugestimmt hat, mutet reichlich sonderbar an.

Zugleich hat der Delors-Bericht klargemacht, daß der Weg zu einer Wirtschafts- und Währungsunion ein mühsamer Prozeß der schrittweisen Annäherung der Lebensbedingungen in Europa ist. Eine Währungsunion kann nicht durch die Hintertür einer Parallelwährung errichtet werden. Auch insoweit hat die Delors-Kommission vielfach unrealistischen Vorstellungen über die Bedeutung des Ecu ein Ende bereitet. Ich habe diese Auffassung schon seit langem vertreten.

Gerade weil in den elf Jahren EWS auf dem Weg zur europäischen Währungseinheit viel erreicht worden ist − mehr als irgendjemand zu Beginn erwarten konnte − dürfen die Stabilisierungserfolge jetzt nicht leichtfertig aufs Spiel gesetzt werden. Das EWS hat in Europa eine Zone relativer Stabilität geschaffen.

Die Spannungen zwischen den einzelnen Währungen haben deutlich nachgelassen. Wichtiger noch als die rückläufige Zahl der realignments ist die Tatsache, daß in der grundsätzlichen Ausrichtung der Wirtschafts- und Währungspolitik eine fortschreitende Annäherung erzielt wurde. Die Bekämpfung der Inflation gilt heute in allen Mitgliedstaaten als vorrangiges Ziel der Währungspolitik. Von wirklicher Konvergenz, wie sie für eine Wirtschafts- und Währungsunion unerläßlich ist, ist die Gemeinschaft aber noch weit entfernt.

Auch die Lücken des EWS selbst sind bekannt: Nur neun der elf Währungen sind am Wechselkursverbund beteiligt und nur drei große Währungen nehmen ohne Einschränkung teil.

Daß das EWS in der Vergangenheit so gut funktionieren konnte, ist nicht zuletzt ein Erfolg deutscher Stabilitätspolitik. Die D-Mark ist, wie es die Delors-Kommission formuliert hat, der „Anker" der dem ganzen System den Halt gibt. Jeder Schritt in Richtung auf eine Währungsunion, der mit Preisgabe an Stabilität verbunden ist, wäre ein Rückschritt. Derzeit gibt es keine hinreichenden Garantien, daß ein europäisches Zentralbanksystem die notwendige Stabilitätsfunktion übernehmen könnte.

Eine eigenständige europäische Währung, das Endziel der Währungsunion, ist heute noch Zukunftsmusik. Europa kann jedoch bis dahin auf praktische Fortschritte in der monetären Integration nicht verzichten. Währungspolitische Verbesserungen im Rahmen des europäischen Einigungsprozesses halte ich vor allem in folgenden Bereichen für denkbar und notwendig:

– Die Konvergenz der Mitgliedstaaten muß weiter verbessert werden. Der einheitliche Binnenmarkt bis 1992 nötigt ohnehin dazu. Nur bei einem vergleichbaren Entwicklungsstand der Gemeinschaft ist ein dauerhaftes System fester Wechselkurse denkbar.

– Die noch bestehenden Kapitalverkehrsbeschränkungen in der Gemeinschaft müssen abgebaut werden. Die finanzielle Durchdringung der Mitgliedstaaten, ein freier Fluß des Kapitals über die Grenzen hinweg, ist das Gegenstück zum freien Waren- und Dienstleistungsverkehr. Wechselkurse, die durch Kapitalverkehrsbeschränkungen verfälscht sind, spiegeln die wirtschaftliche Entwicklung der Mitgliedstaaten nicht zutreffend wider. Sie sind eine ständige Bedrohung für die Stabilität der Währungen.

– Ein weiterer Ausbau des EWS ist möglich und sollte angestrebt werden, allerdings nur unter der Voraussetzung, daß die Autonomie der Notenbanken gewahrt bleibt. Die bedeutendste Lücke im heutigen Währungssystem ist die Nichtbeteiligung Großbritanniens am Wechselkursverbund.

Ich habe Zweifel, ob die Thatcher-Regierung dem EWS beitreten wird. Ich bin mir auch nicht so sicher, ob dies im gegenwärtigen Zeitpunkt nützlich wäre. Das britische Pfund ist eine Ölwährung, dies unterscheidet es von den anderen Währungen des EWS. Das ändert aber nichts daran: Im Endzustand der Währungsunion ist Großbritannien unverzichtbar, eine europäische Währung ohne Großbritannien wäre ein Torso.

Eine solche Politik der schrittweisen währungspolitischen Annäherung ist ein mühsamer und langwieriger Prozeß. Wirtschaftliche Konvergenz und währungspolitische Fortschritte müssen Hand in Hand gehen. Sie werden sich dann gegenseitig verstärken und beschleunigen. Mit spektakulären Erfolgen ist dabei nicht zu rechnen. Die harte Kärrner-Arbeit bleibt Europa nicht erspart, wenn es auf einer stabilen monetären Grundlage aufgebaut sein soll. Es wäre gefährlich, die Währungsunion gleich in einem einzigen großen Schritt zu verwirklichen. Der Ecu kann nicht die vielen wirtschafts- und währungspolitischen Entscheidungen ersetzen, die für die europäische Integration notwendig sind. Im Ausbau einer europäischen Währungsunion ist der Ecu als einheitliche Währung der Schlußstein, nicht aber der Grundstein.

Die Bundesrepublik ist in Europa Vorreiter und Eckpfeiler für Stabilität. Auch in dem weiteren Einigungsprozeß muß die Bundesrepublik eine konsequente Stabilitätspolitik als deutschen Beitrag einbringen.

Der Bundesrepublik mit ihrer großen Wirtschaftskraft kommt im europäischen Einigungsprozeß eine besondere Verantwortung zu. Wenn wir uns dabei konsequent für eine Stabilitätspolitik einsetzen, heißt dies nicht, daß wir in eine nationalistische Interessenpolitik zurückfallen. Natürlich müssen wir, wie alle Mitgliedstaaten, unsere eigenen Interessen wahrnehmen.

Unser Ziel ist es aber nicht und darf es niemals sein, nur unseren eigenen Wohlstandsvorsprung verteidigen zu wollen. Vielmehr geht es darum, für das neue Europa eine stabile Grundlage zu schaffen, die einen dauerhaften Bestand der Wirtschaftsordnung sichert. Deshalb ist Stabilität ein unverzichtbarer deutscher Beitrag für die europäische Einigung. Ohne stabile D-Mark wird es keine stabile europäische Währung geben.

Nur eine stabile europäische Währung ist aber ein Ziel, für das es wirklich zu kämpfen lohnt.

Die Rolle des Europäischen Parlaments bei der Schaffung einer Wirtschafts- und Währungsunion

Efthimios Christodoulou

Das Europäische Parlament hat schon immer aktiv an der Entwicklung der Wirtschafts- und Währungsunion mitgewirkt. Ohne des Eigenlobs beschuldigt zu werden, darf gesagt werden, daß das Europäische Parlament dem Minister-Rat immer einen Schritt voraus gewesen ist, wenn es darum ging, die Hoffnung und den Willen des europäischen Volkes auf diesem Gebiet auszudrücken und die Probleme und Aussichten dieses ehrgeizigen und langfristigen Projektes wirklich einzuschätzen. Diese Haltung findet ihren Ausdruck im Franzbericht zur „Entwicklung der Europäischen Währungsunion".

Die wesentlichen Vorzüge des Franzberichts sind seine Integrität und seine Geschlossenheit. Es werden nicht nur die politischen und technischen Aspekte der Währungsunion angesprochen, sondern − was viel wichtiger ist − es werden für die entscheidenden Probleme realistische Vorschläge zur Lösung unterbreitet. Darüber hinaus ist der Bericht ein klares Bekenntnis, daß die Europäische Währungsunion eine unwiderrufliche Verpflichtung ist. Der Bericht legt einen klaren Zeitplan für das weitere Vorgehen vor, der die aktuellen Bedingungen in allen zwölf Mitgliedstaaten berücksichtigt.

Wie wir natürlich alle wissen, sind die Vorschläge von Otmar Franz nur teilweise im Bericht zur Wirtschafts- und Währungsunion in der EG (im „Delors-Bericht"), der vom Ad-hoc-Komitee vorbereitet wurde, aufgegriffen worden. Es ist auch bedauerlich, daß der Gipfel in Madrid, welcher zweifellos ein Erfolg war, nicht mehr erreichte, als daß die Entwicklung zur Europäischen Währungsintegration zum 1. Juli 1990 beginnen soll. Die europäischen Bürger erwarten, daß den Zielsetzungen ein größerer

Efthimios Christodoulou, Europaminister Griechenlands

Nachdruck verliehen wird, und daß schneller Schritte unternommen werden, diese Ziele zu verwirklichen. Nichtsdestoweniger ist der Delors-Bericht ein erster Schritt, der sich im Hinblick auf die betreffende komplizierte Politik als entscheidend erweisen könnte.

Der Delors-Bericht sagt ganz richtig, daß ein gleichzeitiger Fortschritt in der Wirtschafts- und in der Währungsintegration unerläßlich ist. Anderenfalls könnten Ungleichgewichte zu derartigen Spannungen führen, daß die politische Bereitschaft, die Wirtschafts- und Währungsunion in der Gemeinschaft voranzubringen, nachläßt. Obwohl einige zeitliche Abweichungen auf kurze Sicht denkbar sind, ist es wichtig, das Prinzip des Parallelismus auf mittlere Sicht beizubehalten, besonders wenn wir von einer Stufe zur nächsten vorgehen.

Der Bericht vermeidet es andererseits wohlweislich, eine eindeutige Frist zur Durchführung eines Ziels festzulegen. Dies liegt nicht im Interesse des Europäischen Parlaments. Tatsächlich werden im Franzbericht genaue Fristen als unbedingt notwendig erachtet. Wir müssen jedoch erkennen, daß es viel wichtiger war, den Europäischen Rat zumindest dazu zu bringen, sich dem gesamten Problem zuzuwenden, da — wie wir alle wissen — die ablehnende Haltung zu dem Vorschlag einige starke Anhänger hatte. Es ist eine Tatsache, daß die Mitgliedstaaten, die immer noch gegen das Vorhaben sind, in der Gemeinschaft wenigstens ein Minimum an Regeln und Maßnahmen für eine gemeinsame Währungs- und Haushaltspolitik festzulegen, starken politischen Widerstand geleistet hätten, wenn von Anfang an zeitliche Fristen festgesetzt worden wären. Man muß damit zufrieden sein, daß der Rat zumindest den 1. Juli 1990 als Datum für die 1. Phase akzeptiert hat, ein Tag, an dem die volle Liberalisierung der Kapitalbewegungen in Kraft tritt.

Auch ohne dieses eine Datum ist der gesamte Prozeß schließlich in Gang gebracht worden. Niemand kann abstreiten, daß — obwohl in mehreren Stufen durchgeführt — die Bildung einer Wirtschafts- und Währungsunion tatsächlich ein einheitlicher Prozeß ist. Es ist trotzdem von großer Wichtigkeit, daß sich alle Mitgliedstaaten vollständig an der Entwicklung zur Wirtschafts- und Währungsunion beteiligen. Ansonsten würden wir auf ein „Europa der zwei Geschwindigkeiten" zusteuern, womit wir nicht nur den bundesstaatlichen Gedanken schwächen, sondern – wie jeder politische Realist zugeben muß – die ganze Idee einer Wirtschafts- und Währungsunion in ferne Zukunft rücken. Natürlich sollte den Mitgliedsländern, die erwartungsgemäß objektive Schwierigkeiten haben, vorübergehend ein gewisser Grad an Flexibilität gewährt werden.

Nicht alle Mitgliedstaaten sind der Gemeinschaft zum gleichen Zeitpunkt beigetreten, nicht alle haben von Anfang an am EWS voll teilgenommen. Nicht alle Mitgliedsländer können deshalb unter gleichen Bedingungen das gemeinsame Ziel ansteuern, auch wenn sie eindeutig ihren politischen Willen und ihre Verpflichtung diesem Ziel gegenüber zum Audruck gebracht haben. Sie haben akzeptiert, ihre relativ schwachen Wirtschaftssysteme mit der „Einbahnstraße" in eine Union in Einklang zu bringen. Es ist daher die Aufgabe der Gemeinschaft, angemessene Wege zu finden, ihre volle Eingliederung in die Gemeinschaft zum frühest möglichen Zeitpunkt zu fördern und somit die zugegebenermaßen notwendige Übergangzeit auf ein Minimum zu verkürzen.

Zu diesem Zweck reichen verbale Bestätigungen, den wirtschaftlichen und sozialen Zusammenhalt zu stärken, nicht aus. Auch können wir uns nicht allein auf neue Maßnahmen wie einen Struktur-Fond und die damit verbundene Verdopplung der finanziellen Mittel verlassen. Die Absicht, die mit diesen Aktionen verfolgt wird, ist sicherlich gut und richtig, ihre Auswirkungen würden jedoch erst auf lange Sicht spürbar werden. Dies wird bestimmt viel länger dauern als der erste Schritt auf dem Weg in eine Wirtschafts- und Währungsunion. In der Zwischenzeit müßten schwächere Wirtschaftssysteme harte Maßnahmen ergreifen, um ihre Inflationsrate einzudämmen, ihr Haushaltsdefizit, das auf einem zu großen Staatsanteil an der Wirtschaft beruht, zu reduzieren und ihre Zahlungsbilanzschwierigkeiten, die Folge dieser Probleme sind, zu meistern. Obwohl die Annäherung der Wirtschaftspolitik eine primäre Aufgabe der Mitgliedsländer ist, muß man die Aussichten auf Erfolg politisch realistisch sehen und besonders die Dauer, die für eine volle Annäherung erforderlich ist.

Die Last der Stabilitätspolitik könnte sich als zu schwer erweisen, die sozialen Kosten könnten bei einer sofortigen Annäherung zu hoch sein. Die politischen Auswirkungen einer derart restriktiven Politik dürfen nicht dazu führen, daß die öffentliche Meinung gegen die Idee der Wirtschafts- und Währungsunion aufgebracht wird. Von Seiten der Gemeinschaft sind deshalb Maßnahmen notwendig, die die sofortige vollständige Teilnahme aller relativ schwachen Mitgliedsländer am EWS ermöglichen. Diese Maßnahmen sollten ergriffen werden, sobald nationale Stabilisierungsprogramme angelaufen sind.

Die Hilfsprogramme sollten von Experten begleitet werden, die sowohl die vorgesehene Politik als auch deren Resultate bewerten. Diese Maßnahmen führen nicht zu neuen finanziellen Belastungen für die Gemeinschaft, da sie nur Mitgliedstaaten betreffen, die weniger als 2% des Bruttosozialproduktes der Gemeinschaft aufweisen.

Zwei zentrale Fragen stehen im Mittelpunkt:

1. Haben wir den politischen Wunsch, ein föderatives Europa durchzusetzen? Lautet die Anwort ja, dann gibt es keine andere Alternative, als eine Wirtschafts- und Währungsunion der Zwölf zu bilden.

2. Ist der wirtschaftliche und soziale Zusammenhalt ein ernsthaftes Ziel der Europäischen Union? Falls ja, gibt es keinen anderen Weg, als die Rand-Regionen in das wirtschaftliche Zentrum der Gemeinschaft zu führen.

Im Hinblick auf die vorgenannten Fragen wird das Europäische Parlament eine entscheidende Rolle spielen, die viel weiter geht, als seine institutionelle Stärkung, die aus der Einheitlichen Europäischen Akte resultiert. Als einziges direkt gewähltes Organ der Gemeinschaft besteht seine Hauptaufgabe darin, sicherzustellen, daß die Hoffnungen der europäischen Bürger erfüllt werden. In den noch kommenden Jahren wird die zentrale Aufgabe der Europäischen Gemeinschaft die Verwirklichung der Wirtschafts- und Währungsunion sein. Alle Bürger müssen zu gleichen Bedingungen an den Vorzügen und Möglichkeiten, die aus der Wirtschafts- und Währungsunion entstehen, teilhaben können.

Der Werner-Bericht und der Delors-Bericht zur Europäischen Wirtschafts- und Währungsunion im Vergleich

Pierre Werner

1. Zwanzig Jahre Währungspolitik in der Gemeinschaft

Der Europäische Rat der Staats- und Regierungschefs bestätigte bei seiner Tagung in Hannover am 28. Juni 1988 als Zielsetzung der Gemeinschaft die fortschreitende Verwirklichung einer Wirtschafts- und Währungsunion. Im Juni 1989 in Madrid beschloß er die etappenweise Durchführung dieses Vorhabens aufgrund des Berichtes der Delors-Gruppe.

Man kann nicht umhin, etwas betroffen zu sein, wenn man die neuerlichen Communiqués mit denjenigen des im Dezember 1969 in Den Haag abgehaltenen Gipfeltreffens vergleicht. In fast identischem Wortlaut wurde damals die Erstellung eines Stufenplans zu demselben Zweck beschlossen, der dann im Oktober 1970 von einer Studiengruppe unter meinem Vorsitz vorgelegt wurde.

Der oberflächliche Leser könnte aus dieser Gegenüberstellung schließen, daß die Regierungen der Mitgliedstaaten zwanzig Jahre lang auf der Stelle traten, um dann von demselben Ausgangspunkt zu starten. Mit anderen Worten, es dauerte Jahrzehnte, um die politische Vision in konkretes Handeln umzusetzen.

Aus zwei Gründen wäre ein derartiger Vorwurf in diesem Fall nicht voll berechtigt.

Der erste Grund besteht in der Tatsache, daß die Initiative des Rats und der 1970 erstellte Bericht Folgerungen zeitigten und in der Tat eine, wenn auch öfters gestörte und unvollkommene Annäherung der Wirtschafts- und Währungspolitik der Mitgliedstaaten einleiteten.

Dr. Pierre Werner, Ehrenpräsident der Luxemburgischen Regierung

175

Ich erinnere daran, daß in den Jahren 1971–72 das Weltwährungssystem gänzlich aus den Fugen geriet, durch die Inkonvertibilität des amerikanischen Dollars, die allgemeine Anwendung von schwankenden Währungsparitäten und einer sich ausbreitende Inflationswelle. Wohl hätte man vom Gemeinschaftsgedanken her durch stärkeres Zusammenrücken und abgestimmtes Floaten gegenüber dem Dollar dem einsetzenden Währungsdurcheinander entgegen treten können. Hierfür waren die meisten Geister nicht reif, die einen aus theoretischem Festhalten an festen Währungskursen, die anderen weil eine derartige Politik ihnen nicht genügend Bewegungsfreiheit gelassen und sie vielleicht viel gekostet hätte.

Der zweite Grund zur Vorsicht in der Beurteilung der 20jährigen Karenz war die in den frühen siebziger Jahren in einzelnen Kreisen noch andauernde Kontroverse über die Zusammenlegung von Souveränitätsrechten. Für die eine oder die andere Regierung hätte es eines guten Stückes politischer Kühnheit bedurft, die institutionellen Voraussetzungen in Kauf zu nehmen.

Diese Unsicherheiten und Ungleichgewichte wurden noch durch die 1973 einsetzende Ölkrise verschärft. Man konnte bis ins Jahr 1978 hinein nicht mehr ernsthaft über das Vorhaben Wirtschaftsund Währungsunion reden, obwohl auf der akademischen Ebene die Diskussion weiterging.

Mit der Schaffung des Europäischen Währungssystems (EWS) im Jahre 1979 wurde eine neue Entwicklungsphase eingeleitet. Sie baute auf dem vorher Erreichten auf, insbesondere durch Weiterführung und Ausbau der Abkommen über die Einengung der Schwankungsbreiten zwischen den angeschlossenen Währungen (die sog. Europäische Währungsschlange). Das EWS übernahm ebenfalls die erste gemeinschaftliche Institution im Währungswesen, die im Jahre 1973 aufgrund eines Vorschlags des Werner-Berichtes errichtet worden war. Es handelt sich um den „Europäischen Fonds für währungspolitische Zusammenarbeit" (FECOM), über welchen die im System anfallenden Operationen abgewickelt werden sollten.

In mancher Hinsicht erscheint der Delors-Bericht an einem hinsichtlich der ambitiösen Voraussetzungen günstigeren Zeitpunkt. Auf wirtschaftlichem Gebiet haben sich die Auffassungen über eine Stabilitäts- und Wachstumspolitik zwischen den einflußreichsten Mitgliedstaaten bedeutend angenähert. Im jetzigen Zeitpunkt ist die Stabilität der Preise zufriedenstellend. Die Arbeitslosigkeit geht allgemein leicht zurück. Eine Erscheinung wie die Ölkrise mit einem plötzlichen Höhenflug der Energiekosten, wenn auch nicht undenkbar, ist in naher Zukunft kaum zu erwarten.

Auf rein politischer Ebene stellt die Europäische Einheitliche Akte eine sehr bedeutende Erklärung eines übernationalen politischen Willens dar, indem sie die Erfordernisse eines binnenmarktähnlichen Wirtschaftsraumes klar herausstellt. Dieser wird allerdings nur der Vision der Vertragspartner entsprechen, wenn er der gemeinsamen Währungskomponente Rechnung trägt. Sollte dies nicht der Fall sein, riskieren wir erneute Spannungen und das Abgleiten in diskriminatorische und protektionistische Handlungsweisen. Die Erfahrung der Vergangenheit zeigt, daß falls die Gemeinschaft nicht durch die Disziplin und die aktive Solidarität im Rahmen einer Währungsordnung gefestigt ist, jeder einzelne Mitgliedstaat wieder der Versuchung des Alleingangs erliegen wird, um sich gegen die Unbilden einer eventuellen internationalen Katastrophe abzuschirmen.

Aus den dargelegten Überlegungen ziehe ich den Schluß, daß die Instanzen, die die Vorschläge des Delors-Berichtes in die Wirklichkeit umsetzen sollen, eine große Verantwortung hinsichtlich des zeitlichen Ablaufs des Aufbauprozesses tragen.

2. Die Grundauffassung der beiden Berichte

Wenn, wie gesagt, sich das wirtschaftliche und politische Klima seit mehr als einem Jahrzehnt geändert hat, wie sieht es dann mit der den Berichten zugrunde liegenden Doktrin aus?

Zum ersten stelle ich fest, daß die Grundsätze und der Inhalt einer Währungsunion in den Darstellungen der beiden Berichte weitgehend übereinstimmen. Der Delors-Bericht zitiert öfters den Werner-Bericht hinsichtlich der Voraussetzungen einer vollwertigen Union, nämlich die vollständige und unwiderrufliche Konvertibilität der Währungen, die Beseitigung der Bandbreiten der Wechselkurse, die unwiderrufliche Festsetzung der Paritätsverhältnisse und die völlige Liberalisierung des Kapitalverkehrs.

Übereinstimmend wird auch hervorgehoben, daß für die Einführung einer einheitlichen Europawährung psychologische und politische Gründe sprechen, weil dies die Unwiderruflichkeit des Prozesses demonstrieren würde.

Beide Berichte sprechen von einem Endstadium, zu dem vorherige Stufen führen. Delors spricht von drei Etappen, ohne jedoch präzise Zeitangaben zu machen, mit der einzigen Ausnahme des Beginns der ersten Stufe am 1. Juli 1990.

Man weiß, daß feste Übereinkünfte über Fristen und Enddaten, wenn nicht immer, so doch oft, besonders im ersten Jahrzehnt des gemeinsamen Marktes sich als sehr wirksam für den gemeinschaftlichen Fortschritt erwiesen haben. Auf Grund dieser Erfahrungen hatten die Gipfeltreffen in Den Haag 1969 und Paris 1972 sich vorgenommen, das Endstadium der Währungsunion in einem Jahrzehnt zu erreichen. Die erste Etappe war auf genau drei Jahre beschränkt worden. Eine derartige Willenserklärung scheut der Delors-Bericht, oder vielmehr, er überläßt dies den politischen Instanzen.

Wenn ich von dieser Fristenproblematik absehe, muß man jedoch anerkennen, daß der Delors-Bericht auf der Grundlage des vorherigen Berichtes den Ablauf des in Gang gesetzten Prozesses mit einer unerbittlichen Logik beschreibt, die man mit der Mechanik eines Uhrwerkes vergleichen könnte.

Die institutionellen Modelle und die politischen Harmonisierungsformeln unseres 1970iger Berichtes werden breiter entwickelt. Unter anderem enthält der Bericht Delors längere, präzise Ausführungen über ein Europäisches Zentralbanksystem. Wie im vorigen Bericht wird auch hier an ein dezentralisiertes, föderatives System gedacht, wie auch uns als Modell, mutatis mutandis, das „Federal Reserve System" der Vereinigten Staaten von Amerika vorschwebte.

Auch hinsichtlich der dem Zentralbankensystem zuzusprechenden Kompetenz und garantierten Unabhängigkeit in der Erfüllung seiner Aufgabe, gehen die beiden Berichte nicht wesentlich auseinander.

3. Paralleles Vorgehen bei Wirtschafts- und Währungsordnung

Die zähen Auseinandersetzungen zwischen den Monetaristen

und den Ökonomisten, die ich in meiner Gruppe erlebt habe, scheinen auch bei den Arbeiten des Delors-Komitees wieder in Erscheinung getreten zu sein. Vielleicht geschah dies in einer gedämpfteren Form, da die Zusammensetzung der Gruppe, von der Kompetenz her, homogener gestaltet war. Trotzdem wird die Einstimmigkeit über den Inhalt des Berichtes wohl nur aufgrund von Kompromissen errungen worden sein.

Die wiederholt ins Feld geführte Formel des notwendigen Parallelismus bei den zu erreichenden Fortschritten in Wirtschafts- und Haushaltspolitik einerseits, in enger bindender Währungsregelung andererseits, überdeckt eigentlich zwei verschiedene, oft mit dogmatischer Härte verteidigte Grundeinstellungen. Sie führen gerne zum Streit über Vorleistungen der einen oder anderen Seite.

Walter Hallstein hatte den 1970iger Bericht in seinem Werk über die Europäische Gemeinschaft als einen Kompromiß zwischen den beiden Tendenzen mit einer leichten Neigung zur ökonomistischen These begutachtet. Mir scheint, daß trotz des inzwischen zurückgelegten Weges, die besagte „Neigung" sich im Delors-Bericht in etwa noch verstärkt hat.

So ist es bemerkenswert, daß die von den Autoren des letzteren Berichtes akzeptierte Anwendung des Parallelismusprinzips bei der Durchführung der ersten Stufe des Plans ausdrücklich ausgeschlossen wird. Dabei muß man sich bewußt sein, daß die erste Etappe im wesentlichen in der Durchführung und Verstärkung der schon jetzt eingeleiteten und beschlossenen wirtschaftlichen und finanziellen Konvergenzen besteht.

Persönlich bedauere ich diese Annahme, deren psychologische Nachteile dadurch verstärkt werden, daß sogar für das Ende dieser ersten, kaum umsturzgeladenen Etappe, keine Frist gesetzt wurde.

Man muß nicht notwendigerweise ein fanatischer Monetarist sein, um die Meinung zu vertreten, daß die Harmonisierung der konjunkturellen und der strukturellen Wirtschaftspolitik am besten mit der Unterstützung und sogar der Disziplin gemeinschaftlicher Währungspolitik und -praxis durchgesetzt wird. In dieser Hinsicht haben wir ja einiges durch die Erfahrungen des Europäischen Währungssystems hinzugelernt.

Im übrigen bin ich mit dem Delors-Bericht einig, wenn er verlangt, die Prozeduren und Beschlußfassungen des im Jahre 1974 abgeschlossenen Abkommens über die wirtschaftliche Konvergenz zu aktualisieren.

4. Ein Stimulus für die erste Etappe?

Wie vorher gesagt, ist die zeitlich nicht definierte erste Stufe zum großen Teil schon heute geltende Aufgabe. Wenn man nicht gerade von Null starten will, könnte man sich überlegen, ob man nicht in die erste Etappe einen Stimulus einbauen könnte, sozusagen als Vorwegnahme und praktische Vorbereitung auf die Zielsetzung der 2. Stufe.

Ein derartiges Vorhaben könnte darin bestehen, daß man den Rahmen des Europäischen Währungssystems mehr noch als Instrument der Konvergenz der Wirtschafts- und Währungspolitik nutzen würde, und zugleich sich progressiv einer gemeinschaftlich definierten Währungs- und Haushaltsphilosophie nähern könnte.

In diesem Zusammenhang möchte ich darauf hinweisen, daß der 1973 durch ein Reglement des Ministerrates ins Leben gerufene Europäische Fonds für Währungspolitische Zusammenarbeit (FECOM) von einem Verwaltungsrat geleitet wird, der aus den Gouverneuren und Präsidenten der Zentralbanken zusammengesetzt ist. Diesem Rat war eine autonome Entscheidungsbefugnis zuerkannt worden, und zwar in einer evolutiven Optik.

Allerdings ist der Rahmen des FECOM praktisch im wesentlichen nicht evolutiv, sondern nur als buchhaltendes Organ ohne autonome Verwaltung benutzt worden, entgegen der seinerzeit vom Comité Monnet verfochtenen Ansicht.

Soweit nach institutionellen Übergangslösungen im Hinblick auf das Endziel Ausschau gehalten würde, wäre der Fonds in der Lage, eine größere Rolle zu spielen.

Die Verwirklichung einer einheitlichen Finanzzone durch die Abschaffung jeglicher Kapitalverkehrshindernisse müßte auf dem Weg der Zusammenarbeit der Währungsbehörden durchgeführt werden. In diesem Zusammenhang müßte, meiner Ansicht nach, auch die Philosophie einer einheitlichen Förderung des Sparens im Interesse des wirtschaftlichen Wachstums definiert werden. Jedenfalls müßten schon in der ersten Etappe sämtliche Mitgliedswährungen im EWS voll mitmachen. Unterdessen würden die Beschränkungen im Gebrauch des Ecu von allen Ländern abgeschafft.

Alles in allem könnte sich durch eine Anzahl derartiger Maßnahmen ein „induzierter" Souveränitätsübertrag fast lautlos vollziehen, der für die weitere Entwicklung nur förderlich sein könnte. Der Werner-Bericht hatte bereits dem Ausschuß der Zentralbankchefs eine wachsende Rolle in der Koordinierung der Währungs- und Kreditpolitik zugesprochen. Er sollte Gutachten und Empfehlungen an die Zentralbanken richten, aber auch dem Ministerrat und der Kommission beratend zur Seite stehen. Bei der Durchführung dieser Aufgabe stieß der Ausschuß auf Grenzen, die institutionell bedingt waren. Aus diesem Grunde wäre eine vorübergehende Einbettung seiner Tätigkeit in den Rahmen des EWS von Vorteil. Der Zustand einer Art „Vor-Union" wäre der Glaubhaftigkeit des ganzen Prozesses förderlich.

5. Die zentralen Entscheidungsgremien

Was nun die institutionelle Entwicklung in Richtung Zentralbank und Zentralwährung anbelangt, will ich hervorheben, daß unser Bericht aus dem Jahre 1970 Anpassungen im Römischen Vertrag vorsah, nach Maßgabe der Erfordernisse, die sich zur Verwirklichung einer Vollunion ergeben. Die damals ins Auge gefaßte Prozedur fußt auf Artikel 236 des Vertrags. Gemäß dieser Anordnung tritt eine Regierungskonferenz der Mitgliedstaaten zusammen, die ihre Beschlüsse einstimmig treffen muß.

Der neuerliche Bericht betrachtet ebenfalls den Römischen Vertrag und insbesondere Artikel 236 als juristische Grundlage der großen Anzahl von Entscheidungen, die zur wirtschaftlichen Integration führen. Etwas subtil und überraschend macht er einen Unterschied hinsichtlich der monetären Integration, die im ursprünglichen Vertrag nicht angesprochen war. Nun hat aber die Gemeinschaftliche Akte, durch Vertragsänderung, der Gemeinschaft Kompetenz auf diesem Gebiet verliehen.

Ich will bei dieser Gelegenheit nicht auf diese juristische Spitzfindigkeit eingehen (neuer Vertrag oder Artikel 236), da letzten Endes, was die Prozedur anbelangt, der Unterschied nicht so groß ist. In beiden Fällen kann die Prozedur nur durch einmütigen Beschluß der Regierungen eingeleitet werden und der Endtext muß von sämtlichen Paralamenten ratifiziert werden.

Allerdings ist der Wortgebrauch in beiden Berichten etwas verschieden. Unser Bericht erwähnte *Änderungen* oder *Zusätze* im Rahmen des Römischen Vertrags. Der Delors-Bericht spricht von einem oder sogar mehreren *neuen* Verträgen. Ich bin auch der Ansicht, daß die endgültigen oder bedingten Bestimmungen der Währungsunion in einem zusammenhängenden Textkörper vorgelegt werden. Dieser soll aber dann in den allgemeinen Rahmen der bestehenden Rechtsinstrumente eingebaut werden.

Ich möchte davor warnen, zu viele Hindernisse einzubauen. Eine diese Aktion lähmende Barrikade wäre zum Beispiel das Bestehen auf einem neuen, die vorherigen Texte ersetzenden Vertrag. Wäre es klug zu warten bis ein regelrechter Vertrag über die Europäische Union abgeschlossen wäre?

Übereinstimmung besteht aber wiederum bei beiden Berichten über die Notwendigkeit einer klaren Linie, die zwischen den Kompetenzen und Verantwortungen der gemeinschaftlichen Organe und denjenigen der nationalen Instanzen im Sinne der Anwendung des Subsidiaritätsprinzips zu ziehen ist. Letzteres ist ein Grundprinzip der gemeinschaftlichen Kooperation und muß mithin auch Anwendung bei der monetären Integration finden.

Der Werner-Bericht hatte seine Ideen auf institutionellem Gebiet in zwei gemeinschaftlichen Entscheidungszentren konkretisiert: eines für die kollektive Wirtschaftspolitik und eines für die Währungspolitik.

Klar ist, daß mit letzterem eine Zentralbank oder ein Zentralbanksystem gemeint war. Das erstere war bewußt eher abstrakt gehalten worden, da es nicht in unserem Mandat lag, die Strukturen einer politischen Union vorwegzunehmen. Der Delors-Berichtbezieht sich einfach auf die bestehende Organisation, wobei er allerdings eine Revision der Arbeitsmethoden empfiehlt. Diese Revision müßte mit einer geeigneten Übertragung von Amtsgewalt verbunden sein. Diese Einstellung, das heißt der Einbezug der Amtsgewalt in die bestehenden Strukturen, begegnet den Befürchtungen jener Kreise, die eine zu geballte, übermässige Zentralisierung ablehnen.

Der Ecu

Die Institution des EWS hatten klar den Willen zum Ausdruck gebracht, den Ecu in den Mittelpunkt des Systems zu stellen. Manche Experten hatten daraus auf die Möglichkeit geschlossen, der Ecu könne als Parallelwährung zu den Nationalwährungen gelten und sich nach und nach gegenüber diesen durchsetzen. Der Delors-Bericht bekennt sich nicht zu dieser Strategie. Er gibt mit Recht zu bedenken, daß eine zusätzliche Geldschöpfung ohne direkten Bezug zum Wirtschaftsablauf die Preisstabilität gefährden könnte. Sie würde auch die ohnedies komplizierte Koordinierung der autonomen nationalen Währungspolitiken durch eine weitere Währungsautonomie, d.h. derjenigen des Ecu, noch schwerer gestalten. Die Bericht schließt jedoch nicht aus, daß der offizielle Ecu als Währungsinstrument in den Dienst einer Gemeinschaftspolitik gestellt werden könnte.

Was den privaten Ecu anbelangt, müßten alle Diskriminierungen hinsichtlich seiner Nutzung wegfallen und Verwaltungshindernisse so bald wie möglich aus dem Wege geräumt werden.

6. Schlußfolgerung

Zwischen dem Delors- und dem Werner-Bericht gibt es keinen grundsätzlichen Unterschied hinsichtlich der Doktrin und der Methode. Die Tatsache, daß der Delors-Bericht davon absieht, einen zeitlichen Rahmen vorzugeben, stellt eine methodologische Härte dar, die hemmend auf den Prozeß wirkt. Außerdem wird vielleicht zu viel Abstand von den währungspolitischen Erfahrungen und Errungenschaften der Vergangenheit genommen. Könnte der neue Anlauf, angesichts dieser Umstände, hinsichtlich der Erreichung des Endziels dasselbe Schicksal erleiden wie sein Vorgänger?

Ich legte in meinen Ausführungen dar, daß an sich die finanziellen, wirtschaftlichen und nicht zuletzt die politischen Gegebenheiten heute günstiger sind.

Der Zeitpunkt wäre mithin zu nutzen. Dies setzt voraus, daß alle Verantwortlichen sich noch mehr der Relativität der Währungsautonomie bewußt würden in einer Welt, die sich allgemein dem freien Austausch im weitesten Sinne des Wortes verschrieben hat. Die vorgesehene Abschaffung der Verwaltungs- und Finanzgrenzen wird die gegenseitige Abhängigkeit der Volkswirtschaften noch verstärken und mit ihr auch diejenige der Haushalt- und Fiskalpolitik.

Das Wort haben jetzt die Politik und die Politiker. Die juristischen und technischen Erfordernisse einer Wirtschafts- und Währungsunion sind vollauf bekannt. Der gemeinschaftliche Binnenmarkt ist beschlossen. An den Regierungen ist es jetzt, eine politische Lektüre der Expertenberichte vorzunehmen und mit ihren politischen Kriterien den Gang der Ereignisse zu bestimmen.

Welches auch immer das Resultat dieser Prüfung sein wird, mir erscheint unabdingbar, daß wir in relativ kurzer Zeit zu einer größtmöglichen Stabilität der Wechselbeziehungen im Interesse des Einheitlichen Marktes kommen müssen, sogar wenn fixe Paritäten noch vorübergehend anpassungsfähig blieben.

Anforderungen an eine Europäische Wirtschafts- und Währungsunion auf der Basis des Delors-Berichts

Helmut Haussmann

1. Ausgangslage nach dem Europäischen Rat in Madrid

Im April 1989 sind die Vorschläge des Delors-Berichts zur Schaffung einer Wirtschafts- und Währungsunion vorgelegt worden. Er bildet – so die allgemeine Auffassung – eine gute Grundlage für die weiteren Arbeiten. Inzwischen hat es vielfältige Aktivitäten zur Umsetzung dieser Vorschläge gegeben.

Eine Europäische Wirtschafts- und Währungsunion ist damit heute keine Utopie mehr. Wir befinden uns mitten in einem dynamischen Prozeß auf dieses Ziel hin. Die Vollendung des Binnenmarktes 1992 und die von vielen so nicht vorhergesehene Aufbruchstimmung werden den Integrationsprozeß weiter forcieren. Diese positive Entwicklung und diesen Elan sollten wir nutzen und verstärken durch eine solide und effiziente Arbeit in den Fachgremien. Die großen und richtungsweisenden Ideen müssen jetzt konkretisiert werden.

Aus der Sicht des Bundeswirtschaftsministers möchte ich dabei auf einen Aspekt besonders hinweisen. Die Überlegungen zur materiellen und institutionellen Ausgestaltung der Währungsunion sind schon vergleichsweise weit fortgeschritten. Erfreulich ist hierbei, daß im Delors-Bericht Prinzipien für eine effiziente und marktwirtschaftlich orientierte Wirtschaftspolitik im Bereich der Geld- und Währungspolitik verankert sind. Ich erwähne nur die Verpflichtung auf Preisniveaustabilität, die Unabhängigkeit der Notenbanken von Weisungen, die ausreichende Berücksichtigung föderativer Elemente, die Absage an eine zwangsweise Kreditfinanzierung staatlicher Defizite durch die Zentralbank. Damit sind wichtige Voraussetzungen für eine erfolgreiche Wirtschaftspolitik insgesamt gelegt worden.

Dr. Helmut Haussmann MdB, Bundesminister für Wirtschaft

Die gedanklichen Vorarbeiten speziell für eine Wirtschaftsunion und die damit zusammenhängenden wirtschaftspolitischen Erfordernisse bedürfen demgegenüber noch einer vertieften Analyse und der Ausarbeitung konkreter Schlußfolgerungen. Ursächlich hierfür mag sein, daß der Delors-Bericht primär von Währungspolitikern verfaßt wurde. Aber gerade auch die Konkretisierung der Voraussetzungen und Anforderungen für eine effiziente Wirtschaftsunion sind wichtig für den Erfolg der Wirtschafts- und Währungsunion insgesamt. Hierfür möchte ich im folgenden vertieft eingehen und damit zugleich einen konstruktiven Beitrag für die Schaffung der Wirtschafts- und Währungsunion liefern.

2. Im Delors-Bericht genannte Hauptmerkmale einer Wirtschaftsunion

Vielleicht ist es gut, noch einmal festzuhalten, welche Aussagen speziell im Delors-Bericht zu einer Wirtschaftsunion gemacht wurden. Vier Grundelemente als Basis einer Wirtschaftsunion werden dort genannt:

- einheitlicher Markt mit freiem Personen-, Waren-, Dienstleistungs- und Kapitalverkehr;
- eine Wettbewerbspolitik und sonstige Maßnahmen zur Stärkung der Marktmechanismen;
- gemeinsame Politiken zur Strukturanpassung und Regionalentwicklung;
- Koordinierung der makroökonomischen Politiken, einschließlich verbindlicher Regeln für die Haushaltspolitik.

Bei der Festlegung spezifischer Regeln und Vereinbarungen zur Wirtschaftsunion werden im Delors-Bericht zwei Handlungsmaximen angeboten:

Die Wirtschaftsunion soll auf den gleichen marktwirtschaftlichen Prinzipien basieren, die auch die Grundlage der Wirtschaftsordnung ihrer Mitgliedsländer bilden. Dies ist aus meiner Sicht ein besonders wichtiger Satz, da die Wirtschaftsunion damit auf der Basis gemeinsamer marktwirtschaftlicher Vorstellungen aufbaut. Außerdem wird gefordert, daß zwischen wirtschaftlichen und monetären Komponenten ein angemessenes Verhältnis gewährleistet sein muß, da nur so die Union lebensfähig sein wird. Konkret wird im Delors-Bericht für den Binnenmarkt im Zusammenhang mit der zu schaffenden Wirtschafts- und Währungsunion gefordert, daß folgende Politiken aufeinander abgestimmt werden sollen: Die Wettbewerbspolitik – auf Gemeinschaftsebene betrieben – soll vermeiden , daß private oder öffentliche Wirtschaftsteilnehmer den Marktzugang behindern oder das Funktionieren des Marktes stören. Gemeinschaftliche Regional- und Strukturpolitiken werden als notwendig angesehen, um eine optimale Ressourcenallokation zu fördern und die gesamte Gemeinschaft an Wohlfahrtsgewinnen teilhaben zu lassen. Im Hinblick auf die makroökonomische Politik muß schließlich in angemessener Weise definiert werden, welche Rolle die Gemeinschaft durch Koordinierung der Wirtschaftspolitiken bei der Förderung von Preisstabilität und wirtschaftlichem Wachstum zu spielen hat.

Zur Verwirklichung speziell der Wirtschaftsunion schlägt der Delors-Bericht folgende drei Stufen vor:

– In **Stufe 1** sollen die materiellen, technischen und steuerlichen Grenzen entsprechend dem Binnenmarktprogramm beseitigt und die gemeinschaftliche Wettbewerbspolitik bestärkt werden. Darüberhinaus sollen die Reform der Strukturfonds umgesetzt und die Mittel verdoppelt werden. Schließlich wird eine Revision der Konvergenz-Entscheidung von 1974 gefordert, um die wirtschafts- und finanzpolitische Koordinierung zu intensivieren.

– Für **Stufe 2** ist eine Überprüfung der Ergebnisse des Binnenmarktprogramms vorgesehen. Für die Struktur- und Regionalpolitik wird eine Bilanz gefordert, die eventuell zu einer Aufstockung der Mittel für Gemeinschaftsprogramme für Forschung und Infrastrukturinvestitionen führen soll. Die in der neuen Konvergenz-Entscheidung eingeführten Verfahren sollen angewandt werden. Konkret heißt dies: Schlüsselziele für stetiges Wachstum sollen festgelegt werden, aber auch für Umfang und Finanzierung der Haushaltsdefizite sollen Regeln entwickelt werden.

– In **Stufe 3** könnte eventuell ein weiterer Ausbau der Struktur- und Regionalpolitik notwendig sein. Die Regeln und Verfahren der Gemeinschaft im makroökonomischen Bereich mit direkt vollstreckbaren Entscheidungen des Ministerrates (Vor-

gabe für nationale Haushalte, Ergänzung der strukturpolitischen Transfers, Bindung der Strukturpolitik und der Gemeinschaftsdarlehen an Auflagen) würden bindend werden.
Schließlich würde die Gemeinschaft bei der internationalen
wirtschaftspolitischen Zusammenarbeit ihre Rolle uneingeschränkt spielen.

3. Zur Parallelität von wirtschaftlichen und währungspolitischen Schritten

Ein zentrales und damit besonders zu berücksichtigendes Element bei der Verwirklichung der Wirtschafts- und Währungsunion ist die Forderung nach Parallelität bei den anzustrebenden
wirtschaftlichen und währungspolitischen Fortschritten. Dies
entspricht der Vorstellung des Delors-Berichts, daß zwischen
dem Ausbau der Wirtschaftsunion einerseits und der Währungsunion andererseits ein enger, unauflösbarer Zusammenhang besteht. Der parallele Fortschritt soll garantieren, daß die Währungspolitik nicht allein als Instrument der Wirtschaftsintegration eingesetzt wird, sondern daß über ein Zusammenwachsen
der Volkswirtschaften die Voraussetzungen für das Ziel der
Währungsunion gelegt werden.
Allerdings sollte das Prinzip der Parallelität nicht zu eng ausge-
legt werden. Abweichungen lassen sich in einem dynamischen,
offenen Prozeß des Vorstoßes und der Verfolgung nicht vermeiden. Jedoch sollte vor dem Übergang von einer Stufe zur nächsten Parallelität herrschen.
Wie wichtig die Forderung der Parallelität ist, wird erst deutlich,
wenn man sie mit den bisher dominierenden Ansätzen vergleicht. Der Gedanke der Parallelität widerspricht der sogenannten Krönungstheorie, nach der die gemeinsame Währung und
die Schaffung einer europäischen Zentralbank sozusagen der
„krönende Abschluß" des gesamten Integrationsprozesses sein
soll. Erst die volle Integration aller Märkte, die Lösung aller
Harmonisierungsprobleme und die vollständige Konvergenz
würden es in diesem Fall erlauben, die Wirtschafts- und Währungsunion mit der Errichtung einer Europäischen Zentralbank
abzuschließen. Daß es hier gelungen ist, heute einen grundlegend anderen Weg einzuschlagen, halte ich für einen großen

Vorteil. Die Chancen für die Realisierung der Wirtschafts- und Währungsunion sind damit erheblich gestiegen. Die Ablehnung der Krönungstheorie darf jedoch nicht mit einer Absage an geduldige Arbeit auf dem schwierigen Weg in einen supranationalen Wirtschafts- und Währungsraum verwechselt werden.

4. Zur Bedeutung des Subsidiaritätsprinzips

Es ist auch zu begrüßen, daß der Delors-Bericht das Subsidiaritätsprinzip als ein tragendes Element der zukünftigen Wirtschafts- und Währungsunion herausstellt. Danach sollen die Kompetenzen nur dann auf die jeweils nächst höhere Regierungsebene verlagert werden, wenn die Aufgaben von der darunter liegenden Ebene nicht befriedigend gelöst werden können. Gerade für eine lebendige Demokratie und für eine engagierte Beteiligung der Bürger zur Lösung der anstehenden Probleme halte ich dies für ein sehr wichtiges Prinzip.

Es ist kein Zufall, daß über diese Fragen intensiv um eine möglichst gute Lösung gerungen wird. Der Wissenschaftliche Beirat beim Bundesministerium für Wirtschaft vertritt z.B. die Auffassung, daß der wettbewerbliche Weg der europäischen Integration generell in nur recht begrenztem Umfang zentrale Entscheidungsgremien oder eine verbindliche Koordinierung des staatlichen Verhaltens auf Gemeinschaftsebene erfordert. Er hält zwar eine beträchtliche Konvergenz der allgemeinen Wirtschaftspolitik in einer Wirtschafts- und Währungsunion für unabdingbar, aber er ist der Meinung, daß diese Konvergenz unter ordnungspolitisch richtig gesetzten Rahmenbedingungen, zu denen u.a. die Geldverfassung gehört, auch spontan zustandekommen kann.

Diese weitgehende Meinung teile ich so nicht. Nach meiner Ansicht dürften die Chancen für eine solche Konvergenz bei einer ex-ante-Abstimmung der Wirtschaftspolitiken deutlich höher sein. Die positiven Erfahrungen, die in der Bundesrepublik mit einer Abstimmung im Finanzplanungsrat und im Konjunkturrat oder bei den Länderwirtschaftsministern gemacht wurden, dürften jedenfalls dafür sprechen, daß dadurch eher ein gleichgewichtetes Verhalten bei allen Beteiligten erreicht wird. Jedenfalls würde es dadurch erleichtert.

5. Eine Vision für die gesamte Entwicklung

Bei dem letzten Gipfeltreffen in Madrid war vor allem die Frage umstritten, ob die Zustimmung zur ersten Stufe gleichzeitig eine Entscheidung für den gesamten Prozeß der Wirschafts- und Währungsunion darstellen soll. Der Delors-Bericht sieht vor, daß sich die Regierungen bereits mit dem Eintritt in die Stufe 1 verpflichten, Verhandlungen über eine Ergänzung zum EWG-Vertragswerk aufzunehmen. Dieser „politische Schachzug" soll die Kontinuität des Integrationsprozesses über die 1. Stufe hinaus gewährleisten und zudem die Risiken mindern, die aus dem realistischen Verzicht resultieren können, eindeutige Termine für den Eintritt in die Stufen zwei und drei vorzugeben.

Nach meiner Meinung ist an und über diese Stelle unnötig viel gestritten worden. Eine grundsätzliche Übereinstimmung über die endgültige Ausgestaltung einer Wirtschafts- und Währungsunion muß bestehen, ehe man die einzelnen Schritte auf dem Weg zu diesem Ziel unternimmt. Das kann nicht heißen, heute schon alle Details und rechtlichen Regelungen festlegen zu wollen. Die Vorstellung, in einem so frühen Stadium alle Einzelheiten eines noch so fernen Zieles einer Union festlegen zu wollen, wäre illusionär. Aber über die Zielrichtung muß grundsätzlich Einvernehmen bestehen. Sonst kann man nicht den Weg in Richtung einer Wirtschafts- und Währungunion beschreiten.

6. Grundsätzliche Anforderungen an eine Wirtschaftsunion

Zu einer Wirtschaftsunion gehört nach meiner Auffassung ein funktionsfähiger Rahmen für die Ordnungs- und Wettbewerbspolitik. Die erwarteten Vorteile aus dem europäischen Binnenmarkt werden nämlich nur dann für die Verbraucher voll zu Geltung kommen können, wenn es gelingt, Machtzusammenballungen zu verhindern, den Strukturwandel zuzulassen und den Wettbewerb fördernde Strukturen zu ermöglichen.

Die Wettbewerbspolitik darf nicht in den Dienst der Industriepolitik gestellt werden. Leidtragende einer industriepolitisch aufgeweichten EG-Fusionskontrolle wären insbesondere kleine und mittlere Unternehmen.

Gerade der Mittelstand muß im zukünftigen EG-Binnenmarkt

seine besondere Funktion weiterhin wahrnehmen. Deshalb setze ich mich so nachdrücklich dafür ein, daß unseren kleineren und mittleren Unternehmen die Schwellenangst vor dem Binnenmarkt genommen wird und sie rechtzeitig und umfassend über alle Binnenmarktvorhaben unterrichtet werden. Traditionelle Mittelstandspolitik muß in Zukunft stärker auf die neuen internationalen Herausforderungen ausgerichtet werden. Hier sind die Wirtschaftspolitik und die betroffenen Unternehmen gleichermaßen gefordert, gut zusammenzuarbeiten.

Einen Grundkonsens in den wichtigen ordnungspolitischen Fragen halte ich für unerläßlich, wenn die Wirtschafts- und Währungsunion funktionieren und den Ertrag bringen soll, den man von ihr erwartet. Nur über diesen Grundkonsens kann die wirtschaftliche Effizienz und Leistung in der Gemeinschaft insgesamt und in ihren Teilen erhöht werden. Konkret heißt dies: Die Bürger müssen die Erfahrung machen, daß sich die Union für sie lohnt. Dann werden sie auch bereit sein, Anpassungserfordernisse und Solidaritätsbeiträge zu akzeptieren.

7. Stärkere Konvergenz in einzelnen Politikbereichen

Der Delors-Bericht schlägt für eine verstärkte Koordinierung der Wirtschaftspolitik die Revision der Ratsentscheidung von 1974 über die wirtschaftliche Konvergenz vor. Hinter diesen vergleichsweise technischen Formulierungen stehen zentrale wirtschaftspolitische Anliegen. Letztlich geht es um die zentrale Frage, welcher Teil der heute noch national durchgeführten Wirtschaftspolitik in Zukunft auf die Gemeinschaftsebenen „transferiert" werden soll und welche Souveränitätsrechte damit in Zukunft von der Gemeinschaft wahrgenommen würden.

Die Wirtschaftsunion erfordert eine grundlegende Übereinstimmung in den ordnungspolitischen Vorstellungen der anzustrebenden wirtschaftspolitischen Ziele und der anzuwendenden Wirtschaftspolitik. Entscheidend ist deshalb für die Entwicklung einer Wirtschaftsunion und für ihren dauerhaften Bestand vor allem eine verbesserte Konvergenz bei den angestrebten makroökonomischen Zielen. Dies gilt in erster Linie für das Postulat der Preisniveaustabilität, denn ohne ein hohes Maß von Preisstabilität in allen Teilen der Gemeinschaft ist das Funktionieren einer marktwirtschaftlichen Ordnung, der wirtschaftlichen und sozialen Zusammenhalt innerhalb der Gemeinschaft und die Sicherung einer einheitlichen Wachstum und Beschäftigung fördernden Währungsordnung schwerwiegend gefährdet. Eine verstärkte Koordinierung der Wirtschaftspolitik ist für eine solche Verbesserung der Konvergenz notwendig. Dies muß in der neuen Richtlinie klar zum Ausdruck kommen.

Wichtig ist ohne Frage ein gutes Instrumentarium, aber noch wichtiger ist der politische Wille, in allen Mitgliedstaaten zu einer effektiven und dauerhaften Konvergenz in möglichst vielen Bereichen zu gelangen. Der Grad der Konvergenz ist in den verschiedenen Politikbereichen heute noch sehr unterschiedlich und es ist interessant, dieser Frage noch einmal vertieft nachzugehen. Dank einer Wirtschafts- und Währungspolitik, die mehr als früher auf Stabilität bedacht ist, hat sich die Konvergenz, gemessen an den Inflationsraten, in den letzten Jahren bemerkenswert verbessert. Dieser gemeinsame politische Wille, das *Stabilitätsziel* prioritär zu verfolgen, hat uns entscheidend vorangebracht. Allerdings haben sich in jüngster Zeit die Preisdaten leider wieder verschlechtert. In allen europäischen Ländern zeigt sich eine sehr starke, vielleicht schon etwas zu starke Konjunktur. Die Gefahr einer Inflationsbeschleunigung ist in mehreren Ländern größer geworden.

Dies muß im Keim erstickt werden. Deshalb habe ich in der Europäischen Gemeinschaft eine Initiative zur Bekämpfung des Preisanstiegs vorgeschlagen. Wir betrachten eine wirksame Politik der Gemeinschaft auf diesem Gebiet als Test für die wirkliche Bereitschaft zu gemeinsamen Anstrengungen für eine Wirtschafts- und Währungsunion.

Auch im Bereich der *wettbewerbspolitischen* Vorstellungen entwickelt sich eine erfreuliche Annäherung zwischen den Mitgliedstaaten, die aber noch stärker vorangetrieben und abgesichert werden muß. Der Wettbewerb als der zentrale Steuerungs- und Koordinierungsmechanismus in einer Wirtschaftsunion muß garantiert sein und darf nicht etwa durch industrie- und regionalpolitische Anpassungshilfen in seinen Wirkungen beeinträchtigt werden. Freizügigkeit und Wettbewerb müssen die Wirtschaftsbeziehungen in der Wirtschaftsunion prägen. Subventionen und sich rasch ausweitende Transfers würden dagegen nicht nur falsche wirtschaftspolitische Signale setzen, sondern auch den Zusammenhalt der Gemeinschaft auf eine schwierige Probe stellen. Im Hinblick auf die gemeinschaftliche *Geldpolitik* stehen im Delors-Bericht richtungsweisende Aussagen, denn er betont die Notwendigkeit, in einer künftigen europäischen Notenbankverfassung der Preisstabilität Vorrang vor anderen Zielen zu geben und die Unabhängigkeit eines Europäischen Notenbanksystems zu gewährleisten. Allerdings halte ich es für wünschenswert, daß die Geldpolitik schon in der ersten Stufe in allen Mitgliedsländern auf stabilitätspolitischen Kurs gebracht wird. Hilfreich hierfür wäre auch, wenn den einzelnen Notenbanken möglichst frühzeitig mehr Autonomie gewährt wird, sozusagen als Einübung für die späteren Phasen der Wirtschafts- und Währungsunion. Es gilt, für die gemeinschaftliche Geldpolitik Formen einer Koordinierung zu finden, die mit dem Stabilitätspostulat kongruent sind, und nicht Formen einer administrativen Ex-ante-Koordinierung. Eine europäische Währung darf nicht schlechter sein als die bisher stabilste Währung. Die Schaffung einer Wirtschafts- und Währungsunion darf in keinem Fall zu Lasten der Geldwertstabilität gehen. Stabile Preisniveaus in Europa sind zugleich die beste Basis für die Wirtschafts- und Währungsunion. Die Bundesrepublik und die Niederlande − zunehmend auch Frankreich − haben mit ihren relativ stabilen Währungen ein wichtiges Aktivum in die währungspolitische Entwicklung in der Gemeinschaft eingebracht.

Im Bereich der *Finanzpolitik* besteht demgegenüber eine große „Konvergenzlücke" zwischen einzelnen Staaten der Europäischen Gemeinschaft. Insbesondere die hohen Budgetdefizite in einigen Mitgliedsländern stellen eine Gefahr für die Stabilität und für die Geldpolitik dar und drohen zu destabilisierenden Kapitalbewegungen und zu investitions- und wachstumshemmenden Zinssteigerungen zu führen. Ein nachhaltiges Absenken der Haushaltsdefizite in mehreren Ländern erscheint deshalb erforderlich.

In der Finanzpolitik ist generell davon auszugehen, daß der Gemeinschaftshaushalt noch von begrenzter Größenordnung ist und schon von daher nicht für eine makroökonomische Steuerung eingesetzt werden kann. Erst wenn es zu einer politischen Union kommt, wird der Zentralhaushalt der Gemeinschaft allmählich ein größeres Gewicht gewinnen, wobei dies auch bedeutet, daß sich seine Struktur voraussichtlich verändern wird.

Das erforderliche Ausmaß der Koordinierung im Bereich der Finanz- bzw. Haushaltspolitik bedarf allerdings noch der vertieften Prüfung. Eine justiziable , d.h. zwingend verbindliche, zentrale Vorgabe für die Finanzpolitik ist in der Übergangszeit, aber wahrscheinlich auch im Endzustand der Wirtschafts- und Währungsunion weder erforderlich noch zu verwirklichen. Dagegen sprechen die Souveränität der nationalen Parlamente, der föderative Charakter der Gemeinschaft, der heutige Stand der politischen Einigung, aber auch die Erfahrungen des Zusammenwirkens von Bund und Ländern in der Bundesrepublik Deutschland. Andererseits muß man jedoch auch berücksichtigen, daß eine unkoordinierte Entwicklung der nationalen Budgets die Stabilisierungsaufgabe der Geldpolitik erschweren würde. Deshalb könnten bindendere Vorgaben für die Aufstellung der öffentlichen Haushalte als bisher durchaus sinnvoll sein; vor allem muß genügend Druck ausgeübt werden zum Abbau übermäßig hoher Haushaltsdefizite in mehreren Ländern.

Das durchschnittliche Haushaltsdefizit (in Prozent des Sozialprodukts) aller EG-Länder ist sicher kein geeigneter Indikator für eine solche Koordinierung. Erforderlich sind vielmehr vertiefte Analysen, nach welchen Kriterien Umfang und Struktur des Defizits der einzelstaatlichen Haushalte zu bewerten sind und inwieweit sich dadurch differenzierte Aussagen ergeben (z.B. unterschiedlicher Entwicklungsstand in einzelnen Mitgliedstaaten; Berücksichtigung der Ausgabenseite; hier kann es ein grundlegender Unterschied sein, ob ein Haushaltsdefizit primär durch staatliche Ausgaben für produktive Infrastrukturinvestitionen entstanden ist oder durch Konsumausgaben; Struktur der Ausgaben unter Berücksichtigung unterschiedlicher demographischer Komponenten in einzelnen Mitgliedstaaten).

Erster Ansatzpunkt für eine effizientere Finanzpolitik und für Schritte in Richtung auf mehr Konvergenz wäre eine baldige Realisierung der Forderung des Delors-Berichts, die Finanzierung öffentlicher Defizite durch Notenbankkredite zu unterbinden.

Die Finanzpolitik hat im Hinblick auf die Erreichung und Sicherung eines stabilitätsgerechten Wachstums eine wichtige Rolle zu spielen. Eine Abstimmung unter den Mitgliedstaaten liegt insofern im gemeinsamen Interesse. Faktisch wird durch die zunehmende monetäre Integration der Zwang zu einem gemeinschaftsweit kongruenten Verhalten im Bereich der Finanzpolitik ohnehin zunehmen. Dies sollte die freiwillige ex-ante-Koordination erleichtern. Und zwar umso stärker, je mehr sich der Spielraum für eine autonome nationale Politik durch die Vollendung des Binnenmarktes weiter verringert. Von zentraler Bedeutung ist aber auch für mich das Prinzip, sich bei der Harmonisierung von Vorschriften auf das absolut notwendige Minimum zu beschränken und dem Wettbewerb und dem Markt mehr Vertrauen entgegenzubringen. Dies hat auch sehr überzeugend der Wissenschaftliche Beirat beim Bundesministerium für Wirtschaft begründet.

Die im Delors-Bericht vorgesehene marktwirtschaftliche Orientierung der Wirtschaftsunion bedarf darüber hinaus auch in noch anderen Politikbereichen einer stärkeren Konkretisierung und Konvergenz.

Der *Binnenmarkt* mit freiem Personen-, Waren-, Dienstleistungs- und Kapitalverkehr ist ein entscheidendes Element für den Übergang in eine europäische Wirtschaftsunion. Er ist im Moment das politische Nahziel und muß mit größter Priorität realisiert werden. Ebenso wichtig wie die Beseitigung von Handelsbarrieren und anderen Beschränkungen ist dabei die Liberalisierung des Kapitalverkehrs. Die volle Umsetzung des im Sommer 1988 verabschiedeten Beschlusses zur Liberalisierung des Kapitalverkehrs ist conditio sine qua non − nicht nur für das Funktionieren der Währungsunion, sondern auch für das Funktionieren der Wirtschaftsunion. Nur wenn das Kapital dorthin gehen kann, wo es seine rentabelste Verwendung findet, werden die erhofften Wachstumsimpulse frei, wird das Kapital zur Arbeit und nicht die Arbeit zum Kapital wandern. Wichtig ist in den Ländern, in denen noch Kapitalverkehrskontrollen abgebaut werden müssen, eine Wirtschaftspolitik, die die Anleger von der Dauerhaftigkeit der Liberalisierung überzeugt.

Die gemeinsame *Handelspolitik* in einer Wirtschaftsunion muß nach außen für offene Grenzen sorgen. Vielfältige heute noch angewandte Instrumente der Beeinflussung des Handels durch staatliche Interventionen (z.b. Marktaufteilungen, Selbstbeschränkungsabkommen, staatlich ausgehandelte Preise und Mengen) sind mit der im Delors-Bericht empfohlenen Stärkung der Marktmechanismen nicht vereinbar. Es gilt, auch unsere Partner davon zu überzeugen, daß offene Märkte für alle Beteiligten den größten Nutzen stiften. Europa darf nicht zur Festung werden.

8. Der Integrationsprozeß zwischen den einzelnen Regionen in der Europäischen Gemeinschaft

Mit der endgültigen Fixierung der Wechselkurse entfällt auch die Funktion des Wechselkurses als wichtiges Anpassungsinstrument. Das bedeutet, daß im Fall weiterhin bestehender Ungleichgewichte der Anpassungsdruck verstärkt auf andere Bereiche wie z.b. die Lohnpolitik und die Fiskalpolitik verlagert würde. Generell muß deshalb von vornherein sichergestellt sein, daß diese Ungleichgewichte abgebaut werden. Der strukturelle Wandel sollte primär nach marktwirtschaftlichen Anpassungsmechanismen verlaufen und nicht durch staatliche Interventionen gesteuert werden. Nur der erste Weg eröffnet die Chance, wirtschaftliche Dynamik, Wachstum und Arbeitsplätze zu schaffen. Richtig ist aus meiner Sicht allerdings auch die Feststellung im Delors-Bericht, daß eine Wirtschafts- und Währungsunion eine Strukturpolitik fördern muß, die den ärmeren Regionen beim Aufholprozeß hilft. Da das Interesse vieler Länder auf staatliche Transfers gerichtet ist, ist hier jedoch eine Klarstellung notwendig: Der Delors-Bericht scheint den quantitativen Beitrag von staatlichen Transfers zur Lösung solcher Probleme erheblich zu überschätzen. Selbst eine starke Aufstockung der Mittel für die gemeinschaftliche Regional- und Strukturpolitik könnte die Ungleichgewichte nicht beseitigen und eine ausgewogene Entwicklung in der Gemeinschaft sicherstellen. Dies kann letztlich nur durch eine entsprechende Wirtschaftspolitik in den jeweiligen Ländern selbst, sicher unterstützt durch einen marktorientierten Ressourcentransfer der Kapitalmärkte, erfolgen. Dazu gehört vor allem eine Wirtschaftspolitik in den betroffenen Ländern, die das Investitionsklima und die Kapitalrenditen (z.b. auch durch Zurückhaltung im Bereich der Lohnpolitik und zusätzlicher sozialer Leistungen) positiv beeinflußt.

Wichtig ist, daß die heute noch schwächeren Regionen in Europa ihre spezifischen Wettbewerbsvorteile ausspielen, vor allem auch in Form niedrigerer Lohnkosten. Denn unter einheitlichen Währungsverhältnissen und bei einer vorwiegend auf gleiche Niveaus bedachten Lohnpolitik hätten zurückgebliebene Regionen sonst kaum eine Chance, im Standortwettbewerb mit den prosperierenden Zonen aufzuholen. Deshalb plädiere ich z.b. auch nicht für eine Harmonisierung der Sozialstandards, sondern für Mindeststandards, die die schwächeren EG-Mitgliedsländer nicht überfordern bei Beibehaltung unserer hohen Standards. Die von niemandem erwünschte Folge einer Harmonisierung wäre, daß sich die wirtschaftliche Aktivität noch mehr auf die schon jetzt leistungsfähigeren Regionen konzentrierte. In den weniger leistungsfähigen Regionen aber gingen Arbeitsplätze verloren. Dies gilt um so mehr, je weniger der Wechselkurs als Anpassungsventil genutzt werden kann. Dies schließt nicht aus, daß auch in den zurückgebliebenen Gebieten soziale Verbesserungen angestrebt und durchgesetzt werden. Denn ein Klima sozialen Friedens ist auch eine wichtige Voraussetzung für die wirtschaftliche Entwicklung. Der Europäische Binnenmarkt und die Wirtschaftsunion brauchen auch soziale Flankierung und soziale Akzeptanz. Es besteht unzweifelhaft eine enge Wechselbeziehung zwischen wirtschaftlichem Erfolg einer Wirtschaftsunion und der Akzeptanz der wirtschaftlichen Grundsatzentscheidungen durch die Sozialpartner. Aber die Gewichtung der Elemente zwischen sozialem Ausgleich und marktmäßiger Effizienz muß ausgewogen sein.

Regionale und strukturelle Ungleichgewichte müssen primär durch eine Anhebung der Produktivität, eine entsprechende Mobilität der Produktionsfaktoren, sowie insbesondere durch attraktive Standorte für Investitionen gemildert werden. Staatliche Transfers können letztlich immer nur einen flankierenden Beitrag leisten. Sie können keinesfalls Belastungen für die Attraktivität eines Standorts, z.B. zu hohe Löhne, ausgleichen. Ich halte es für außerordentlich wichtig, diese Zusammenhänge und Wirkungsmechanismen zu verdeutlichen.

Auch der Wissenschaftliche Beirat beim Bundesministerium für Wirtschaft stellt in seinem Gutachten zur Europäischen Währungsordnung fest, daß eine Währungsunion aus sich heraus keinen zusätzlichen Bedarf an intraeuropäischen Transfers bedingt. Soweit Finanztransfers gewährt werden, sollten sie − so auch der Delors-Bericht − an Bedingungen geknüpft werden, die die Empfängerländer zur Intensivierung ihrer Anpassungsbemühungen veranlassen.

Die Aus- und Weiterbildung der Arbeitskräfte muß überall den Ansprüchen einer modernen Industrie- und Dienstleistungsgesellschaft entsprechen. Eine Erhöhung der Produktivitätsniveaus in den weniger entwickelten Regionen der Gemeinschaft ist eine grundlegende Voraussetzung für die gewünschte Steigerung des Wohlstandsniveaus in allen Teilen der Gemeinschaft und für eine Angleichung der Lebensverhältnisse.

Es ist wichtig, daß sich alle Mitgliedsländer von Anfang an für eine auch dem sozialen Ausgleich und dem Schutz der Umwelt verpflichtete Marktwirtschaft entscheiden. Alle wirtschaftspolitischen Weichenstellungen müssen sich mit diesem Grundsatzbeschluß vereinbaren lassen. Nur so werden Fehler und Fehlentwicklungen im Integrationsprozeß vermieden. Die Schaffung einer institutionalisierten Wirtschafts- und Währungsunion steht nicht unter Zeitdruck. Deshalb sollten angesichts der geschilderten Schwierigkeiten und Konvergenzdefizite auch keine politischen Vorgaben gemacht werden, die zu überhasteten Maßnahmen führen.

9. Ausreichende institutionelle Gremien

Die institutionellen Voraussetzungen für eine engere wirtschafts-, finanz- und währungspolitische Zusammenarbeit der Mitgliedsländer der EG sind heute schon gegeben (Rat für Wirtschafts- und Finanzfragen, Währungsausschuß, Wirtschaftspolitischer Ausschuß, Ausschuß der EG-Notenbankgouverneure). Es bedarf insofern keiner neuen wirtschaftspolitischen Institutionen auf Gemeinschaftsebene zur Koordinierung der Wirtschaftspolitiken. Vielmehr gilt es, die bestehenden Institutionen besser zu nutzen, d.h. politische Entscheidungen besser und konkreter vorzubereiten. Eine Abstimmung der einzelnen nationalen Wirtschaftspolitiken auf der Ebene der Gemeinschaft bedeutet vor allem, daß der Rat der Wirtschafts- und Finanzminister diese Aufgabe − nach gründlicher Vorbereitung durch die vorhandenen Gremien − intensiver und nachhaltiger wahrnimmt als bisher.

Die Vorschläge für eine Neuformulierung der Konvergenz-Richtlinie von 1974 müssen dafür genutzt werden, die wirtschafts- und finanzpolitische Koordinierung zu verbessern. Entscheidend bleibt letztlich aber die Bereitschaft, sich der Koordinierungsaufgabe zu stellen. Daran hat es in der Vergangenheit leider oft gefehlt.

10. Die Vision einer Politischen Union

Die politische und ökonomische Logik führt nach meiner Auffassung von der Wirtschafts- und Währungsunion zur Politischen Union, in der ein höherer Grad an Verbindlichkeit auch für die nationalen Politiken vorstellbar ist. Vor allem müßten dann die Rechte der Parlamente auf gemeinschaftlicher und nationaler Ebene grundlegend neugestaltet werden, auch im Hinblick auf eine parlamentarische Kontrolle der EG-Kommission. Die Gestalt der Politischen Union ist heute noch nicht vorzuzeichnen. Aber es sollte von Anfang an klar gesehen werden, daß es sich um einen „Dreiphasenweg" handelt, der vom Binnenmarkt über die Wirtschafts- und Währungsunion zur Politischen Union führen wird. Die Chancen, dies zu erreichen, sind heute besser denn je und sollten genutzt werden.

Der Delors- und der Franz-Bericht im Vergleich

Hans-Joachim Seeler

1. Vorschläge des Europäischen Parlaments für die Weiterentwicklung des EWS und die Schaffung einer einheitlichen europäischen Währung

Am 14. April 1989 hat das Europäische Parlament den Bericht von Otmar Franz über die Entwicklung der europäischen Währungsintegration verabschiedet. Das Ziel dieses Berichtes ist es, bis 1995 eine einheitliche europäische Währung Ecu zu schaffen. Für weitere drei Jahre sollen die nationalen Währungen neben dem Ecu gesetzliches Zahlungsmittel sein. Dann soll der Ecu diese Rolle allein übernehmen.

Im Entschließungsteil geht dieser Bericht auf die immer noch unzureichende Koordinierung der Wirtschafts-, Geld- und Haushaltspolitik der Mitgliedsländer der EG ein. Wechselkursanpassungen, wenngleich inzwischen mit längeren Zeitabständen, sind nach wie vor notwendig und werden auch in Zukunft erforderlich, „bis die Wirtschafts-, Geld- und Haushaltspolitiken der Mitgliedsländer wirksam koordiniert sind". Der Bericht macht deutlich, daß der angestrebte einheitliche Binnenmarkt eine einheitliche europäische Währung zu seiner Funktionsfähigkeit braucht, wenngleich natürlich auch die fortbestehenden nationalen Währungen, wenn sie einen unveränderlichen festen Wechselkurs zueinander hätten, die gleiche Funktion erfüllen würden, allerdings mühsamer, kostenaufwendiger und bürokratischer.

Die Rolle einer einheitlichen europäischen Währung im Rahmen des Weltwährungssystems wird im Bericht nur sehr kurz erwähnt. Dabei wickelt die Europäische Gemeinschaft etwa 50 Prozent ihres Außenhandels mit Nicht-EG-Staaten ab und er-

Dr. Hans-Joachim Seeler, ehemaliger Finanzsenator der Hansestadt Hamburg

wirtschaftet einen hohen Anteil des Bruttosozialprodukts durch den Außenhandel. Hier dominiert nach wie vor der US-Dollar. Er ist die Weltreservewährung Nr. 1. Jahrzehntelang wanderten Milliarden Dollar-Beträge in alle Welt und in die Währungsreserven der Notenbanken der Welt. Ein in den letzten zehn Jahren gewaltig gewachsenes Haushaltsdefizit bei gleichzeitig geringer Sparrate in den USA ließ jedoch den Kapitalimportbedarf von Jahr zu Jahr steigen. Hohe Zinsen führten lange Zeit zu gleichzeitig steigenden Dollarkursen mit der Folge eines bis heute hohen Handelsdefizites. Inzwischen sind die USA aus einer Gläubiger- zu einer Schuldnernation mit erheblichen Verpflichtungen gegenüber ihren Gläubigern geworden. Der Dollar als führende Währung des Weltkapitalmarktes belastet zudem auch die Länder der Dritten Welt durch seine hohen Schwankungen im Wechselkurs und im Zinsniveau. Eine europäische Währung, beruhend auf der Wirtschaftskraft des Binnenmarktes der zwölf EG-Länder, könnte neben dem Dollar in sehr viel stärkerem Maße die Rolle einer Weltreservewährung spielen als z.B. die Deutsche Mark, die gegenwärtig etwa 14 Prozent der Weltwährungsreserven abdeckt. Das Wirtschaftsgebiet der Bundesrepublik als Basis für die D-Mark ist zu klein, um dieser Währung eine noch größere Rolle im Weltkapitalsystem zuzuspielen. Auch wäre dies für die D-Mark mit zu großen Risiken verbunden. Auch aus diesen Gründen ist daher eine gemeinsame Währung für den EG-Binnenmarkt von ganz entscheidender Bedeutung. Der Bericht Franz strebt die Schaffung einer solchen einheitlichen EG-Währung bis zum 1.1.1995 an. Sehr apodiktisch wird im Beschlußteil erklärt, daß „die Regierungen der Mitgliedstaaten der Europäischen Gemeinschaft ... so rasch wie möglich die Voraussetzungen für die Gründung einer europäischen Währungsunion gemäß den Zielen der Einheitlichen Europäischen Akte schaffen" müssen. Darüber hinaus müssen die Kommission und der Rat durch entsprechende Maßnahmen die Regional- und Strukturpolitik der Gemeinschaft „zur Überwindung der derzeitigen Unterschiede im strukturellen Entwicklungsstand der Mitgliedstaaten" verstärken, um so „den Weg für eine Wirtschafts- und Währungsunion der Zwölf zu ebnen". Als einen wichtigen Schritt in diese Richtung schlägt der Bericht vor, daß die

Schwankungsmargen „für die am Wechselkursmechanismus beteiligten Währungen stufenweise in dem Maß zu verringern" sind, „wie die Disparitäten in der Wirtschaftsentwicklung und der Wirtschaftspolitik abgebaut werden". Der Bericht setzt voraus, daß zwei Jahre nach Vollendung des Binnenmarktes, also zum 1.1.1995, die dann noch bestehenden Schwankungsmargen zwischen den Währungen der Mitgliedstaaten ganz beseitigt werden können. Aber er schränkt vorsichtshalber ein, „vorausgesetzt, es wurde eine hinreichende Konvergenz erzielt"!

Ausgangspunkt für diese Überlegungen ist das gegenwärtige Europäische Währungssystem (EWS), wie es seit 1978 besteht und entwickelt worden ist. Dieses EWS soll durch engere Zusammenarbeit der Zentralbanken der Mitgliedstaaten und durch eine weitere Koordinierung der Wirtschafts- und Sozialpolitiken weiterentwickelt und verstärkt werden. Daneben, so schlägt der Bericht Franz vor, muß auch die Rolle des Ecu als privates Transaktionsinstrument ausgebaut und verstärkt werden. Sehr allgemein stellt dann der Bericht fest, daß „Fortschritte in der Währungsintegration . . . eine Stärkung des wirtschaftlichen und sozialen Zusammenhalts in der Gemeinschaft" erfordern.

Nun umfaßt das EWS bisher nicht alle EG-Mitgliedstaaten, insbesondere steht das Vereinigte Königreich außen vor, und zwar vor allem aus der Sorge, die nationale Souveränität würde eingeschränkt, wenn die Währungspolitik nicht mehr zur alleinigen Disposition der britischen Regierung stünde. Hier führt der Bericht Franz mit begrüßenswerter Klarheit aus, daß bei einer anhaltenden Ablehnung der Integration in die Mechanismen des EWS „. . . die Währungen dieser Länder vom EWS-Korb . . . ausgeschlossen werden" müßten. Den Zweifeln, ob alle zwölf EG-Länder in der Lage sein werden, bis 1995 eine Währungsunion mit gemeinsamer Währung zu schaffen, begegnet der Bericht, indem er auf dem Weg zur Währungsunion ein Verfahren der zwei Geschwindigkeiten anregt. Die Mitgliedsländer, die die Voraussetzungen für eine gemeinsame Währung erfüllen und die politisch und wirtschaftlich bereit und in der Lage sind, diesen Weg zu gehen, sollen zur Vorbereitung der Wirtschafts- und Währungsunion einen Finanz- und Wirtschaftsrat, der sich aus den Wirtschafts- und Finanzministern zusammensetzt und einen europäischen Gouverneursrat, der sich aus den Präsidenten der nationalen Notenbanken zusammensetzt, gründen. Gemeinsam mit der EG-Kommission soll dieser Finanz- und Wirtschaftsrat für die beteiligten Mitgliedstaaten die Eckdaten der Konjunktur- und Finanzpolitik festlegen. Der Gouverneursrat soll die Aufgabe übernehmen, das Geldmengenwachstum in den einzelnen Mitgliedstaaten wie auch die Zinspolitik zu koordinieren. Mit dem Finanz- und Wirtschaftsrat wird der nicht unproblematische Vorschlag gemacht, neben den existierenden Finanz- und Wirtschaftsministerräten der EG ein weiteres Gremium zu schaffen, dem nicht alle Mitgliedstaaten angehören. Andererseits jedoch ist es den Mitgliedstaaten, die willens und bereit sind, den Weg zu einer Europäischen Währungsunion zu gehen, nicht zuzumuten, auf Dauer durch andere Mitgliedstaaten daran gehindert zu werden.

Der Bericht nennt für die Schaffung einer europäischen Währung ein klares Datum: 1.1.1995. Von diesem Zeitpunkt an soll der Ecu gesetzliches Zahlungsmittel in den Ländern der Europäischen Gemeinschaft sein. Eine Europäische Zentralbank wird die Banknoten herausgeben, während das Münzregal, also das Recht, Hartgeld zu emitieren, bei den Mitgliedsländern verbleibt, ähnlich wie es im Deutschen Reich zwischen 1871 und 1918 der Fall war. Zentrales Organ für die europäische Währung ist also eine Zentralbank, beruhend auf föderativer Grundlage. Ihre Aufgabe ist es, Preisstabilität, Wachstum und Beschäftigung sicherzustellen. Auffallend ist, daß in dem Entwurf eines Statutes der Europäischen Zentralbank, der dem Beschluß als Anhang beigefügt worden ist, als Aufgabe der Europäischen Zentralbank nur die Regelung des Geldumlaufes und der Kreditversorgung der Wirtschaft genannt wird (Art. 6). Von einer Sicherung der Beschäftigung als einer der Säulen der Wirtschaft, so wie es noch im Beschlußteil erwähnt wird, ist hier nicht mehr die Rede.

Darüber hinaus werden der Zentralbank die klassischen Funktionen einer Notenbank zugewiesen (Art. 7), nämlich die Geldschöpfung und -vernichtung unter Wahrung der Geldstabilität. Mit notwendiger Deutlichkeit wird in dieser Vorschrift klargestellt, daß die Europäische Zentralbank in ihren geldpolitischen

Entscheidungen von Weisungen des Ministerrates, des europäischen Finanz- und Wirtschaftsministerrates, der Kommission der EG und des Europäischen Parlamentes unabhängig ist.

Knapp sind die Aussagen über die Kreditgewährung durch die Europäische Zentralbank an die öffentlichen Haushalte, insbesondere zur Finanzierung von Haushaltsdefiziten. In Ziff. 22 heißt es lediglich, daß die Kreditgewährung „an alle öffentlichen Haushalte der Mitgliedsländer der Währungsunion einschließlich der Gemeinschaftshaushalte ... nur zu konjunkturpolitischen Zwecken erfolgen" darf und dementsprechend eng zu begrenzen ist. Offen bleibt, was unter „konjunkturpolitischen Zwecken" zu verstehen ist und welcher Maßstab für „enge Begrenzung" angelegt werden muß. Gerade aber hier geht es um eine Schlüsselfrage für die Stabilisierung der europäischen Währung. Die Notenpresse darf kein Finanzierungsinstrument für Defizite in den öffentlichen Haushalten sein. Kredite müssen daher sehr viel präziser abgegrenzt werden, wenn eine Schwächung der europäischen Währung auf diese Weise verhindert werden soll.

Zur Struktur der Europäischen Zentralbank wird in Art. 2 des Statutenentwurfs gesagt, daß die Europäische Zentralbank auf dem föderativen Prinzip basiert und „auf den gewachsenen und bewährten Strukturen der nationalen Notenbanken" aufbaut. Wie dies in der Praxis aussehen soll bei den voneinander doch sehr unterschiedlichen Strukturen der nationalen Notenbanken, bleibt unklar. Eine einheitliche Währung und damit eine einheitliche Notenbankpolitik wird die Strukturen der nationalen Notenbanken ebenfalls verändern und wohl vereinheitlichen müssen, denn die Hauptaufgabe der nationalen Notenbanken wird in Zukunft im Vollzug der vom Europabankrat gefaßten Beschlüsse liegen (Art. 2, Abs. 2).

Sehr stark lehnt sich der Bericht Franz im Beschlußteil und auch im Entwurf eines Statuts für die Europäische Zentralbank an die Organstruktur der Deutschen Bundesbank an. Der Europabankrat und das Direktorium sind die beiden Führungsorgane der Europäischen Zentralbank. Sie entsprechen weitgehend dem Bundesbankrat und dem Direktorium der Bundesbank. Bei der föderativen Struktur der europäischen Währungseinheit liegt dies nahe. Ob allerdings ein soweit gehendes Teilnahmerecht an den

Sitzungen des Europabankrats, wie es in Art. 7, Abs. 4 des Statutentwurf festgelegt worden ist, sinnvoll ist, scheint fraglich. Danach haben die Präsidenten der Kommission der EG, des Ministerrates und des Europäischen Parlaments das Recht, an den Beratungen teilzunehmen. Sie können Anträge stellen, und sie können verlangen, daß die Beschlußfassung um zwei Wochen ausgesetzt wird. Das Europäische Parlament sollte die politisch-parlamentarische Kontrollinstanz sein und daher nicht mit einem Antrags- und Vertagungsrecht an den Sitzungen des Europabankrats teilnehmen können. Auch scheint es übertrieben, vorzusehen, daß dem Parlament dreimal jährlich (Art. 7, Abs. 5) ein Rechenschaftsbericht vorzulegen ist. Ein einmaliger, jährlicher Rechenschaftsbericht an das Parlament scheint bei der Fülle der Aufgaben des Europäischen Parlaments ausreichend. Darüber hinaus wäre aber denkbar, daß der Europabankrat dem zuständigen Ausschuß des Europäischen Parlaments jederzeit mündlich und schriftlich auskunftspflichtig wäre.

Der Bericht schlägt eine gemeinsame Währung mit der Bezeichnung Ecu vor, die allerdings nicht mit der gegenwärtigen Korbwährung identisch ist, da deren Grundlage nämlich das Bestehen und Fortbestehen der nationalen Währungen wäre. Vorgeschlagen wird, daß neben dem Ecu bis zum 31.12.1997, also für drei Jahre, die Nationalwährungen als gesetzliche Zahlungsmittel in den einzelnen Mitgliedstaaten bleiben. Dies erscheint nicht problemlos. Entweder haben die nationalen Währungen zu diesem Zeitpunkt einen festen, unveränderbaren Wechselkurs; dann ist eine autonome Währungspolitik nicht mehr denkbar, die eine Anpassungsmöglichkeit der Kurse und der Zinsen voraussetzt oder aber die Wechselkurse schwanken wie bisher oder verringert im Rahmen des EWS, dann würde eine Parallelität nur Unruhe schaffen. Der Ecu wäre dann die zwölfte gemeinsame Währung. Alle Preise müßten in den Mitgliedstaaten in zwei Währungen festgesetzt werden, wobei der Kurs zwischen dem Ecu und der jeweiligen nationalen Währung dann auch noch täglichen Schwankungen unterworfen wäre. Empfehlenswert ist, die nationalen Währungen gleichzeitig durch den Ecu zu ersetzen. Natürlich muß man Imponderabilien wie die Gefühlsbindungen an die eigene Währung beachten. Aber vor einer solchen Umstellung wird es eine längere Vorbereitungsphase und damit eine längere Einstimmung der Bürger auf diese Umstellung geben müssen. Für viele Länder bedeutet die Einführung des Ecu anstelle der nationalen Währung auch den Ersatz einer weichen durch eine neue harte Währung und damit einen erkennbaren Vorteil für die Bürger.

Grundsätzlich berührt der Bericht mit dieser Frage einen sehr schwierigen Punkt der europäischen Währungspolitik. Der Verlust der eigenen gewohnten Währung begegnet sicherlich erheblichen psychologischen Vorbehalten.

Obwohl eine einheitliche Währung auch zu den Symbolen der fortschreitenden europäischen Integration zählt, werden die Bürger bis 1993 in vielfacher Weise durch die Entwicklung des Binnenmarktes zur Bewußtseinsanpassung gezwungen werden. Der Prozeß dieser Binnenmarktentwicklung wird aber nicht 1993 abgeschlossen sein, auch wenn bis dahin die wesentlichen Voraussetzungen geschaffen sind. Trotz der erheblich aufgestockten Entwicklungsfonds der Europäischen Gemeinschaft wird der Unterschied der Wirtschaftsstrukturen und der Wirtschaftskräfte in den Mitgliedstaaten noch groß sein. Es wird sehr viel mehr Zeit notwendig sein, um diesen Unterschied allmählich abzubauen. In der Bundesrepublik steht neben den Entwicklungsfonds hierfür das Instrument des horizontalen Finanzausgleichs der Steuerkraft zur Verfügung. Trotzdem ist bis heute die Anpassung der Wirtschaftskraft der Bundesländer und der einzelnen Regionen nicht voll erreicht worden.

Der sicherlich langwierige Prozeß der Anpassung der Währungspolitik, der Wirtschafts- und Stabilitätspolitiken und damit der Entwicklung des Binnenmarktes könnte erleichtert werden, wenn das Instrument der Wechselkurskorrekturen zwischen den noch fortbestehenden nationalen Währungen für eine längere Zeit als nur bis zum 31.12.1994 zur Verfügung stünde. Die Schaffung einer einheitlichen Währung und damit die Schaffung einer einheitlichen Währungs-, Wirtschafts- und Stabilitätspolitik in nur fünf Jahren dürfte ganz erhebliche Probleme hervorrufen, und es ist zweifelhaft, ob diese Frist ausreicht, um dieses Ziel zu erreichen.

Diese Schwierigkeiten versucht der Delors-Bericht aufzunehmen, zu analysieren und Schlußfolgerungen daraus zu ziehen.

2. Bericht zur Wirtschafts- und Währungsunion der Europäischen Gemeinschaft

Zur Vorgeschichte

Schon in einem frühen Stadium der Entwicklung des gemeinsamen Marktes beschäftigten sich die Organe der Europäischen Gemeinschaft mit der Währungsfrage. Im Werner-Bericht von 1970 wurden bereits konkrete Vorschläge für die Errichtung einer Wirtschafts- und Währungsunion gemacht. Dieser Bericht war die Grundlage für einen Stufenplan des Ministerrates, der im März 1971 beschlossen wurde und das Ziel hatte, in zehn Jahren eine Wirtschafts- und Währungsunion zu errichten.

1972 wurde die Währungs-Schlange geschaffen, durch die die Wechselkurse der beteiligten Währungen enger aneinander gebunden wurden und nur gemeinsam im Rahmen eines bestimmten Korridors gegenüber anderen Währungen, insbesondere gegenüber dem Dollar, schwankten. Ein Jahr später, 1973, wurde der europäische Fonds zur währungspolitischen Zusammenarbeit (EFWZ) errichtet. Wiederum ein Jahr später, 1974, beschloß der Ministerrat Schritte zur Erreichung eines hohen Grades an Konvergenz in der EG und verabschiedete eine Richtlinie über Stabilität, Wachstum und Vollbeschäftigung. Dieser erste Versuch, eine Währungs- und Wirtschaftsunion in der EG zu schaffen, scheiterte vor allem an der Energiepreisexplosion Anfang der siebziger Jahre mit all ihren Auswirkungen auch auf die Währungspolitik. Er scheiterte aber auch an den sehr unterschiedlichen Vorstellungen der EG-Mitgliedstaaten über die wirtschaftspolitischen Ziele und über die Rolle der Währungspolitik im Rahmen der Gesamtwirtschaft.

Nicht vergessen sollte man auch, daß Europa schon lange vor Schaffung der Europäischen Gemeinschaft einmal sehr eng währungsmäßig miteinander verbunden war, und zwar zur Zeit der Europäischen Zahlungsunion von 1947—1957. Damals gab es feste Wechselkurse, einen Zahlungsbilanzausgleich durch Gold oder US-Dollar und ein gemeinsames Floaten der beteiligten Währungen gegenüber dem Dollar. Jedes beteiligte Land hatte allerdings das Recht, seine Währung gegenüber dem Dollar und damit auch automatisch gegenüber allen anderen Währungen auf- oder abzuwerten. Getragen wurde dieses System durch die dominierende Rolle des Dollars, basierend auf dem Bretton Woods-System, d.h. auf der jederzeitigen Möglichkeit, Dollar-Guthaben in Gold umzutauschen.

Diese europäische Zahlungsunion endete mit dem Inkrafttreten der Römischen Verträge. Seinerzeit glaubte der Wirtschaftsminister der Bundesrepublik, Ludwig Erhard, daß ein freier Kapitalverkehr ohne eine Ausgleichszentrale und Ausgleichspflicht sinnvoller sei. Das Ergebnis dieser Politik war eine Renationalisierung der Währungspolitik und auch eine Renationalisierung der Kapitalmarktpolitik mit der Folge, daß im Laufe der Jahre die D-Mark sich zu einer der Weltreservewährungen entwickelte und zum Bindeglied der EG-Währungen wurde.

Die Wirtschaftsbasis der D-Mark aber ist bis heute allein das Wirtschaftsgebiet der Bundesrepublik Deutschland. Auf Dauer ist diese Grundlage aber zu schwach für eine wachsende Rolle der D-Mark als Weltreservewährung neben dem US-Dollar und dem japanischen Yen.

Das Europäische Währungssystem EWS wurde 1978 durch Beschluß des Europäischen Rates in Bremen geschaffen. Es versuchte neue Wege zu gehen. Ziel blieb aber eine europäische Währungsunion, die in mehreren Etappen erreicht werden sollte. Geschaffen wurde damals die europäische Währungseinheit (Ecu), die genutzt werden sollte als Rechengröße, als Ausgleichsgröße für Währungssalden, als Bezugsgröße für diese Wechselkursanpassungen und als Reservemedium. Die beteiligten Währungen wurden eng aneinander gebunden und konnten nur im Rahmen eines schmalen Korridors gegeneinander schwanken. Wechselkursveränderungen konnten nur gemeinsam beschlossen werden, wenn Interventionen nicht mehr ausreichten, den Wechselkurs wieder zu stabilisieren. Neben dieser offiziellen Nutzung entwickelte sich ein privater Ecu als Anleihewährung und Recheneinheit. Eine große Bedeutung hat der offizielle Ecu ebensowenig gewinnen können wie der private. Nicht der Ecu, sondern die D-Mark wurde immer stärker als Interventionswährung genutzt. Das Volumen der privaten Ecu-Einlagen von Nicht-Banken hat bis heute 7,5 Milliarden erreicht. Verglichen damit beträgt die Summe der D-Mark-Einlagen von Nicht-Banken 900 Milliarden.

Der Ecu hat sich in seiner ersten Entwicklungsphase als erfolgreiches Instrument sowohl im Hinblick auf die Verringerung der Inflationsraten als aber auch im Hinblick auf eine zunehmende Konvergenz der beteiligten Mitgliedstaaten entwickelt. Die Wechselkurse blieben stabiler als vor 1978 in der sogenannten Schlange. Die Inflationsrate sank im Jahresdurchschnitt von 12% auf 3%. Dies spricht im übrigen auch gegen die Befürchtung, daß die Entwicklung einer gemeinsamen EG-Währung zum Anwachsen der Inflationsrate in der Bundesrepublik führen würde. Man kann eher das Gegenteil erwarten. Wenn nämlich schon die erste Stufe des EWS dieses Ergebnis erreichen konnte, so dürfte ein weiterer, noch engerer Währungsverbund bei entsprechender Politik erst recht zu einer noch stärkeren Reduzierung der durchschnittlichen Inflationsraten in den EG-Mitgliedstaaten führen. Die Zwänge des EWS halfen auch, Begehrlichkeiten abzuwehren und die Stabilitätspolitik durchzusetzen und zu verstärken. Insbesondere die Bundesbank als Trägerin der D-Mark-Politik konnte einen hohen Stabilitätsstandard durchsetzen, wegen der Leistungsbilanzstärke der Bundesrepublik und wegen des internationalen Gewichts der D-Mark. Die Bundesbank selbst hat lange Zeit gebraucht, um diese eigene Rolle zu erkennen. Am Anfang war sie gegenüber der Gründung und der Entwicklung des EWS sehr skeptisch, ja kritisch eingestellt. Die Sorge der Bundesbank bezog sich vor allem auf die Gefahr einer importierten Inflation und damit auf den Verlust der eigenen Fähigkeit, die Geldmenge zu steuern. Tatsächlich konnte die Bundesbank durch ihre Politik die Inflationsraten senken, wenngleich natürlich auch andere Faktoren inflationshemmend wirkten wie der Rückgang der Energie- und Rohstoffpreise. Heute kann man sagen, daß die Bundesrepublik nicht Inflation importiert, sondern Stabilität exportiert hat. Widerlegt ist auch die These, daß eine währungspolitische Zusammenarbeit und die Schaffung wirtschaftspolitischer Institutionen parallel verlaufen müssen, ja daß eine währungspolitische Zusammenarbeit im Grunde nur die Krönung der wirtschaftspolitischen Integration darstellen kann. Die Kritik an dieser Politik der Bundesbank und damit an ihrer dominierenden Rolle im EWS wurde vor allem in Frankreich formuliert. Man warf der Bundesbank vor, daß ihre

Politik sich gegen stärkeres Wachstum und gegen den Abbau der Arbeitslosigkeit ausgewirkt habe. Seit 1978 betrug das durchschnittliche Wachstum in der EG jährlich 2% und war in der Tat viel geringer als das Wachstum in den USA und Japan. Allerdings hat die Bundesbank in den letzten Jahren ihre starre, nur auf die Stabilität gerichtete Politik gelockert und dadurch die konjunkturelle Entwicklung gefördert. Dennoch drängt Frankreich stärker auf eine Weiterentwicklung des EWS.

Nicht zu Unrecht weist Hankel auf die Inflationsangst in der Bundesrepublik als wesentliche Ursache für die verstärkt auf die Stabilität der Währung orientierte Politik der Bundesbank hin. Die Bundesrepublik ist heute ein Land mit einem hohen Geldvermögen, was die Inflationsangst eher fördert. Die geringen Inflationsraten in der Bundesrepublik, verbunden mit den im Rahmen des EWS gebundenen Wechselkursen, hat sich, wie Hankel mit Recht unterstreicht, praktisch als verdeckte Entwicklungshilfe der Bundesrepublik erwiesen. Dies kommt vor allem auch darin zum Ausdruck, daß sich die veränderte Kaufkraft der einzelnen Währungen nicht in entsprechend veränderten Wechselkursen niedergeschlagen hat.

Die D-Mark ist heute unbestritten die Leitwährung des EWS. Sie ist, wie einst im Bretton Woods-System Dollar und Gold, der Anker der europäischen Währung geworden. Eine Koordinierung der Geldpolitik findet nicht statt. Die Bundesbank, also die D-Mark, gibt den Kurs an, und die anderen passen sich durch Verteidigung ihres Wechselkurses dieser Entwicklung an. Dies hat insbesondere für Frankreich Probleme verursacht. Das ständige Außenhandelsdefizit würde eigentlich eine Wechselkursanpassung erfordern, aber Frankreich zieht den Weg der Verteidigung des Franc-Kurses durch höhere Leitzinsen gegenüber den D-Markzinsen vor. Nur der Fortbestand einer gewissen Devisenkontrolle sicherte Frankreich und auch Italien eine begrenzte Autonomie ihrer Währungspolitik. Diese Devisenkontrolle ist aber 1990 mit der vollen Liberalisierung fortgefallen. Daher ist es durchaus verständlich, daß die französischen Bemühungen zunehmen, mehr Einfluß auf die europäische, sprich die D-Markpolitik, zu gewinnen. Abgesehen davon wird auch die Entwicklung des Binnenmarktes auf Dauer nicht zulassen, daß die euro-

päische Geldpolitik allein von der Zentralbank eines Mitgliedslandes gestaltet wird. Die Vorschläge, insbesondere der Franzosen, nämlich einen deutsch-französischen Finanz- und Wirtschaftsrat und einen Gouverneursrat der Notenbanken zu schaffen, deuten in die Richtung stärkerer Mitgestaltung.

Die Einheitliche Akte

Die im Juni 1987 inkraftgetretene Einheitliche Akte revidierte
zum ersten Mal den Vertrag von Rom, aber zum Thema einer
europäischen Währung bietet sie relativ wenige hilfreiche Änderungen. Der neugeschaffene Art. 102a EWGV verzichtet auf jede Definition des politischen Ziels „die europäische Währung",
im Gegenteil − durch diese Vorschrift wird die nationale Komponente für die notwendigen Entscheidungen verstärkt, indem
nicht nur Einstimmigkeit gefordert wird, sondern Fortschritte
auf dem Weg zur europäischen Währung nur durch einen Vertrag erreicht werden können, dem alle nationalen Regierungen
und Parlamente zugestimmt haben.
Der Ministerrat hat zuletzt in seiner Entschließung auf der
Grundlage des Werner-Berichtes im Jahr 1971 definiert, daß ein
einheitlicher Währungsraum − damals der sechs Mitgliedstaaten
− angestrebt wird, der folgende Kriterien erfüllt: Irreversible
Konvertibilität der Währungen; fixierte Wechselkurse und ein
gemeinsames Zentralbanksystem.
Neue Anstöße, dieses Ziel zu verwirklichen, kamen wiederum
von französischer Seite, und zwar vom französischen Finanzminister Balladur. Der deutsche Außenminister Genscher schloß sich
mit einem eigenen Memorandum unterstützend an.
Eher restriktiv ist das Memorandum des damaligen Bundesfi-
nanzministers Stoltenberg. Ihm erscheint die weitere Liberalisierung des Kapitalverkehrs und die Stärkung der Konvergenz der
Wirtschafts- und Währungspolitiken vorrangiges Ziel. Auch hält
er den Beitritt Großbritanniens zum EWS sowie einheitliche
Wechselkursbandbreiten, d.h. die inzwischen erfolgte Reduzierung der Sonderregelung für Italien, für eine Voraussetzung für
ein weiteres Streben nach einer Währungsunion. Vergeblich
sucht man in diesem Memorandum jedoch ein klares Bekenntnis
zum Ziel einer gemeinsamen europäischen Währung.

Der Europäische Rat in Hannover im Juni 1988 beauftragte eine Kommission unter Leitung des Kommissionspräsidenten Delors, konkrete Vorschläge zur Verwirklichung der Währungsunion auszuarbeiten. Diese Kommission hat ihren Bericht dem Europäischen Rat in Madrid im Juni 1989 vorgelegt.

Der Bericht der Delors-Kommission

In diesem Bericht wird sehr eindeutig festgestellt und begründet, daß der einheitliche Binnenmarkt den Spielraum für nationale Wirtschaftspolitiken reduzieren wird „und die grenzübergreifenden Auswirkungen von Entwicklungen vergrößern" wird, „die ihren Ursprung in den einzelnen Mitgliedstaaten haben". Noch immer sind die Unterschiede zwischen den einzelnen Mitgliedsländern beträchtlich. Wenn der Binnenmarkt gelingen soll, so ist selbst im Rahmen der gegenwärtigen Wechselkursregelungen eine intensivere und wirksamere wirtschaftspolitische Koordinierung notwendig, und zwar nicht nur im monetären Bereich sondern auch in allen anderen Bereichen nationaler Wirtschaftspolitik. Schon bisher standen die Mitgliedstaaten unter dem alternativen Zwang, entweder ihre makroökonomische Politik aneinander anzupassen oder aber die Wechselkurse ständig zu verändern. Nur eine in Einzelfällen fortbestehende Kapitalverkehrskontrolle milderte diesen Druck bisher. Das aber wird sich mit der für 1990 beschlossenen völligen Liberalisierung des Kapitalverkehrs ändern.

Die Delors-Kommission definiert die angestrebte Währungsunion als einen Währungsraum, „in dem in Hinblick auf gemeinsame makroökonomische Ziele die Politiken gemeinsam gestaltet werden ... und folgende drei Bedingungen erfüllt sein" müssen:
- „Uneingeschränkte irreversible Konvertibilität der Währungen
- Vollständige Liberalisierung des Kapitalverkehrs und volle Integration der Banken und sonstigen Finanzmärkte;
- Beseitigung der Bandbreiten und unwiderrufliche Fixierung der Wechselkursparitäten."

Die meisten dieser Bedingungen sind oder werden mit dem Binnenmarkt erfüllt sein. Der entscheidende Schritt für eine Währungsunion wäre aber die unwiderrufliche Fixierung der Wechselkurse zwischen den nationalen Währungen, was letztlich dann eine einheitliche Währung bedeutet. Dies aber setzt eine gemeinsame Geldpolitik voraus und einen hohen Grad von gemeinsamer Wirtschaftspolitik sowie Übereinstimmung insbesondere auch im fiskalischen Bereich. Eine Währungsunion erfordert daher gemeinsame Entscheidungsinstanzen, die die einheitliche Geldpolitik bestimmen. Eine Koordinierung reicht hierfür nicht mehr aus. Notwendig und von der Delors-Kommission vorgeschlagen wird daher ein europäisches Zentralbanksystem, dessen Aufgabe es ist, für Preisstabilität zu sorgen, die Wirtschaftspolitik zu unterstützen, eine Geldpolitik zu erarbeiten und umzusetzen, die Wechselkurse zu steuern, die Währungsreserven zu verwalten und für ein ordnungsgemäß funktionierendes Zahlungssystem Sorge zu tragen. Darüber hinaus hat sich das Zentralbanksystem an der Koordinierung der Bankenaufsichtspolitik zu beteiligen.

Eine besondere Bedeutung ist der Aussage beizumessen, daß der Zentralbankrat „von Weisungen der nationalen Regierungen und Gemeinschaftsorganen unabhängig sein" soll. Er muß Rechenschaft geben in Form eines Jahresberichts an das Europäische Parlament und an den Europäischen Rat. Daneben soll der Präsident des Zentralbanksystems jederzeit diesen Institutionen und ihren Ausschüssen Auskunft geben. Diese Aussage erscheint von besonderer Bedeutung, denn die meisten Notenbanken der Mitgliedstaaten sind nicht von Weisungen der nationalen Regierungen unabhängig, im Gegenteil — die meisten Notenbanken unterliegen der Weisung des jeweiligen Finanzministers. So kann in Belgien der Finanzminister gegen Transaktionen der Bank sein Veto einlegen. In Frankreich hat der Finanzminister das letzte Wort bei Entscheidungen der Banque de France. Sehr eingegrenzt ist auch der Handlungsspielraum der Bank von England. Sie ist in ihren Entscheidungen an die Zustimmung des Schatzkanzlers gebunden. Auch in Italien ist der Schatzminister Kontrollinstanz der Banca d'Italia. Unabhängig sind die Nationalbanken Dänemarks, Irlands, der Niederlande und der Bundesrepublik, wobei man berücksichtigen muß, daß die sehr weitgehende Autonomie der Bundesbank durch das Bundesbankgesetz zur Zeit des Bretton Woods-Systems, also der gebundenen

Wechselkurse festgelegt worden ist. Mit der Freigabe der Wechselkurse nach dem Ende des Bretton Woods-Systems 1973 erhielt die Bundesbank Möglichkeiten, die der Gesetzgeber nicht vorhersehen konnte. Feste Wechselkurse im Rahmen des EWS würden hier wieder einschränkend wirken.

Aus der Begründung zu §3 des Bundesbankgesetzes ergibt sich im übrigen, daß die Aufgabe der Bundesbank nicht allein und isoliert die Sicherung der Währung war und ist, sondern daß sie dabei auch die Interessen der Vollbeschäftigung und der Außenwirtschaft zu beachten hat. Dies sollte man beachten, wenn man das von der Delors-Kommission vorgesehene Zentralbanksystem mit dem der Deutschen Bundesbank vergleicht.

Sehr deutlich arbeitet der Bericht dann heraus, daß die Währungs- und Wirtschaftspolitik in der Entwicklung des Binnenmarktes nicht voneinander getrennt werden können. Ziel einer koordinierten Wirtschaftspolitik ist es, Wachstum, Beschäftigung und außenwirtschaftliches Gleichgewicht „in einem Umfeld stabiler Preise und wirtschaftlichen Zusammenhalts zu fördern". Als Element einer solchen Koordinierung würde die Festlegung eines mittelfristigen Rahmens für die nationalen Haushaltspolitiken hinzukommen. Mittelfristig müßten bindende Regeln für die Haushaltspolitik entwickelt werden. Dazu gehören „wirksame Obergrenzen für die Haushaltsdefizite der Mitgliedsländer, Ausschluß des Zugangs zu direkten Zentralbankkrediten und anderen Formen monetärer Finanzierung; Begrenzung der Kreditaufnahme in außergemeinschaftlichen Währungen". Auch hier weicht der Vorschlag weitgehend ab von der bisherigen Praxis in den meisten Mitgliedstaaten. In Belgien, Frankreich, Italien und Portugal müssen die jeweiligen Notenbanken die Defizite der Staatshaushalte durch Notenbankkredite oder aber durch die Verpflichtung, Schuldscheine der Regierung aufzukaufen, finanzieren. In Dänemark, Griechenland, den Niederlanden und Spanien ist diese Verpflichtung der Notenbanken begrenzt durch einen Prozentsatz des Haushaltsvolumens oder, im Falle der Niederlande, durch eine Gesamtsumme. In der Delors-Kommission hat sich die strenge, restriktive Praxis der Bundesrepublik und des Vereinigten Königreichs durchgesetzt. Beide Länder kennen keine Defizitfinanzierung durch die jeweiligen Notenbanken.

Dies ist gewiß eine wichtige Entscheidung zugunsten der Stabilität einer zukünftigen europäischen Währung.

Die rechtliche Grundlage für die Europäische Währungsunion

Während der Bericht des Europäischen Parlamentes sich darauf beschränkt, für die Europäische Zentralbank ein Statut vorzuschlagen, macht der Bericht der Delors-Kommission deutlich, daß die Römischen Verträge in der Fassung der Einheitlichen Akte nicht ausreichen, um eine Wirtschafts- und Währungsunion zu verwirklichen. Wirtschafts- und währungspolitische Kompetenzen die hierfür nötig sind, sind bisher der Europäischen Gemeinschaft nicht übertragen worden. Das EWS stützt sich weitgehend auf Vereinbarungen zwischen den Regierungen und den beteiligten Zentralbanken. Ohne eine neue vertragliche Grundlage sind Schritte in Richtung auf die Entwicklung und Vollendung einer Wirtschafts- und Währungsunion nicht möglich. Daher schlägt die Kommission einen Vertrag zur Schaffung einer Wirtschafts- und Währungsunion vor. Sie läßt aber offen, ob dieser Vertrag neben die drei Gründungsverträge, den Vertrag zur Gründung der Europäischen Gemeinschaft für Kohle und Stahl, den Vertrag zur Gründung der Europäischen Atomgemeinschaft und den Vertrag zur Gründung der Europäischen Wirtschaftsgemeinschaft als vierter Vertrag treten soll, oder ob er analog zur Einheitlichen Akte eine weitere Änderung der bestehenden Römischen Verträge auf der Grundlage des Art. 236 EWGV zum Inhalt haben soll. Der entscheidende Unterschied zwischen diesen beiden Wegen ist, das ein Änderungsvertrag gemäß Art. 236 EWGV von allen zwölf Regierungen und Parlamenten gebilligt werden muß. Ein Vertrag, der neben die drei Gründungsverträge als vierter Gründungsvertrag treten würde, könnte auch von weniger als zwölf Mitgliedstaaten geschlossen werden, wenn nicht alle Mitgliedstaaten, gegenwärtig jedenfalls, bereit wären, eine solche Wirtschafts- und Währungsunion zu entwickeln. Inhalt eines solchen Vertrages muß sein die Abgrenzung der auf die Gemeinschaft übergehenden hoheitlichen Rechte, die Wahrnehmung dieser Rechte durch die Organe der Gemeinschaft, die Schaffung des Europäischen Zentralbanksystems als neues Organ der Gemeinschaft und das materielle Recht der Europäischen Währungsunion, wenn die Mitgliedstaaten dieses analog zu den Römischen Verträgen ebenfalls im Gründungsvertrag regeln wollen. Auch müßte ein angemessenes Konsultationsverfahren in diesem Vertrag geregelt werden, um eine wirksame Koordinierung zwischen den nationalen Haushaltspolitiken und der gemeinsamen Geldpolitik zu ermöglichen. Die Kommission regt an, hierzu vorzusehen, daß die Präsidenten des Ministerrates und der Kommission das Recht bekommen sollen, an den Sitzungen des Europäischen Zentralbankrates teilzunehmen ohne Stimmrecht und ohne das Recht, Entscheidungen blockieren zu können. Diese Anregung der Kommission geht also nicht soweit wie der Bericht des Europäischen Parlamentes, der zusätzlich auch dem Präsidenten des Parlamentes ein Teilnahmerecht zubilligen will und den Präsidenten die Möglichkeit, Anträge zu stellen und Entscheidungen vertagen zu lassen, einräumen will.

Die Etappen der Verwirklichung der Wirtschafts- und Währungsunion

Das Ziel einer vertraglich geregelten Wirtschafts- und Währungsunion soll nach dem Kommissionsbericht in drei Phasen erreicht werden. Anders als in dem Parlamentsbericht von Otmar Franz wird im Kommissionsbericht darauf verzichtet, für die einzelnen Phasen Fristen zu setzen, da die jeweils nächste Phase erst beginnen kann, wenn die Bedingungen der vorausgehenden Phase erfüllt sind. Allerdings schlägt der Bericht vor, die erste Phase gleichzeitig mit Beginn der vollständigen Liberalisierung des Kapitalverkehrs, also am 1.7.1990, einzuleiten.

Wie im Franz-Bericht wird auch von der Delors-Kommission vorgeschlagen, die Einflüsse der Mitgliedstaaten auf die Gestaltung der einzelnen Mechanismen vom Grad ihrer Beteiligung abhängig zu machen, d.h., auch im Delors-Bericht wird deutlich, daß die Entwicklung der Währungsunion nicht zwingend von Anfang an Angelegenheit aller zwölf Mitgliedstaaten und ihrer Regierungen sein muß.

Analog zum Bericht des Europäischen Parlamentes wird vorgeschlagen, den Ecu aus der Korb-Währung zur allgemeinen Währung zu entwickeln. Allerdings lehnt die Kommission die Idee ab, den Ecu für einige Zeit parallel zu den nationalen Währungen als gesetzliches Zahlungsmittel zu nutzen, und zwar mit ähnlichen Argumenten, wie sie oben bereits dargelegt worden sind.

Das Hauptziel der *ersten Phase* ist die zunehmende Anpassung der wirtschaftspolitischen Konvergenz als wesentliche Voraussetzung für eine gemeinsame Währung. Im wirtschaftlichen Bereich müssen zusammen mit der Vollendung des Binnenmarktes die vorhandenen Disparitäten vermindert werden, d.h. die hohen Staatshaushalte der Mitgliedstaaten müssen konsolidiert werden, in Belgien, Irland und Italien. Die nach wie vor geringe Konvergenz der Haushaltspolitiken und das starke Ungleichgewicht der Leistungsbilanzen, hier vor allem der ständige und noch wachsende Überschuß der Bundesrepublik im Handel mit anderen EG-Staaten, ist ein großes Hindernis auf dem Wege zur Entwicklung der Europäischen Wirtschafts- und Währungsunion. Zwar hat die Mitgliedschaft im EWS zu einem heilsamen Zwang gegen Inflation und Abwertungstendenzen als Instrument einer expansiven Wirtschaftspolitik geführt, aber die Ergebnisse reichen nicht aus, um die Entwicklung einer Wirtschafts- und Währungsunion problemlos voranzubringen.

Diese für die erste Phase festgelegten Zielsetzungen sind weitgehend ein Forderungsprogramm, begleitet von einer gewissen Institutionalisierung. Zuständig soll der Rat der Wirtschafts- und Finanzminister sein. Vorgeschlagen wird außerdem, daß der Vorsitzende des Ausschusses der Zentralbankpräsidenten an diesen Sitzungen teilnimmt, um dadurch den notwendigen Informationsaustausch zu gewährleisten. Konkret sollen in dieser Phase Konsultationen auf Gemeinschaftsebene stattfinden und Empfehlungen ausgesprochen werden, die zu den notwendigen Korrekturen der nationalen Politiken führen können. Es soll ein neues Verfahren zur haushaltspolitischen Koordinierung eingeführt werden, durch das quantitative Leitlinien und Orientierungsdaten entwickelt werden. Im geldpolitischen Bereich soll in dieser ersten Phase eine intensive währungspolitische Zusammenarbeit und Koordinierung angestrebt werden. Dabei soll erwogen werden, den Zentralbanken mehr Autonomie zu gewähren.

Der Ausschuß der Zentralbankpräsidenten soll nach diesen Vorschlägen schon in der ersten Phase wesentlich mehr Aufgaben als bisher übertragen bekommen. Unter anderem soll er Stellungnahmen zur Geld- und Wechselkurspolitik abgeben, Maßnahmen der einzelnen Länder auf diesem Gebiet bewerten, nationale geldpolitische Entscheidungen und die Festlegung nationaler Geld- und Kreditmengenziele begutachten. Damit bekommt er das Recht, interne und externe monetäre Situationen der Gemeinschaft und insbesondere das Funktionieren des EWS zu beeinflußen. Er hat dem Europäischen Parlament und dem Europäischen Rat jährlich zu berichten. Zur Verstärkung seiner Koordinierungsaufgaben wird angeregt, daß der Ausschuß Unterausschüsse einsetzt, und zwar einen Ausschuß für Geldpolitik, einen Ausschuß für Devisenpolitik und einen beratenden Ausschuß für regelmäßige Konsultationen im Bereich der Bankenaufsicht.

Kloten weist zurecht darauf hin, daß der Ausschuß auf diese Weise eine starke Position schon in dieser ersten Phase erhalten wird, denn, so sagt Kloten: „Keine Notenbank wird sich seinem Votum entziehen können, auch dort nicht, wo nationale Regierungen Einfluß auf ihre Notenbanken haben".

In dieser ersten Phase wird also empfehlend und richtungsweisend auf die nationalen Wirtschafts- und Währungspolitiken eingewirkt. Der Erfolg hängt weitgehend davon ab, inwieweit die Mitgliedstaaten diesen Empfehlungen folgen und ihre Politiken koordinieren. Der Bericht läßt immer wieder die Sorge vor der nationalen Abweichung von den notwendigen Zwängen einer EG-Konvergenzpolitik erkennen. Zu Recht weist Hankel darauf hin, daß Stabilitätspolitik allein nicht genügt, kein Wert an sich sei, sondern daß Beschäftigungs- und Konjunkturpolitik gleichrangige Schwestern sein müßten. Nur so sei die Basis für eine EG-Währungspolitik denkbar. Eine strikte Konvergenz schafft Bedingungen für eine Europäische Währungsunion auch ohne Europas Zentralbanksystem. Dieser gewiß richtigen Schlußfolgerung muß man aber entgegenhalten, daß nicht Konvergenz das alleinige Ziel dieser Bemühungen ist, sondern daß am Ende eine gemeinsame europäische Währung auch als ein Symbol der sich weiterentwickelnden europäischen Integration stehen soll, und daß eine solche gemeinsame Währung ein Zentralbanksystem erfordert.

Die *Phase Zwei* institutionalisiert die Koordinierung der Wirtschafts- und Währungspolitik. Sie setzt eine abgeschlossene erste Phase voraus und erfordert eine vertragliche Regelung der Wirtschafts- und Währungsunion. Mit der Übertragung der entsprechenden hoheitlichen Rechte der Mitgliedstaaten auf die Europäische Gemeinschaft würden die bestehenden Organe, das Europäische Parlament, der Ministerrat, und die Kommission, entsprechende zusätzliche Befugnisse erhalten. Hingewiesen werden muß aber auch an dieser Stelle auf die schon erwähnte Möglichkeit, daß nicht alle zwölf Mitgliedstaaten sich voll an der Entwicklung der ersten Phase beteiligen und auch nicht bereit sind, sich der Übertragung hoheitlicher Rechte an die Europäische Gemeinschaft zu unterziehen. In diesem Fall wird die Gemeinschaft zu entscheiden haben, ob sie auf eine Währungsunion verzichten will oder ob nur ein Teil der Mitgliedstaaten diese Währungsunion untereinander gründet, so wie 1951 nur einige Mitglieder des Europarates die Montan-Union gegründet haben. Denkbar ist hier ein stufenweises Vorgehen, dergestalt, daß zuerst nur die Länder sich zu einem engeren Verbund zusammenschließen, die sich auf die entsprechenden Voraussetzungen einigen können. In diesem Fall müßten die Phasen zwei und drei neu überdacht werden, da die Organe der bestehenden Gemeinschaft Organe der zwölf Mitgliedstaaten sind.

Aufgabe der EG-Organe im Rahmen der Phase zwei wäre durch mit Mehrheit verabschiedete Leitlinien den mittelfristigen Rahmen für ein stetiges wirtschaftliches Wachstum zu schaffen, sodann präzise, jedoch noch nicht verbindliche Regeln für den Umfang und die Finanzierung der jährlichen Defizite der Staatshaushalte festzulegen und die Gemeinschaft in die Lage zu versetzen, in den Gremien zur internationalen Koordinierung bei der Erörterung wirtschafts- und wechselkurspolitischer Fragen als Einheit aufzutreten.

Entscheidend ist in dieser Frage aber die Gründung des Europäischen Zentralbanksystems, das an die Stelle des EFWZ und des Ausschusses der Zentralbankpräsidenten treten würde. Seine Aufgabe in dieser Phase ist es, den Übergang von der Koordinierung unabhängiger nationaler Geldpolitiken in die Erarbeitung und Umsetzung einer für die Endphase vorgesehenen gemeinsamen Geldpolitik einzuleiten. Damit würde das Europäische Zentralbanksystem die Verantwortung für die Sicherung des Geldwertes, der Beschäftigung und des Handelsgleichgewichts schrittweise übernehmen. Kloten sieht hier nicht zu Unrecht einen gewissen Widerspruch, da in dieser zweiten Phase die letzte Entscheidung nach wie vor auf nationaler Ebene getroffen wird. Hier können Konflikte entstehen. Sinnvoll wäre es sicher, dem Europäischen Zentralbanksystem in dieser Phase das Recht zuzuerkennen, Empfehlungen auszusprechen, um auch die stabile Ankerfunktion der D-Mark als Grundlage für die Wirtschaft der EG in dieser Phase nicht zu schwächen oder zu gefährden, solange es eben noch keinen gleichwertigen Ersatz durch eine gleichwertige Gemeinschaftswährung gibt.

Phase drei bringt dann die Vollendung der Währungsunion. Der Kapitalmarkt ist völlig liberalisiert und die Währungen sind durch nicht mehr veränderbare Kurse fest miteinander verbunden. Eine solche völlige Liberalisierung des Kapitalmarktes bei gleichzeitig festen Wechselkursen ist mit dem Fortbestand währungspolitischer Eigenständigkeit der Mitgliedstaaten nicht mehr zu vereinbaren. Spätestens in dieser Phase gehen damit die entsprechenden hoheitlichen Rechte voll auf die Europäische Gemeinschaft über. Mit der Festsetzung unveränderlicher Paritäten zwischen den Einzelwährungen würde die Zuständigkeit für die Erarbeitung und Umsetzung der Geldpolitik der Gemeinschaft auf das Zentralbanksystem übergehen. Entscheidungen über Devisenmarktinterventionen in Drittwährungen würden unter alleiniger Verantwortung des Zentralbanksystemrates erfolgen. Die amtlichen Währungsreserven würden beim Zentralbanksystem zusammengelegt und von ihm verwaltet. Den Abschluß dieser Entwicklung bildet dann die Ersetzung der nationalen Währungen durch eine einheitliche Gemeinschaftswährung.

Im wirtschaftspolitischen Bereich wäre die dritte Phase dadurch geprägt, daß jetzt das Europäische Parlament und der Ministerrat befugt sind, bindende Entscheidungen über Vorgaben für die nationalen Haushalte zu treffen, die finanziellen Mittel der Gemeinschaft zu verändern, um die strukturpolitischen Transfers an die Mitgliedstaaten zu ergänzen oder auch den gesamtpolitischen Kurs in der Gemeinschaft zu beeinflussen und die vorhandenen Strukturpolitiken der Gemeinschaft an Auflagen zu knüpfen, die die Mitgliedstaaten zu stärkeren Anpassungsbemühungen veranlassen müssen.

3. Abschließende Bemerkung

Zusammenfassend kann man sagen, der Komissionsbericht und der Franz-Bericht steuern klar und konsequent das Ziel einer gemeinsamen europäischen Währung und Wirtschaftspolitik an. Beide Berichte sehen hierin eine unverzichtbare Ergänzung und Weiterentwicklung des Binnenmarktes, aber auch für die EG-Bürger sowohl ein Symbol der europäischen Einigung als auch eine wertbeständige stabile Währung, die es bisher nicht in allen Mitgliedstaaten gegeben hat. Der Delors-Bericht sucht dieses Ziel in mehreren Phasen zu erreichen und arbeitet dabei die Interdependenz der einzelnen Phasen deutlich heraus. Stellenweise ist es eher auch mehr ein Diskussions- als ein Programmpapier. Dies ist notwendig, denn die gegenwärtigen Währungsstrukturen und Politiken in den Mitgliedstaaten sind teilweise sehr differenziert, so daß der Einigungsprozeß flexibel sein muß, wenn er Erfolg haben will. Der Franz-Bericht hingegen sieht als Ziel die europäische Währung und steuert sie politisch konsequent an, ohne sehr viel Raum für flexible Anpassungsphasen und Alternativen zu belassen. So zu handeln ist die Aufgabe eines Parlamentes. Das von ihm vorgegebene Ziel zu erreichen und dabei pragmatisch zu denken und flexibel zu handeln ist hingegen Aufgabe der Exekutive. Beide Berichte ergänzen sich so gesehen und sind ein ermutigendes Signal dafür, daß in der Europäischen Gemeinschaft das Parlament und die Kommission sich im Ziel einig sind. Das ist eine gute Basis für die weitere Entwicklung und rechfertigt einen optimistischen Blick in die Zukunft der Europäischen Gemeinschaft.

Europäische Währung und Europäische Zentralbank aus kanadischer Sicht

Wendy Dobson

Die europäische Währungsintegration ist nach meiner Ansicht durch unsere Erfahrungen in Kanada mitgestaltet worden. In einer Welt, in der Wechselkursstabilität zeitweise eher die Ausnahme als die Regel war, hat uns das Funktionieren des Europäischen Währungssystems (EWS) besonders interessiert. Viele Kanadier waren zu Beginn dieses kühnen Experiments sehr skeptisch. Einige meinten, daß dieses System dem Druck der verschiedenen wirtschaftlichen Strukturen, Entwicklungen und politischen Ziele in den Teilnehmerländern nicht standhalten würde. Die vergangenen elf Jahre haben die Beständigkeit des Systems bewiesen und alle Skeptiker eines Besseren belehrt. Wir können jetzt eine noch engere Integration der Finanzmärkte und der geldpolitischen Zusammenarbeit in Europa erwarten. Die Entwicklung einer einheitlichen Europäischen Währung ist in den Bereich des Möglichen gelangt.

Wie beurteilen wir Kanadier die weitere Entwicklung? Das Prinzip des Internationalen Währungsfonds, nach dem jedes Land sein Wechselkurssystem selbst bestimmen kann, solange keine diskriminierenden Maßnahmen ergriffen werden, wird von uns voll unterstützt. Die aus dem EWS resultierende erhöhte Währungsdisziplin, die verbesserte Stabilität im Handelsbereich und das gesteigerte Vertrauen in den Wert und die Beständigkeit nationaler Währungen wird von uns anerkannt. Unser einziges Bedenken betrifft die Gefahr, daß Länder, die Zahlungsbilanzprobleme bekommen oder unter Arbeitslosigkeit zu leiden haben, statt den Wechselkurs zu ändern, andere außenwirtschaftliche Maßnahmen ergreifen, um diese Probleme zu lösen. Wenn ihnen der Weg über Wechselkursänderungen versperrt ist, könnten sie

---

Wendy Dobson, stellvertretende Finanzministerin von Kanada

den Marktzugang oder den Wettbewerb auf ihren Märkten beschränken. Eine Anwendung dieser Instrumente zur Korrektur kurzfristiger Ungleichgewichte kann langanhaltende Schäden verursachen. Wir haben in den achtziger Jahren erlebt, wie schädlich der Protektionismus sein kann und wir in Kanada haben uns bisher erfolgreich den zahlreichen gefährlichen Vorschlägen widersetzen können, den Wettbewerb auf unseren Inlandsmärkten durch Einfuhrbeschränkungen zu regulieren.

Die Gefahr protektionistischer Experimente ist der einzige Grund, warum wir über ein eng zusammenrückendes Europa besorgt sein könnten. Wir fänden es bedauerlich, wenn der Integrationsprozeß unbeabsichtigt zu einer mehr nach innen orientierten Politik führen würde, die die Länder außerhalb Europas vernachlässigt. Solange die Vorteile eines größeren und besseren Europa sich auch in der internationalen Handelsszene und in der Weltwirtschaft niederschlagen, unterstützen wir die weitere europäische Integration.

Viele der kanadischen Banken, die heute schon in Europa tätig sind, warten gespannt auf den Europäischen Binnenmarkt 1992. Ich sehe keinen Grund, warum sie von dem damit verbundenen Liberalisierungsprozeß, einschließlich der einheitlichen Zulassung, nicht profitieren sollten. Unsicherheiten sind allerdings durch die allgemeine Forderung nach Reziprozität entstanden, bei der unklar ist, wie sie konkret aussehen soll. Wir haben mit Befriedigung die Erklärung der Europäischen Kommission zur Kenntnis genommen, daß es nicht darum geht, den bislang schon in den EG-Mitgliedstaaten tätigen Tochtergesellschaften kanadischer Banken ihre derzeitigen Rechte zu entziehen. Es wäre aber sehr hilfreich, wenn eindeutig erklärt würde, daß auch Nichtmitglieder der EG aus dem angestrebten Liberalisierungs- und Integrationsprozeß Nutzen ziehen könnten.

Kanada wird deshalb die weitere Entwicklung einer Wirtschafts- und Währungsunion mit großem Interesse verfolgen.

Im April 1989 wurde vom Europäischen Parlament der Franz-Bericht zur europäischen Währungsintegration verabschiedet und von der Delors-Gruppe der Bericht zur Wirtschafts- und Währungsunion veröffentlicht. Wie werden diese beiden Berichte in Kanada gesehen?

Kanada hat stärker als die meisten anderen Staaten auf einen flexiblen Wechselkurs Wert gelegt. Kanada hat diese Politik verfolgt, um Zahlungsbilanzproblemen durch entsprechende Änderungen des realen Wechselkurses begegnen zu können, die wirksam nur durch eine Änderung der nominalen Wechselkurse zu erreichen sind. Die Zahlungsbilanzschwierigkeiten sind eine Folge der traditionellen, aber nicht stabilen hohen Kapitalnachfrage Kanadas im Ausland. Hinzu kommt, daß Terms-of-Trade-Veränderungen aufgrund der Wirtschaftsstruktur Kanadas den Devisenmarkt erheblich belasten.

Diese Faktoren gibt es auch in den europäischen Volkswirtschaften – in unterschiedlicher Ausprägung. Im Allgemeinen gibt es in den Ländern der Europäischen Gemeinschaft geringere Anpassungsprobleme der Zahlungsbilanz als in Kanada. Ich finde es aber interessant und zugleich unverständlich, daß in beiden Berichten zur europäischen Wirtschafts- und Währungsunion die genannten Faktoren nicht als eine Ursache für Devisenmarktprobleme erwähnt werden. In Kanada stehen sie im Vordergrund aller Überlegungen.

Es ist kein Betriebsunfall, daß Kanadas Kapitalmarkt seit langem zu den freiesten Kapitalmärkten der Welt gehört. Dies ist eine Folge des notwendigen Rückgriffs auf ausländisches Kapital, um unser Land zu entwickeln. Diese Offenheit hat uns jedoch immer wieder große Probleme gebracht, wenn sich die Geldpolitik, Investitionsmöglichkeiten und die Vorstellungen der Investoren geändert haben. Kurzfristig haben wir diese Probleme zum Teil durch Wechselkursänderungen und zum Teil durch die Veränderung der inländischen Zinssätze gelöst, wobei wir uns im klaren waren, daß bei anhaltenden Problemen fundamentale Änderungen in der Wirtschafts- und Geldpolitik notwendig werden.

Der Delorsbericht und der Franz-Bericht betonen zu Recht, daß bei einem sich schließenden Wechselkursventil die völlige Freiheit des Kapitalverkehrs und eng verbundene Finanzmärkte eine intensive und wirkungsvolle Koordinierungspolitik innerhalb der Gemeinschaft erfordern. Die dafür notwendigen institutionellen Voraussetzungen müssen teilweise noch geschaffen werden – und darauf verwenden beide Berichte große Aufmerksamkeit.

Bei der Entwicklung des institutionellen Rahmens sollte meiner Ansicht nach sorgfältig darauf geachtet werden, daß nicht unnötig Maßnahmen ergriffen werden, die langfristige negative Auswirkungen auf andere Teile der Welt haben. Welche institutionellen Mechanismen auch immer schließlich eingeführt werden, wir Kanadier, außerhalb Europas angesiedelt, legen Wert darauf, daß die Märkte offenbleiben, damit der Wohlstand weltweit erhöht werden kann. Vor allem der Delors-Bericht erwähnt diesen internationalen Aspekt und ich halte dies für sehr erfreulich.

III. STELLUNGNAHMEN ZUR EUROPÄISCHEN ZENTRALBANK AUS WIRTSCHAFT UND WISSENSCHAFT

Auf dem Weg zur Europäischen Währungsunion: Der „Franz-Bericht"

Wolfgang Filc

Nach meinem Eindruck gibt der Bericht einen sehr klaren Überblick zum gegenwärtigen Stand der europäischen Währungsintegration. Zudem werden in der gebotenen Kürze Wege aufgezeigt, um dem Ziel der Währungsunion näherzukommen. Deshalb kann ich mich auf einige wenige Anmerkungen zu diesem Bericht beschränken.

In Abschnitt 3 wird auf die Notwendigkeit gelegentlicher Leitkursanpassungen im Wechselkurssystem des EWS verwiesen sowie darauf, daß unverrückbare Leitkurse einen einheitlichen Währungsraum kennzeichnen. Zudem wird in Abschnitt 8 völlig zu Recht angemerkt, daß die endgültige Festschreibung der Wechselkurse, also der Übergang zur Währungsunion voraussetzt, daß Unterschiede der wirtschaftlichen Entwicklung zwischen Mitgliedstaaten nicht größer sind als zwischen Regionen nationaler Währungsräume heute.

Es hat den Anschein, als würde die Währungspolitik in den Mitgliedstaaten des EWS so tun, als wäre bereits jetzt die Zeit gekommen, zu unverrückbaren Wechselkursen überzugehen. Seit zwei Jahren sind die Leitkurse im EWS unverändert. Fraglos ist es, daß sich hierin einmal die gewachsene Konvergenz der Wirtschaftspolitik der EWS-Länder widerspiegelt, vor allem die Konvergenz der Geldpolitik und ihre Ausrichtung auf das Ziel der Preisniveaustabilität. Das ist eine begrüßenswerte Fortentwicklung. Aber durch diesen Widerstand gegen die seit einiger Zeit erforderlichen Leitkursanpassungen hat sich eine reale Überbewertung von Währungen jener Länder, die immer noch vergleichsweise hohe Preissteigerungsraten aufweisen, vor allem also Dänemark, Italien und Frankreich, gegenüber den preisstabi-

---

Prof. Dr. Wolfgang Filc, Universität Trier

len EWS-Ländern herausgebildet, vor allem also gegenüber der Bundesrepublik Deutschland. Die seit Januar 1987 vollzogene reale Abwertung der D-Mark im EWS läßt sich mit realwirtschaftlichen Eckdaten gewiß nicht begründen. Eine Folge der Änderung realer Bewertungen von Währungen der EWS-Länder gegeneinander war es, daß sich seit Mitte 1985 der Ausfuhrüberschuß der Bundesrepublik in den EG-Raum kräftig ausgeweitet hat. Diese Exporterfolge hatten eingesetzt, nachdem Mitte der achtziger Jahre der Abstand zwischen Leitkursanpassungen im EWS vergrößert wurde. Dieses Hinauszögern notwendiger Leitkursanpassungen im EWS subventioniert den deutschen Warenexport, es begünstigt das Wirtschaftswachstum und den Beschäftigungsgrad in der Bundesrepublik Deutschland zu Lasten von Partnerländern im EWS, vor allem zu Lasten Frankreichs.

Um das seit dem letzten EWS-Realignment von Januar 1987 aufgelaufene Preissteigerungsgefälle zwischen der Bundesrepublik und Frankreich auszugleichen, wäre eine Aufwertung der D-Mark gegenüber dem französischen Franc um rd. 5% erforderlich. Da ferner absehbar ist, daß wegen des stärkeren Wachstums der Produktivität in der Bundesrepublik Deutschland und eines wohl auch künftig höhern Maßes an Preisstabilität bei einer Leitkursanpassung in der genannten Größenordnung der Ausgleich der vollzogenen realen Unterbewertung der D-Mark schrittweise wieder abgebaut wird, halte ich eine Aufwertung der D-Mark gegenüber dem französischen Franc, gegenüber der dänischen Krone und gegenüber der italienischen Lira in einer Größenordnung von 8% für nötig. Um eines noch einmal zu verdeutlichen: Hierbei handelt es sich nicht um die Notwendigkeit einer Abwertung des französischen Franc oder anderer europäischer Währungen, sondern um die erforderliche Korrektur einer realen Unterbewertung der D-Mark.

Ich darf daran erinnern, daß die positiven Erfahrungen mit dem EWS auf dem Konsens basierten, daß die Teilnehmerländer am Festkursverbund nicht versuchten, binnenwirtschaftliche Probleme durch reale Unter- bzw. Überbewertungen ihrer Währungen zu lösen. Gegenwärtig scheint dieser Konsens nicht mehr zu bestehn. Das ist eine schlechte Sache, die auf längere Sicht gesehen weitere Integrationsfortschritte auf dem Weg zum europäischen Binnenmarkt behindern muß, aber auch die Integration im Währungsbereich der EG-Länder.

Ich begrüße es sehr, daß in Absatz 13 des Berichts angeregt wird, die Rolle des Ausschusses der Präsidenten der Zentralbanken der EG für die Übergangszeit bis zur Gründung einer europäischen Zentralbank zu stärken. Das könnte z.b. dadurch geschehen, daß der Ausschuß Zinsempfehlungen an die Zentralbanken gibt, die zu überwachen sind. Diese Zinsempfehlungen könnten sich an dem Gefälle der Preissteigerungsraten zwischen den EG-Ländern orientieren. Dadurch könnte sichergestellt werden, daß nach völliger Liberalisierung des Kapitalverkehrs ab Mitte 1990 Zinsdifferenzen zwischen den Ländern EG weitgehend dem internationalen Preissteigerungsgefälle entsprechen. Und dieses Preissteigerungsgefälle sollte auf dem Weg zur Währungsunion von Fall zu Fall mit entsprechenden Leitkursanpassungen im EWS kompensiert werden.

Wenn Zinsdifferenzen zwischen Ländern mit sehr ähnlicher Wirtschaftsstruktur und ähnlichem Konjunkturverlauf weitgehend dem internationalen Preissteigerungsgefälle folgen, das zu entsprechenden Leitkursanpassungen führt, so ist es für Kapitalanleger gleichgültig, ob sie liquide Mittel in einem Land mit höheren oder mit niedrigeren Zinsen anlegen. Denn in diesem Fall ist im Durchschnitt die tatsächliche Ertragsrate nicht höher, als wenn statt dessen Mittel in einem Land mit niedrigeren Zinsen aber geringerer Preissteigerungsrate angelegt würden. Dadurch würden sich die Voraussetzungen verbessern, daß Kapitalströme sich vor allem an realwirtschaftlichen Notwendigkeiten der Länder orientieren.

Nur folgerichtig ist es, im Vorfeld der Schaffung der Währungsunion den Ausschuß der Präsidenten der Zentralbanken der EG zu ersetzen durch den Europäischen Gouverneursrat, wie das in Abschnitt 14 vorgeschlagen wird. Die diesem Gorverneursrat obliegenden Aufgaben werden in Abschnitt 17 eher summarisch genannt. Neben den dort genannten Kompetenzen sollte die Koordinierung der Bankenaufsicht im EG-Raum nicht vernachlässigt werden. Zudem sollte der Gouverneursrat monatlich Bericht erstatten über die wirtschaftliche Lage, und nach Abschluß eines jeden Jahres sollte ein Bericht über Geld- und Kreditpolitik der Gemeinschaft vom Gouverneursrat verabschiedet werden. Hierbei sind auch die Währungsbeziehungen gegenüber anderen Währungsräumen anzusprechen. Zudem sind alle erforderlichen Maßnahmen zu kennzeichnen, um der Realisierung der Währungsunion näherzukommen.

Ich halte es für nützlich, daß in Abschnitt 23 ausgeführt wird, daß die europäische Zentralbank dem Stabilitätsziel verpflichtet sein sollte, nicht jedoch allein dem Ziel der Sicherung der Geldwertstabilität. Ziel der Wirtschafts- und Währungsunion kann es nur sein, den Wohlstand der Menschen in den EG-Ländern zu fördern. So steht es im Werner-Plan. Ich sehe keine Grund, hieran etwas zu ändern. Neben der Geldwertstabilität zählt sicher zu einem Wohlstandsziel auch die Sicherung eines hohen Beschäftigungsstandes und eines als angemessen erachteten Wirtschaftswachstums. Es ist eine verkürzte Sichtweise, annehmen zu wollen, daß geldpolitische Maßnahmen ausschließlich Auswirkungen haben auf die allgemeine Preisentwicklung, nicht jedoch auf realwirtschaftliche Größen. Die Erfahrungen der zurückliegenden Jahre belegen dies eindringlich. Insbesondere das in allen westlichen Industrieländern seit 1988 überraschend hohe Wirtschaftswachstum ist in erster Linie auf die problemadäquate Reaktion der Zentralbanken der großen Industrieländer auf den Börsenschock 1987 zurückzuführen. Zu realwirtschaftlichen Effekten der Geldpolitik gibt es inzwischen auch theoretisch gewachsene Einsichten. Die Geldpolitik wirkt auf güterwirtschaftliche Größen, also auch auf die Höhe des Realeinkommens, das Wirtschaftswachstum und den Beschäftigungsgrad.

Wichtig ist auch, daß in Abschnitt 23 bestimmt wird, daß die Kreditgewährung der europäischen Zentralbank an öffentliche Haushalte eng zu begrenzen ist. Diese Begrenzung soll ausschließen, daß grenzenlose Staatskredite zur Inflationsquelle werden können. Andererseits kann das nicht bedeuten, daß eine jede Mittelbereitstellung der Zentralbank an öffentliche Haushalte von vornherein ausgeschaltet wird, wie dies gegenwärtig vor allem der Auffassung der Deutschen Bundesbank entspricht. Notwendig für die Ausdehnung der Bankbilanzen im wirtschaftlichen Wachstum ist nun einmal die Bereitstellung von Zentralbankgeld. Und hierbei gibt es allein drei Quellen:

- Zentralbankgeld kann einmal geschaffen werden durch Beleihen privater Schuldtitel, wofür dann Private Zinsen an die Zentralbank zu zahlen haben
- Zentralbankgeld kann zweitens im Zuge von Devisenkäufen, in einer Währungsunion also durch Dollarkäufe der europäischen Zentralbank, entstehen
- und schließlich kann drittens Zentralbankgeld auch durch Verausgabung von Mitteln in den Kreislauf gelangen, die öffentlichen Händen von der europäischen Zentralbank bereitgestellt werden. In diesem Fall, also bei der Kreditgewährung an den öffentlichen Sektor, erhalten Private das von ihnen pflichtweise zu haltende Zentralbankgeld zinslos bereitgestellt.

Es ist nicht einsichtig, warum sich eine europäische Zentralbank eine dieser drei Quellen für die Zentralbankgeldversorgung von vornherein ohne Not dadurch verschütten sollte, daß die öffentliche Komponente der Zentralbankgeldversorgung ausgeschaltet wird. Wird dies verhindert, so kann die europäische Zentralbank in verschiedenen Phasen der wirtschaftlichen Entwicklung entscheiden, ob Zentralbankgeld entweder durch Transaktionen mit Privaten oder aber mit öffentlichen Haushalten bereitgestellt wird. Das kann z.B. durch Offenmarktgeschäfte geschehen, wie das seit eh und je in Japan, in den USA und in Großbritannien praktiziert wird, aber auch durch eine direkte Vergabe von Krediten der Zentralbank an öffentliche Haushalte.

Für die gesamtwirtschaftliche Entwicklung und für die Wahrung der Geldwertstabilität ist es weniger wichtig, auf welchem der drei genannten Wege Zentralbankgeld in den Kreislauf gelangt, sondern es muß darauf geachtet werden, die Menge des Zentralbankgeldes stabilitätsgerecht zu begrenzen. Und hierbei gibt es wahrlich keinen Grund, annehmen zu wollen, daß künftiges Ecu-Zentralbankgeld, das in einer Währungsunion durch eine Mittelbereitstellung der europäischen Zentralbank an öffentliche Haushalte entsteht, inflationsträchtiger sei als Ecu-Zentralbankgeld, das eine Gegenposition im Erwerb privater Schuldtitel oder von Dollars durch die europäische Zentralbank hat.

In Abschnitt 24 wird deshalb m.E. zu Recht bemerkt, daß der europäischen Zentralbank alle zur Erfüllung ihrer Aufgaben notwendigen Instrumente zur Verfügung stehen müssen. Dazu sollten allein marktwirtschaftliche Instrumente verwendet werden, nicht also marktwidrige Maßnahmen, z.B. die Kreditplafondierung. Zu marktwirtschaftlichen Instrumenten rechnen alle zinspolitischen Möglichkeiten der Beeinflussung der wirtschaftlichen Entwicklung, aber eben auch die drei genannten Quellen der Zentralbankgeldversorgung, also das Devisengeschäft, das Beleihen privater Schuldtitel und die Bereitstellung von Zentralbankgeld durch Transaktionen mit öffentlichen Haushalten.

3. Anmerkungen zum Statut der europäischen Zentralbank

Ich halte die Vorgehensweise, die sich in diesem Entwurf für ein Statut der europäischen Zentralbank darstellt, für nützlich, beim gegenwärtigen Stand der Diskussion auf instrumentelle Details für die Währungs- und Geldpolitik der künftigen europäischen Zentralbank weitgehend zu verzichten.

Zudem halte ich es für sinnvoll, Elemente bewährter Notenbankgesetzgebungen zu übernehmen, wie dies hier geschieht. Im wesentlichen scheint sich das Statut der europäischen Zentralbank anzulehnen an entsprechende Bestimmungen im Bundesbankgesetz.

Auch stimme ich mit Herrn Jozzo überein, daß zwar die Unabhängigkeit der europäischen Zentralbank von der politischen Exekutive gewahrt bleiben muß, so von Finanzministern, dies aber nicht auch bedeuten sollte, daß die europäische Zentralbank nur sich selbst gegenüber verantwortlich sein sollte, vergleichsweise mit der Deutschen Bundesbank heute. Ich halte es für eine gute Idee, wenn die künftige europäische Zentralbank einem Ausschuß des Europäischen Parlaments berichterstattungspflichtig wäre.

Wie bereits in dem Bericht zur Entwicklung der europäischen Währungsintegration, so erscheint auch hier in Artikel 7, daß die europäische Zentralbank dem Stabilitätsziel verpflichtet ist. Noch einmal ist anzumerken, daß Stabilität nicht allein mit Geldwertstabilität gleichgesetzt werden darf. Die realwirtschaftlichen Wirkungen der Geldpolitik, die sich in den letzten Jahren deutlich gezeigt haben, dürfen nicht vernachlässigt werden.

Eine Anmerkung ist notwendig zum Artikel 13, der Aussagen trifft über die währungspolitischen Befugnisse der europäischen Zentralbank:

– Ungeregelt bleibt, was mit den bisherigen Währungsreserven der nationalen Zentralbanken der EG-Länder beim Übergang zu einer Währungsunion geschehen soll. Sollen sie in vollem Umfang in die europäische Zentralbank eingebracht werden oder verbleiben sie bei den nationalen Zentralbanken, wobei dann die Zinserträge den jeweiligen Staatshaushalten zugeschrieben werden? Beide Regelungen sind im Grundsatz möglich. Der Idee der Währungsunion entspräche es jedoch eher, wenn die bisherigen Währungsreserven der nationalen Zentralbanken zusammengefaßt würden bei der europäischen Zentralbank. Auch bei einem föderativen Aufbau eines Zentralbanksystems gibt es keine dezentralisierten Währungsreserven, weder in der Bundesrepublik Deutschland noch in den USA.

Eine letzte Anmerkung: Immer wieder wird diskutiert, wie dezentralisiert oder zentralisiert die europäische Zentralbank sein sollte und welche Entscheidungsgremien von welchen Ländern zu besetzen sind. Abgezielt wird auf ein föderalistisches Prinzip der europäischen Zentralbank in der Währungsunion. Wie immer auch die Konstruktion der europäischen Zentralbank aussieht, ob sie sich eher orientiert an der Bank deutscher Länder, am Federal Reserve System der USA oder an der Deutschen Bundesbank, in einer Währungsunion kann es immer nur eine Geldpolitik aus einem Guß geben, die für alle Teilnehmerländer und alle Regionen der Währungsunion in gleichem Maße gilt. Denn bei vollständig freiem Kapitalverkehr und unwiderruflicher Festlegung der Wechselkurse ohne jene Schwankungsbreite kann es logischerweise eine irgendwie dezentralisierte Geldpolitik, die diesen Namen noch verdient, nicht geben. Die Geldpolitik sollte sich auf die gesamtwirtschaftliche Steuerung beschränken. Regional- und Strukturpolitik ist nicht ihre Sache. Diese Aufgabe hat ein europäischer Finanzausgleich, eine europäische Regional- und Strukturpolitik, zu übernehmen.

4. Möglichkeiten zur kurzfristigen Weiterentwicklung der geld- und währungspolitischen Zusammenarbeit in Europa

Ich habe große Sympathie für Überlegungen, Fortschritte bei der Vereinheitlichung der Wirtschaftspolitik und zur weitergehenden geldpolitischen Zusammenarbeit zwischen EWS-Ländern mit einer institutionellen Stärkung des EWS zu koppeln. Ich möchte hierzu einige Möglichkeiten nennen, ohne Anspruch auf Vollständigkeit erheben zu wollen:

1. Zusammenlegung der Swap-Vereinbarungen der EWS-Zentralbanken mit dem Federal Reserve System der USA beim EFWZ. Allerdings sollten diese Swap-Linien zunächst nur nach einstimmigem Beschluß der EWS-Länder aktiviert werden.

2. Schrittweise Übertragung von Interventionen am Dollarmarkt auf den EFWZ. Wenn die Bewertung der EWS-Währungen gegenüber dem Dollar in verstärktem Maße Gemeinschaftssache werden soll, so sollte auch daran gedacht werden, gemeinschaftlich gegenüber Kursentwicklungen am Dollarmarkt vorzugehen, die als eine Gefährdung der wirtschaftlichen Stabilität erachtet werden.

Dabei sollte der EFWZ zunächst allein die technische Abwicklung von Dollar-Interventionen übernehmen, während Entscheidungen über Umfang und Dauer von Interventionen wie gegenwärtig allein den nationalen Zentralbanken vorbehalten bleiben.

In einer zweiten Stufe sollte der EFWZ bei Kursanspannungen im EWS, die ihre Ursache in ungleichmäßiger Entwicklung des Dollarkurses gegenüber verschiedenen EWS-Währungen haben, nach Abstimmung mit nationalen Zentralbanken in EWS-Währungen intervenieren dürfen. Hierzu müßten dann auch nationale Währungen der EWS-Länder in den EFWZ eingebracht werden.

3. Nach Liberalisierung des Kapitalverkehrs wäre es für die Förderung des Ecu als künftiger gemeinschaftlicher Währung günstig, wenn schon bald öffentliche Haushalte auch auf nationaler Ebene stärker den Ecu als Finanzierungsinstrument nutzten. Die Gemeinschaftsländer sollten sich schon bald

darauf verständigen, einen bestimmten Prozentsatz der Nettokreditaufnahme der öffentlichen Zentralhaushalte durch Begebung von Ecu-Anleihen zu finanzieren.

4. Verengung der Bandbreiten für Wechselkurs-Schwankungen. Die entgegengesetzte Diskussion, nämlich der Vorschlag einiger Ökonomen und Politiker, nach der Liberalisierung des Kapitalverkehrs die Schwankungsbreite der Wechselkurse zu erhöhen, halte ich für integrationspolitisch töricht.

5. Der EFWZ könnte schon bald mit einem Grundbetrag von auf Ecu lautenden öffentlichen Schuldtiteln der EG-Länder ausgestattet werden. Diese Wertpapiere könnten dann später im Rahmen der Swap-Vereinbarungen mit der Fed gegen auf US-Dollar lautende Wertpapiere oder gegen Dollar-Einlagen getauscht werden. In bestimmten Phasen könnte das die Devisenmärkte stärker beruhigen, als das der Fall ist bei unmittelbaren Interventionen am Dollar-Devisenmarkt.

6. Schließlich könnte daran gedacht werden, den Ecu als Zahlungsmittel in der Gemeinschaft zu fördern. Der Ecu hat gegenüber anderen wertstabilen Währungen der Gemeinschaft Qualitätsnachteile, die dazu führen, daß er als Zahlungsmittel kaum Verwendung findet. Ein besonderer Nachteil des Ecu besteht darin, daß es gegenwärtig keine staatliche Hoheitsgewalt gibt, die volle und uneingeschränkte Annahme des Ecu garantiert. Insoweit steht er in einer äußerst ungünstigen Konkurrenzsituation zu gesetzlichen Zahlungsmitteln in den meisten EG-Mitgliedsländern. Diese Nachteile des Ecu könnten für die Übergangszeit bis zur Schaffung der Währungsunion durch ökonomische Anreize zumindest teilweise ausgeglichen werden. Würden z.B. in der Bundesrepublik Deutschland Ecu-Einlagen, die für Zahlungszwecke Verwendung finden (Sichteinlagen), mit einem geringeren Reservesatz belastet als auf DM lautende Sichteinlagen, und würden Geschäftsbanken verpflichtet, diesen Kostenvorteil durch Verzinsung von Ecu-Guthaben an ihre Kunden weiterzugeben, so erhielten Ecu-Halter eine Risikoprämie, die einen möglichen Wertverlust bei einer Aufwertung der D-Mark im EWS ausgleichen könnte. Eine Verzinsung von Ecu-Sichteinlagen in der Größenordnung von vielleicht 2–3% wäre hierfür durchaus ausreichend.

Anmerkungen zur Entschließung des Europäischen Parlaments über die Entwicklung der währungspolitischen Integration

Alfonso Jozzo

In der Entschließung des Europäischen Parlaments werden in einem Statutenentwurf die Organisation und Verwaltung der Bank geregelt und ihre währungspolitischen Befugnisse beschrieben. Mit den ihr im Statut übertragenen Kompetenzen kann die Europäische Zentralbank direkt oder über die nationalen Notenbanken auf die Geschäftsbanken in der Europäischen Gemeinschaft Einfluß nehmen.

Eine Frage stellt sich allerdings: Kann eine Europäische Zentralbank − wie in der Entschließung gefordert − vor der Bildung einer Europäischen Union geschaffen werden? Daß es möglich ist, dafür gibt es Beispiele. Das wichtigste ist die Notenbank in Deutschland nach dem Zweiten Weltkrieg. Die Bank deutscher Länder wurde im Juni 1948 gegründet, während die Bundesrepublik Deutschland erst ein Jahr später entstand!

Eine zweite wichtige Frage ist, wem gegenüber eine Institution mit derart bedeutenden Aufgaben verantwortlich ist. Die Antwort wird in der Entschließung gegeben: Das Organ, gegenüber dem diese Institution Rechenschaft ablegen muß, ist das Europäische Parlament. Es ist eine demokratische Institution, die in der Lage ist, die Tätigkeit der Europäischen Zentralbank zu beurteilen. In dem Entwurf für ein Statut wird festgelegt, daß die Präsidenten der Kommission der Europäischen Gemeinschaft, des Ministerrats und des Europäischen Parlaments an den Sitzungen des Europabankrates beratend teilnehmen können. In den USA und der Bundesrepublik Deutschland gibt es dieses Recht für den Präsidenten der Legislative nicht. Noch wichtiger für die Rolle des Parlaments als Kontrollorgan ist der umgekehr-

Prof. Alfonso Jozzo, Direktor des Istitudo Bancario San Paolo di Torino

238

te Vorgang: Mindestens dreimal im Jahr hat nach dem Entwurf für das Statut der Präsident der Europäischen Zentralbank dem Europäischen Parlament, d.h. dem Ausschuß für Wirtschaft, Währung und Industriepolitik, Rechenschaft über die Politik der Europäischen Zentralbank abzulegen, z.B. in einem Hearing. Auch ohne direkte Einflußmöglichkeit des Parlaments auf die Geschäfte der Bank wird so durch die öffentliche Diskussion der Währungspolitik weitgehend sichergestellt, daß die Europäische Zentralbank gegenüber den europäischen Bürgern verantwortlich handelt.

Zu der heftig diskutierten Frage der Autonomie einer Europäischen Zentralbank möchte ich folgendes bemerken: Wenn man untersucht, in welchen Fällen Zentralbanken autonom sind, wird man feststellen, daß sie immer in föderalen Staaten unabhängig sind. M.E. können Zentralbanken auch nur in föderalen Systemen autonom sein, da nur sie die Garantie geben, daß eine Notenbank unabhängig bleibt.

In Bundesstaaten garantieren Bundesregierung und Mitgliedstaaten in ihrem Interesse die Stellung der Zentralbank. Wenn beispielsweise die Deutsche Bundesbank Haushaltsdefizite des Bundes finanzieren müßte, könnte sich das Verhältnis der Bundes- und Landesausgaben verändern, ohne daß die Bundesländer eingreifen könnten. Sie haben deshalb ein Interesse an der Unabhängigkeit der Bundesbank. Die Europäische Zentralbank sollte deshalb eine „Europäische Bundesbank" sein, denn es geht nicht um die Abschaffung der nationalen Notenbanken, sondern um die Schaffung eines Systems, in dem die geldpolitischen Entscheidungen gemeinsam getroffen werden.

In dem Entwurf für ein Statut wird die Ausgabe von Ecu-Banknoten allein der Europäischen Zentralbank übertragen. Das Beispiel der Vereinigten Staaten zeigt, daß in einem föderalen System die Zentralbank die Kontrolle über die Geldmenge auch dann behalten kann, wenn sie die Ausgabe der Banknoten den ihr angeschlossenen nationalen Notenbanken überläßt.

Zum Schluß möchte ich auf zwei im Bericht erwähnte Daten eingehen. 1995 sollen die Wechselkurse zwischen den Gemeinschaftswährungen festgeschrieben und die Währungsunion vollendet werden. Nach einer Übergangszeit von drei Jahren, in der die nationalen Währungen gültiges Zahlungsmittel bleiben, soll es dann nur noch eine einheitliche Währung geben. M.E. muß es bereits 1992 bei der Schaffung des Binnenmarktes ein System geben, das starke Schwankunen der Kapitalbewegungen verhindert. Andernfalls würde der Übergang zur Währungsunion gefährdet. In diesem System müßten für 3 Jahre kleine Wechselkursänderungen möglich sein. Danach kann es dann feste Wechselkurse und schließlich eine einheitliche Europäische Währung geben.

Auf dem Weg zur Europäischen Währungsunion: Der „Delors-Bericht"

Norbert Kloten

Die Sachverständigengruppe, die vom Europäischen Rat Ende Juni 1988 in Hannover berufen wurde, um „konkrete Etappen zur Verwirklichung der Wirtschafts- und Währungsunion" vorzuschlagen, hat am 17. April 1989 ihren Bericht vorgelegt. Er ist sogleich auf breite Zustimmung und vergleichsweise wenige Vorbehalte gestoßen — abgesehen von der ausgesprochen kühlen Aufnahme im Vereinigten Königreich. Mit Genugtuung registrierte die deutsche Öffentlichkeit das klare Bekenntnis zu einem unabhängigen und auf das Ziel der Preisniveaustabilität verpflichteten Europäischen System der Zentralbanken (ESCB) als der herausragenden institutionellen Innovation des Berichtes. Hier wie bei der vorgesehenen Regelung der zugehörigen Organe (Direktorium als zentrales Überwachungsorgan und ESCB-Rat als oberstes Entscheidungsgremium, das sich aus den Mitgliedern des Direktoriums und den Präsidenten der nationalen Zentralbanken zusammensetzt) stand unverkennbar das Modell der Deutschen Bundesbank Pate, wenngleich für die neue europäische Währungsordnung eine ausgeprägt föderative Struktur mit rechtlich selbständigen nationalen Zentralbanken als operativen Einheiten der Geldpolitik vorgesehen ist. Mit Erleichterung zur Kenntnis genommen wurde auch, daß in dem Bericht die Wirtschafts- und die Währungsunion wie die Wege zu ihnen als Einheit gesehen werden: „Parallelitätsprinzip". Zwar gehörten „vorübergehende Abweichungen ... zum dynamischen Prozeß der Gemeinschaft", doch „vor dem Übergang von einer Phase zur nächsten müßte ... Parallelität herrschen". Da das integrationspolitische Procedere zudem in einen engen Zusammen-

Prof. Dr. Norbert Kloten, Präsident der Landeszentralbank in Baden-Württemberg

hang mit der Verwirklichung des europäischen Binnenmarktes bis 1992 gestellt wird und keine weiteren europäischen Institutionen gefordert werden, sehen viele auch ein anderes, von deutscher Seite immer wieder mit Nachdruck vertretenes, Desiderat erfüllt: ein angemessenes Vertrauen auf funktionelle Integration über die Marktkräfte und die dazu passende Konvergenz in der Wirtschaftspolitik („ökonomistische" Position) statt einer Dominanz „monetaristischer" Strategieelemente (institutionelle Bindungen als Motor für die Integration der Märkte und die Harmonisierung der Politiken). Vollziehen soll sich die Verwirklichung der Wirtschafts- wie der Währungsunion in drei Phasen: Die erste Phase hat sich an den Rahmen zu halten, den das geltende Recht setzt; die zweite und die dritte Phase gründen auf neuem Gemeinschaftsrecht. Respektiert wird damit die klärende Formel in Art. 102a EWG-Vertrag, der gemäß bei institutionellen Veränderungen Art. 236 EWG-Vertrag (Vorschrift der Ratifizierung durch die nationalen Parlamente) anzuwenden ist. Da jede Neufassung bzw. Ergänzung des EWG-Vertragswerkes mit ihren komplizierten und von Land zu Land verschiedenen Prodzeduren integrationspolitische Gefahren umschließt (es genügt, daß sich nur ein Mitgliedsland versagt), sollten sich die Regierungen bereits mit dem Eintritt in die erste Phase (spätestens am 1. Juli 1990) verpflichten, „Verhandlungen über einen neuen Vertrag aufzunehmen". Dieser Schachzug soll die Kontinuität des Integrationsprozesses über die erste Phase hinaus gewährleisten und zudem die Risiken mindern, die aus dem realistischen Verzicht resultieren können, eindeutige Termine für den Eintritt in die Phasen 2 und 3 vorzugeben. Anerkennung fand zudem, daß der „Parallelwährungs-Strategie" eine Absage erteilt wurde. Damit hat sich − gleichsam offiziell − die Einsicht durchgesetzt, daß die vom Ansatz her durchaus faszinierende Alternative einer „Währungsintegration durch den Markt" mit unabsehbaren Risiken für die Geldpolitik verbunden sein würde. Mit der Klarheit hier wie auch mit den wohltuend sachlichen Urteilen über das Europäische Währungssystem und die Rolle der D-Mark als Ankerwährung für Europa kontrastiert das Pro und Contra um die Einführung eines Europäischen Reservefonds.

Der Bericht, der unter dem Vorsitz von Jacques Delors von den zwölf EG-Notenbankgouverneuren, einem weiteren Mitglied der Kommission und drei Experten erarbeitet wurde, ist ohne Frage ein europapolitisches Dokument höchsten Ranges, das die integrationspolitische Willensbildung in Europa nachhaltig beeinflussen dürfte. Doch ist es keineswegs frei von Kompromissen, fast beliebig auslegbaren Formulierungen, Wiederholungen und Inkonsistenzen. In ihm werden Positionen vertreten, die ordnungs- wie prozeßpolitisch nicht zu überzeugen vermögen. Bei allem Respekt vor dem Erreichten sollte das Papier möglichst sorgfältig geprüft werden. Dabei geht es nicht nur um Präzisierungen in den Grundpositionen, sondern auch und vor allem um die Vorstellungen des Delors-Komitees zum konkreten Procedere, also die Inhalte der Übergangsphasen. Es gilt, durch ein sachliches Abwägen aller Aspekte alternativen Handelns, die Chancen einer Realisierung der Wirtschafts- und Währungsunion zu mehren und die damit verbundenen Risiken möglichst einzugrenzen.

Die integrationspolitische Problematik, die dem Delors-Bericht eigen ist, erwächst vornehmlich aus den konkreten Inhalten der an sich einleuchtenden Parallelitätsmaxime und den Vorkehrungen, mit denen ihr in den Übergangsphasen entsprochen werden soll. Der Bericht hält eine Parallelität zwischen wirtschafts- und währungspolitischem Handeln schon deshalb für geboten, weil „unvereinbare nationale Wirtschaftspolitiken ... den Geldpolitiken eine wachsende und unangemessene Last aufbürden" würden. Also bedürfe es einer „wechselseitig konsistenten makroökonomischen Politik", zumal wenn mit zunehmend festen Wechselkursen „ein wichtiger Indikator für wirtschaftspolitische Unvereinbarkeiten zwischen den EG-Ländern beseitigt" wird, denn das bedinge Anpassungsmechanismen anderer Art, nicht zuletzt vorbeugende Realtransfers in weniger entwickelte Regionen der Europäischen Gemeinschaft, um über gezielte Infrastrukturinvestitionen etc. deren Wirtschaftskraft zu stärken. Alles Handeln habe einem gemeinsamen Anliegen zu dienen: der Verwirklichung eines gesamtwirtschaftlichen Zielbündels, das Preisniveaustabilität, ausgewogenes Wachstum, konvergierende Lebensstandards, hohen Beschäftigungsstand und außenwirtschaftliches Gleichgewicht der Gemeinschaft umschließt. Dabei wird offenbar unterstellt, daß die diesem „magischen Fünfeck" inhärenten potentiellen Zielkonflikte nicht zum Tragen kommen werden, sofern nur programmgerecht agiert wird, wenn also neben einer aufeinander abgestimmten, gleichsam europäisierten, Geldpolitik auch die „nichtmonetären Wirtschaftspolitiken auf gemeinschaftlicher und nationaler Ebene" „kohärent" seien. Mit Nachdruck fordert der Bericht daher ein Mehr an gemeinsamer Wettbewerbspolitik, eine Intensivierung der Struktur- und Regionalpolitik − als Hebel für „eine neue Partnerschaft zwischen der Gemeinschaft und den Empfängergruppen" − und überhaupt effizientere Verfahren einer Politikkoordinierung. Vorgeschlagen werden eine multilaterale Überwachung der wirtschaftlichen Entwicklung anhand von Indikatoren und Leitlinien, Konsultationen auf Gemeinschaftsebene, Regeln über Umfang und Finanzierung nationaler Haushaltsdefizite, zunächst in Form von Empfehlungen, später als verbindliche Entscheidungen.

Plädiert wird für eine allseitige und im Ablauf der Übergangsphasen immer stringentere ex ante-Koordinierung der Wirtschafts- und der Währungspolitik. Das Zentrum der Politikintegration auf wirtschaftlichem Gebiet soll von Beginn an der Rat der Wirtschafts- und Finanzminister (ECOFIN) sein − legitimiert durch eine Revision des Beschlusses des Europäischen Rates von 1974 zur „Erreichung eines hohen Grades an Konvergenz der Wirtschaftspolitik". Die Koordinierung des geldpolitischen Handelns wäre Sache des Ausschusses der Zentralbankpräsidenten. Entsprechend soll sein Mandat − definiert vom Europäischen Rat im Jahre 1964 − durch einen erweiterten Katalog mit neuen Inhalten ersetzt werden. Der Ausschuß erhielte de facto eine Art Richtlinienkompetenz und Überwachungsfunktion. Bei geldpolitischen Entscheidungen, etwa vor der Verabschiedung von Geldmengenzielen, ist er vorab zu informieren. Ihm würde es obliegen, sich zu allen geld- und währungspolitischen Maßnahmen zu äußern, „die die interne und externe monetäre Situation der Gemeinschaft und insbesondere das Funktionieren des EWS beeinflussen könnten". Mehrheitsvoten sind möglich; sie sind aber nicht verbindlich. Auch hat der Ausschuß, in seiner Arbeit unterstützt von drei Unterausschüssen „mit einem permanenten Analysestab", dem Europäischen Parlament und dem Europäischen Rat jährlich einen Bericht vorzulegen.

Bei Lichte besehen erweist sich, daß das Delors-Komitee vornehmlich auf Formen einer ex ante-Koordination als treibende Kraft des Integrationsprozesses setzt, demgegenüber der Fähigkeit der Marktkräfte, Anpassungsprozesse auszulösen, mißtraut. Zwar könnte von ihnen „ein gewiß disziplinierender Einfluß" ausgehen, doch die Erfahrung zeigte, daß vom Markt „nicht immer kräftige und zwingende Signale" ausgehen. Es bedarf also der wegweisenden Koordinierung ex ante über und durch Gemeinschaftsorgane. Das Vertrauen hier und die Skepsis dort begründen eine fundamentale Asymmetrie im integrationspolitischen Procedere. Derart wird eine Haltung bekräftigt, wie sie seit jeher die Position der Europäischen Kommission und so gut wie alle europapolitischen Initiativen, auch den Werner-Bericht aus dem Jahre 1970, kennzeichnet. Im Delors-Bericht wird nicht einmal gefragt, ob es wirklich eines so weitgehenden Maßes der Koordinierung bei den nichtmonetären Politiken bedarf: in den Übergangsphasen wie in einer Union selbst. Der Wissenschaftliche Beirat beim Bundesministerium für Wirtschaft hat noch unlängst in einem Gutachten über die „Europäische Währungsordnung" mit Nachdruck für die Einsicht geworben, daß die Integration Europas „nur in recht begrenztem Umfang" einheitliche Regelungen und eine verbindlichen Koordinierung der Politiken voraussetzt. Noch weniger bedinge eine Europäiche Währungsunion aus sich heraus zusätzlicher intraeuropäischer Transfers. Nationale Finanzpolitiken wie andere Politiken hätten sich im internationalen (und europäischen) Vergleich zu bewähren. Unter dem Regime einer effizienten Geldpolitik sei es Sache eines jeden Landes, Finanz-, Struktur-, Lohn- und Sozialpolitik „beständig so zu führen, daß Konflikte mit den stabilitätspolitischen Zielen ... ausbleiben". Die Position des Beirates ist stringent, wenn auch extrem. Auf nicht wenigen Feldern der Politik gibt es durchaus gute Gründe, für ein beachtliches Maß an ex-ante-Koordination, doch die Vorgaben sollten sich auf das beschränken, was angesichts eines grundsätzlichen Vorbehaltes gegenüber administrativem Management in Sachen Politik als unabdingbar erscheint. Die Gefahr liegt nahe, nicht nur zu vieles, sondern auch Falsches koordinieren zu wollen. Kluge Beschränkung empfiehlt sich ebenfalls bei intraeuropäischen Realtransfers. Im Delors-Bericht wird von ihnen zu viel und von den Wachstumsimpulsen renditeorientierter Kapitalströme zu wenig erwartet.

Auch in der Geldpolitik setzt der Bericht vornehmlich auf einen hohen Anteil „formeller Zwänge zur Konvergenz", selbst wenn während der ersten Phase die Vorgaben des Gouverneursrates noch unverbindlich sein sollen. De facto dürfte die Geldpolitik auf europäischer Ebene schon recht bald eine neue Qualität erlangen. Keine Zentralbank, auch nicht die Deutsche Bundesbank, wird sich den Voten des Gouverneursausschusses entziehen können. Das bedingt dort, wo die Zentralbanken politischen Weisungen unterworfen sind, einen Rückzug der Regierungen. In der Bundesrepublik liegen die Dinge anders, da für die Geldpolitik allein der Zentralbankrat zuständig ist. Die Bundesregierung kann seine Kompetenzen nicht − auch nicht via Beschluß des Europäischen Rates − beschneiden, es sei denn, der Bundestag novellierte zuvor mit Mehrheit das Bundesbankgesetz. Zwar ist der Zentralbankrat verpflichtet, die „allgemeine Wirtschaftspolitik der Bundesregierung" zu unterstützten, doch der Vorrang gebührt dem geldpolitischen Auftrag. Somit würde es de jure im pflichtgemäßen Ermessen des ZBR liegen, ob und inwieweit er die Vorgaben und Einwände des Gouverneursausschusses bei seinen Entscheidungen berücksichtigt. De facto wird der ZBR aber nicht umhin kommen (und dies auch wollen), das neue europapolitische Umfeld bei seinen Entscheidungen zu bedenken, wie auf anderem Niveau heute schon das Geschehen im EWS. Das birgt Konflikte in sich, auch einen Konflikt innerhalb des Zentralbankrates. Der Präsident der Bundesbank, der keine eigene Organstellung hat und wie jedes andere Mitglied des ZBR über Sitz und Stimme verfügt, soll einerseits im Gouverneursausschuß den europäischen Belangen zu Dienste sein, andererseits sieht er sich dem Auftrag durch das Bundesbankgesetz verpflichtet. Wie sich das alles auf die Geldpolitik in der Bundesrepublik und in Europa auswirken wird, ist noch nicht abzusehen. Der deutsche Einfluß auf das monetäre Geschehen in Europa dürfte immerhin zumindest relativiert werden, die europäische Komponente stärker zum Zuge kommen. Und dabei werden sich nach Lage der Dinge vorerst – bis sich das neue Regime eines Europäischen Zentralbankrates wirksam entfalten kann – Positionen durchsetzen, die die jeweiligen politischen Präferenzen auf nationaler Ebene widerspiegeln – vermutlich zu Lasten an sich unstreitiger Effizienzerfordernisse der Geldpolitik. Auch hier lautet das Votum des Wissenschaftlichen Beirates ganz anders. Der Beirat wirbt in seinem Gutachten für eine konsequente „Stärkung des Status quo", also der heutigen Form des EWS, damit für eine Strategie, die über Anpassungszwänge die unabdingbare „Einübung in währungspolitische Disziplin" bewirkt und über diese allenthalben einen „informellen Zwang zur Konvergenz" fördert. Das erlaube es schneller als sonst, auf den Wechselkursvorbehalt zu verzichten und die Währungsunion zu verwirklichen – wohlgemerkt ohne weitere Zwischenschritte. Wiederum vertritt der Beirat eine in sich schlüssige, doch insofern extreme integrationspolitische Variante, als es durchaus verständlich ist, daß sich unsere Partner im EWS an der geldpolitischen Willensbildung auf europäischer Ebene beteiligt sehen möchten. Gleichwohl sollte ein Weg gesucht werden, der auch dem zentralen Anliegen des Beirates Rechnung trägt.

Eine zweite fundamentale Asymmetrie betrifft den institutionellen Rahmen und die Rollen, die der monetären und der wirtschaftlichen Integration im Delors-Bericht zugewiesen werden. Zwischen ihnen besteht letztlich nicht die unterstellte Parallelität. Der eigentliche Hebel auch für die wirtschaftliche Integration ist die europäisierte Geldpolitik – über den Gouverneursausschuß und dann durch den ESCB-Rat. Die Geldpolitik wird sich de facto stets im Vorlauf sehen. Und sie wird es sein, die im Verbund mit den Funktionsmechanismen liberalisierter Finanzmärkte die notwendigen Anpassungen in den übrigen Gebieten der Wirtschaftspolitik erzwingt, einschließlich der Finanzpolitik. Soweit auf administrativem Wege Formen einer ex ante-Koordinierung durchgesetzt werden sollen, ist mit einem kontroversen, von nationalen Interessen und Ideologien geprägten Gerangel zu rechnen, mit mehr oder weniger arbiträren Kompromissen und zeitlichen Verzögerungen. Der Streit um die Höchst- und Mindestsätze der Mehrwertsteuer ist hierfür ein erster Beleg. Der

ECOFIN besteht aus Ministern, die nationalen Regierungen angehören und damit den Zwängen ausgeliefert sind, die nun einmal das politische Geschäft kennzeichnen. Eine Revision des Konvergenz-Beschlusses aus dem Jahre 1974 wird daran kaum viel ändern. Was in der ersten und auch noch in der zweiten Phase tolerierbar erscheinen mag, wird in der dritten Phase zu einem systemimmanenten Strukturmangel, denn dem Ministerrat werden hier die Kompetenzen eines europäischen Regierungsgremiums zugesprochen. Es wäre jedoch eine Illusion, von ihm ein Agieren zu erwarten, als ob eine europäische Regierung vorläge. Daß es zudem an der gebotenen parlamentarischen Kontrolle fehlt, ist mehr als ein Schönheitsfehler. Wer versucht, gleichsam auf leisen Sohlen Vorformen oder gar Elemente einer politischen Union zu etablieren, tut gut daran, auf die Inkonsistenzen zu achten, die er derart schafft.

Per Saldo erweist sich also, daß im konkreten integrationspolitischen Procedere, wie es der Delors-Bericht vorsieht, immer noch ein Denken in monetaristischen Kategorien dominiert. Sie machen die Übergangsphasen 1 und 2 zum eigentlichen neuralgischen Punkt des Prozesses, der auf die Verwirklichung der Wirtschafts- und Währungsunion hinauslaufen soll. Zu wenig ist bedacht worden, daß alles, was den Übergang vom Status quo hin zur Union ausmachen soll, mit den ordnungspolitischen Grundpositionen vereinbar zu sein hat, die im Delors-Bericht mit erfreulicher Klarheit die konstituierenden Merkmale des ESCB kennzeichnen. Auf die Übergangsphasen angewandt liefern sie Kriterien der Selektion und der Ausrichtung der einzelnen Maßnahmen auf die Grundnormen. So hätte sich das zentrale Mandat des ESCB-Rates, die Geldwertstabilität zu sichern, im Auftrag an den Gouverneursausschuß widerspiegeln und ihn so verpflichten müssen, die Funktionen, die die Deutsche Bundesbank bislang auch für Europa wahrgenommen hat, als primäres Leitmotiv für eine Geldpolitik im europäischen Kontext zu akzeptieren. Das hätte die Chancen gemehrt, geldpolitisch Bewährtes durch Gleichrangiges zu ergänzen bzw. zu ersetzen. Bevor es soweit ist, wäre der Versuchung zu widerstehen, die deutsche Geldpolitik durch direkten oder indirekten Druck auszuhebeln. Das Pendant wäre die Bereitschaft des ZBR, mit dem Gouverneursausschuß und seinen Unterausschüssen auf der Basis gegenseitigen Vertrauens zusammenzuarbeiten. Die schwächeren europäischen Währungen zu stärken, muß Anliegen aller sein. Werden die noch bestehenden Unterschiede in der Dignität der Währungen eingeebnet, erscheinen die Zentralbanken zunehmend als stabilitätspolitisch gleichrangig.

Für die erste Übergangsphase zeichnet sich allerdings anderes ab. Wie sehr noch die Meinungen divergieren, belegt die Kontroverse um die Einführung eines Europäischen Reservefonds, obgleich nichts dafür spricht, einen solchen Fonds als währungspolitisches Experimentierfeld zu etablieren. Daß die Geldpolitik schon in der ersten Phase auf stabilitätspolitischen Kurs gebracht wird, daß zudem Formen einer Koordinierung im Vordergrund stehen, die dem Stabilitätspostulat bei liberalisierten Finanzmärkten kongruent sind, und nicht Formen einer administrativen und eher dirigistischen ex ante-Koordinierung, ist um so wichtiger, als vermutlich durch das „unverzügliche" Angehen an eine Revision des EWG-Vertragswerkes ein so ausgeprägter Zwang zum Vollzug induziert wird, daß man kaum mit der Vertragsschließung und den sich anschließenden Ratifikationsverfahren warten kann (und will), bis dem Gebot einer Parallelität in der Geld- wie in der Wirtschaftspolitik am Ende der ersten Phase entsprochen worden ist.

Eher ist damit zu rechnen, daß der Einstieg in die zweite Phase vollzogen werden soll, bevor alle Vorbedingungen hinreichend erfüllt sind. Die Konstruktion dieser Phase läßt vermuten, daß damit gerechnet worden ist; sie ist ein merkwürdiger Zwitter. De jure existiert das ESCB mit seinen Organen, trotzdem soll die zweite Phase „in erster Linie" einen Lernprozeß beinhalten, „der zu kollektiven Entscheidungen führt, während die endgültige Verantwortung für politische Entscheidungen ... bei den nationalen Instanzen verbliebe". Das ESCB soll so sukzessive in seine Funktionen hineinwachsen. Dieses Nebeneinander von nationalen und gemeinschaftlichen Kompetenzen kann nur zu Lasten der Geldpolitik auf europäischer Ebene gehen. Die Konsequenz liegt auf der Hand: Die zweite Phase ist so kurz wie nur eben möglich zu halten, sollte es sie denn überhaupt geben. Da es sich im Grunde nur um eine Vorphase für den Eintritt in die Endphase handelt, könnte auf sie auch ganz verzichtet werden. Aus dem Dreiphasenmodell würde derart ein wesentlich klareres Zweiphasenmodell. Bedingung wäre allerdings, daß der Übergang in die zweite Phase, die dann zugleich die Endphase ist, wesentlich besser vorbereitet wird, als dies bei dem Programm des Delors-Komitees zu erwarten steht. Es bedürfte dann kaum noch einer längeren Einübungszeit. Die geldpolitische Willensbildung würde von vornherein die neue Struktur der Kompetenzen der europäischen wie der nationalen Institutionen widerspiegeln. Das müßte die Risiken für die Geldpolitik − selbst angesichts der ausgeprägt föderativen und ein effizientes Handeln möglicherweise belastenden Merkmale des ESCB − wesentlich vermindern und das Terrain bereiten für das adäquate Maß an Koordinierung in der Wirtschaftspolitik. Statt eines riskanten „leap in the dark", wie er immer noch dem im Delors-Bericht präferierten Procedere eigen ist, würde ein Weg beschritten, der eine weitgehend kontinuierliche Überleitung von den heutigen Gegebenheiten zu den neuen europäischen Sachverhalten verspricht. Auch wenn der Weg zu einer Neufassung des EWG-Vertrages blockiert würde, erwiese sich das Zweiphasenmodell als vorteilhaft. Die erste Phase könnte ohne weiteres prolongiert oder ihrem Gehalt nach durch ein Abkommen zwischen den Notenbanken − soweit sie sich beteiligen wollen oder dürfen − dem dann erreichten Status angepaßt werden. In jedem Fall vollzöge sich das zukünftige Geschehen in eher berechenbaren Bahnen. Der Gefahr von Rückschlägen im Integrationsprozeß prophylaktisch zu begegnen, dient der Sache Europas.

Aspekte einer gemeinsamen Europäischen Notenbank

Helmut Geiger

Hinter der Idee einer Europäischen Währungsunion und einer gemeinsamen Notenbank steht vor allem der Wunsch, die politische und ökonomische Integration der Europäischen Gemeinschaft zu fördern und in dem wichtigen Bereich der Finanzmärkte zu ergänzen. Gerade für ein Land wie die Bundesrepublik, das nicht nur aus wirtschaftlichen Erwägungen auf seine Nachbarn angewiesen ist, schafft der gemeinsame Europäische Binnenmarkt beträchtliche Vorteile. Auch wenn man nicht alle Prognosen des Cecchini-Reports für bare Münze nimmt, können durch die Integration Europas beachtliche Wohlstandsgewinne erwartet werden, weil sie zu einer Produktivitätserhöhung und Kostenersparnis führt.

Der wirtschaftliche Zusammenschluß der zwölf EG-Staaten setzt aber voraus, daß ihre Regierungen weitgehende Kompetenzen an die Gemeinschaft abtreten. Eine Europäische Wirtschafts- und Währungsunion erfordert „gemeinsame Grundhaltungen", wie es der Wissenschaftliche Beirat beim Bundesministerium für Wirtschaft unlängst beschrieben hat. Heute bestehen allerdings noch erhebliche Meinungsunterschiede in der Struktur-, Arbeitsmarkt-, Regional-, Finanz- und Wettbewerbspolitik. Die erheblichen Wohlstandsgefälle zwischen dem Norden und dem Süden können in einem einheitlichen Währungsraum zu Spannungen führen, weil sie dann noch deutlicher sichtbar werden. Deshalb ist der Vorschlag des Europaparlaments, die Europäische Währungsunion bereits bis zum 1.1.1995 einzurichten, kaum realistisch. Die Errichtung einer Europäischen Notenbank setzt einen politischen Reifegrad der Gemeinschaft voraus, der in dem genannten Zeitraum bei den vorhandenen Unterschieden nicht er-

---

Dr. Helmut Geiger, Präsident des Deutschen Sparkassen- und Giroverbandes

reicht werden kann. Realistischer geht daher die sog. Delors-Kommission vor, die einen Drei-Stufen-Plan zur Errichtung einer Wirtschafts- und Währungsunion entworfen hat, ohne für die einzelnen Phasen genaue Zeitangaben zu machen.

Eine wichtige Voraussetzung für einen gemeinsamen Europäischen Binnenmarkt ist die Harmonisierung der Finanzmärkte. Unumgänglich ist, daß die Beschränkungen des Kapitalverkehrs vollständig abgebaut werden. Nur wenn sich das Kapital völlig ungehindert bewegen kann, wenn also jeder sein Geld dort anlegen kann, wo es am günstigsten ist, kommen die Vorteile des gemeinsamen Marktes voll zum tragen. Zusätzlich würde der europäische Integrationsprozeß durch die Schaffung eines einheitlichen Währungsraumes natürlich unterstützt. Eine gemeinsame europäische Währung, emittiert von einer europäischen Notenbank, ist aber zur Schaffung eines gemeinsamen Binnenmarktes nicht zwingend notwendig. Sie wäre aber ein wichtiges psychologisches und politisches Bindeglied und würde den Wirtschaftsverkehr erleichtern. Dazu müssen aber die politischen und strukturellen Voraussetzungen gegeben sein.

Führt man nämlich den Gedanken an eine Europäische Währungsunion konsequent zu Ende, verzichten die in der Europäischen Gemeinschaft verbundenen Nationen auf die Emission eigener Banknoten und die Kontrolle eigener nationaler Geldmengenaggregate. An die Stelle von elf europäischen Währungen tritt dann ein einheitliches europäisches Geld, das von einer gemeinsamen Notenbank kontrolliert wird. Dieses Geld wird in allen Mitgliedsländern zum gesetzlichen Zahlungsmittel erklärt. Eine gemeinsame europäische Währung hätte dabei sicher verschiedene ökonomische Vorteile. Sie würde auf den internationalen Finanzmärkten eine größere Bedeutung erlangen als die D-Mark, das Pfund-Sterling oder gar die anderen europäischen Währungen heute besitzen. Die Konzentration auf eine einzige Währung schafft ein Zahlungsmittel, das von rund 320 Millionen Menschen benutzt wird. Daran gemessen, erhält die europäische Währung zumindet als Zahlungsmittel ein Gewicht, das dem US-Dollar kaum nachsteht. Auch als internationale Anlage- und Reservewährung könnte die europäische Währung dem Dollar Konkurrenz machen. Die Einigung auf eine gemeinsame Währung hätte auch politische Konsequenzen. Die Europäer könnten dann ihr Gewicht in den internationalen Währungsdiskussionen besser zur Geltung bringen. Ihr Einfluß würde gesteigert.

Ein weiterer Vorteil einer gemeinsamen europäischen Währung bestünde darin, daß nicht unbeträchtliche Kosten eingespart werden. Wer innerhalb der Gemeinschaft reist oder wer Waren aus den Nachbarländern bezieht oder dort veräußert, ist heute gezwungen, Zahlungsmittel zu tauschen und seine Preise in fremde Währungen umzurechnen. Gleichzeitig trägt er ein Risiko, weil die Währungen entweder noch frei beweglich sind oder bei Realignments auf- oder abgewertet werden können. Bei einer gemeinsamen europäischen Währung würden dagegen alle Preise innerhalb der Gemeinschaft in derselben Währung ausgezeichnet und damit die Handelsbeziehungen erleichtert. Die Kostenersparnis und Risikoverringerung würden das Wirtschaftswachstum innerhalb der Gemeinschaft beleben.

Trotz ihrer ökonomischen Vorteile bestehen jedoch erhebliche politische Barrieren gegen eine gemeinsame Europäische Notenbank. Nach wie vor legen die Regierungen großen Wert darauf, jeweils über eine eigenen Notenbank zu verfügen und eigenes Geld zu emittieren. Abgesehen davon, daß bei der Aufgabe des nationalen Geldes ein wichtiges Symbol der nationalen Identität preisgegeben wird, begeben sich die nationalen Regierungen dabei gleichzeitig der Möglichkeit, eine vom Ausland mehr oder weniger unabhängige Wirtschaftspolitik zu betreiben.

Die Gründung einer europäischen Währungsunion und einer gemeinsamen Notenbank setzt aber voraus, daß alle Beteiligten bereit sind, auf ihre währungspolitische Souveränität zu verzichten. Die Möglichkeit, durch Auf- oder Abwertungen (bzw. durch Unterlassen von Auf- oder Abwertungen) die Geldwertentwicklung außenwirtschaftlich abzusichern, entfällt. Die Bereitschaft, die nationale geldpolitische Souveränität an eine gemeinsame Notenbank abzutreten, ist daher nur dann gegeben, wenn alle beteiligten Staaten mit den wirtschaftlichen Ergebnissen einverstanden sind. Dies gilt insbesondere für den angestrebten Grad an Geldwertstabilität.

Einigen sich die EG-Mitglieder auf eine gemeinsame Währung, herrscht am Geldmarkt ein einheitlicher Zins, lediglich am Kapitalmarkt könnten geringe Zinsunterschiede aufgrund unterschiedlicher Risiken überleben. Gleichzeitig bildet sich eine einheitliche europäische Preissteigerungsrate heraus, lediglich geringe vorübergehende Unterschiede bei den Preisentwicklungen aufgrund unterschiedlicher struktureller Gegebenheiten und realer Wachstumsraten verbleiben. Die Unterschiede in der realwirtschaftlichen Entwicklung dagegen, also bei der Beschäftigung, den Investitionen und den Einkommen werden nicht eingeebnet.

Wie aber das Beispiel der USA zeigt, müssen unterschiedliche wirtschaftliche Entwicklungen der Regionen einer Währungsunion nicht zwangsläufig deren Existenz gefährden, sie müssen sich aber in Grenzen halten. Auch in der Bundesrepublik kennen wir trotz einheitlicher Währung beträchtliche regionale Unterschiede. Das strukturelle Gefälle darf aber nicht zu groß sein. Ein unterschiedliches Wohlstandsgefälle, wie es in der EG zwischen dem stärksten und schwächsten Wirtschaftsraum noch im Verhältnis 6:1 besteht, kann mit einer Einheitswährung kaum überbrückt werden. Auch besteht in beiden Nationen eine einheitliche zentrale politische Willensbildung. Dies ist in der EG noch nicht der Fall und auch im Fahrplan zum EG-Binnenmarkt '92 nicht enthalten. Deshalb müßte es in der EG zu beträchtlichen Spannungen kommen, wenn Regierungen versuchen, eine Wirtschaftspolitik zu betreiben, die gegen den Kurs der Mehrheit gerichtet ist. So kann z.B. eine übermäßige Staatsverschuldung in einem Mitgliedsland das Zinsniveau aller Beteiligten beeinträchtigen.

Die Geschichte der Integration Europas zeigt, daß die Regierungen inzwischen bereit sind, zumindest einen Teil ihrer wirtschaftspolitischen Souveränität aufzugeben. Diskutiert wird heute aber, mit welcher Geschwindigkeit weitere Zugeständnisse gemacht werden können. Bereits in einem 1970 unter der Federführung des ehemaligen luxemburgischen Ministerpräsidenten Werner veröffentlichten Bericht (Werner-Bericht) war vorgesehen worden, daß die EG-Mitglieder eine stufenweise monetäre Integration anstreben sollen, die letztlich in einer dauerhaften Wirtschafts- und Währungsunion mündet. Die zeitlichen Vorstellungen des Werner-Plans − zehn Jahre − konnten jedoch bis heute nicht verwirklicht werden. Auch der Versuch, Europa im Rahmen der sogenannten Schlange – feste Wechselkurse zwischen den Mitgliedern, flexible gegenüber dem Dollar – monetär zusammenzuschließen, scheiterte. Das Europäische Währungssystem, das 1979 ins Leben gerufen wurde, hatte zwar einige Erfolge bei der Preis- und Wechselkursstabilisierung aufzuweisen, blieb aber – gemessen an den ehrgeizigen Plänen seiner Schöpfer – bisher in der ersten Stufe stecken.

Der zentrale Punkt an dem sich die Frage nach dem Tempo der weiteren Integration entscheidet, liegt aber im politischen Bereich. Die Bundesbank darf nur dann ihre währungspolitische Kompetenz an eine gemeinsame Notenbank abgeben, wenn bei der Schaffung der neuen Institution grundlegende Regeln verändert werden. Von vornherein muß klargestellt werden, daß die Europäische Notenbank dem Ziel der Preisstabilität verpflichtet wird. Diesem Ziel wird auch in dem von der Delors-Kommission vorgelegten Plan zur Errichtung einer Wirtschafts- und Währungsunion Vorrang eingeräumt. Welchen Schaden eine uferlose Geldschöpfung anrichtet, hat sich nicht nur in der Inflation im Deutschland der 20er Jahre gezeigt, sondern ist auch noch jetzt in vielen Staaten Lateinamerikas zu beobachten. Die gesamteuropäische Geldpolitik darf keineswegs zu kurzfristigen Konjunkturspritzen oder zur Bekämpfung struktureller Probleme mißbraucht werden.

Voraussetzung für eine stabilitätsorientierte Geldpolitik ist vor allem, daß der Europäischen Notenbank vollkommene Unabhängigkeit gewährt wird. Auch die Delors-Kommission tritt für eine völlige Autonomie der geldpolitischen Instanz ein. Vorbilder dafür sind die Notenbanken der Schweiz, der Bundesrepublik und der Vereinigten Staaten. Die Europäische Notenbank darf nicht den Weisungen nationaler Regierungen oder von Gemeinschaftsinstitutionen unterworfen werden. Die Unabhängigkeit der Europäischen Notenbank kann zusätzlich dadurch abgesichert werden, daß ihr grundsätzlich untersagt wird, öffentliche Haushalte zu finanzieren. Es muß deshalb ausgeschlossen werden, daß sie sowohl die Ausgaben der Gemeinschaft als auch ihrer Mitgliedsnationen oder -organisationen finanziert.

Während solche Regelungen in der Bundesrepublik selbstverständlich sind, erscheinen sie für andere Nationen eher als schmerzhafter Verzicht, weil sie ihrer Notenbank bislang keine Unabhängigkeit zugestehen, sondern sie von Weisungen des Finanzminsteriums abhängig machen. Deshalb ist die Gründung einer stabilitätsorientierten autonomen Europäischen Notenbank aus der Sicht mancher Nachbarstaaten ein schwerwiegender politischer Schritt.

Allerdings wird in der Bundesrepublik die Unabhängigkeit der Bundesbank dadurch eingeschränkt, daß sie gleichzeitig dazu verpflichtet wird, die „allgemeine Wirtschaftspolitik" der Bundesregierung zu unterstützen (§ 12 BBk-Gesetz). Auch wenn diese Formulierung sehr vage ist, zeigt sie doch, daß auch die deutsche Notenbank nicht in einem politischen Vakuum operieren kann.

Die Schaffung einer Europäischen Notenbank setzt freilich voraus, daß es zu einer gemeinsamen wirtschaftspolitischen Willensbildung kommt. Die europäische Notenbankpolitik führt vor allem dann zu Konflikten, wenn keine gemeinsame Linie in der Finanzpolitik besteht. Es wäre daher zunächst notwendig, die Abstimmung der allgemeinen Wirtschaftspolitiken in der EG zu institutionalisieren.

Vor der Gründung einer gemeinsamen Europäischen Notenbank müssen wichtige institutionelle Fragen geklärt werden. Wichtig ist vor allem, daß man sich über die Struktur dieser Institution einigt. Da sie für zur Zeit zwölf Nationen zuständig ist, erscheint eine föderative Struktur angemessen. Die Europabank könnte nach dem Vorbild der amerikanischen Notenbank (Federal Reserve System) gebildet werden. Das amerikanische Notenbank-System besteht allerdings nur aus zwölf regionalen Federal-Reserve-Banken, die für die 52 Bundesstaaten zuständig sind. Der in Washington ansässige Board löste 1912 eine Vielzahl unabhängiger Notenbanken ab. Die Befehlsgewalt der US-Notenbank konzentriert sich trotz der föderalen Struktur allerdings auf die Washingtoner Zentrale, den Board. Die Federal-Reserve-Banken sind lediglich ausführende Organe. So führt zum Beispiel die Reserve-Bank in New York die Geldmarktgeschäfte für das gesamte System im Auftrag der Washingtoner Zentrale durch.

Analog dazu wäre bei der Gründung der Europäischen Notenbank irgendwo in Europa eine Zentrale zu errichten, die dann in den einzelnen europäischen Staaten durch die bereits schon bestehenden nationalen Zentralbanken vertreten würde. Die nationalen Zentralbanken wären dann vergleichbar mit den Landeszentralbanken in der Bundesrepublik bzw. den Federal-Reserve-Banks in New York, St. Louis, San Francisco, Chicago etc. Die Geldpolitik in der Gemeinschaft müßte durch ein europäisch besetztes zentrales Gremium geführt werden. Vorbild dafür könnte wiederum der Board der amerikanischen Notenbank oder der Zentralbankrat der Bundesbank sein. Das föderative Element in der EG könnte dadurch zum Ausdruck gebracht werden, daß jedes Land seinen Vertreter in dieses Gremium entsendet, wie es bei den Landeszentralbankpräsidenten der Deutschen Bundesbank der Fall ist. Das Europäische Parlament schlägt z.B. die Einrichtung eines Europabankrats und eines Direktoriums vor. Nach seinen Vorstellungen bestimmt der Europabankrat „die Währungs- und Kreditpolitik der Bank". Danach ist das Direktorium „für die Durchführung der Beschlüsse des Europabankrates verantwortlich".

Untermauert werden könnte die Unabhängigkeit der Mitglieder der Notenbankführung durch möglichst lange Mandatsfristen. Diskussionswürdig ist die Frage, wie man das unterschiedliche Gewicht der kleineren Länder stimmenmäßig zum Ausdruck bringen kann. Gleichzeitig wäre festzulegen, ob für bestimmte wichtige stabilitätspolitische Entscheidungen qualifizierte Mehrheiten notwendig sind. Zugleich muß per Vertrag, ähnlich dem Bundesbankgesetz, die Notenbank ausdrücklich zur Wahrung der Geldwertstabilität verpflichtet werden.

Problematisch wäre es, die gemeinsame Notenbank auch noch mit anderen Aufgaben zu belasten. Sie sollte keineswegs – analog zur Bank of England – die zentrale Bankaufsichtsfunktion übernehmen. Es wäre verfehlt, würde man eine Super-Währungs-Autorität schaffen. Dagegen spricht vor allem die Gefahr, daß sich die Notenbank dann sehr bürokratisch verhalten würde und die Bankordnungspolitik in den Dienst der Währungspolitik stellt. Alles in allem sollte der Nutzen einer Europäischen Notenbank nicht dadurch verwässert werde, daß man sie für viele Zwecke einsetzt.

Wenn aber die politischen Voraussetzungen für eine Währungsunion nicht gegeben sind, ist auch über Kompromißlösungen zu
diskutieren. So wird vorgeschlagen, Institutionen zu schaffen,
die die monetäre Integration Europas schrittweise fördern sollen, ohne aber den nationalen geldpolitischen Spielraum völlig
zu beseitigen. Es wird zum Beispiel empfohlen, die nationalen
Notenbanken zunächst im „Amt" zu belassen, aber gleichzeitig
eine supranationale Notenbank zu schaffen. Die Vertreter dieser
Idee schlagen vor, daß die neugeschaffene Notenbank eine Währung emittiert, die in den einzelnen Mitgliedsländern parallel zu
den nationalen Währungen als gesetzliches Zahlungsmittel zirku-
liert. Diese Parallelwährung würde dann mit den nationalen
Währungen konkurrieren. Die Anhänger dieses Parallel-Wäh-
rungs-Vorschlags denken dabei vor allem an den Ecu. Ihrer Ansicht nach könnten die Märkte dann entscheiden, welche Währung sie verwenden. Einige glauben, daß die Parallel-Währung
sogar die nationalen Währungen verdrängt, sofern sie sich preis-
stabil entwickelt.
Schwerwiegende Gründe sprechen allerdings gegen diesen Vorschlag. Der Gebrauch von Parallel-Währungen verursacht zusätzliche Kosten, weil dadurch eine weitere Währung ins Spiel
käme. In der Tat müßten parallel umlaufende gesetzliche Zahlungsmittel beträchtliche Informations- und Transaktionskosten
verursachen, weil die Güterpreise dann nicht mehr nur in einem
Geld, sondern in mehreren „Währungen" ausgedrückt werden.
Hinzu käme, daß bei Vertragsabschlüssen eine Einigung über die
Vertragswährung ausgehandelt werden müßte. Der Gebrauch einer Parallelwährung würde ferner erfordern, daß die Preise dop-
pelt ausgezeichnet werden müßten, Die Händler wären gezwungen, eine doppelte Geldhaltung zu betreiben, die Automaten
müßten in der Lage sein, zwei Geldarten zu erkennen und zu
speichern etc.
Schwerwiegender ist aber, daß sich Parallel-Währungen in der
EG nicht als Zahlungsmittel durchsetzen können. Gegen die Akzeptanz von Parallel-Währungen als Zahlungsmittel spricht vor
allem, daß es billiger und bequemer ist, mit der jeweiligen nationalen Währung zu bezahlen, vor allem dann, wenn die Parallel-
Währung auch noch Wechselkursschwankungen unterliegt, ihr

Gebrauch also riskant ist. Außerdem haben die heutigen Währungen quasi den Charakter von „Markenprodukten", gegen die ein Newcomer wenig Chancen besitzt. Besonders gegen die D-Mark als traditionell währungsstabile Währung hätte eine derartige Herausforderung kaum Chancen.

Mehr Chancen hat dagegen der Vorschlag, zunächst eine übernationale Koordinierungsstelle einzurichten. Diese Institution könnte zu einer intensiveren Abstimmung der nationalen Geldpolitik im Rahmen des EWS benutzt werden.

Enge Kontakte der europäischen Notenbankpräsidenten bestehen heute nicht nur über die Bank für internationalen Zahlungsausgleich (BIZ), sondern auch im Rahmen des Rates der Notenbankgouverneure der EG. Dies hat sich in letzter Zeit vor allem bei den gemeinsamen Devisenmarktinterventionen gegen den Dollar gezeigt. So gesehen, existiert die Keimzelle der Europäischen Notenbank bereits heute. Sie kann durch weitere Integrationsfortschritte im EWS auf der Basis der erreichten Stabilitätsfortschritte behutsam zu einer Währungsunion heranreifen, vorausgesetzt , es gelingt, die derzeit noch herrschenden kräftigen politischen Zentrifugalkräfte zu überwinden. Nicht sinnvoll ist allerdings der Vorschlag des Europaparlaments, die zulässige Schwankungsbreite im EWS bis 1995 stufenweise auf Null zu verringern.

Worauf es heute ankommt, das ist weniger ein fester Termin für eine Währungsunion oder damit eine gemeinsame Zentralbank. Wichtig ist vielmehr, daß die Marschrichtung festgelegt wird und dafür die notwendigen wirtschafts- und finanzpolitischen Integrationsschritte fixiert werden. Noch wichtiger ist es allerdings, daß dabei die Bedingungen vereinbart werden, die die Geldwertstabilität auch in Zukunft sichern. Ein Blick zurück auf die Geschichte des Werner-Plans oder des Stufenplans des EWS zeigt auch, daß es wenig nützt, für die monetäre Integration zu ehrgeizige Ziele abzustecken. Es wird schon erheblicher politischer Anstrengungen bedürfen, daß Ziel des gemeinsamen Binnenmarktes fristgerecht und ohne zu viele fragwürdige Kompromisse zu erreichen. Die notwendige Harmonisierung der Steuerpolitik wird viele Regierungen zu schwierigen innenpolitischen Entscheidungen zwingen.

Diesen wichtigen und schwierigen Prozeß mit der Auseinandersetzung über eine gemeinsame Währungspolitik zu belasten, ist
eher schädlich. Deshalb sollte zunächst das Ziel sein, den Wechselkursmechanismus des EWS auf alle zwölf Mitgliedsländer aus-
zudehnen und die währungspolitische Kooperation vorher auszubauen. Dazu gehört aber auch, rechtzeitig und in kleinen Schritten Wechselkursanpassungen vorzunehmen, wenn sich der Geldwert der einzelnen Währungen auseinanderentwickelt hat. Ver-
suche, die kritisierte Dominanz der D-Mark im EWS durch eine
weniger stabilitätsorientierte Geldpolitik zu beseitigen, müssen
entschieden zurückgewiesen werden. Schon der weltweite Wie-
deranstieg der Geldentwertung, der auch die D-Mark erfaßt hat,
zeigt deutlich, daß eine Verharmlosung der inflationären Gefahren keinesfalls angezeigt ist. Eine europäische Währungsunion,
die ein „bißchen" Inflation tolerieren würde, wäre keine Basis,
darauf ein krisenfestes, sozial gerechtes europäisches Haus zu errichten. Deshalb ist vor verfrühter währungspolitischer Euphorie
zu warnen.
Es gäbe auch wenig Sinn, auf einem so wichtigen Gebiet wie der
Währungspolitik auf den Weg „ein Europa der zwei Geschwindigkeiten" auszuweichen, weil dies neue Dissonanzen erzeugen
müßte. Notwendig ist es dagegen, einen realistischen Fahrplan
aufzustellen, der politische, strukturelle und währungspolitische
Fortschritte eng miteinander verknüpft. Paul Hans Spack ist weiter zuzustimmen, wenn er sagte: „Ein vereintes Europa wird das
Ergebnis langer und mühevoller Anstrengungen sein". Deshalb
wird gerade in der Währungspolitik Geduld und Ausdauer besonders gefordert sein.

Perspektiven einer engeren währungspolitischen Zusammenarbeit und der Errichtung einer gemeinsamen Zentralbank in der Europäischen Gemeinschaft

Wilfried Guth

1. Die aktuelle Situation

Gegenwärtig scheinen die wichtigsten EG-Länder in drei Lager gespalten: Die größte Gruppe, bestehend aus Frankreich, Italien und Spanien, wünscht schnelle Fortschritte bei der Schaffung einer europäischen Zentralbank und Währungsunion (möglichst bald nach 1992). Die Bundesrepublik wiederum befürchtet eine Gefährdung ihres hohen Stabilitätsstandards und ist deshalb für einen vorsichtigeren Kurs (ohne Festlegung eines bestimmten Zeitrahmens); auch die Niederlande und Dänemark können wohl dieser Gruppe zugerechnet werden. Großbritannien lehnt hingegen jegliche weiteren institutionellen Schritte im monetären Bereich ab und ist zumindest kurzfristig nicht einmal bereit, dem Wechselkursverbund des EWS beizutreten.

Ein wichtiger Grund für das Bestreben der ersten Gruppe, so rasch wie möglich über die derzeitigen EWS-Vereinbarungen hinauszugehen, ist ihre offene Antipathie gegen den „DM-Block"-Charakter des Systems und die damit verbundene Asymmetrie der Anpassungslasten, die ihrer Meinung nach wachstumshemmend wirkt. Aber es besteht zugleich auch der aufrichtige Wunsch, beim Aufbau einer einheitlicheren europäischen Struktur voranzukommen.

Parallel zu den Diskussionen über die Vor- und Nachteile einer europäischen Zentralbank und die Möglichkeiten einer schrittweisen Annäherung an dieses institutionelle Endziel der monetären Integration haben sich die ECU-Banking-Association und andere private Gruppierungen für eine vermehrte Nutzung des privaten ECU eingesetzt. Überraschenderweise hat Großbritan-

---

Dr. Wilfried Guth, langjähriger Aufsichtsratsvorsitzender der Deutschen Bank

nien diese Bemühungen — vermutlich im Interesse des Finanzplatzes London (oder zum Zeichen des Engagements für die europäische Sache?) — durch eine umfangreiche Emission von ECU-Schatzanweisungen unterstützt.

Hingegen wurde offenbar der Gedanke, aus dem ECU in absehbarer Zeit eine Parallelwährung mit einem „lender of last resort" zu machen, aufgegeben. Diese Initiative, die die frühzeitige Errichtung zumindest eines Vorläufers einer europäischen Zentralbank erfordert hätte, stieß auf die klare Ablehnung der Bundesbank. Unterdessen halten die Bemühungen um eine größere Verbreitung des ECU in seiner jetzigen Form als Korbwährung, die in erster Linie an den Finanzmärkten genutzt wird, in verstärktem Maße an.

Die Skizze der gegenwärtigen Lage zeigt deutlich, daß die Fragen der weiteren monetären Integration nicht unabhängig von politischen Erwägungen gesehen werden können. So ist der britische Widerstand gegen weitere institutionelle Schritte im Währungsbereich ganz klar politisch motiviert, d.h. es wird ein Verlust an Souveränität (und der Aufbau einer zentralisierten Bürokratie in Brüssel) befürchtet. Andere Mitgliedsländer haben sich in dieser Hinsicht nicht so eindeutig geäußert; sie scheinen eher bereit, einen Souveränitätsverlust zu akzeptieren. Aber es herrscht bisher wenig Klarheit darüber, in welche Richtung und mit welchem Zeithorizont die weitere politische Integration voranschreiten könnte.

Einige überzeugte Befürworter der politischen Integration in Europa sind der Meinung, daß dieses Ziel sich am besten durch institutionelle Fortschritte im Währungsbereich erreichen läßt. Die historischen Erfahrungen sprechen freilich nicht gerade für einen solchen Gang der Dinge. Es steht jedoch zu erwarten, daß sich die Politiker auf nationaler und EG-Ebene im Zuge der laufenden intensiven Diskussion über die monetäre Integration beinahe zwangsläufig auch näher mit den ungelösten Fragen der künftigen politischen Struktur Europas befassen werden. Kaum vorstellbar ist jedenfalls, daß eine vollständige Währungsunion ohne den festen Willen der Regierungen, auch bei der politischen Integration voranzukommen, erreicht werden kann.

„Vorankommen" bedeutet hier keinesfalls, daß ein baldiger

Übergang zu einem europäischen Bundesstaat stattfinden könnte oder sollte; mit dieser Aufgabe werden sich die politischen Führer der nächsten Generation befassen müssen. Aber einige entscheidende Schritte, wie z.b. die Stärkung der Rolle des Europäischen Parlaments, würden den Wählern in den Mitgliedsländern deutlich die Entschlossenheit der Regierungen signalisieren, schrittweise ein Vereinigtes Europa aufzubauen. Bei all dem gilt es eines nicht zu vergessen. Man kann m.E. nicht erwarten, daß Europa künftig ohne mehr Gemeinsamkeit in seiner politischen Willensbildung in der Weltpolitik – neben den USA, der UdSSR, Japan (und später China und vielleicht auch Indien) – die angestrebte und ihm zustehende führende Rolle spielen kann. Ein politisch gestärktes Westeuropa könnte sich dagegen bei den künftigen Bemühungen um eine Stabilisierung und Normalisierung der Ost-West-Beziehungen als besonders wertvoll und konstruktiv erweisen. Der gefürchtete Verzicht auf nationale Souveränität könnte somit die einzige Gewähr für die Erlangung einer europäischen Souveränität bieten.

2. Monetäre Konsequenzen eines freien Kapitalverkehrs und des Binnenmarktes 1992

Nach den Vorstellungen Großbritanniens sollte die Europäische Gemeinschaft – zumindest in absehbarer Zukunft – lediglich die Errichtung des Binnenmarktes mit völlig liberalisiertem Kapitalverkehr anstreben. Ich habe bereits die politischen Gründe umrissen, aus denen viele Partnerländer diesen Standpunkt nicht teilen. Doch bestehen für die Befürworter einer Währungsunion auch wirtschaftliche Beweggründe. Zunächst einmal ist es völlig klar, daß Handel und Industrie in allen EG-Ländern für ihre innereuropäischen Handels- und Finanzbeziehungen einem gemeinsamen Markt den Vorzug geben würden, der ihnen die Erschwernisse, Kosten und Risiken des Umgangs mit verschiedenen Währungen erspart. Das gleiche gilt sicher auch für die Konsumenten, insbesondere im Hinblick auf den Reiseverkehr. Mit einer einheitlichen Währung würden m.a.W. die Vorteile des künftigen Binnenmarktes für Waren, Dienstleistungen und Kapital sehr viel stärker zum Tragen kommen. Schon aus diesem Grund dürften alle Akteure der Wirtschaft das – zweifellos für sich schon bedeutende − Projekt Europa 1992 lediglich als „Zwischenstation" und weitere Schritte in Richtung einer Währungsunion als folgerichtig und erstrebenswert betrachten. Zugleich spricht vieles dafür, daß auch den Zentralbanken entschieden an einer engeren Koordinierung ihrer Währungspolitiken gelegen sein müßte, um störende Kapitalbewegungen und Konflikte zwischen ihren binnen- und außenwirtschaftlichen Stabilisierungsaufgaben zu vermeiden. Es ist allerdings schwer vorherzusagen, ob sich die Volatilität der europäischen Kapitalbewegungen im Zuge der Liberalisierung des Kapitalverkehrs tatsächlich erhöhen wird, vor allem wenn sich die Konvergenz der Wirtschaftspolitiken weiter verbessert. Die jüngsten Erfahrungen in Frankreich und Italien deuten darauf hin, daß derartige Befürchtungen überzogen sind. Aber es gibt kaum Zweifel darüber, daß größere Zinsunterschiede zwischen Mitgliedsländern und Veränderungen im Zinsgefüge auf Ertragsmaximierung ausgerichtete Kapitalströme auslösen können, die unter stabilitätspolitischen Aspekten unerwünscht sind. „Souveräne nationale Entscheidungen" in Sachen Währungspolitik werden auf jeden Fall mehr und mehr illusorisch − auch wenn die Zentralbanken (und Finanzminister!) innerlich noch nicht bereit sein sollten, dies zu akzeptieren.

Die „community of central bankers" wird sich natürlich nicht gegen eine intensivere Kooperation wenden. Freilich wird eine engere Zusammenarbeit im Rahmen des täglichen Marktgeschehens nicht genügen, um die monetäre Integration und Stabilisierung wirksam voranzutreiben. Ein angemessener Schritt in diese Richtung wäre die vorherige Konsultation bei anstehenden Entscheidungen in der nationalen Geldpolitik. Dies könnte dann als logische Konsequenz zu gemeinsamen Entscheidungen führen, insbesondere bei der Festlegung von Geldmengenzielen und zinspolitischen Maßnahmen. Damit wären allerdings die Grenzen des innerhalb der bestehenden nationalen Gesetze Möglichen bereits überschritten. Der entscheidende Schritt legislativer Änderungen müßte dann − gemäß den Vorschriften des neuen Artikel 102a des EWG-Vertrages − bereits vollzogen sein. Zwischen den EG-Mitgliedern − wie auch in anderen, weniger engen internationalen Gruppierungen (z.B. der G 7) − herrscht allgemeine Übereinstimmung darüber, daß zur Koordinierung der Währungspolitik kompatible Wirtschafts- und insbesondere Finanzpolitiken hinzukommen müssen, um stabile Wechselkurse zu erreichen oder zu wahren. Das EWS war und ist ein Beispiel für eine derartige Koordinierung mit dem erklärten Ziel der monetären Stabilität – und einem im großen und ganzen positiven Ergebnis. Ein *voller* Erfolg war dem EWS allerdings nicht beschieden; das zeigen die diversen Realignments der Vergangenheit, aber auch die Tatsache, daß angesichts außenwirtschaftlicher Ungleichgewichte und/oder fortbestehender Unterschiede in den Inflationsraten weitere Kursanpassungen auch heute noch nicht ausgeschlossen werden können. Unterschiede in den Inflationsraten können bekanntlich dadurch zustande kommen, daß es einigen Ländern nicht gelingt, eine konsistente Stabilitätspolitik zu betreiben – die Schwachstellen sind hier oft übermäßige Haushaltsdefizite – aber auch dadurch, daß Prioritäten bewußt anders gesetzt werden.

Die Koordinierung der Wirtschaftspolitik erfordert also beides: eine Einigung über Prioritäten *und* ein politisches Handeln, das den gemeinsamen Zielen gerecht wird. Dabei wird jeder dem Postulat zustimmen, daß „stabiles Wachstum" das oberste gemeinsame Ziel sein muß. Aber in diesem überzeugenden Schlagwort sind bereits mögliche Meinungsverschiedenheiten und Konflikte angelegt, weil es *zwei* wichtige Ziele verbindet, ohne zwischen beiden eine Rangfolge zu etablieren. Es ist hinlänglich bekannt, daß im Falle eines Zielkonflikts die Bundesrepublik und insbesondere die Bundesbank stets der Preisstabilität den Vorrang geben, während andere Partner eher zu einem Kompromiß neigen würden, d.h. zu einer etwas weniger rigiden Haltung in puncto Preisstabilität. Gleichzeitig messen diese Länder der Wechselkursstabilität einen größeren Wert bei und favorisieren ein System von mehr oder minder automatischen Indikatoren für wirtschafts- und/oder notenbankpolitisches Handeln – ein Konzept, das auch im Rahmen der G 7 diskutiert (und verworfen!) wurde.

Ich habe bereits auf die vor allem 1988 immer wieder geäußerten Bedenken hingewiesen – in jüngster Zeit ist es damit etwas stiller geworden –, daß die Bundesbank mit ihrer „unnachgiebigen

Geldpolitik" das Wachstum in Deutschland und auch in anderen Teilen Europas unnötig gedämpft habe. Andere Kritiker, die für die Haltung der Bundesbank mehr Verständnis hatten, forderten im Interesse eines höheren Wachstums – und ungeachtet relativ hoher deutscher Haushaltsdefizite – zumindest in der Finanzpolitik einen expansiveren Kurs.

Dies erhellt kurzgefaßt die ganze Problematik der wirtschaftspolitischen Koordinierung und erklärt im wesentlichen die Zurückhaltung des deutschen Finanzministers und der Bundesbank gegenüber raschen Schritten in Richtung einer europäischen Zentralbank und Währungsunion. Aus offiziellen deutschen Kreisen war verschiedentlich zu hören, es bedürfe eines höheren Maßes an Konvergenz, ehe ein neuer institutioneller Schritt im Währungsbereich in Betracht komme. Hinzuzufügen wäre, daß ein „höheres Maß an Konvergenz" im Klartext eine „größere Übereinstimmung über die Prioritäten" bedeutet.

In ihrer strengsten Variante, der keineswegs alle Verantwortlichen in Deutschland anhängen, wird diese Haltung als „Krönungstheorie" bezeichnet. Sie besagt, daß die Währungsunion nur bei *voller* Konvergenz der Wirtschafts- und Finanzpolitiken zu verwirklichen sei, was wiederum eine politische Union voraussetze. Da der Begriff „volle Konvergenz" unterschiedliche Auslegungen zuläßt, könnte es bei diesem Konzept zu endlosen Verzögerungen kommen, wenn kein starker Wille zur Verwirklichung des Endziels besteht. Die entgegengesetzte Position vertreten z.B. die beiden „Architekten" des EWS, der frühere französische Präsident Giscard d'Estaing und Altbundeskanzler Helmut Schmidt. Sie sind der festen Überzeugung, daß Fortschritte in der allgemeinen wirtschaftspolitischen Konvergenz am ehesten mittels fester institutioneller Vereinbarungen im monetären Bereich, wie im Falle des EWS, erzielt werden. Es läßt sich kaum bestreiten, daß das Europäische Währungssystem in dieser Hinsicht erfolgreich war.

Man darf gespannt sein, wie dieser alte Streit zwischen „Ökonomisten" und „Monetaristen" gelöst wird. Logischerweise sollte man nicht auf voller „Vorab-Konvergenz" bestehen, solange Wechselkursänderungen noch möglich sind. Aber eine Einigung auf Prioritäten erscheint unverzichtbar. Und dies ist natürlich

der neuralgische Punkt, wenn man an die ganze Auseinandersetzung über die Asymmetrie im EWS und den Vorwurf eines
„übersteigerten Stabilitätsbewußtseins" der Bundesbank denkt.
Es ist eine offene Frage, auf die ich hier nicht eingehen möchte,
ob eine Koordinierung der nationalen Finanzpolitiken zum Teil
durch eine beträchtliche Erweiterung des Gemeinschaftshaushal-
tes ersetzt werden kann, was eine Verlagerung von Entscheidungsbefugnissen erfordern würde. Kaum zu bezweifeln ist aber,
daß beim Eintritt in die Endphase der Währungsunion, d.h. bei
der unwiderruflichen Festlegung der Wechselkurse, ein Maß an
finanzpolitischer Abstimmung gesichert sein muß, das dem für
den monetären Bereich postulierten Konzept einer „gemeinsamen Entscheidungsfindung" recht nahe kommt. Hiermit geht natürlich zwangsläufig ein beträchtlicher Verlust an nationaler Souveränität einher, und die bereits erörterten heiklen politischen
Fragen kommen ins Spiel.

3. Das Endziel der Wirtschafts-und Währungsunion

Zum Endstadium der Wirtschafts- und Währungsunion (WWU)
braucht nicht viel gesagt zu werden; das Modell wurde in letzter
Zeit oft beschrieben. Der Begriff selbst ist erhellend: Er verbindet die ökonomischen und monetären Elemente der Integration
im Sinne meiner bisherigen Ausführungen. Hauptmerkmale der
Währungsunion sind die unwiderrufliche Festlegung der Wechselkurse zwischen den Mitgliedswährungen (ohne Schwankungsmargen) und deren uneingeschränkte, ebenfalls unwiderrufliche
Konvertierbarkeit. Theoretisch ist das gleichbedeutend mit der
Einführung einer gemeinsamen Währung − mit oder ohne Fortbestand der nationalen Währungen. Für die Mehrheit der Bevölkerung dürfte freilich eine Abschaffung der nationalen Währungen psychologisch und emotional einen sehr viel drastischeren
Einschnitt darstellen als die endgültige Festlegung der Paritäten.
In praxi hätten die Mitgliedstaaten der Währungsunion mit dem
Vollzug dieses Schrittes den „point of no return" erreicht.
Auch dieser Komplex ist deshalb unter dem Aspekt der politischen Entwicklung zu sehen. So fällt es schwer, sich eine Abschaffung der nationalen Währungen ohne das Zustandekommen einer echten Föderation europäischer Staaten mit einer ge-

meinsamen Verfassung vorzustellen; hingegen ist eine unwiderrufliche Festlegung der Wechselkurse bei einer etwas lockereren Form der politischen Integration durchaus denkbar. Aber es erscheint weder notwendig noch nützlich, schon heute über die politischen Modalitäten dieses endgültigen Stadiums einer Währungsunion zu spekulieren, das m.E. innerhalb des nächsten Jahrzehnts ohnehin nicht erreichbar ist.

Anzumerken ist noch, daß es für beide „Versionen" der Währungsunion m.E. einer europäischen Zentralbank bedarf. Ich werde später auf diesen wichtigen Bestandteil des „Modells" eingehen.

Das Thema einer gemeinsamen europäischen Währung ist eng mit der europäischen Währungseinheit ECU verknüpft. Diese Korbeinheit, die sich heute aus den Währungen von elf EG-Ländern zusammensetzt, wurde bei der Gründung des EWS als neues Element der europäischen Währungskooperation eingeführt und zum Kernstück des Systems erklärt. Nach den ursprünglichen Plänen für die Entwicklung des EWS sollte der ECU mit dem Übergang zur institutionellen Phase, d.h. bei der Gründung eines europäischen Währungsfonds zwei Jahre nach Inkrafttreten des Systems, eine vollwertige Reservewährung werden. Bekanntlich kam alles ganz anders: die Rolle des offiziellen ECU blieb bei der Steuerung des EWS wie auch im weltweiten Rahmen beschränkt.

Hingegen gewann die *private* Nutzung des ECU rasch an Bedeutung, was im ursprünglichen EWS-Konzept nicht vorgesehen war. Da es für den privaten ECU weder eine offizielle Ausgabestelle noch einen „lender of last resort" gibt, handelt es sich bei dieser Einheit nicht um eine Währung im klassischen Sinne, sondern um ein Finanzinstrument. Ungeachtet dessen nahmen die ECU-Finanzmärkte einen eindrucksvollen Aufschwung, der in den frühen 80er Jahren besonders kräftig war, seither allerdings abgeflacht ist. Begünstigt wurde die Entwicklung des ECU-Marktes durch das 1986 von Geschäftsbanken in Zusammenarbeit mit der BIZ errichtete internationale ECU-Clearing-System.

Bekanntlich wurde der ECU vor allem von Marktteilnehmern aus EG-Ländern mit schwächeren Währungen bevorzugt, während er in der Bundesrepublik auf geringeres Interesse stieß. Fest etabliert hat sich der private ECU inzwischen auf dem internationalen Banken- und Bond-Markt, wobei ECU-Anleihen nicht selten auch von Schuldnern außerhalb der EG begeben wurden. Demgegenüber blieb die kommerzielle Verwendung des ECU, besonders im Außenhandelsbereich, bisher eng begrenzt; und ähnliches gilt für seine Bedeutung im Devisenhandel.

Die Gründe für die wechselhafte und unregelmäßige Entwicklung der ECU-Finanzmärkte sind vielfältig und zum Teil widersprüchlich, wie die BIZ in ihrer jüngsten Analyse verdeutlicht. Es mag paradox erscheinen, kann aber nicht verwundern, daß Fortschritte in der monetären Integration der Gemeinschaft eine nicht unwesentliche Rolle für die jüngste Abschwächung des Neugeschäfts bei ECU-Krediten und -Anlagen gespielt haben. Zu denken ist hier an die Abschaffung von Devisen- und Kapitalverkehrskontrollen und der damit verbundenen Besserstellung des ECU in einigen Ländern, die größere Wechselkursstabilität der am EWS-Wechselkursmechanismus beteiligten Währungen und die Konvergenz von Inflationsraten und Zinsen. Andere Einflußfaktoren waren die starke Fluktuation des Pfund Sterling (das Bestandteil des ECU ist, aber noch nicht am Wechselkursmechanismus teilnimmt), sowie die Unsicherheit vor der im September 1989 vollzogenen Neugewichtung des ECU-Währungskorbs und der Einbeziehung der spanischen Peseta und des portugiesischen Escudo.

In Anbetracht der vielfältigen Einflußfaktoren ist es schwierig, die künftige Entwicklung des privaten ECU vorherzusagen. Doch gilt in jedem Falle, daß sich der ECU in seiner gegenwärtigen Form allein im Zuge des Marktgeschehens nicht zu einer allgemein anerkannten europäischen Währung entwickeln wird, die die nationalen Währungen nach und nach verdrängt. Die Korbwährung ECU wird definitionsbedingt immer schwächer sein als eine oder mehrere der EG-Landeswährungen. Und die stärkste nationale Währung, sei es nun die D-Mark oder eine andere Valuta, wird die führende Rolle spielen und als „Anker" im Wechselkursverbund fungieren. Auch liegt auf der Hand, daß die Unternehmen in den Ländern mit stärkeren Währungen schwerlich veranlaßt werden können, ihre jeweilige Landeswährung in bedeutendem Umfang durch ECU zu ersetzen.

Insofern überrascht kaum, daß vor einiger Zeit der Gedanke aufkam, die Korb-Konstruktion des ECU aufzugeben und ihn in naher Zukunft unter der Verantwortung einer Gemeinschaftsinstitution als autonome Parallelwährung zu etablieren, die sozusagen gleichberechtigt mit den zwölf nationalen Währungen der Gemeinschaft konkurriert. Beim jetzigen Stand der Integration hieße das jedoch, den Karren vor den Ochsen zu spannen. Wie bereits erwähnt, ist man sich heute weitgehend einig, daß dies den Integrationsprozeß erschweren statt erleichtern würde; die Notwendigkeit wirtschaftlicher Konvergenz und politischer Entscheidungen im Sinne einer Preisgabe von nationaler Souveränität würde keineswegs entfallen. Ganz im Gegenteil: es könnten sich neue Spannungen und unvertretbare Risiken für den Integrations- und Stabilisierungsprozeß ergeben.

Praktisch bedeutet dies, daß es noch geraume Zeit, weit über 1992 hinaus, beim „Währungswettbewerb der Zwölf" bleiben wird, bei dem die härteren EG-Valuten die weicheren in der Gunst der Anleger teilweise verdrängen dürften. Derartige Verschiebungen könnten insbesondere im Zusammenhang mit der beschlossenen völligen Abschaffung der Devisen- und Kapitalverkehrsbeschränkungen und der Einführung eines einheitlichen Finanzmarktes eintreten, was wiederum die Gefahr eines erneuten Rückgriffs der betroffenen Länder auf Devisenkontrollen unter den Schutzklauseln des EG-Vertrages und der kürzlich erlassenen Liberalisierungs-Richtlinie in sich birgt. Es bleibt zu hoffen, daß die Zusammenarbeit der Zentralbanken und die finanzpolitische Konvergenz zügig genug vorangebracht werden, um eine solche Fehlentwicklung zu verhindern.

Gelegentlich hat der Gedanke des „Währungswettbewerbs" Beobachter zu dem Schluß verleitet, in diesem Wettbewerb könnte sich am Ende die stärkste EG-Währung behaupten und allgemein als gemeinsame europäische Währung anerkannt werden. Meiner Meinung nach ist dies weder realistisch noch politisch wünschenswert, auch nicht aus deutscher Sicht. Die Deutsche Bundesbank hätte im Gegenteil nichts dagegen einzuwenden, wenn ihr eines Tages die Last der Verantwortung für eine Reservewährung genommen würde – vorausgesetzt, die monetäre Stabilität bliebe gesichert.

Der jetzt im Markt verwandte private ECU kann als Vorläufer einer künftigen gemeinsamen Währung aufgefaßt werden, welche autonom (d.h. korbfrei) sein und durch unveränderlich feste Wechselkurse mit den nationalen EG-Währungen verbunden sein muß. Die Einführung eines solcherart „neuen ECU" – von den Franzosen "ECU parité" genannt – muß also mit dem entscheidenden „qualitativen Sprung" zur Währungsunion zusammenfallen.

In der Zwischenzeit könnte eine stärkere Nutzung des gegenwärtigen (Korb-)ECU das öffentliche Bewußtsein für die wachsende monetäre Identität Europas stärken. In diesem Sinne haben Giscard d'Estaing und andere dafür plädiert, den ECU (wenngleich nicht in seiner heutigen Gestalt) offiziell zur gemeinsamen Währung der künftigen Wirtschafts- und Währungsunion zu erklären. Wenn diese Erklärung durch eine verstärkte Zusammenarbeit zwischen den EG-Zentralbanken und -Regierungen bekräftigt würde, könnte sich der ECU durchaus noch vor dem „großen Sprung" zur internationalen Transaktionswährung entwickeln (und dabei zum Teil den Dollar ersetzen).

Auf kürzere Sicht könnten die Regierungen der EG-Länder weitere Schritte zur Verbesserung der Liquidität und Breite der ECU-Finanzmärkte unternehmen. Weitere ECU-Schatzwechsel-Operationen nach italienischem und britischem Vorbild und die Emission von langfristigen Staatsanleihen wären einer stärkeren Nutzung des ECU als Finanzinstrument in und außerhalb der Gemeinschaft förderlich. Andere Vorschläge richten sich an den privaten Sektor, insbesondere an Wirtschaftsunternehmen, die beispielsweise zusätzlich zur traditionellen Rechnungslegung ihre Bilanzen auch in ECU ausweisen könnten. Ein Irrweg wäre jedoch eine Vorzugsbehandlung des ECU gegenüber anderen EG-Währungen.

Ein weiterer Vorschlag geht dahin, den privaten ECU zunehmend für Devisenmarktinterventionen einzusetzen. Das geschah bisher nur selten, wurde aber bei den ECU-Treasury-Bills Großbritanniens ausdrücklich als Motiv ins Feld geführt. Tatsächlich sind ECU-Interventionen innerhalb des EWS nur dann angebracht, wenn die Währung der eingreifenden Zentralbank an einem Ende und alle anderen Mitgliedswährungen am anderen Ende des EWS-Kursbandes stehen. Von dieser seltenen Konstellation abgesehen, wären ECU-Interventionen weniger wirksam als die üblichen bilateralen Interventionen und könnten Kursspannungen innerhalb des EWS-Bandes auslösen. Darüber hinaus könnten sich auch unerwünschte Auswirkungen auf die Geldmengenentwicklung in EWS-Mitgliedsländern ergeben.

Der ECU wird als weiterhin als Korbwährung seine Bewährungsprobe an den Finanzmärkten bestehen müssen. Im Wettbewerb mit anderen Währungen hängt sein Erfolg von der Qualität und Glaubwürdigkeit der Wirtschafts- und Währungspolitik der EWS-Mitgliedsländer sowie letztlich von dem erkennbaren politischen Willen ab, die europäische Integration auch über 1992 hinaus voranzutreiben.

Mein Fazit: Der ECU wird auf dem Weg zur europäischen Währungsunion eher eine unterstützende als eine führende Rolle spielen. Diese Hilfsfunktion ist jedoch wertvoll und sollte nicht vernachlässigt werden.

4. Das Konzept für eine europäische Zentralbank

Unter den vielfältigen Aspekten der monetären Integration hat die Errichtung einer europäischen Zentralbank entschieden das größte Interesse gefunden. Dabei ist bemerkenswert − und sehr erfreulich −, daß ungeachtet der großen Meinungsunterschiede hinsichtlich des richtigen Timing und geeigneter Zwischenschritte zu diesem Ziel offenbar ein breiter Konsens über die Prinzipien besteht, die für die Ausgestaltung einer europäischen Zentralbank bzw. eines europäischen Zentralbanksystems maßgeblich sein sollen.

Sie lassen sich wie folgt zusammenfassen:

1. Die Struktur einer europäischen Zentralbank muß föderativ sein; die beiden meistgenannten Vorbilder hierfür sind das US Federal Reserve System und die Deutsche Bundesbank.
2. Die Bank muß den klaren Auftrag erhalten, mit höchster Priorität das Ziel der Preisstabilität zu verfolgen.
3. Sie muß gegenüber politischen Organen auf nationaler und Gemeinschaftsebene autonom, d.h. nicht weisungsgebunden sein.

4. Die Satzung muß ihr eindeutig die Finanzierung von Haushaltsdefiziten der Mitgliedsstaaten bzw. der Gemeinschaft untersagen.

Diese Prinzipien bedürfen natürlich jeweils näherer Erläuterung, wobei ich mich hier auf wenige Bemerkungen beschränken möchte:

zu 1.

Die föderative Struktur des Zentralbanksystems entspricht der politischen Struktur der Gemeinschaft. In diesem Sinne könnte man von einer Zentralbank der Zentralbanken sprechen. Es gibt verschiedene Möglichkeiten (auf die ich nicht eingehen werden), die Aufgaben zwischen einer zentralen Institution und den nationalen Zentralbanken sinnvoll zu verteilen. Doch sollte außer Zweifel stehen, daß die Verantwortung für die Einhaltung der obengenannten Grundsätze und damit die eigentliche Macht und Entscheidungsbefugnis der zentralen Institution zu übertragen ist. Der föderative Status muß durch die Zusammensetzung ihrer Organe gewährleistet werden. Anzunehmen ist auch, daß in der letzten Etappe der monetären Union mit einer gemeinsamen Währung den nationalen Zentralbanken nur noch sehr beschränkte Aufgaben – im wesentlichen bei der *Durchführung* der gemeinsamen Währungspolitik – überlassen bleiben.

zu 2.

Daß der Preisstabilität der absolute Vorrang zuerkannt wird, entspricht dem Bundesbank-Modell und ist, offen gesagt, die conditio sine qua non für das deutsche Einverständnis zur Schaffung einer europäischen Zentralbank. Angesichts der Erfahrungen im EWS, der Leistungsfähigkeit der deutschen Wirtschaft und des hohen Ansehens der D-Mark als Reservewährung erscheint die, wie manche meinen eigensinnige Hartnäckigkeit gerechtfertigt, mit der die Deutschen auf Preisstabilität als dem Grundziel für den gesamten monetären Integrationsprozeß bestehen. Die allgemeine Akzeptanz dieses prioritären Prinzips für die Satzung einer europäischen Zentralbank wird somit ein entscheidender Test für die Einigkeit der Gemeinschaft in den Zielen sein. Allerdings garantiert die Satzung allein natürlich noch keine vernünftige Politik; diese wird maßgeblich von der Überzeugung, der Integrität und dem Mut der führenden Persönlichkeiten der Bank abhängen.

zu 3.

Die geforderte Unabhängigkeit der neuen Institution gegenüber den Regierungen korrespondiert ebenfalls mit dem Status der Bundesbank bzw. des Federal Reserve System und steht bekanntlich in deutlichem Widerspruch zu der rechtlichen und tatsächlichen Situation der meisten übrigen Zentralbanken der Gemeinschaft. Es ist auch kein Geheimnis, daß Regierungsvertreter und Politiker in einigen Mitgliedsländern diesen Grundsatz noch nicht akzeptieren wollen, aber ich bezweifel kaum, daß er letztlich doch allgemein anerkannt wird. Ohne die verbriefte Autonomie der europäischen Zentralbank würde überdies ihre feste Verpflichtung auf das Ziel der Preisstabilität auf schwachen Füßen stehen. Sehr zu wünschen wäre, daß jene Zentralbanken, die heute mehr oder minder von den Finanzministerien abhängen, bereits in den kommenden Jahren ein ähnlicher Status verliehen würde. Doch erscheint dies keine unabdingbare Voraussetzung für den späteren Wandel zu einem europäischen Zentralbanksystem.

Autonomie ist hier natürlich nicht gleichbedeutend mit einem Handeln in „splendid isolation" und ohne Rücksicht auf die Standpunkte der Regierung. Vielmehr sollte die europäische Zentralbank gehalten sien, die allgemeinen wirtschaftspolitischen Zielsetzungen der Gemeinschaftsorgane zu unterstützen, sofern ihre prioritäre Aufgabe dadurch nicht gefährdet wird (wie das analog auch das Bundesbank-Gesetz vorsieht). Die gemeinsame Zentralbank sollte außerdem (in Anlehnung an die Praxis in den USA) in regelmäßigen Abständen dem Europäischen Parlament und eventuell dem Europäischen Rat Rechenschaft über ihre Politik ablegen.

zu 4.

Das Verbot der Finanzierung öffentlicher Budgetdefizite braucht nicht näher kommentiert zu werden, da es notwendig aus der Vorrangstellung der Preisstabilität folgt. Alle darauf ausgerichte ten Bemühungen der Zentralbank wären zwecklos, wenn die Regierungen zur Deckung ihres Finanzierungsbedarfs Zugang zur Notenpresse hätten. Einige Experten vertreten sogar die Auffassung, daß die Verwirklichung dieses vierten Grundsatzes alle anderen Bemühungen um Koordinierung der Finanzpolitiken überflüssig macht, da dann der Markt die Regierungen und Parlamente zu Haushaltsdisziplin anhalten würde. Theoretisch hat dieses Argument einiges für sich, aber es erscheint für die Praxis nicht sinnvoll – und wäre möglicherweise sogar gefährlich, denn die Märkte haben auch schon schlechte Regierungen finanziert –, die Finanzpolitik aus dem allgemeinen Koordinierungsprozeß auszuklammern, zumal dies in der letzten Phase der Integration ohnehin illusorisch wird.

Mit der Schaffung einer europäischen Zentralbank sind natürlich noch zahlreiche weitere Fragen verbunden. Welcher geldpolitischen Instrumente müßte sie sich bedienen und wie sollten Interventionen im Binnenmarkt und an den Devisenmärkten gehandhabt werden? Sollte sie auch Aufsichtsfunktionen wahrnehmen, oder sollten diese besser einer anderen Instanz übertragen werden? Wo sollte, nicht zuletzt, die Bank ihren Hauptsitz haben? Sollte gemäß dem amerikanischen Vorbild (der Federal Reserve Bank of New York) eine der nationalen Zentralbanken mit der Ausführung von Interventionen und anderen Markteingriffen betraut werden? Eine intensive Auseinandersetzung mit diesen Fragen scheint mir aber im jetzigen Zeitpunkt weder notwendig noch sinnvoll; sie könnte uns letzlich von den Grundproblemen, über die wir viel früher Klarheit und Einigung erzielen müssen, ablenken.

Es ist offensichtlich, daß das Ziel einer Wirtschafts- und Währungsunion nur durch ein schrittweises Vorgehen zu verwirklichen ist. Entsprechend haben der Delors-Ausschuß und das Europäische Parlament für diesen Prozeß im institutionellen, wirtschaftlichen und monetären Bereich einen Stufenplan erarbeitet. Zusammen mit vielen anderen bin ich der Meinung, daß Fortschritte in der monetären Integration erleichtert würden, wenn schon bald eine politische Einigung über das längerfristige Ziel der Wirtschafts- und Währungsunion zustande käme und die nötigen gesetzgeberischen Maßnahmen eingeleitet würden. Der neue EG-Vertrag sollte nach Möglichkeit von vornherein die längerfristige institutionelle Entwicklung festlegen, um beim Übergang zur jeweils nächsten Stufe erneute langwierige Verhandlungen und parlamentarische Verfahren zu vermeiden. Hierdurch bekäme der Stufen-Ansatz eine klare Richtung.

Wie immer die politische Entscheidung in dieser Frage ausfällt, in der nächsten Zukunft – in der *ersten Stufe* also – gilt es, monetäre Integrationsfortschritte im Rahmen der *bestehenden* Institutionen zu erzielen. Das bedeutet zuvorderst eine Stärkung des EWS durch die Mitgliedschaft *aller* EG-Länder im Wechselkursverbund *zu gleichen Bedingungen*; hierzu gehört insbesondere der Beitritt Großbritanniens, aber auch die Abschaffung der breiteren Marge für Spanien. Der Spielraum für weitere *strukturelle* Verbesserungen des EWS ohne Abschluß eines neuen Vertrages scheint nach den Basel/Nyborg-Vereinbarungen der Notenbanken von 1987, die ein flexibleres Wechselkursmanagement, die erleichterte Finanzierung von intramarginalen Interventionen und eine gemeinsame Überwachung von Wirtschafts- und Währungsentwicklungen vorsehen, praktisch ausgeschöpft. Der von den Franzosen unterbreitete und interessanterweise auch von Großbritannien unterstützte Vorschlag eines verstärkten Einsatzes der verschiedenen EG-Währungen für Interventionen und ihrer gegenseitigen Einbeziehung in die Währungsreserven der Notenbanken stößt bei der Bundesbank auf Widerstand. In der Tat könnte eine solche Reform beim derzeitigen Integrationsstand die Ausrichtung des EWS am vereinbarten Grundziel der „Stabilitätsgemeinschaft", die heute durch die selbst auferlegte Disziplin eines eingeschränkten Interventionspotentials gesichert wird, schwächen. Damit sind wir wieder beim Problem der ungewollten Vorherrschaft der D-Mark und der „Asymmetrie" der gegenwärtigen Funktionsweise des EWS. Seine wahre Lösung liegt offenkundig darin, daß die anderen EWS-Währungen den gleichen Stabilitätsgrad wie die D-Mark erlangen. Angesichts der jüngsten Entwicklung des französischen Franc und vor allem der Benelux-Währungen bestehen hierfür auch gute Aussichten.

In der ersten Phase des monetären Integrationsprozesses bringt uns die Schaffung des einheitlichen Finanzmarktes bereits ein gutes Stück voran; die unwiderrufliche Liberalisierung des Kapitalverkehrs ist entscheidend für seinen weiteren Fortgang, ja eine unabdingbare Voraussetzung für jegliche weiterführenden Schritte.

Die vereinbarte völlige Liberalisierung der Kapital- und Devisentransaktionen macht ihrerseits, wie schon erwähnt, eine erheblich verstärkte Koordinierung der monetären Politiken unumgänglich. Als geeignetes Forum für eine solche vertiefte Kooperation, deren Möglichkeiten und Grenzen ich an anderer Stelle aufgezeigt habe, bietet sich der Ausschuß der Zentralbankpräsidenten an. Er sollte deutlicher in Erscheinung treten und sein Gewicht und seine Sachkompetenz in der allgemeinen wirtschaftspolitischen Diskussion der Gemeinschaft zur Geltung bringen.

An dieser Stelle sei noch kurz auf einen Alternativ-Vorschlag für die erste Phase der verstärkten währungspolitischen Kooperation eingegangen, der hauptsächlich von französischer Seite bevorzugt wird. Sein Kerngedanke ist die Schaffung eines europäischen Reservefonds, dem die Zentralbanken der am Wechselkursmechanismus teilnehmenden Länder einen Teil ihrer Reserven zuführen und mit dessen Hilfe sie gemeinsame Devisenmarktinterventionen tätigen sollen. Dieser gemeinsame Reservefonds wäre als Vorläufer einer europäischen Zentralbank anzusehen. Die Gegner dieses Ansatzes, zu denen auch die Deutsche Bundesbank gehört, befürchten unter anderem, daß dabei externe (Wechselkurs-)Erwägungen zu Lasten interner Anpassungserfordernisse zu stark in den Vordergrund rücken könnten.

Unter diesem Aspekt erscheint mir der Vorschlag tatsächlich verfrüht. Doch ist zweifellos richtig, daß eine enge Abstimmung der Devisenmarktinterventionen und im weiteren Verlauf auch eine Zusammenlegung der Währungsreserven notwendige und wichtige Schritte auf dem Weg zur Währungsunion sind.

Die politischen Bedingungen für einen Übergang zur *zweiten Stufe* des monetären Einigungsprozesses sind erfüllt, sobald die Parlamente der EG-Mitgliedsländer die einschlägigen gesetzlichen Bestimmungen bzw. einen umfassenden neuen Vertrag ratifiziert haben. Der Weg wäre dann frei für die Errichtung des

„Rohbaus" eines Europäischen Zentralbanksystems (EZBS), der die bestehenden nationalen Zentralbanken und eine neu zu schaffende Institution auf Gemeinschaftsebene umfaßt. Die operationellen Aufgaben dieses neuen Zentralinstituts wären zunächst eng begrenzt: Neben der Übernahme der Funktionen des z.Zt. von die BIZ verwalteten Fonds für Währungspolitische Zusammenarbeit sind Aktivitäten an den Devisenmärkten oder in bezug auf den ECU denkbar. Viel wichtiger wäre jedoch die Einsetzung der leitenden Gremien, insbesondere eines Zentralbankrats (oder Offen-Markt-Ausschusses), in dem die nationalen Zentralbankgouverneure zusammen mit Mitgliedern des Direktoriums der neuen Institution vertreten wären. Dem Direktorium sollten einige hochqualifizierte Persönlichkeiten angehören, die vom Europäischen Rat auf Vorschlag der Zentralbankgouverneure zu ernennen wären. Der Zentralbankrat müßte einen Prozeß der gemeinsamen Entscheidungsfindung einleiten, obwohl die nationalen Instanzen jeweils die letzte Verantwortung für die monetäre Politik in ihren Ländern behalten würden. Aber schon zu diesem Zeitpunkt sollten die formellen Beziehungen der neuen Zentralbank bzw. ihrer Repräsentanten zu den anderen Gemeinschaftsorganen hinsichtlich ihrer Berichtspflichten und Konsultationsaufgaben fest etabliert werden; auch könnte sie die Gemeinschaft bei internationalen Organisationen oder Kooperationsvereinbarungen vertreten.

Im Rahmen des EWS sollten während dieser zweiten Übergangsphase zur Währungsunion die Schwankungsbreiten im Wechselkursmechanismus allmählich verringert werden, während die Leitkurse im Prinzip noch veränderbar bleiben. Wie rasch der Abbau der Schwankungsmargen und die Annäherung an die Bedingungen einer Währungsunion gelingt, hängt natürlich von den Fortschritten in der Konvergenz der wirtschaftlichen Entwicklung in der Gemeinschaft ab. Im Bereich der Finanz- und Wirtschaftspolitik, die in der zweiten Integrationsphase auch noch in nationalstaatlicher Verantwortung bleiben würden, ist eine Notwendigkeit größerer institutioneller Veränderungen zur Vorbereitung der Währungsunion weniger offenkundig als im monetären Sektor. Bemerkenswert ist immerhin, daß Otmar Franz in seinem Bericht für das Europäischen Parlament zur Entwicklung der europäischen Währungsintegration die Schaffung eines Wirtschafts- und Finanzrates vorgeschlagen hat.

Wenn schließlich mit dem Eintritt in die *dritte Phase* des Integrationsprozesses der Sprung in die *vollständige* Währungsunion mit allen beschriebenen Konsequenzen gewagt wird, kann es selbstverständlich nur noch eine einzige monetäre Politik für alle Mitgliedsländer geben. Geldpolitische Entscheidungen sind dann von den verantwortlichen Gremien der europäischen Zentralbank zu treffen, könnten aber größtenteils weiterhin von den nationalen Mitgliedsbanken des EZBS durchgeführt werden. Im größeren internationalen Rahmen bedarf es selbstverständlich einer einheitlichen Haltung bezüglich der Relationen des ECU und der eventuell noch „koexistierenden" einzelnen EG-Währungen gegenüber Drittwährungen. Offenkundig müssen bis dahin auch Vorkehrungen für einen gemeinsam festzulegenden konsistenten Kurs der nationalen Finanzpolitiken getroffen sein, die ohne umständliche Prozeduren Entscheidungen über den angemessenen makroökonomischen policy-mix für die Wirtschafts- und Währungsunion im Ganzen erlauben.

Eine erhebliche Erschwernis auf dem Weg zu Währungsunion sind die beträchtlichen strukturellen Unterschiede zwischen den einzelnen Mitgliedsländern der Gemeinschaft. Wie im Weltrahmen, gibt es auch in der EG ein ungelöstes „Nord-Süd-Problem", wobei der Süden hier hauptsächlich durch Griechenland und Portugal repräsentiert wird, während Spanien gegenüber den reicheren Nachbarn im Norden bisher schon sehr erfolgreich „aufgeholt" hat. Auch Irland muß zu den Ländern mit einer schwächeren Wirtschaftsstruktur gezählt werden.

In der Frage, ob die regionalen Disparitäten in bezug auf Infrastruktur, Produktivität, Einkommen, Ersparnisbildung und Wohlstand im Zuge des Integrationsprozesses eher ab- oder zunehmen werden, klaffen die Lehrmeinungen deutlich auseinander. Die letztere These basiert auf der Annahme, daß das Kapital in Länder mit hoher Produktivität fließen wird – nach dem Motto „die Reichen werden reicher" –, die erstere geht davon aus, daß niedrigere Löhne und andere komparative Vorteile eine hohen Anziehungskraft für Investitionen in den weniger entwickelten Regionen entfalten werden. Meiner Meinung nach werden beide Anreize zum Tragen kommen – ein Land wie Spanien könnte sogar von beiden profitieren. Aber im Endeffekt scheint mir eine weitgehende Aufhebung der regionalen Unterschiede im Verlauf der nächsten Jahre unwahrscheinlich. Mit anderen Worten: Das Problem wird uns weiter begleiten, auch wenn es – so ist zu hoffen – an Schärfe verliert. Viel wird natürlich von dem allgemeinen wirtschaftlichen und politischen Klima in den jeweiligen Ländern abhängen.

Die Hauptsorge der schwächeren Länder ist bekannt: Je näher die unwiderrufliche Festlegung der Wechselkurse rückt, umso weniger steht das Wechselkursinstrument für die Anpassung bei regionalen Ungleichgewichten zur Verfügung – mit der Folge, daß Unterschiede in der Wettbewerbsfähigkeit oder externe Schocks voll auf ihre Wachstums- und Beschäftigungssituation durchschlagen. Allerdings ist auch diese Argumentation nicht unumstritten. In vielen Fällen ist es sehr fraglich, ob eine Abwertung der jeweiligen Währung überhaupt die richtige Therapie wäre. Flexible Einkommens- und Finanzpolitiken, gepaart mit angebotsorientierten Maßnahmen zur Verbesserung der Wirtschaftsstruktur, könnten z.B. der Korrektur von Ungleichgewichten wesentlich dienlicher sein; und solange der Endzustand der Währungsunion noch nicht erreicht ist, könnte der notwendige Anpassungsprozeß mittels relativ kleiner Zinsveränderungen erleichtert werden. Erfahrungen in den hochindustrialisierten Ländern belegen dies mehrfach. Dennoch sollten wir damit rechnen – und es respektieren –, daß die schwächeren Mitgliedsländer von der Gemeinschaft besondere Anstrengungen verlangen werden, um dem Problem ihres Rückstands in der wirtschaftlichen Entwicklung abzuhelfen.

In diesem Zusammenhang ist manchmal von einem Europa der „zwei Geschwindigkeiten" die Rede. Ich glaube, wir müssen ganz deutlich zwischen zwei verschiedenen Auslegungen dieses Konzepts unterscheiden. Als politisches Programm erscheint es mir unannehmbar. Eine solche Unterteilung der Gemeinschaft würde die Einigkeit über das anzustrebende Endziel untergraben oder zumindest den Entscheidungsprozeß aufs äußerste erschweren. Andererseits wäre es eine Illusion zu glauben, daß sämtliche Mitgliedsländer die notwendigen Voraussetzungen für eine Vollmitgliedschaft in der Wirtschafts- und Währungsunion in der gleichen Zeitspanne erfüllen können.

Ich halte es deshalb für ratsam, für bestimmte Länder individuelle Übergangslösungen vorzusehen, wie sie beispielsweise im Bereich der Kapitalliberalisierung und − vielleicht schon zu lange − im Wechselkursmechanismus bereits praktiziert werden. Solange der letzte Schritt zu einer einheitlichen europäischen Währung noch nicht vollzogen ist, könnte es z.B. einzelnen Mitgliedsländern noch gestattet werden, ihre Paritäten in besonderer Situation zu ändern. Es wäre natürlich besser, wenn Finanztransfers aus den gemeinschaftlichen Strukturfonds diesen Ländern in den kommenden Jahren helfen könnten, ihre wirtschaftlichen Leistungs- und Wohlstandsdefizite so weit abzubauen, daß besondere Wechselkursvereinbarungen entbehrlich würden. Mit den Beschlüssen des Brüsseler Gipfels vom Februar '88 haben alle EG-Regierungen ihre Bereitschaft zur Unterstützung dieses Prozesses gezeigt.

Entscheidend ist freilich bei alledem, daß sich die betroffenen Länder selbst in ihrer Wirtschaftspolitik nach Kräften um eine Stärkung ihrer Wirtschaftsstruktur und Wettbewerbsfähigkeit bemühen, anstatt von einer Art Dauersubventionierung oder Sonderbehandlung abhängig zu werden, die vom gewünschten Ergebnis eher wegführen und in einem Verlust an Ansehen und Gewicht in der Gemeinschaft enden würden.

Ergänzend sei hier noch angefügt, daß ich das britische Problem in diesem Kapitel bewußt nicht angesprochen habe. Dahinter stehe meine persönliche Überzeugung, daß im Falle Großbritanniens und der „Kernländer" auf dem Kontinent ein Lösungsansatz der „zwei Geschwindigkeiten" bei der endgültigen Errichtung der Wirtschafts- und Währungsunion keinesfalls in Betracht kommen sollte. Das schließt gewisse Tempoverschiebungen in den Übergangsphasen nicht von vornherein aus, obwohl ich hoffe, daß Großbritannien dem Wechselkursmechanismus bald beitritt und sein ganzes Gewicht − und vor allem auch seine liberale Philosophie − in die Planung und Gestaltung des Weges zur Währungsunion mit einbringt.

5. Die Bedeutung für das internationale Währungssystem – mehr Unabhängigkeit vom Dollar?

Den Bemühungen, die monetäre Integration in Europa voranzutreiben, liegt bei einer Reihe von Protagonisten vor allem der Wunsch nach größerer Unabhängigkeit vom Dollar zugrunde. Zwar datiert diese Einstellung aus einer Zeit, als die US-Politik noch den Eindruck eines „benign neglect" bezüglich der Stabilität des internationalen Währungssystems hinterließ und es zu übersteigerten und unberechenbaren Wechselkursschwankungen des Dollar kam. Doch wird diese Meinung ungeachtet der Verbesserungen im Bereich der internationalen Währungskooperation auch heute noch teilweise vertreten. In einigen EG-Ländern besteht immer noch eine gewisse – mehr oder weniger emotional bedingte – „Animosität" gegenüber der anhaltenden Vorherrschaft des Dollar, und ähnliches gilt für manche Kreise in Osteuropa und der UdSSR. Vor diesem Hintergrund werden an den Gedanken, den ECU schon bald zu einer starken europäischen Währung zu manchen, große Hoffnungen geknüpft.

Ich habe bereits ausgeführt, weshalb ich den kurzfristigen Zeithorizont derartiger Vorstellugen für unrealistisch halte. Abgesehen davon glaube ich, daß der Wunsch nach größerer Unabhängigkeit vom Dollar als Motiv für die europäische Währungsintegration leicht in die Irre führen kann. Erstens ist es in meinen Augen eine Fehleinschätzung zu glauben, die Probleme des internationalen Währungssystems ließen sich allein durch den Einsatz einer neuen europäischen Währung anstelle der D-Mark, des Pfundes oder einer anderen nationalen Währung lösen. Mittels eines solchen Schritts könnten zwar durch Dollarfluktuationen bedingte Spannungen *innerhalb* des EWS vermieden werden, größere Stabilität in Relation zum Dollar und anderen Währungen wäre damit aber noch nicht gewährleistet. Zweitens ist zu betonen, daß das *primäre* Motiv für eine weitere Stärkung des EWS und seinen schrittweisen Ausbau zu einer Währungsunion die Schaffung einer großen Zone monetärer Stabilität mit einer entsprechend starken gemeinsamen Währung ist. Erst wenn dieses Ziel erreicht ist, kann es zu der erwünschten größeren Unabhängigkeit kommen – als Konsequenz einer erfolgreichen monetären Integration und nicht als ihr Beweggrund.

Eine wichtige Klarstellung scheint hier allerdings am Platze: Größere Unabhängigkeit vom Dollar heißt nur, daß eine breitere weltweite Verwendung des neuen ECU die Auswirkungen von Dollarschwankungen auf die Handels- und Investitionstätigkeit in Europa und anderen Ländern *vermindern* würde. Selbstverständlich aber würde das Risiko solcher Schwankungen für viele Unternehmer und Privatpersonen keineswegs entfallen. An der globalen Stabilisierungsaufgabe, die z.Zt. mit beachtlichem Erfolg im Rahmen der Gruppe der Sieben und des IWF verfolgt wird, würde sich im Prinzip nichts ändern. Sie würde dann auf eine „Gruppe der Drei", die die drei voraussichtlichen Währungszonen Dollar, Yen und ECU repräsentiert, übergehen. Die für diese Währungsblöcke verantwortlichen Regierungen und Notenbanken müßten sich der Herausforderung stellen, in einem wahren „Stabilitätswettbewerb" die Notwendigkeit von Wechselkursänderungen fortlaufend zu verringern und so letztlich die Rückkehr zu einem formellen System stabiler Wechselkurse ermöglichen. Das ist ohne Zweifel „Zukunftsmusik", doch könnte eine starke europäische Währungsunion eine solche Entwicklung entscheidend fördern.

Wie immer die weiteren monetären Integrationsschritte und ihr konkreter Zeitplan letztlich aussehen werden: wir dürfen den kraftvollen Elan, den wir der Vision vom Europa 1992 verdanken, nicht erlahmen lassen. Dabei sollten wir uns stets vor Augen halten, daß das Europa, das die meisten von uns gemeinsam bauen wollen, eine Region der wirtschaftlichen Stärke und der monetären Stabilität sein muß; anderenfalls wäre es nicht der großen Mühen wert.

Für Europa nur ein harter Ecu

Rainer Hellmann

Der dritte Anlauf zur Wirtschafts- und Währungsunion und damit zu einer europäischen Währung, den Europa Mitte 1990 nehmen will, kann nur erfolgreich sein, wenn von Anfang alle Teilnehmer sich über das Ziel einig sind: Die angestrebte zukünftige Gemeinschaftswährung Ecu wird so gut und so stabil wie die beste Währung der Gemeinschaftsländer sein, oder es wird nie eine Gemeinschaftswährung geben. Vor zwanzig Jahren, als der Werner-Plan einer ersten Wirtschafts- und Währungsunion und einer Währungsschlange konzipiert wurde, war die Zeit für solche harten Aussagen noch nicht reif.

Vor zehn Jahren, als das Europäische Währungssystem anlief, wurde mehr an einen Wechselkursmechanismus zur Verringerung der übermäßigen Wertschwankungen der Währungen der siebziger Jahre gedacht als an das Endziel einer gemeinsamen stabilen Währung. Die vom Dollar ausgehende Instabilität der Wechselkurse war so beunruhigend, daß selbst für die Gemeinschaft das Ziel einer gemeinsamen soliden Währung in die Ferne rückte.

Die Erfahrungen, die Europa mit der Währungsschlange und mit dem Europäischen Währungssystem gemacht hat und die Einheitliche Europäische Akte mit dem Ziel der Europäischen Union fordern jetzt dazu heraus, mehr Klarheit über die Finalität eines neuen Anlaufs zur Wirtschafts- und Währungsunion anzustreben.

Die Einheitliche Europäische Akte hat für die Verwirklichung des Binnenmarktes die Erleichterung der Mehrheitsbestimmung im Rat gebracht, außer bei der Sozial- und der Steuerharmonisierung. Für die Wirtschafts- und Währungsunion, ohne die der

Rainer Hellmann, VWD

Binnenmarkt ein Schilfrohr in wechselnden internationalen Währungswinden bleiben wird, wird das Einstimmigkeitserfordernis im Rat nicht nur beibehalten. Die Einheitsakte schreibt darüber hinaus vor, daß alle institutionellen Änderungen der Ratifizierung durch die nationalen Gesetzgeber bedürfen. Mit anderen Worten: Die Parlamente als Volksvertreter aller Mitgliedstaaten müssen dem Übergang zu den entscheidenden Stufen einer Währungsunion zustimmen. Die Parlamente der Hartwährungsländer in der EG, insbesondere diejenigen in Bonn und in Den Haag, würden jedoch niemals dem Übergang zu einer Gemeinschaftswährung zustimmen, von der man nicht erwarten könnte, daß sie ebenso hart wie die Deutsche Mark oder der Gulden ist.

Man mag bedauern, daß der Weg zur einheitlichen Währung so steil gestaltet wurde. Aber es war besser, diese schwierige Wegführung von Anfang an vorzusehen, als eine auf das Endziel schlecht vorbereitete Kolonne auf eine leichtere Anfangsstrecke zu locken, obwohl sie mit ihrer schlechten Ausrüstung den steilen Endpfad zum Gipfel nicht bewältigen könnte. So weiß jeder, daß kein Weg zur Europäischen Währung an der steilen Klippe der parlamentarischen Zustimmung durch die zwölf Hauptstädte vorbeiführt.

Mit der Einheitsakte ist gesichert, daß den Bürgern und Völkern der Mitgliedstaaten über die europäische Einigung keine Währung aufgezwungen wird, die Anlaß zur Befürchtung gibt, daß sie sich schlechter als die eigene entwickelt. Damit wird die beste Währung der Mitgliedstaaten zum Vorbild für die zukünftige europäische erhoben. In der Tat, so wie nur die besten Umweltstandards und die zuverlässigsten Sicherheitsbestimmungen am Arbeitsplatz zur europäischen Norm erhoben werden können, so haben alle europäischen Bürger und nicht nur die Bürger der derzeit mit einer harten Währung ausgestatteten Länder im zukünftigen Europa Anrecht auf eine stabile Währung, auch wenn ihre Regierung sie sie ihnen heute noch nicht garantieren kann. Ein Europa, das auf dem Inflationsbetrug beruht und das seinen Haushalt über die Geldentwertung seiner Bürger finanzieren wollte, würde kein Vertrauen verdienen.

Ein harter zukünftiger Ecu, der mindestens so gut wie die beste derzeitige Währung sein muß, kann deshalb nicht der derzeitige Korb-Ecu sein. Dieser Ecu setzt sich aus Bestandteilen der Währungen der zwölf Mitgliedstaaten entsprechend deren Wirtschaftskraft zusammen. Er kommt deshalb in Härte und Güte ziemlich genau dem gewogenen Durchschnitt aller Währungen gleich. Der Durchschnitt ergibt sich jedoch als eine Resultante. Er ist schon definitionsgemäß nicht zum Beispielgeben und Führen geeignet. Die Bürger der Hartwährungsländer würden ihre Währung nicht mit einer nur eine durchschnittliche Euro-Stabilität aufweisenden neuen europäischen Währung vertauschen.

Der derzeitige Korb-Ecu kann auch deshalb nicht europäische Zukunftswährung sein, weil er sich aus den zwölf Währungen der Mitgliedstaaten zusammensetzt, d.h. auf Währungen beruht, die er ersetzen soll. In dem Moment, in dem der Ecu nicht nur als Parallelwährung, sondern als endgültige und einzige Währung an die Stelle der zwölf derzeitigen Währungen treten soll, kann er nicht mehr auf diesen beruhen. Er muß eine eigenständige Währung sein, die von Gemeinschaftsorganen verwaltet wird.

Hieraus ergeben sich Forderungen nach einer soliden Struktur des zukünftigen europäischen Zentralbanksystems, das unabhängig von Weisungen der nationalen Regierungen und Parlamente sowie der EG-Kommission, des Rats und des Europäischen Parlaments bleiben muß. Aus dem Erfordernis eines harten Ecu, der nicht länger über die bestehenden nationalen Währungen definiert werden kann, sondern durch eine europäische Zentralbankorganisation verwaltet und knapp gehalten werden muß, leiten sich die hohen Anforderungen von selbst ab, die an die Unabhängigkeit des Organs gestellt werden müssen.

Der derzeitige Ecu kann deshalb nur Vorläufer des zukünftigen harten Ecu sein. Am Tag der Umstellung von dem heutigen „provisional Ecu", der dann als Pecu in die Geschichte eingehen wird, wird der Wert eines Pecu demjenigen eines neuen Ecu entsprechen und der Pecu wird den Weg für den neuen harten Ecu freigeben.

Nutzen und Wert des derzeitigen Ecu als Rechnungseinheit und Einübungsinstrument in eine echte europäische Währung dürfen keineswegs unterschätzt werden. Nur konnte der Korb-Ecu keine Führungsrolle als Leitwährung des EWS übernehmen. Die

Länder mit weicheren Währungen müssen sich über den Wechselkursmechanismus des EWS, dessen Bandbreite schrittweise einzuengen ist, ohnehin an der härtesten Währung im System, der DM, und nicht am Durchschnitt des derzeitigen Ecu ausrichten. Der Idealweg zum neuen Ecu würde begangen, wenn sich bereits im EWS alle Währungen bis zum Stichtag der Umstellung unter schrittweisem Verzicht auf Leitkursänderungen und gleichzeitiger Einengung der Schwankungsbreiten an der stärksten Währung ausrichteten. Dadurch würde die Umstellung am Stichtag problemlos vor sich gehen. Genau wie jetzt bereits bei der alle fünf Jahre vorgenommenen Korbrevision des Ecu die Kontinuität des alten zum neuen Ecu-Korb gewahrt wird, so soll dies auch durch eine Umstellung, eines Pecu gleich eines neuen Ecu geschehen. Das auch im Delors-Bericht klar ausgesprochene Erfordernis der Kontinuität gibt dem derzeitigen Ecu-Markt die Beständigkeit und die Sicherheit, deren er zur weiteren Entfaltung bedarf.

Das Ziel, von dem vorläufigen Ecu zum endgültigen Ecu überzugehen, ist heute für diejenigen, die ernsthaft eine europäische Währung anstreben, vorgezeichnet. Die Debatte kann nur noch über die Mittel und den Weg gehen, wie man am besten zum angestrebten Ziele gelangen kann. Noch vor zwei Jahren war die Lage viel unübersichtlicher. Befürworter und Gegner des Ecu standen sich dogmatisch gegenüber, ohne sich immer klar darüber zu sein, ob sie sich über den derzeitigen Korb-Ecu oder eine künftige echte Ecu-Währung stritten.

Wenn innerhalb nur eines Jahres Klarheit über den derzeitigen Ecu und den Ecu der Zukunft geschaffen wurde, so ist dies nicht zuletzt drei innerhalb kurzer Fristen erstellten grundlegenden Berichten zu danken. Den Weg wies zunächst ein im Frühjahr 1988 erschienener Bericht des Brüsseler Center for European Policy Studies (CEPS), das sich mehr und mehr zu einem Vordenker für die in der Tagesroutine begangenen Gemeinschaftsorgane entwickelt hat. CEPS-Studien werden von der von Jacques Delors geführten EG-Kommission immer stärker beachtet. Der dänische Währungsexperte Niels Thygesen und der deutsche mit Bundesbankerfahrung ausgestattete Ökonom Daniel Gros machten im CEPS-Bericht über die Zukunft des EWS deutlich, daß der Ecu als Korbdurchschnitt nicht geeignet ist, das EWS zu einer fortgeschrittenen Stufe einer Währungsunion zu führen. Thygesen und Gros stellten auch erstmals die Forderung nach einem operationell unabhängigen Zentralbanksystem auf und betonten die Notwendigkeiten, den Zentralbanken der Mitgliedstaaten jetzt bereits im Hinblick auf das Endziel größere Unabhängigkeit von den Regierungen in den Ländern zuzugestehen, wo diese ihnen bisher nicht gewährt wird.

Den parlamentarischen Durchbruch schaffte ein Jahr später, im April 1989, die Verabschiedung eines im Namen des Ausschusses für Wirtschaft, Währung und Industriepolitik des Europäischen Parlaments vom deutschen CDU-Europaabgeordneten Dr. Otmar Franz erstellten Berichts über „die Entwicklung des europäischen Währungssystems". In der vom Plenum gebilligten Entschließung zum Franz-Bericht ist die Ablösung des derzeitigen Korb-Ecu durch einen Ecu als gesetzliches Zahlungsmittel der Europäischen Währungsunion ausdrücklich vorgesehen. Der Ecu soll von einer nicht weisungsgebundenen europäischen Zentralbank verwaltet werden. Zm vorläufigen Ecu stellt der Bericht klar, daß „eine derart unsichere Korbwährung als Parallelwährung von den Bürgern und Unternehmen in der Gemeinschaft auf Dauer nicht akzeptiert werden wird, zumal ihre Stabilität geringer ist als die Stabilität der stärksten Währung des Währungskorbes. Der Bericht fährt fort: „Eine künftige europäische Währung kann deshalb keine Korbwährung sein. Eine Korbwährung wird auch durch verstärkte Verwendung nicht zu einer einheitlichen Europäischen Währung führen können. Eine Europäische Währung wird sich nur durchsetzen und aus Stabilitätsgründen angenommen werden, wenn sie von einer Europäischen Zentralbank ausgegeben und kontrolliert wird und als alleiniges gesetzliches Zahlungsmittel in der Europäischen Währungsunion umläuft." Daß das Europäische Parlament sich hinter die Entschließung des Franz-Berichts gestellt hat, zeigt deutlich den Fortschritt im währungspolitischen Denken der letzten Jahre.

Ebenfalls im April 1989, nahezu gleichzeitig mit der parlamentarischen Entschließung, konnte der unter Vorsitz von Jacques Delors stehende und im Juni 1988 vom Europäischen Rat der Staats- und Regierungschefs in Hannover eingesetzte „Ausschuß zur Prüfung der Wirtschafts- und Währungsunion" seinen Abschlußbericht fertigstellen. Dieser Bericht wurde zum Basisdokument der Madrider Tagung des Europäischen Rats von Ende Juni 1989, die sich für den Beginn der ersten Stufe der Union zum 1. Juli 1990 aussprach.

Der aus den Notenbankgouverneuren der Mitgliedstaaten, zwei Mitgliedern der EG-Kommission (Jacques Delors und Frans Andriessen) sowie drei unabhängigen Sachverständigen (Alexandre Lamfalussy, Miguel Boyer und Niels Thygesen) bestehende Ausschuß sprach dem Ecu das Potential zu, zu einer gemeinsamen Währung entwickelt zu werden. „Dies würde bedeuten, daß der Ecu aus einem Währungskorb zu einer echten Währung umgewandelt würde", heißt es in Ziffer 46 des Berichts. Auch dieser Bericht hält ein dem Ziel der Preisstabilität verpflichtetes, mit föderativer Struktur gestaltetes, von Weisungen der nationalen Regierungen und der Gemeinschaftsorgane unabhängiges europäisches Zentralbanksystem für notwendig. Es soll die von den zuständigen Instanzen beschlossene Wirtschaftspolitik unterstützen (Ziffer 32), jedoch dabei keinen Weisungen unterliegen.

Mit der Weisungsungebundenheit einer zukünftigen europäischen Zentralbank tun sich derzeit nicht nur die Länder mit einem eher dirigistischen wirtschaftspolitischen Erbe, wie Frankreich, sondern auch das von einer konservativen Regierung geführte Großbritannien noch schwer. Dennoch dürfte nach den Vorarbeiten der drei Berichte Klarheit darüber geschaffen sein, daß nur ein harter Ecu zur europäischen Währung werden kann und daß es zur Erhaltung eines harten Ecu einer Zentralbank bedarf, die nicht an Weisungen von Organen gebunden sein darf, die ein begieriges Auge auf die von der Zentralbank gehütete Notenpesse werfen können, um ihren eigenen Haushalt zu decken.

Die Staats-und Regierungschefs der EG-Staaten haben sich auf der Tagung des Europäischen Rats Ende Juni 1989 in Madrid anhand der geleisteten Vorarbeit für die Einleitung eines Prozesses ausgesprochen, der in Etappen zur Wirtschafts- und Währungsunion führen soll. Bei der Verwirklichung soll drei wichtigen Grundsätzen Rechnung getragen werden: Der Parallelität zwischen wirtschafts- und währungspolitischen Aspekten, der Achtung des Grundsatzes der Subsidiarität und der Wahrung der Verschiedenheit der spezifischen Situationen der Mitgliedstaaten. Mit der Anerkennung des Grundsatzes der Parallelität haben die Regierungschefs selbst die unrealistische Krönungstheorie ad acta gelegt. Nach ihr sollte eine vollständige Harmonisierung der Wirtschaftspolitik und die Konvergenz der Wirtschaften der Mitgliedstaaten erreicht sein, bevor mit der Währungsunion ernst gemacht werden kann.

Die Regierungen sind gefordert, wenn im 2. Halbjahr 1990 eine Regierungskonferenz zur Revision des EWG-Vertrages im Hinblick auf die der ersten folgenden Stufen der Wirtschafts- und Währungsunion einberufen wird. Dann wird es eines qualitativen Sprungs bedürfen, um von der Währungsschlange des Werner-Plans der siebziger Jahre über das Europäische Währungssystem der achtziger Jahre zum Ziel einer wirklichen Wirtschafts- und Währungsunion in den neunziger Jahren zu gelangen. Nur mit einer europäischen Währung wird der Binnenmarkt seine volle Wirkung entfalten können.

Die Bedeutung des Ecu für die Europäische Investitionsbank

Ernst-Günther Bröder

1978 wurde mit dem Beschluß zur Schaffung des Europäischen Währungssystems (EWS) der zweite Anlauf zu einer Währungsintegration in der Gemeinschaft unternommen. Gleichzeitig wurde, basierend auf der Korbkonstruktion der Europäischen Rechnungseinheit (ERE), der Ecu geschaffen. Die ERE war die erste Rechnungseinheit, in welcher die EG-Kommission und die EIB Ende 1975 bei einer Reihe von Banken Konten anlegten, über die der Zahlungsverkehr beider Institutionen unmittelbar in ERE und nicht in verschiedenen Währungen abgewickelt wurde. Diese Transaktionen hatten einen geringen Umfang. Nach dem Inkrafttreten des EWS am 13. März 1979 trat der Ecu aufgrund einer Verordnung des Rates der Europäischen Gemeinschaften mit Wirkung vom 1. Januar 1981 in allen Rechtsakten der Gemeinschaft an die Stelle der ERE. Am 13. Mai 1981 beschloß der Rat der Gouverneure der EIB, – rückwirkend vom 1. Januar 1981 – den Ecu als satzungsmässige Rechnungseinheit der Bank zu verwenden. Erstmals wurde der Jahresabschluß der EIB per 31. Dezember 1981 in Ecu präsentiert. Technische Schwierigkeiten bereitete dies nicht, da ERE und Ecu gleich definiert waren. Obwohl die EIB seit ihrer Gründung im Jahre 1958 für ihre Rechnungslegung und die Darstellug ihrer Tätigkeit verschiedene Rechnungseinheiten benutzt hatte, wurden bis Ende 1975 Wertübertragungen immer nur in nationaler Währung vorgenommen. Heute sind Kontenbewegungen in Ecu nicht nur in der Gemeinschaft, sondern im Geschäftsverkehr der EIB in vielen anderen Ländern üblich.

Der Ecu als Recheneinheit stellt eine glückliche Lösung für die Rechnungslegung einer supranationalen Institution wie der EIB

Dr. Ernst-Günther Bröder, Präsident der Europäischen Investitionsbank

dar. Da die EIB nicht einem nationalen Währungsbereich angehört, suchte sie von Anfang an eine Lösung für das Problem einer passenden Rechnungseinheit. Aufgrund ihres europäischen
Geschäftsbereiches und ihrer Kapitaleigner konnte die Lösung
nicht in einer nationalen Währung, sondern nur in einer europäisch dimensionierten Einheit bestehen. Die gemachten Erfahrungen können richtungsweisende Hinweise geben für Privatun-
ternehmen mit zunehmend europäischem Charakter. Unternehmen, die einen wachsenden Anteil ihres Ertrages außerhalb der
nationalen Grenzen erzielen, werden in ihren Ergebnissen besonders stark von Wechselkursschwankungen betroffen. In
Schwachwährungsländern tragen Gewinne in Fremdwährungen
zu einer Erhöhung des Gesamtergebnisses in nationaler Währung bei und umgekehrt in Starkwährungsländern. Um sich internationalen Investoren zu präsentieren, erstellen bereits einige
stark europäisch ausgerichtete Firmen ihre Bilanz und Ergebnis-
rechnung auch in Ecu. Der Vorteil besteht darin, daß für Investoren in allen Ländern der Gemeinschaft aufgrund der Korb-
konstruktion des Ecu durch Währungsschwankungen bedingte
Ergebnisfluktuationen geglättet werden und die Ertragsentwick-
lung dadurch im Zeitablauf stabiler ausfällt als in nationaler
Währung. Die positive Erfahrung der EIB in diesem Bereich läßt
den Schluß zu, daß sich im Zuge der Marktintegration in der Gemeinschaft dieser Trend durchaus verstärken könnte.

Die EIB erhielt schon in der Anfangsphase des EWS Zahlungen
in Ecu aus dem Gemeinschaftshaushalt. Dabei handelte es sich
um den aktualisierten Betrag von Zinszuschüssen in Höhe von 3
Prozentpunkten auf Darlehen für bestimmte Investitionsvorha-
ben in Italien und Irland. Diese (zeitlich und betragsmäßig begrenzte) Förderungsmaßnahme war Teil der Entschließung des
Europäischen Rates vom 5. Dezember 1978 über die Errichtung
des EWS. Der EIB flossen daraus in den Jahren 1979−1983 667
Mio Ecu zu. Sie war so über eine gewisse Zeit die wichtigste
Quelle für das Angebot an privaten Ecu auf dem Geldmarkt, der
sich vor dem Ecu-Kapitalmarkt entwickelte.

Inzwischen ist der private Ecu-Geld- und Devisenmarkt stark an-
gewachsen. Der sehr kurzfristige Marktbereich weist ein erhebliches Volumen aus, während Einlagen mit einer Laufzeit von

über einem Jahr kaum vorkommen. Im April 1981 wurde die erste Ecu-Anleihe emittiert, und der Ecu-Kapitalmarkt entwickelte sich danach zügig. Das jährliche Volumen öffentlicher Ecu-Anleihen in nationalen und Euro-Märkten stieg von 190 Millionen Ecu im Jahre 1981 auf 12 Milliarden Ecu im Jahre 1985, fiel zurück auf 9 Milliarden im Jahre 1986, und auf 8 Milliarden im Jahre 1987. 1988 wurden 16,75 Milliarden erreicht, ein Betrag, der 1989 noch übertroffen wurde.

Die EIB hatte als zweiter Emittent und als erste Institution der Europäischen Gemeinschaft im Juni 1981 eine Ecu-Anleihe begeben. Seitdem zählt sie zu den wichtigsten Anleihenehmern auf dem Ecu-Markt. 1981 entfielen auf sie 45 Prozent des gesamten Volumens an Ecu-Anleihen, während der EIB-Anteil in den folgenden Jahren auf ein Niveau zwischen 5,2 und 9,3 Prozent zurückfiel. Im ersten Quartal 1989 ist aufgrund einer sehr stark erhöhten Nachfrage ihrer Darlehensnehmer der Anteil der Bank wieder auf fast 20 Prozent angestiegen. Insgesamt hat die EIB bis Ende 1989 Ecu-Mittel in Höhe von 6,3 Milliarden aufgenommen. Sie hat von verschiedenen Anleiheformen Gebrauch gemacht, wobei die herkömmlichen langfristigen Teilschuldverschreibungsanleihen mit fester Verzinsung im Vordergrund standen. Bis Ende 1989 wurden mehr als 40 öffentliche Emissionen und Privatplazierungen durchgeführt.

Im Gegensatz zu den meisten Ecu-Emittenten, die zur Abdeckung ihrer Zahlungsverpflichtungen keine Ecu, sondern nationale Währungen benötigen und daher aus dem Ecu swapen, verwendet die EIB Ecu-Mittel direkt für ihre Darlehensgewährung. Die EIB tätigt jedoch Zinsswaps zur kostengünstigen Bereitstellung von zinsvariablen Ecu-Darlehen.

1984 stand der Ecu mit 555 Millionen nach dem US-Dollar (28,8%) und der D-Mark (14,5%) an dritter Stelle (12,7%) der Anleihewährungen der Bank, 1989 nahm die Mittelaufnahme in Ecu mit 1 801,0 Millionen den ersten Platz (20,02%) vor der D-Mark (19,7%) und weit vor dem US-Dollar ein, dessen Anteil auf 4,3% absank. Parallel zu der Erhöhung des Volumens hat die Bank auch geographisch die Aufnahme von Ecu-Anleihen erweitert und den Ecu-Kapitalmarkt in verschiedenen Ländern eröffnet.

Wie alle von der EIB aufgenommenen Währungen kann auch der Ecu entweder allein oder zusammen mit anderen in einem „Währungscocktail" an einen Darlehensnehmer ausgezahlt werden. Die Bank hat nicht nur als erstes Finanzinstitut Ecu-Darlehen gewährt, sondern auch von Juli 1981 bis Ende 1989 im Rahmen von rund 800 Finanzierungsverträgen über 5,6 Mrd Ecu ausgezahlt, und zwar vor allem in Italien (2 216 Mio Ecu), Frankreich (1 360), Spanien (470), Dänemark (699) und Portugal (295).

Der private Ecu − und nur er betrifft die EIB − weist die Charakteristika einer typischen Eurowährung auf; er bildet einen neuen Teilbereich des riesigen Euromarktes, der sich auf einen internationalen Bankenkreislauf ohne Beteiligung der Zentralbanken stützt. Auf diesen Märkten wird das Volumen bestimmt von der Nachfrage, und so ist auch für die Bedeutung, die der Ecu im Rahmen der Gesamttätigkeit der EIB erreicht hat, die Nachfrage der Darlehensnehmer, also letztlich der Projektträger, das entscheidende Moment.

Auf dem Ecu-Markt werden Zinssätze und Wechselkurse nicht mehr strikt durch die Berechnung des gewogenen Durchschnitts der für die Wärungskomponenten geltenden Konditionen ermittelt. Der private Ecu hat in gewissen Grenzen seinen eigenen, sich nach den Gesetzen von Angebot und Nachfrage bildenden Preis. Zinssatz und Wechselkurs schwanken im Normalfall weniger als für die einzelnen Korbwährungen. Diese relative Stabilität schätzen sowohl Anleger als auch Darlehensnehmer.

Die Schaffung von Ecu aus den Korbwährungen und die Zerlegung von Ecu in diese verschiedenen Währungen sind komplexe und kostenträchtige Vorgänge. Bei dem wachsenden Volumen des Bankenkreislaufs des privaten Ecu lag es nahe, an ein Clearingsystem zu denken, in dem nur noch die Ecu-Spitzenbeträge entweder durch Aggregation aus den Korbwährungen geschaffen oder durch Auflösung in die Korbwährungen abgebaut werden. Ein solches Clearingsystem wurde unter engagierter Mitarbeit der EG-Kommission und der EIB ausgearbeitet und im Herbst 1986 mit der Bank für Internationalen Zahlungsausgleich als Clearingstelle eingeführt. Träger des Clearingsystems ist ein von achtzehn Banken gegründeter Ecu-Bankenverband, dem gegenwärtig fast 100 führende Banken aus den Mitgliedsländern, dem übrigen Europa, Nordamerika und Japan angehören.

Während jeweils ein Vertreter der beteiligten Geschäftsbanken die Präsidentschaft übernimmt, wurde der EIB auf Dauer eine der beiden Vizepräsidentschaften übertragen. Die Bank hat in allen Abwicklungsfragen ihre Erfahrungen einbringen können, war dabei jedoch darauf bedacht, ihre Aktivitäten auf den technischen Bereich zu konzentrieren. Eine Zuständigkeit etwa auf dem Gebiet der Währungspolitik kommt ihr nicht zu und strebt sie nicht an. Entscheidend für eine erfolgreiche währungspolitische Weiterentwicklung ist eine weitgehend übereinstimmende wirtschaftspolitische Grundkonzeption der Mitgliedsstaaten der Gemeinschaft. Dies wurde auch in der Entschließung des Europäischen Parlaments vom April 1989 und im Delors-Bericht hervorgehoben und als Bedingung für zukünftige institutionelle Vertiefungen, wie etwa Gründung einer Europäischen Zentralbank, vorausgesetzt.

Im Laufe des letzten Jahres kam es auf den privaten Ecu-Märkten zu entscheidenden Durchbrüchen für eine gesicherte langfristige Weiterentwicklung, an denen die EIB mitwirken konnte. Am kurzfristigen Ende trugen die in Oktober 1988 begonnenen Auktionen von Ecu Treasury Bills des britischen Schatzamtes maßgeblich zu einer Verbesserung der kurzfristigen Marktliquidität bei. Regierungen in anderen Mitgliedsländern haben zu erkennen gegeben, daß sie dem britischen Beispiel folgen werden. Die EIB hat ihrerseits seit mehr als einem Jahr ein Programm für die revolvierende Plazierung kurzfristiger Ecu-Notes, dessen Plafonds bis auf 600 Mio Ecu ausgedehnt worden ist.

Im langfristigen Bereich war die im Juni 1988 von der Europäischen Wirtschaftsgemeinschaft gemeinsam mit der Europäischen Gemeinschaft für Kohle und Stahl aufgelegte Anleihe über 500 Millionen Ecu und einer Laufzeit von 6 Jahren ein Erfolg. Aufgrund ihres hohen Volumens dient diese Anleihe als Referenz für sämtliche Ecu-Anleihen in diesem Laufzeitbereich. Die im April 1989 emittierte Anleihe Frankreichs über 1 Milliarde Ecu mit einer Laufzeit von 8 Jahren, hat zusätzlich neue Maßstäbe gesetzt. Die EIB hat seit 1988 verstärkt von der Möglichkeit Gebrauch gemacht, fungible Anleihen in mehreren Tranchen aufzulegen, und zwar mit dem Ziel, die Liquidität weiter zu erhöhen.

Somit dürfte die auf die Expansion der Ecu-Märkte retardierend wirkende Schwäche — mangelnde Liquidität —, verstärkt durch die früher ungewisse Zukunft des Ecu, bald überwunden sein. Pessimisten prognostizierten ein frühes Ende einer politisch nicht vorprogrammierten Ecu-Euphorie, während Optimisten den Ecu bereits als zukünftige europäische Währung sehen konnten. Zwischen diesen beiden extremen aber nicht unfundierten Ansichten, gab es eine Vielzahl an denkbaren Szenarios, u.a. die Entwicklung des Ecu zur europäischen Parallelwährung.

Der im April dieses Jahres vorgelegte Bericht des Delors-Ausschusses hat diese Unsicherheit aufgelöst und Ziele definiert, die ökonomisch sinnvoll und politisch durchführbar sind. Der European Bankers Round Table, eine Gruppe, der auch ich angehöre, begrüßt und unterstützt diese Ziele nachdrücklich. Die Empfehlung, den Ecu zur Gemeinschaftswährung der zukünftigen Wirtschafts- und Währungsunion zu erklären, um dem Markt eine langfristige, abgesicherte Zielsetzung vorzuzeichnen, wirkt marktfördernd und ist daher zu begrüßen. Diese Gemeinschaftswährung wird sich von der Korbdefinition lösen und sich zu einer vollwertigen, unabhängigen Geldeinheit entwickeln lassen.

Die Europäische Investitionsbank, die nun schon seit über 8 Jahren vom Ecu umfangreichen Gebrauch in allen Geschäftsbereichen macht und sich dabei in erster Linie von Angebot und Nachfrage leiten läßt, ist überzeugt, daß sie auch in der Zukunft einen wesentlichen Beitrag zur weiteren Stärkung und Entwicklung des Ecu leisten wird. Sie ist zuversichtlich, daß nach der Korbrevision im September 1989 durch den richtungsweisenden politischen Flankenschutz des Delors-Berichts und die bis 1992 zu realisierende Integration der Finanz- und Gütermärkte in der Gemeinschaft zusätzliche dynamische Impulse ausgelöst werden. Die EIB wird daran voll beteiligt sein.

Chancen und Risiken der Wirtschafts- und Währungsunion für die deutsche Industrie

Siegfried Mann

Die politische und öffentliche Diskussion um die europäische Währungsintegration hat mit dem Delors-Bericht einen neuen Impuls erhalten. Zweck des von einem Expertenausschuß im Auftrag des Europäischen Rats erstellen „Berichts zur Wirtschafts- und Währungsunion in der Europäischen Gemeinschaft" war es, konkrete Etappen zur Verwirklichung der Wirtschafts- und Währungsunion zu prüfen und vorzuschlagen.

Ganz gewiß sind die Empfehlungen der Expertenkommission, aus denen ein im großen und ganzen erstaunliches Maß an Übereinstimmug hervorgeht, als besonders wichtiger Beitrag zur Versachlichung der währungspolitischen Diskussion zu betrachten. Allerdings muß diese Einmütigkeit vor dem Hintergrund des relativ hohen Abstraktionsgrades der Ausführungen gesehen werden. Tatsächlich gibt es unter den Partnerländern nach wie vor erhebliche Auffassungsunterschiede in wichtigen Bereichen.

Daß die politische und öffentliche Diskussion in der Europäischen Gemeinschaft durch kontroverse Positionen geprägt ist, zeigen auch die sehr unterschiedlichen Reaktionen auf den Delors-Bericht. Während das Dokument in Italien, Spanien und Frankreich lobende Worte fand, wurde der Bericht in der Bundesrepublik vorwiegend zurückhaltend aufgenommen.

Auf entschiedene Ablehnung stieß das Delors-Papier dagegen in Großbritannien, das nach wie vor nicht bereit ist, nationale Souveränität im währungspolitischen Bereich an die Europäische Gemeinschaft zu übertragen.

Eine wirtschaftliche und politische Alternative zum gemeinsamen Binnenmarkt, der für mehr als 320 Millionen Europäer den

Dr. Siegfried Mann, Staatssekretär a.D., ehemaliger Hauptgeschäftsführer des Bundesverbandes der Deutschen Industrie freien Austausch von Gütern, Dienstleistungen, Arbeit und Kapital vorsieht, gibt es nicht. Binnenmarktvollendung und fortschreitende monetäre Integration sind dabei letztlich nicht voneinander zu trennende Prozesse. Allerdings hängt die Funktionstüchtigkeit dieses Marktes von einer vollständigen Währungsintegration, zu der nicht zuletzt die unwiderrufliche Festschreibung der Wechselkurse ohne Bandbreiten gehört, zunächst nicht ab. Der Binnenmarkt ist vielmehr umgekehrt ein erster, wenngleich ungemein wichtiger Schritt in Richtung auf eine Wirtschafts- und Währungsunion, die ihrerseits völlig neue politische Dimensionen eröffnet. In diesem Sinne werden mit der Vollendung des Europäischen Binnenmarktes bis 1992 und der Schaffung eines integrierten Finanzraums elementare Bedingungen für die Errichtung einer Wirtschafts- und Währungsunion erfüllt. Die im vergangenen Jahr in Hannover getroffenen Entscheidungen zur Lilberalisierung des Geld- und Kapitalverkehrs sind ein „Meilenstein" und zugleich eine ganz und gar unerläßliche Vorbedingung für den Weg zu einer engeren währungspolitischen Integration in Europa.

Ein freier Kapitalverkehr bildet die unverzichtbare Grundlage für rationale Finanzierungs- und Anlageentscheidungen sowie einen ungehinderten Leistungsaustausch der Unternehmen. Die aus einem freien Güter- und Dienstleistungsverkehr resultierenden Standort- und Spezialisierungsvorteile lassen sich nur ausschöpfen, wenn der Fluß der Ersparnisse in die produktivsten Einsatzmöglichkeiten nicht behindert wird.

Natürlich wird ein freier und intensivierter Kapitalverkehr in Europa Konsequenzen auch für das wirtschaftspolitische Handeln der einzelnen Mitgliedstaaten haben. Nicht auszuschließen ist, daß von der eingeleiteten „Restliberalisierung" unter bestimmten Bedingungen sogar vorübergehend destabilisierende Wirkungen auf das europäische Währungssystem ausgehen und von daher gewisse Zwänge für die Wirtschafts- und Währungspolitiken der Partnerländer schaffen. Allerdings haben Spannungen und Verwerfungen im Gefolge spekulativer Geld- und Kapitalbewegungen nur selten rein finanzielle Ursachen. Zumeist sind es ökonomische Disparitäten, wirtschaftspolitische Fehlentscheidungen, die zuweilen hohe Regulierungsdichte sowie eine mangelnde Stabilitätspräferenz, die das Mißtrauen in einzelne Währungen bestimmen.

Das beste „Fundament" zur Absicherung des Währungsverbunds gegenüber exogenen Störungen ist jedenfalls nach wie vor eine auf Konvergenz gerichtete und der Geldwertstabilität verpflichtete Wirtschafts-, Finanz- und Geldpolitik. Ohne sie wird eine noch so perfekt koordinierte Zins- und Interventionspolitik der Notenbanken schnell an Grenzen stoßen. Im übrigen haben die Erfahrungen der Bundesrepublik Deutschland mit ihren Nachbarländern Österreich und Schweiz gezeigt, daß ein freier Kapitalverkehr mit stabilen Wechselkursen durchaus vereinbar ist. Das Institut der Deutschen Wirtschaft spricht in diesem Zusammenhang von einer „heimlichen Währungsunion in Mitteleuropa".

In längerfristiger Perspektive entspricht es unbestreitbar der Logik des europäischen Integrationsprozesses, den bereits eingeschlagenen Weg in eine Wirtschafts- und Währungsunion münden zu lassen. Ihre Errichtung wäre die konsequente Weiterentwicklung des nach 1992 in Kraft tretenden Binnenmarktprogramms.

Für die deutsche Industrie etwa, die bereits heute mehr als die Hälfte ihres Außenhandels mit den Mitgliedsländern der Gemeinschaft abwickelt, hätte die vollständige Währungsintegration in Europa vor allem ein Mehr an Planungs- und Kalkulationssicherheit zur Folge. Die Kosten des Währungsumtauschs würden merklich verringert, Wechselkursrisiken und damit der Anlaß für Kurssicherungsgeschäfte würden entfallen. Anders als das immer wieder von Turbulenzen geprägte Weltwährungssystem könnte ein gemeinsamer Währungsraum in Europa gewissermaßen zur „Insel der Stabilität" werden, was die Effizienz wirtschaftlicher Transaktionen ohne jeden Zweifel erhöhen und letztlich zur Steigerung des Wohlstands aller Europäer führen würde.

Als Kardinalproblem erweist sich indes die Frage nach der inhaltlichen Ausgestaltung des währungspolitischen Integrationsprozesses und damit auch nach seinem „Marschtempo".

Aus heutiger Sicht kann kein Zweifel daran bestehen, daß der Integrationsprozeß in Richtung auf eine europäische Wirtschafts- und Währungsunion erfolgreich nur in wohlüberlegten und zugleich pragmatischen Schritten zu realisieren ist. Angesichts noch zu schaffender ökonomischer und politischer Voraussetzungen kann nicht der rasche, spektakuläre Erfolg die Maxime sein, sondern eine sorgfältige und nüchterne Abwägung der mit jedem Teilschritt verbundenen ökonomischen und politischen Chancen und Risiken. Nur so wird sich der erforderliche Konsens der Mitgliedstaaten in ausreichendem Maße entwickeln können.

Praktische Erfahrung und theoretische Einsicht verleihen der Wertstabilität der Währung im Innern und nach außen als konstitutivem Element freier und offener Wirtschafts- und Gesellschaftsordnungen den Rang einer Leitidee aller währungspolitischen Integrationsanstrengungen. Ohne die Wertbeständigkeit der D-Mark in der Zeit nach dem Zweiten Weltkrieg wären die starke Expansion der privaten Ersparnisbildung und die darauf beruhende Wachstumsdynamik in der Bundesrepublik Deutschland nicht möglich gewesen.

Im Umfeld relativer Kosten- und Geldwertstabilität gelang es der deutschen Volkswirtschaft, ihre internationale Wettbewerbskraft auszubauen, obwohl sich gleichzeitig andere Wettbewerbsfaktoren weniger vorteilhaft entwickelten. Bei verteilungspolitischen Auseinandersetzungen erwies sich die vornehmlich auf innere Währungstabilität gerichtete Wirtschafts-, Finanz- und Geldpolitik als in hohem Maße konfliktbegrenzend.

Die eindeutige Orientierung des Delors-Berichts an der Notwendigkeit einer strikt stabilitätsorientierten Geld- und Währungspolitik ist daher ausdrücklich zu begrüßen. Auch die Hervorhebung, daß eine europäische Währungsunion erst am Ende des monetären Integrationsprozesses stehen kann, das deutliche Bekenntnis zu einem von Weisungen der nationalen Regierungen und Gemeinschaftsorganen unabhängigen europäischen Notenbanksystem und zu einer föderalen Struktur der Gremien sowie die Forderung, keine Notenbankkredite an öffentliche Stellen zu gewähren, entsprechen den Ewartungen der deutschen Wirtschaft.

Zwar bleibt der Bericht der Expertenkommission in seinen Zeitvorstellungen völlig offen. Das ist einer seiner unbestreitbaren

Vorteile. Andererseits aber impliziert der Dreistufenplan eine nicht unproblematische „Stufenautomatik". Dabei fällt vor allem ins Gewicht, daß die dritte Phase des Integrationsprogramms ohne Aufgabe unerhört weitreichender nationaler Kompetenzen, das heißt ohne einen tiefgreifenden Souveränitätsverzicht, nicht vorstellbar ist. Anders gewendet: Diese dritte Stufe verändert qualitativ die Struktur von Mitgliedstaaten und Gemeinschaft so entscheidend, daß ein der künftigen politischen Verfaßtheit Europas geltendes Konzept notwendigerweise vorausgehen muß. Nicht nur die Unteilbarkeit von Geld- und Währungspolitik in einer Währungsunion, sondern auch der untrennbare Zusammenhang dieses gesamten Feldes mit zentralen Elementen bislang national verantworteter Wirtschafts- und Finanzpolitik läßt ahnen, was die Mitgliedstaaten an Souveränität auf das Europäische Parlament und den Ministerrat zu übertragen haben und was insoweit noch in nationaler Verantwortung verbleibt. Schon der Blick auf die Abhängigkeit nahezu aller nationalen Politikfelder von einer sich dann zumindest nicht mehr in voller nationaler Verantwortung vollziehenden Finanzpolitik zeigt, daß damit die Schwelle zu einer völlig neuen politischen Qualität der Gemeinschaft überschritten ist. Dies aber bedarf vorher umfassender politischer Diskussion, deren Dimension weit über die Wirtschafts- und Währungspolitik hinausweist. Damit lag die Beantwortung der insoweit unvermeidlichen Frage nach der politischen Verfaßtheit des künftigen Europa, die vom Modell des traditionellen Bundesstaates bis zu einem die Pluralität der europäischen Nationen sichernden völlig neuen Ansatz reichen mag, auch jenseits von Auftrag und Verantwortung der Delors-Kommission.

Ein einziger und umfassender Vertrag, in dem die „wesentlichen Merkmale und institutionellen Regelungen der Wirtschafts- und Währungsunion sowie die Schritte zu ihrer Errichtung" zu formulieren wären, entspräche ohne prinzipielle Einigung der Mitgliedstaaten auf die konstitutionellen Grundelemente künftiger europäischer Staatlichkeit schwerlich den Erfordernisssen derart weitreichender Entscheidungen. Um jedoch das Vehikel in Fahrt zu halten, könnte an den Abschluß eines für jede Phase neuen Vertrages gedacht werden. In jedem Falle muß auf allen Stufen des Integrationsprozesses das Subsidiaritätsprinzip gewahrt bleiben: So wenig Zentralismus wie nötig, so viel föderale Entscheidungsstrukturen wie möglich. Allemal wichtiger als die Übertragung nationaler Kompetenzen auf Gemeinschaftsinstitutionen sind dabei die Angleichung der wirtschaftlichen Entwicklung der Mitgliedstaaten und die Herausbildung eines wirtschaftspolitischen Konsenses.

Die beste Gewähr dafür, daß sich der monetäre und wirtschaftliche Integrationsprozeß auf einem soliden und weitgehend spannungsfreien Fundament vollzöge, wäre eine Konstruktion, die mehr Raum für ein flexibles Reagieren und − wenn nötig − Korrekturen ließe. So könnte sich der „Integrationsfahrplan" an geeigneten ökonomischen Indikatoren und Eckdaten orientieren. Dies wären beispielsweise dauerhafte Erfolge beim Abbau der Inflation, der Grad der Konvergenz bei Kosten und Preisen, der Verschuldungsstatus öffentlicher Haushalte, das Ausmaß von Leistungsbilanzungleichgewichten oder die Nichtanwendung von Schutzklauseln im Geld- und Kapitalverkehr.

Es sollte in diesem Zusammenhang nüchtern gesehen werden, daß nach wie vor erhebliche Divergenzen in der Höhe des Bruttosozialprodukts, der Inflationsraten der öffentlichen Neuverschuldung und der Leistungsbilanzsalden der einzelnen Länder der Gemeinschaft bestehen. Gemessen an den Preissteigerungsraten der einzelnen Mitgliedsländer der Gemeinschaft, bestehen immer noch erhebliche Diskrepanzen, auch wenn bei der Inflationsbekämpfung in den letzten Jahren erfreulicherweise Fortschritte gemacht wurden. Allerdings können die auf diesem Gebiet erzielten Konvergenzerfolge wohl noch nicht als dauerhaft gesichert unterstellt werden. Die Verabschiedung des Ausschusses von der „Krönungstheorie" und seine Präferenz für eine Parallelität von Konvergenz der wirtschaftlichen und wirtschaftspolitischen Entwicklung mit der monetären Integration kann deshalb nur akzeptiert werden, wenn institutionell gewährleistet ist, daß beide Prozesse aufeinander abgestimmte Geschwindigkeiten entwickeln.

Nach den Vorstellungen der Expertenkommission sollen im Zuge des Dreiphasen-Integrationsprogramms Wechselkursveränderungen in zunehmendem Maße ausgeschlossen werden. Schon in der Vergangenheit gingen Leitkursanpassungen im Europäischen Währungssystem nur selten reibungs- und geräuschlos vonstatten. Mehr und mehr wird das Realignment zum Politikum. Die Bereitschaft zur Anpassung überfälligr Korrekturen läßt nach. An ihre Stelle treten vermehrt Eingriffe in die freie Wechselkursbildung, die vor allem den Notenbanken eine besondere Verantwortung auferlegen. Die Schwachwährungsländer sehen sich zu konjunkturwidrig hohen Zinsen veranlaßt.

Ein zu früher Verzicht auf die Möglichkeit, durch Wechselkursanpassungen gegenläufigen Wirtschaftsentwicklungen und Strukturveränderungen Rechnung zu tragen, könnte die Europäische Gemeinschaft vor erhebliche Belastungsproben stellen. Die wirtschaftlich und strukturell schwächeren Regionen in Europa würden dadurch um einen wichtigen Aktionsparameter, die Möglichkeit zur Wechselkursänderung, gebracht. Standortnachteile würden konserviert oder gar verschärft. Der Ruf nach neuen Finanzausgleichsmechanismen oder Strukturfonds, die für entsprechende Balance zu sorgen hätten, wäre die Folge. Hochgespannte Erwartungen an die dann in den Mitgliedstaaten erforderliche Lohn- und Preisflexibilität würden wohl eher enttäuscht werden.

Die ausdrückliche Absage an die Einführung einer Parallelwährung spricht für den Realitätssinn des Komitees. So verlockend es klingt, die nationalen Währungen allmählich durch eine gemeinsame, schon im Umlauf befindliche Valuta zu ersetzen: Auch eine einheitliche europäische Währung hätte sich dem Wettbewerb zu stellen. Auch für eine − wie auch immer definierte − Einheitswährung gilt, daß nur das Geld ist, was allgemein Geltung hat und akzepiert wird. Für ihr Überleben gleichsam essentiell ist daher, daß diese nicht „schlechter" sein darf als die stabilste nationale Währung. Es liegt auf der Hand, daß der Weg über einen Parallelwährungsansatz letztlich in eine Sackgasse mündet.

Auch wenn aus heutiger Sicht der „große Wurf" in Richtung auf eine europäische Wirtschafts- und Währungsunion keine raschen Realisierungschancen hat, so sind doch wichtige Schritte möglich, verantwortbar und im Sinne des Ziels der „Doppelunion" auch wünschbar. Ein nächster Abschnitt, der zugleich Aufschluß über die Ernsthaftigkeit der einzelnen Mitgliedstaaten der Gemeinschaft gäbe, den weiteren Weg zur Währungseinheit Europas entschlossen zu gehen, müßte vor allem enthalten:

- Die verstärkte Annäherung der Wirtschafts-, Finanz- und Geldpolitik.
- Eine irreversible Aufhebung von Beschränkungen des Geld- und Kapitalverkehrs. Dies schlösse ein, daß bestehende Schutzklauseln, die „Schlupflöcher" zur Abschottung eröffnen, nach einer angemessenen Übergangszeit entfielen.
- Die Einbeziehung sämtlicher Mitgliedstaaten zu gleichen Bedingungen in den Wechselkursmechanismus des Europäischen Währungssystems. Konsequenz eines möglichen Beitritts weiterer Mitgliedstaaten zum Währungssystem wäre jedoch, daß diese bereit sein müßten, den Prinzipien monetärer Stabilität zu entsprechen. Nur so ließen sich mögliche Spannungen im Währungsverbund auf ein Mindestmaß begrenzen.
- Explizites Bekenntnis zur Geldwertstabilität. Alle Vorschläge, die letztlich auf eine Schwächung der harten Währungen im Europäischen Währungssytem hinausliefen, wie etwa eine Neuverteilung der Anpassungslasten oder gemeinsame monetäre Vorgaben, wären mit diesem Grundsatz nicht mehr zu vereinbaren. Unabdingbar ist vielmehr die Härtung des Währungsverbunds im Sinne der Erhaltung des Zwangs zu mehr Konvergenz bei Stabilität. Untermauert würde das Bekenntnis zur Geldwertstabilität nicht zuletzt durch den Verzicht, Inflation als „Schmiermittel" zur Stimulierung von Wachstum und Beschäftigung zu tolerieren. Der sich diesbezüglich in den Partnerländern abzeichnende Wandel sollte unterstützt werden.
- Herstellung eines weitgehend autonomen Status aller Notenbanken der Gemeinschaft. Würde den Zentralbanken in allen Mitgliedstaaten ein personeller, funktioneller und finanzieller Autonomiestatus zugebilligt, wäre dies ein deutliches Signal für die Bereitschaft, diesen auch einer künftigen europäischen Währungsbehörde zuzuerkennen.
- Übergang zu mehr marktwirtschaftlichen Methoden und Instrumenten geldpolitischer Steuerung. Dirigistische Eingriffe in die Finanzmärkte in Form von Zinsober- und -untergren-

zen, nicht marktmäßigen Zuteilungsverfahren oder Kreditrationierungen, wie sie noch in einigen Mitgliedsländern praktiziert werden, hätten in einem integrierten Finanzmarkt keinen Platz mehr.

– Übertragung der Verantwortung für das Europäische Währungssystem und notwendige Wechselkursanpassungen auf die nationalen Notenbanken. Dies würde einer Politisierung der Wechselkurse und einer Verzögerung notwendiger Leitkursanpassungen entgegenwirken.

Bereits diese Etappen erfordern erhebliche Kraftanstrengungen und einen erhört langen Atem. Auch sie enthielten zwangsläufig eine Vielzahl politischer Unwägbarkeiten. Dennoch erscheinen Schritte dieser Art unvermeidlich, wenn eine Wirtschafts- und Währungsunion auf der Agenda und dabei die Erhaltung und Sicherung der Stabilität der Wirtschaft Europas das insgesamt verpflichtende Ziel bilden soll. Mit der „einfachen" Ablösung nationaler Währungen und der Installierung einer europäischen Zentralbank würden dagegen die fundamentalen Differenzen in wichtigen Wirtschaftsindikatoren, die in der Vergangenheit immer wieder für Spannungen im Währungsgefüge gesorgt haben, gewiß nicht quasi automatisch ausgeräumt. Sie würden vielmehr unkalkulierbarer und in ihren Auswirkungen gefährlicher.

Anhang:
Bericht zur Wirtschafts- und Währungsunion in der europäischen Gemeinschaft — „Delors-Bericht"

Kapitel I

Bisherige und derzeitige Entwicklung der Wirtschafts- und Währungsintegration in der Gemeinschaft

Abschnitt 1

Das Ziel der Wirtschafts- und Währungsunion

1. Die Staats- bzw. Regierungschefs vereinbarten 1969 in Den Haag, einen Plan zur stufenweisen Errichtung einer Wirtschafts- und Währungsunion innerhalb der Gemeinschaft erstellen zu lassen. Diese Initiative wurde vor dem Hintergrund erfolgreicher Integrationspolitik in den 60er Jahren ergriffen; die Übergangsperiode zur vollen Zollunion war frühzeitig abgeschlossen, die gemeinsame Agrarpolitik eingeführt und ein Eigenmittelsystem geschaffen worden. Zur gleichen Zeit zeigte das Bretton-Woods-System Verfallserscheinungen. Der *Werner-Bericht* von 1970 enthielt einen Plan, wie die Wirtschafts- und Währungsunion zu erreichen sei. Im März 1971 erklärten die Mitgliedstaaten im Anschluß an den Werner-Bericht „ihren politischen Willen, . . . eine Wirtschafts- und Währungsunion zu schaffen".
2. Mehrere wichtige *Schritte schlossen sich an:* 1972 wurde die „Schlange" geschaffen; 1973 wurde der Europäische Fonds für währungspolitische Zusammenarbeit (EFWZ) errichtet, und 1974 wurden die Ratsentscheidung zur Erreichung eines hohen Grades an Konvergenz in der Gemeinschaft und die Richtlinie über Stabilität, Wachstum und Vollbeschäftigung erlassen. Dennoch hatte Mitte der 70er Jahre der Integrationsprozeß unter dem Druck unterschiedlicher wirtschaftspolitischer Reaktionen auf die damaligen Schocks an Schwung verloren.

3. 1979 wurde der Prozeß der Währungsintegration mit der Schaffung des *Europäischen Währungssystems* (EWS) und der Europäischen Währungseinheit (ECU) wieder in Gang gebracht. Der Erfolg des EWS bei der Verfolgung seiner Ziele der inneren und äußeren Währungsstabilität hat in den letzten Jahren zu weiteren Fortschritten beigetragen, was sich in der Verabschiedung des Binnenmarktprogramms und in der Unterzeichnung der Einheitlichen Europäischen Akte im Jahre 1985 niederschlug.

Abschnitt 2

Das Europäische Währungssystem und die ECU

4. Das *Europäische Währungssystem* wurde durch eine Entschließung des Europäischen Rates, gefolgt von einer Entscheidung des Ministerrates und einem Abkommen zwischen den teilnehmenden Zentralbanken, geschaffen.

5. Im Rahmen des EWS ist es den am Wechselkursmechanismus teilnehmenden Ländern gelungen, eine *Zone zunehmender Währungsstabilität* zu schaffen, während gleichzeitig die Kapitalverkehrskontrollen schrittweise gelockert wurden. Die vom Wechselkursmechanismus ausgehenden Zwänge haben den Teilnehmerländern mit relativ hohen Inflationsraten sehr dabei geholfen, ihre Politik, insbesondere die Geldpolitik, auf das Ziel der Preisstabilität auszurichten, und haben damit die Grundlagen sowohl für eine Konvergenz der Inflationsraten nach unten als auch einen hohen Grad an Wechselkursstabilität gelegt. Dies wiederum hat in vielen Ländern den Kostenanstieg gedämpft und die wirtschaftliche Leistung insgesamt verbessert. Außerdem wurde die Ungewißheit über die Wechselkursentwicklung vermindert, und es wurde vermieden, daß die Paritäten der teilnehmenden Länder deutlich von dem abwichen, was unter Berücksichtigung der fundamentalen Wirschaftsfaktoren angemessen erschien. Beides hat den innereuropäischen Handel vor übermäßigen Wechselkursschwankungen geschützt.

Das EWS diente als Brennpunkt für eine bessere währungspolitische Koordinierung und bot eine Grundlage für die multilaterale Überwachung innerhalb der Gemeinschaft. Sein Erfolg beruht zu einem guten Teil auf dem Willen der Teilnehmerländer, der

Stabilitätspolitik Vorrang zu gewähren. Wichtig war aber auch die flexible und pragmatische Handhabung des Systems, wobei die Zentralbanken zunehmend enger zusammengearbeitet haben. Außerdem hat das System von der Rolle der DM als „Anker" für die Geld- und Interventionspolitik der Teilnehmerländer profitiert. Das EWS hat sich entsprechend den Veränderungen der wirtschaftlichen und finanziellen Rahmenbedingungen weiterentwickelt, und seine Mechanismen wurden zweimal (Palermo 1985 und Basel/Nyborg 1987) erweitert und verstärkt.

Gleichzeitig hat das EWS nicht alle seine Möglichkeiten ausgeschöpft. Erstens hat sich eine Reihe von EG-Ländern noch nicht dem Wechselkursmechanismus angeschlossen, und ein Land beteiligt sich mit einer größeren Bandbreite. Zweitens ist die mangelnde Konvergenz der Finanzpolitik, die sich in einigen Ländern in hohen und anhaltenden Haushaltsdefiziten niederschlägt, eine Quelle von Spannungen geblieben und hat der Geldpolitik eine unverhältnismäßig große Last aufgebürdet. Drittens ist der Übergang zur zweiten Stufe des EWS und die Errichtung des Europäischen Währungsfonds, die in der Entschließung des Europäischen Rates von 1978 vorgesehen waren, nicht vollzogen worden.

6. Bei der Errichtung des EWS erklärte der Europäische Rat 1978: "Zentraler Punkt des EWS ist eine *Europäische Währungseinheit (ECU)*." Abgesehen von ihrer Verwendung als Bezugsgröße für den Wechselkursmechanismus und als Rechengröße für Operationen im Interventions- und Kreditmechanismus dient die ECU hauptsächlich als Reservemedium und Instrument für den Saldenausgleich zwischen den Zentralbanken des EWS. Obwohl die ECU integrierender Bestandteil des EWS ist, hat sie aus verschiedenen Gründen für die EWS-Mechanismen nur eine begrenzte Rolle gespielt. Ein Grund liegt darin, daß die Zentralbanken intramarginale Interventionen vorgezogen haben; daher hielten sich die obligatorischen Interventionen und die daraus entstehenden Salden, die in ECU auszugleichen sind, in Grenzen.

Im Gegensatz dazu hat die ECU auf den Märkten eine bemerkenswerte Popularität gewonnen und eine immer stärkere Verwendung zur Denominierung finanzieller Transaktionen gefunden. Sie steht bei Emissionen von internationalen Schuldverschreibungen mit einem Marktanteil von 6% an fünfter Stelle. Die Ausdehnung der ECU-Aktivitäten auf den Finanzmärkten spiegelt teilweise die zunehmende Emission von ECU-Schuldtiteln durch die Gemeinschaftorgane und öffentliche Stellen einiger Mitgliedstaaten und teilweise die Attraktivität der ECU als Mittel zur Portfolio-Diversifizierung und Absicherung gegen das Währungsrisiko wider.

Das internationale Bankgeschäft in ECU hat sich in der ersten Hälfte dieses Jahrzehnts kräftig, seither jedoch langsamer entwickelt, obwohl die Schaffung eines ECU-Clearingsystems zur Entwicklung und Liquidität des Marktes ebenso beigetragen hat wie die Emissionen kurzfristiger Schatzwechsel durch das Schatzamt des Vereinigten Königreichs. Den Großteil des Bankgeschäfts machen Interbanken-Geschäfte aus, während das Direktgeschäft mit Nichtbanken verhältnismäßig begrenzt blieb und möglicherweise hauptsächlich durch offiziell geförderte Kreditnachfrage in einigen Ländern gestützt wurde. Seit 1985 stagnieren die auf ECU lautenden Einlagen von Nichtbanken, was darauf hindeutet, daß die ECU als nahes Substitut und als Liquiditätsaufbewahrungsmittel nur wenig attraktiv ist. Außerdem hält sich im nichtfinanziellen Sektor die Verwendung der ECU zur Fakturierung und Abwicklung kommerzieller Transaktionen in Grenzen und macht zur Zeit nur etwa 1% des Außenhandels der EG-Länder aus.

Abschnitt 3

Die Einheitliche Europäische Akte und das Binnenmarktprogramm

7. Im Januar 1985 schlug die Kommission vor, bis Ende 1992 das Ziel eines Marktes ohne Binnengrenzen zu verwirklichen. Die einzelnen Schritte zur Beseitigung der materiellen, technischen und steuerlichen Barrieren wurden in einem Weißbuch niedergelegt. Dort sind das präzise Programm, der Zeitplan und die Methoden aufgeführt, um einen einheitlichen Wirtschaftsraum zu schaffen, in dem sich Personen, Waren, Dienstleistungen und Kapital frei bewegen können. Dieses Ziel wurde im Dezember 1985 in der *Einheitlichen Europäischen Akte* niedergelegt.

8. Mit der Einheitlichen Europäischen Akte wurde der Vertrag von Rom zum ersten Mal wesentlich revidiert. Sie brachte *vier wichtige Veränderungen* der Gemeinschaftsstrategie zur Förderung des Integrationsprozesses. Erstens wurden durch die Einheitliche Europäische Akte die Erfordernisse der Harmonisierung einzelstaatlicher Rechtsvorschriften stark vereinfacht, indem die Harmonisierung auf die wesentlichen Standards begrenzt und die systematische gegenseitige Anerkennung der einzelstaatlichen Normen und Regelungen vorgesehen wurde. Zweitens wurde der Entscheidungsprozeß zügiger und effizienter gestaltet, indem der Bereich der mit qualifizierter Mehrheit zu fassenden Beschlüsse ausgedehnt wurde. Drittens wurde dem Europäischen Parlament eine größere gesetzgeberische Rolle eingeräumt. Viertens wurde die Notwendigkeit bekräftigt, den wirtschaftlichen und sozialen Zusammenhalt der Gemeinschaft zu stärken, die währungspolitischen Befugnisse der Gemeinschaft in Hinblick auf die Wirtschaft- und Währungsunion zu vergrößern, die wissenschaftlichen und technologischen Grundlagen der Gemeinschaft zu verstärken, die Arbeitsbedingungen in bezug auf Gesundheit und Sicherheit zu harmonisieren, den Dialog zwischen den Sozialpartnern zu fördern und den Umweltschutz zu forcieren.

9. In den letzten drei Jahren sind bei der Verwirklichung des Binnenmarktprogramms beträchtliche Fortschritte erzielt worden. So wurde insbesondere beschlossen, daß acht Mitgliedstaaten den Kapitalverkehr bis zum 1. Juli 1990 uneingeschränkt liberalisiert haben werden und daß sich die übrigen Mitgliedstaaten nach einer Übergangsperiode anschließen werden.

Der Europäische Rat stellte auf seiner Tagung in Rhodos im Dezember 1988 fest, „daß nunmehr, da der halbe Weg bis zum Dezember 1992 zurückgelegt ist, praktisch die Hälfte des zur Verwirklichung des Großen Marktes erforderlichen Gesetzgebungsprogramms bereits durchgeführt ist", und unterstrich „den *unwiderruflichen Charakter* der Entwicklung in Richtung auf ein Europa ohne Binnengrenzen". Das Ziel des Binnenmarktes findet in der Tat bei Verbrauchern und Herstellern offenkundig breite Unterstützung, und ihre Wirtschaftsentscheidungen dürften in zunehmendem Maße von den Aussichten für 1992 beeinflußt werden. Die Erwartung eines Marktes ohne Binnengrenzen hat eine neue Dynamik ausgelöst und zu der Beschleunigung des Wirtschaftswachstums in der Gemeinschaft in der jüngsten Vergangenheit beigetragen.

Abschnitt 4

Probleme und Aussichten

10. Die Vollendung des Binnenmarktes wird die Volkswirtschaften weit enger miteinander verknüpfen und den *Grad der Wirtschaftsintegration* innerhalb der Gemeinschaft deutlich *erhöhen*. Sie wird auch tiefgreifende Strukturveränderungen in den Wirtschaften der Mitgliedstaaten nach sich ziehen. Diese Veränderungen bieten beträchtliche Chancen für den wirtschaftlichen Fortschritt, doch können viele der potentiellen Vorteile nur dann zum Tragen kommen, wenn die Wirtschaftpolitik sowohl auf nationaler als auch auf gemeinschaftlicher Ebene angemessen auf den Strukturwandel reagiert.

Durch eine erhebliche Verstärkung der wirtschaftlichen Interdependenz zwischen den Mitgliedstaaten wird der einheitliche Binnenmarkt den Spielraum für eine unabhängige Wirtschaftspolitik reduzieren und die grenzübergreifenden Auswirkungen von Entwicklungen vergrößern, die ihren Ursprung in den einzelnen Mitgliedstaaten haben. Daher wird eine effektivere Koordinierung der Wirtschaftspolitik zwischen den einzelnen nationalen Entscheidungsträgern notwendig sein. Außerdem sind Gemeinschaftspolitiken zur Unterstützung einer im ganzen ausgewogenen Entwicklung die unverzichtbare Ergänzung eines einheitlichen Marktes. So wurde die Notwendigkeit, die Beseitigung der Binnenmarktgrenzen durch eine gemeinsame Regional- und Strukturpolitik zu unterstützen, in dem im Februar 1988 vereinbarten Brüsseler Maßnahmenbündel klar anerkannt.

11. Obgleich substantielle Fortschritte erzielt wurden, verlief der Integrationsprozeß uneinheitlich. *Es bedarf einer stärkeren Konvergenz der wirtschaftlichen Ergebnisse.* Obgleich die Durchschnittsrate des Preis- und Lohnanstiegs deutlich nach unten weist, sind die Unterschiede zwischen den einzelnen Ländern noch beträchtlich. Auch die Positionen der öffentlichen Haushalte weichen immer noch erheblich voneinander ab, und die außenwirtschaftlichen Ungleichgewichte sind in den letzten Jahren deutlich größer geworden. Diese Ungleichgewichte deuten darauf hin, daß es Bereiche gibt, in denen die Wirtschaftsentwicklung stärker konvergieren muß.

12. Bei völlig freiem Kaptialverkehr und integrierten Finanzmärkten würden unvereinbare nationale Wirtschaftpolitiken rasch zu Wechselkursspannungen führen und der Geldpolitik eine wachsende und unangemessene Last aufbürden. Der Integrationsprozeß erfordert somit eine *intensivere und wirksamere wirtschaftspolitische Koordinierung* selbst im Rahmen der derzeitigen Wechselkursregelungen, und zwar nicht nur im monetären Bereich, sondern auch in Bereichen der nationalen Wirtschaftspolitik, die die Gesamtnachfrage, die Preise und die Produktionskosten beeinflussen.

Es bedarf somit einer engeren Koordinierung der Wirschaftspolitik. Im monetären Bereich bestehen die erwähnten Probleme des EWS nach wie vor. Im nichtmonetären Bereich bleibt die wirtschaftspolitische Koordinierung unzureichend. Vor allem für die Finanzpolitik hat die Konvergenz-Entscheidung von 1974 keine wirkliche Grundlage für die Koordinierung geschaffen. Der Zwang zu einer wechselseitig konsistenten makroökonomischen Politik ergab sich aus der zunehmenden Abneigung gegenüber Änderungen der Wechselkursparitäten. Dieser Zwang wurde bislang etwas gemildert, weil in einigen Ländern noch Kapitalverkehrskontrollen bestehen und die Märkte durch verschiedene Arten von nichttarifären Hemmnissen getrennt sind. Mit der Liberalisierung des Kapitalverkehrs und der Verwirklichung des Binnenmarktprogramms werden die einzelnen Länder jedoch immer weniger vor den Entwicklungen in anderen Teilen der Gemeinschaft abgeschirmt sein. Das Erreichen von nationalen wirtschaftlichen Zielsetzungen wird stärker von einem kooperativen wirtschaftspolitischen Ansatz abhängen.

13. Die wirtschaftspolitischen Entscheidungsträger unterliegen mannigfachem Druck und institutionellen Zwängen. Auch bei bestem Willen mißlingt es gelegentlich, den internationalen Rückwirkungen der Wirtschaftspolitik Rechnung zu tragen. Soweit möglich sollte zwar versucht werden, eine zunehmend konsistente einzelstaatliche Politik durch *frewillige Zusammenarbeit* zu erreichen und der unterschiedlichen verfassungsrechtlichen Situation der Mitgliedstaaten Rechnung zu tragen. Daneben dürften jedoch auch verbindliche Rechtsverfahren notwendig werden.

14. Der Erfolg des Binnenmarktprogramms hängt in entscheidendem Maße von einer wesentlich engeren Koordinierung der einzelstaatlichen Wirtschaftspolitik sowie von wirksameren Gemeinschaftspolitiken ab. Dies bedeutet, daß im Zuge der Errichtung des einheitlichen Binnenmarktes in Europa im wesentlichen bereits eine Reihe von Schritten in Richtung Wirtschafts- und Währungsunion getan werden muß.

Obgleich der Übergang zur Wirtschafts- und Währungsunion in vieler Hinsicht eine natürliche Folge der Verpflichtung zur Schaffung eines Marktes ohne Binnengrenzen ist, stellt er doch einen quantitativen Sprung dar, der den wirtschaftlichen Wohlstand in der Gemeinschaft deutlich erhöhen könnte. *Wirtschafts- und Währungsunion bedeutet weit mehr als das Binnenmarktprogramm* und erfordert − wie in den folgenden beiden Teilen dieses Berichts dargelegt wird − weitere deutliche Schritte in allen Bereichen der wirtschaftlichen Entscheidungsfindung. Eine besondere Rolle müßte gemeinsamen Politiken zugewiesen werden, die auf eine ausgewogenere Wirtschaftsstruktur in der gesamten Gemeinschaft abzielen. So würde der Entstehung oder Verschärfung regionaler und sektoraler Ungleichgewichte vorgebeugt, die die Tragfähigkeit einer Wirtschafts- und Währungsunion gefährden könnten. Dies ist deswegen besonders wichtig, weil durch endgültig festgelegte Wechselkurse ein wichtiger Indikator für wirtschaftspolitische Unvereinbarkeiten zwischen den EG-Ländern beseitigt und der Wechselkurs als Anpassungsinstrument aus dem wirtschaftspolitischen Arsenal der Mitgliedstaaten entfernt würde. Wirtschaftliche Ungleichgewichte zwischen ihnen müßten durch eine Politik korrigiert werden, die Wirtschaftsstruktur und Produktionskosten beeinflußt, wenn größere regionale Disparitäten bei Produktion und Beschäftigung vermieden werden sollen.

15. Auf seinem Treffen am 27./28. Juni 1988 bestätigte der Europäische Rat das Ziel der Wirtschafts- und Währungsunion für die Gemeinschaft. Entsprechend seinem Auftrag hat der Ausschuß sein Hauptaugenmerk auf die Aufgabe gerichtet, konkrete Stufen *zur schrittweisen Verwirklichung einer Wirtschafts- und Währungsunion* zu untersuchen und vorzuschlagen. Dabei hat der Ausschuß untersucht, unter welchen Bedingungen eine solche Union tragfähig und erfolgreich sein könnte. Nach Ansicht des Ausschusses können konkrete Vorschläge zur Erreichung dieses Ziels nur dann unterbreitet werden, wenn man sich über die Folgen und Erfordernisse der Wirtschafts- und Währungsunion im klaren ist und wenn die bisherigen Erfahrungen und Entwicklungen im Bereich der Wirtschafts- und Währungsintegration innerhalb der Gemeinschaft angemessen berücksichtigt werden. Daher werden in Kapitel II dieses Berichtes die Hauptzüge und Implikationen einer Wirtschafts- und Währungsunion untersucht. In Kapitel III wird sodann ein pragmatischer, stufenweiser Ansatz vorgestellt, der in *drei Phasen zu dem Endziel führen könnte.* Die Frage, wann diese Phasen verwirklicht werden sollten, bleibt der politischen Entscheidung überlassen.

Kapitel II

Die Endphase der Wirtschafts- und Währungsunion

Abschnitt 1

Allgemeines

16. Eine *Wirtschafts- und Währungsunion* in Europa würde völlig freien Personen-, Waren-, Dienstleistungs- und Kapitalverkehr sowie unwiderruflich festgesetzte Wechselkurse zwischen den nationalen Währungen und letztlich eine einheitliche Währung bedeuten. Dies wiederum würde eine gemeinsame Geldpolitik voraussetzen und einen hohen Grad an Kompatibilität der Wirtschaftpolitiken sowie Konsistenz in mehreren anderen Feldern der Politik, insbesondere im fiskalischen Bereich. Diese Politiken sollten auf Preisstabilität, ein ausgewogenes Wachstum, konvergierende Lebensstandards, einen hohen Beschäftigungsstand und außenwirtschaftliches Gleichgewicht ausgerichtet sein.

Eine Wirtschafts- und Währungsunion wäre das Endergebnis der fortschreitenden wirtschaftlichen Integration in Europa.

17. Auch nach Verwirklichung einer Wirtschafts- und Währungsunion würde die Gemeinschaft weiter aus einzelnen Nationen mit unterschiedlichen wirtschaftlichen, sozialen, kulturellen und politischen Merkmalen bestehen. Wegen dieser *Pluralität* – und um sie zu erhalten – müßte den einzelnen Mitgliedsländern ein gewisser Grad an Autonomie in ihren wirtschaftlichen Entscheidungen belassen und zwischen nationalen sowie gemeinschaftlichen Kompetenzen ein Ausgleich gefunden werden. Deshalb könnten nicht einfach die bestehenden Bundesstaaten als Modell dienen, sondern es müßte ein völlig neuer, gemeinschaftsspezifischer Ansatz entwickelt werden.

18. Der Römische Vertrag in seiner durch die Einheitliche Europäische Akte geänderten Fassung bildet die Rechtsgrundlage für viele der Schritte, die zur wirtschaftlichen Integration notwendig sind, reicht jedoch zur Schaffung einer Wirtschafts- und Währungsunion nicht aus. Zur Verwirklichung dieses Ziels wären neue Regelungen erforderlich, die nur auf der Basis einer *Vertragsänderung* und entsprechender Änderungen der nationalen Rechtsvorschriften getroffen werden könnten. Ihren Niederschlag müßte die Union deshalb in einem Vertrag finden, in dem die grundlegenden funktionellen und institutionellen Regelungen sowie Bestimmungen über deren stufenweise Realisierung eindeutig festzulegen wären.

19. Unter Berücksichtigung der in den EG-Verträgen bereits vorgesehenen Regelungen ist festzustellen, daß eine *Übertragung von Entscheidungsbefugnissen* von den Mitgliedstaaten auf die Gemeinschaftsebene in erster Linie in den Bereichen der Geldpolitik sowie der makroökonomischen Steuerung notwendig würde. Eine Währungsunion würde eine einheitliche Geldpolitik erfordern, für deren Formulierung folglich ein einziges Entscheidungsgremium zuständig sein müßte. Im wirtschaftlichen Bereich würden zahlreiche Entscheidungen Sache der nationalen und regionalen politischen Instanzen bleiben. Wegen ihrer möglichen Auswirkungen auf die interne und externe gesamtwirtschaftliche Situation der Gemeinschaft sowie ihrer Konsequenzen für die gemeinsame Geldpolitik müßten derartige Entscheidungen jedoch in einem vereinbarten makroökonomischen Rahmen gestellt werden und verbindlichen Verfahren und Regeln unterliegen. Auf diese Weise könnten ein gesamtpolitischer Kurs für die ganze Gemeinschaft festgelegt, untragbare Unterschiede zwischen den einzelnen Mitgliedsländern in bezug auf den Finanzierungsbedarf des öffentlichen Sektors vermieden und Umfang sowie Finanzierung der Haushaltsdefizite bindenden Zwängen unterworfen werden.

20. Wesentlich für eine angemessene Kompetenzenverteilung in der Gemeinschaft wäre die Wahrung des „Subsidiaritätsprinzips", wonach die Kompetenzen der höheren Regierungsebenen möglichst begrenzt bleiben und gegenüber denen der niedrigeren Ebenen hilfsweisen Charakter haben sollten. Der Gemeinschaft sollten daher Zuständigkeiten speziell nur in den Bereichen übertragen werden, in denen kollektive Entscheidungen notwendig sind. Dagegen sollten alle wirtschaftspolitischen Funktionen, die ohne Beeinträchtigung des Zusammenhalts und des Funktionierens der Wirtschafts- und Währungsunion auf nationaler (sowie regionaler und lokaler) Ebene wahrgenommmen werden könnten, Sache der Mitgliedsländer bleiben.

21. Wirtschaftunion und Währungsunion bilden *zwei Bestandteile eines Ganzen* und müßten daher parallel zueinander realisiert werden. Nur der Übersichtlichkeit halber werden eine Wirtschafts- und eine Währungsunion in den folgenden Abschnitten getrennt betrachtet. Begonnen wird mit der Beschreibung einer Währungsunion, und zwar vorwiegend deshalb, weil die Hauptmerkmale einer Wirtschaftsunion wesentlich von den vereinbarten monetären Regelungen und Bindungen abhängig sind. Der Ausschuß ist sich aber völlig darüber im klaren, daß der Weg zur Errichtung einer Währungsunion nur vorstellbar ist, wenn ein hoher Grad an wirtschaftlicher Konvergenz erreicht wird.

Abschnitt 2

Die Hauptmerkmale einer Währungsunion

22. Unter einer *Währungsunion* ist ein Währungsraum zu verstehen, in dem im Hinblick auf gemeinsame makroökonomische Ziele die Politiken gemeinsam gestaltet werden. Wie schon im

Werner-Bericht von 1970 festgestellt, müssen für eine Währungsunion drei Bedingungen erfüllt sein:

- uneingeschränkte, irreversible Konvertibilität der Währungen;
- vollständige Liberalisierung des Kapitalverkehrs und volle Integration der Banken- und sonstigen Finanzmärkte;
- Beseitigung der Bandbreiten und unwiderrufliche Fixierung der Wechselkursparitäten.

Die ersten beiden Bedingungen sind bereits erfüllt oder werden mit dem Binnenmarktprogramm realisiert. Die wichtigste Voraussetzung für eine Währungsunion jedoch wäre erst dann gegeben, wenn der entscheidende Schritt zur unwiderruflichen Fixierung der Wechselkurse getan würde.

Mit diesem Schritt würden die nationalen Währungen zu immer engeren Substituten, und ihre Zinssätze würden sich allmählich einander angleichen. Das Tempo dieser Entwicklungen würde davon abhängen, inwieweit Unternehmen, private Haushalte, Gewerkschaften und sonstige wirtschaftliche Akteure davon überzeugt wären, daß der Beschluß, die Wechselkurse festzubinden, nicht rückgängig gemacht würde. Ein koordiniertes geldpolitisches Handeln und überzeugende Beweise für eine wirksame Koordinierung der nichtmonetären Politiken wären hier von entscheidender Bedeutung.

23. Die drei obengenannten Merkmale machen das Wesen eines einheitlichen Währungsraums aus, doch würde die Erfüllung dieser Bedingungen nicht notwendigerweise das Ende des Prozesses der monetären Vereinheitlichung in der Gemeinschaft bedeuten. Die Einführung einer *einheitlichen Währung* könnte, obwohl sie für die Schaffung einer Währungsunion nicht unbedingt notwendig wäre, sowohl aus psychologischen als auch aus politischen Gründen als eine natürliche und wünschenswerte Weiterentwicklung der Währungsunion angesehen werden. Eine einheitliche Währung wäre ein deutliches Zeichen für die Unumkehrbarkeit des Übergangs zur Währungsunion, würde die monetäre Steuerung der Gemeinschaft erheblich erleichtern und die beim Währungsumtausch anfallenden Transaktionskosten vermeiden. Vorausgesetzt, ihre Stabilität ist gewährleistet, hätte eine einheitliche Währung ferner gegenüber anderen bedeutenden Währungen ein viel größeres Gewicht als irgendeine einzelne Währung der Gemeinschaft. Die nationalen Währungen sollten daher so bald wie möglich nach endgültiger Festschreibung der Paritäten durch eine einheitliche Währung ersetzt werden.

24. Die Errichtung einer Währungsunion hätte weitreichende Implikationen für die Formulierung und Umsetzung der Geldpolitik in der Gemeinschaft. Wenn die Wechselkurse einmal fixiert wären, wäre eine *gemeinsame Geldpolitik notwendig*, die nach neuen Verfahren zu gestalten wäre. Die Koordinierung so vieler nationaler Geldpolitiken, wie Währungen an der Union teilnehmen, würde nicht ausreichen. Die Zuständigkeit für die einheitliche Geldpolitik müßte einer neuen Institution übertragen werden, in der zentralisierte und kollektive Entscheidungen über die Geldmenge und das Kreditvolumen wie auch über andere geldpolitische Instrumente, einschließlich der Zinssätze, getroffen würden.

Der Übergang von nationalen zu einer einheitlichen Geldpolitik ist eine unausweichliche Währungsunion und stellt eine der wichtigsten institutionellen Veränderungen dar. Auch wenn der Übergang durch eine immer intensiver werdende Koordinierung der nationalen Geldpolitiken in mancher Hinsicht vorbereitet worden wäre, hätte er doch weitreichende Konsequenzen. Die endgültige Fixierung der Wechselkurse würde den einzelnen Ländern ein wichtiges Instrument zur Korrektur wirtschaftlicher Ungleichgewichte und zur unabhängigen Verfolgung nationaler Ziele, insbesondere Preisstabilität, nehmen.

Lange vor der Entscheidung, die Wechselkurse unwiderruflich zu fixieren, hätten die vollständige Liberalisierung des Kapitalverkehrs und die Integration der Finanzmärkte eine Situation entstehen lassen, in der die Geldpolitiken enger koordiniert werden müssen. Sobald jedes Bankinstitut in der Gemeinschaft ungehindert von jedem Kunden in der Gemeinschaft in jeder nationalen Währung Einlagen entgegennehmen und jedem Kunden in der Gemeinschaft in jeder nationalen Währung Darlehen gewähren kann, wird die weitgehende territoriale Deckungsgleichheit zwischen dem Hoheitsgebiet der nationalen Zentralbanken, dem Gebiet, in dem „ihr" Bankensystem tätig ist, verloren gehen. Die Wirksamkeit der nationalen Geldpolitiken wird dann mehr und mehr von der Kooperation zwischen den Zentralbanken abhängen. Die zunehmende Koordinierung der Geldpolitiken wird die Integration der Finanzmärkte fördern und den Zentralbanken die Erfahrungen vermitteln, die für den Übergang zu einer einheitlichen Geldpolitik notwendig wären.

Abschnitt 3

Die Hauptmerkmale einer Wirtschaftsunion

25. Eine *Wirtschaftsunion* − in Verbindung mit einer Währungsunion − vereint in sich die Merkmale eines von Beschränkungen freien gemeinsamen Marktes mit einer Reihe von Regeln, die für ihr reibungsloses Funktionieren unerläßlich sind. Insofern lassen sich als Kennzeichen einer Wirtschaftsunion vier Grundelemente feststellen:

− ein einheitlicher Markt mit freiem Personen-, Waren-, Dienstleistungs- und Kapitalverkehr;
− eine Wettbewerbspolitik und sonstige Maßnahmen zur Stärkung der Marktmechanismen;
− gemeinsame Politiken zur Strukturanpassung und Regionalentwicklung;
− eine Koordinierung der makroökonomischen Politiken, einschließlich verbindlicher Regeln für die Haushaltspolitik.

Erstens sollte die Wirtschaftsunion auf den gleichen marktwirtschaftlichen Prinzipien basieren, die auch die Grundlage der Wirtschaftsordnung ihrer Mitgliedsländer bilden. Unterschiede in der verfolgten Politik kann es zwischen einzelnen Mitgliedsländern oder − innerhalb ein und desselben Landes − zu verschiedenen Zeiten geben. Abgesehen davon aber besteht eine charakteristische Gemeinsamkeit der Wirtschaftsordnungen in Europa darin, daß sie einen großen Freiraum für marktorientiertes Verhalten und privatwirtschaftliche Initiative auf der einen Seite mit Interventionen der öffentlichen Hand bei der Bereitstellung bestimmter sozialer Dienstleistungen und öffentlicher Güter auf der anderen Seite miteinander kombinieren.

Zweitens müßte ein angemessenes Verhältnis zwischen wirtschaftlichen und monetären Komponenten gewährleistet sein, wenn die Union lebensfähig sein soll. Wesentlich wäre dies wegen der engen Wechselwirkungen zwischen wirtschaftlichen und monetären Entwicklungen und Politiken. Kohärente nichtmonetäre Wirtschaftspolitiken auf gemeinschaftlicher und nationaler Ebene wären notwendig, damit unwiderruflich festgelegte Wechselkurse zwischen den Gemeinschaftswährungen aufrechterhalten werden könnten; umgekehrt wäre eine gemeinsame Geldpolitik zur Untermauerung eines einheitlichen Währungsraums notwendig, damit sich die Gemeinschaft zu einer Wirtschaftsunion entwickeln könnte.

26. Die Schaffung eines einheitlichen Währungsraums würde die möglichen Vorteile, die sich aus einem größeren Wirtschaftsraum ergeben, vergrößern; er würde die Unsicherheit über die innergemeinschaftlichen Wechselkurse beseitigen, die Transaktionskosten senken, die Variabilität der Wechselkurse ausschalten und die Gemeinschaft externen Schocks gegenüber weniger anfällig machen.

Gleichzeitig aber würden Wechselkursanpassungen nicht mehr als Instrument zur Korrektur wirtschaftlicher Ungleichgewichte in der Gemeinschaft zur Verfügung stehen. Derartige *Ungleichgewichte könnten auftreten*, weil nicht damit zu rechnen ist, daß sich der durch die Beseitigung der materiellen, technischen und steuerlichen Schranken in Gang gesetzte Anpassungs- und Umstrukturierungsprozeß auf die verschiedenen Regionen in gleicher Weise auswirkt oder immer in angemessener Zeit zufriedenstellende Ergebnisse erbringt. Ungleichgewichte könnten sich ferner aus Entwicklungen der Arbeitskosten und sonstiger Kosten, aus externen Schocks mit jeweils unterschiedlichen Auswirkungen auf die einzelnen Volkswirtschaften oder aus divergierenden Wirtschaftspolitiken auf nationaler Ebene ergeben.

Bei unwiderruflich festgesetzten Paritäten würde von den Devisenmärkten kein Druck für wirtschaftspolitische Korrekturen auf nationaler Ebene mehr ausgehen, wenn wirtschaftliche Ungleichgewichte auftreten und anhalten. Außerdem könnten die statistische Messung und die Beurteilung wirtschaftlicher Ungleichgewichte schwieriger werden, da auf einem voll integrierten Markt Zahlungsbilanzdaten, die zur Zeit noch einen auffallenden, sensiblen Indikator für wirtschaftliche Ungleichgewichte bilden, als Orientierungspunkte für wirtschaftspolitische Entscheidungen nicht mehr so bedeutsam wären. Dennoch würden sich derartige Ungleichgewichte, falls sie nicht korrigiert würden, in regionalen Disparitäten niederschlagen. Eine Möglichkeit, ihnen abzuhelfen, wären Maßnahmen zur Verbesserung der Mobilität der Produktionsfaktoren sowie der Preisflexibilität.

27. Um eine Wirtschafts- und Währungsunion zu errichten, müßte der Binnenmarkt durch *Aktivitäten in drei miteinander verknüpften Bereichen* ergänzt werden. Dabei handelt es sich erstens um die Wettbewerbspolitik und sonstige Maßnahmen zur Stärkung der Marktmechanismen, zweitens um gemeinsame Politiken zur Verbesserung der Ressourcenallokation in solchen Branchen und Regionen, in denen die Marktkräfte verstärkt oder ergänzt werden müssen, und drittens um makroökonomische Koordinierung einschließlich verbindlicher Regeln für die Budgetpolitik sowie um andere Vereinbarung mit dem Ziel, das Potential für Divergenzen zwischen einzelnen Mitgliedsländern zu begrenzen und einen wirtschaftspolitischen Gesamtrahmen für die ganze Gemeinschaft zu gestalten.

28. *Die Wettbewerbspolitik* – auf Gemeinschaftsebene betrieben – müßte vermeiden, daß private oder öffentliche wirtschaftliche Akteure durch ihr Verhalten den Marktzugang behindern und das Funktionieren des Marktes verzerren. Eine derartige Politik müßte sich nicht nur den herkömmlichen Formen restriktiver Praktiken und der mißbräuchlichen Ausnutzung marktbeherrschender Stellungen zuwenden, sondern auch neue Aspekte der Wettbewerbsgesetzgebung, vor allem im Bereich der Zusammenschlüsse und Übernahmen, abdecken. Staatliche Subventionen zur Unterstützung einzelner Industriezweige müßten streng begrenzt werden, da solche Subventionen den Wettbewerb verzerren und eine ineffiziente Verwendung und Allokation knapper wirtschaftlicher Ressourcen zur Folge haben.

29. *Gemeinschaftliche Regional- und Strukturpolitiken* wären notwendig, um eine optimale Ressourcenalloktion zu fördern und die gesamte Gemeinschaft an Wohlfahrtsgewinnen teilhaben zu lassen. Würden die regionalen Ungleichgewichte nicht hinreichend berücksichtigt, wäre die Wirtschaftsunion schweren wirtschaftlichen und politischen Risiken ausgesetzt. Besonderer Wert wäre deshalb auf eine wirksame Gemeinschaftspolitik zu legen, die regionale und strukturelle Unterschiede vermindert und eine ausgewogene Entwicklung in der gesamten Gemeinschaft fördert. Der regionalen Dimension anderer Gemeinschaftspolitiken wäre hierbei Rechnung zu tragen.

Die wirtschaftliche und monetäre Integration könnte sich auf die weniger entwickelten Regionen der Gemeinschaft günstig auswirken. So hätten beispielsweise Regionen mit niedrigerem Lohnniveau die Chance, moderne, rasch wachsende Dienstleistungs- und Verarbeitungsbranchen anzuziehen, für die Transportkosten, Qualifizierung der Arbeitskräfte und Marktnähe nicht unbedingt für die Standortwahl ausschlaggebend sind. Die bisherigen Erfahrungen zeigen allerdings, daß ohne ausgleichende Maßnahmen der Gesamteffket auf die Randregionen negativ sein könnte. Transportkosten und Skaleneffekte würden eine Abwanderung von Wirtschaftstätigkeiten aus weniger entwickelten Regionen, vor allem am Rande der Gemeinschaft, in die hochentwickelten Gebiete im Zentrum fördern. Die Wirtschafts- und Währungsunion müßte eine Strukturanpassung, die den ärmeren Regionen beim Aufholen helfen würde, fördern und lenken.

Ein Schritt in diese Richtung wurde im Februar 1988 getan, als der Europäische Rat beschloß, die Regionalpolitik der Gemeinschaft in mehrfacher Hinsicht zu stärken und umzugestalten: Der Umfang der Strukturfonds wird bis 1993 verdoppelt, der Akzent wird von der Projekt- auf die Programmfinanzierung verlagert, und es wird eine neue Form von Partnerschaft zwischen der Gemeinschaft und den Empfängerregionen eingerichtet. Je nach Fortschritt müßten derartige Politiken nach 1993 im Zuge der Errichtung einer Wirtschafts- und Währungsunion möglicherweise weiter verstärkt werden.

Andererseits aber könnte es zu Spannungen kommen, wenn in zu großem Umfang auf finanzielle Unterstützung im Wege der Regional- und Strukturpolitik zurückgegriffen würde. Das Hauptziel der Regionalpolitik sollte nicht darin bestehen, Einkommen zu subventionieren und lediglich Ungleichheiten im Lebensstandard abzubauen. Sie sollte vielmehr helfen, mit Hilfe von Investitionsprogrammen beispielsweise für materielle Infrastrukturen, im Kommunikations-, Verkehrs- und Bildungswesen die Produktionsbedingungen zu vereinheitlichen und auf diese Weise vermeiden, daß umfangreiche Wanderungen von Arbeitskräften zum wichtigsten Anpassungsfaktor werden. Der Erfolg dieser Politik wird nicht nur von der Höhe der verfügbaren finanziellen Mittel, sondern ganz entscheidend auch von deren effizientem Einsatz und vom privaten und gesellschaftlichen Ertrag der Investitionsprogramme abhängen.

Abgesehen von der Regionalpolitik hat der Römische Vertrag in seiner durch die Einheitliche Europäische Akte geänderten Fassung auch für einige andere Bereiche wie Infrastruktur, Forschung und technologische Entwicklung sowie Umwelt das Fundament für gemeinschaftliche Politiken gelegt. Derartige Politiken würden nicht nur die Markteffizienz verbessern und Marktmängel ausgleichen, sondern könnten auch zur Regionalentwicklung beitragen. Unter Beachtung des Subsidiaritätsprinzips müßten sie im Zuge der Errichtung der Wirtschafts- und Währungsunion weiterentwickelt werden.

Lohnflexibilität und Arbeitskräftemobilität sind notwendig, um Unterschiede in der Wettbewerbsfähigkeit einzelner Regionen und Länder der Gemeinschaft zu eliminieren. Anderenfalls könnten Produktion und Beschäftigung in produktivitätsschwachen Gebieten verhältnismäßig stark schrumpfen. Um die Anpassungslasten vorübergehend zu vermindern, könnten sich in bestimmten Situationen Finanzierungen über offizielle Kanäle als notwendig erweisen. Eine solche finanzielle Unterstützung käme zu den durch autonome Kapitalströme oder externe Kreditaufnahme aufgebrachten Mitteln hinzu und sollte zu Bedingungen gewährt werden, die den Empfänger zur Intensivierung seiner Anpassungsbemühungen veranlassen würden.

30. Die *makroökonomische Politik* bildet den dritten Bereich mit Handlungsbedarf, wenn eine Wirtschafts- und Währungsunion lebenfähig sein soll. Zu diesem Zweck müßte in angemessener Weise definiert werden, welche Rolle die Gemeinschaft durch Koordinierung der Wirtschaftspolitiken bei der Förderung von Preisniveaustabilität und wirtschaftlichem Wachstum zu spielen hat.

Viele Entwicklungen in den makroökonomischen Gegebenheiten würden auch weiterhin von Faktoren und Entscheidungen auf nationaler oder lokaler Ebene bestimmt. Hierzu würden nicht nur die Lohnverhandlungen und sonstige wirtschaftliche Entscheidungen über Produktion, Sparen und Investitionen gehören, sondern auch die Entscheidungen von staatlichen Instanzen im wirtschaftlichen und sozialen Bereich. Abgesehen von dem System verbindlicher Regeln über den Umfang und die Finanzierung nationaler Haushaltsdefizite wären Entscheidungen über die Hauptkomponenten der Politik in Feldern wie innere und äußere Sicherheit, Justiz, soziale Sicherheit, Bildung und damit über Höhe und Struktur der Staatsausgaben selbst in der Endphase der Wirtschafts- und Währungsunion Sache der Mitgliedstaaten. Das gleiche gilt für zahlreiche Entscheidungen über staatliche Einnahmen.

Funktionieren könnte eine Wirtschafts- und Währungsunion aber nur dann, wenn das Verhalten von Regierungen und anderen wirtschaftlichen Akteuren in allen Mitgliedsländern konsistent und vernünftig wäre. So würden insbesondere unkoordinierte, divergierende nationale Haushaltspolitiken die monetäre Stabilität untergraben und Ungleichgewichte im realwirtschaftlichen und finanziellen Sektor der Gemeinschaft verursachen. Da ferner der zentral gesteuerte Gemeinschaftshaushalt auch künftig nur einen sehr kleinen Teil der Gesamtausgaben des öffentlichen Sektors ausmachen dürfte und da der Großteil eines Volumens für zyklische Anpassungen nicht zur Verfügung stehen wird, muß die Aufgabe, einen finanzpolitischen Kurs für die gesamte Gemeinschaft festzulegen, über die Koordinierung der nationalen Haushaltspolitiken gelöst werden. Ohne eine solche Koordinierung könnte die Gemeinschaft als Ganzes weder zu einem Zusammenwirken von Finanz- und Geldpolitik gelangen, das für die Wahrung des internen Gleichgewichts angemessen ist, noch könnte sie im internationalen Anpassungsprozeß ihre Rolle spielen. Daß die Geldpolitik diese Funktionen allein erfüllen könnte, ist nicht zu erwarten. Außerdem würden starke Divergenzen in der Lohnhöhe und ihrer Veränderungen, die nicht durch unterschiedliche Produktivitätstrends gerechtfertigt wären, wirtschaftliche Spannungen und Druck auf monetäre Expansion auslösen.

Ein gewisser disziplinierender Einfluß kann von den Marktkräften ausgehen. Finanzmärkte, Verbraucher und Anleger würden auf Unterschiede in der makroökonomischen Entwicklung der einzelnen Länder und Regionen reagieren, deren Haushalts- und Finanzpositionen beurteilen, Abweichungen von den gemeinsam festgelegten haushaltspolitischen Leitlinien oder Lohnabschlüsse sanktionieren und damit auf gesündere Politiken drängen. Die Erfahrung zeigt jedoch, daß von der Marktmeinung nicht immer kräftige und zwingende Signale ausgehen und daß der Zugang zu einem großen Kapitalmarkt eine Zeitlang sogar die Finanzierung wirtschaftlicher Ungleichgewichte erleichtern kann. Statt zu einer schrittweisen Anpassung der Finanzierungskosten zu führen, neigt die Markteinschätzung der Kreditwürdigkeit von offiziellen Kreditnehmern eher dazu, sich abrupt zu ändern, mit dem Ergebnis, daß der Zugang zur Finanzierung über den Markt gesperrt wird. Die von den Marktkräften ausgehenden Zwänge könnten sich entweder als zu langsam und zu schwach erweisen oder aber zu plötzlich und zu drastisch greifen. Aus diesem Grunde müßten die Länder akzeptieren, daß ihnen aus der Beteiligung an einem gemeinsamen Markt und einem einheitlichen Währungsraum wirtschaftspolitische Zwänge erwachsen.

Im allgemeinen makroökonomischen Bereich müßte eine gemeinsame Gesamtbeurteilung der kurz- und mittelfristigen wirtschaftlichen Entwicklung der Gemeinschaft periodisch vorgenommen werden und würde als Rahmen für eine bessere Koordinierung der nationalen Wirtschaftspolitiken dienen. Die Gemeinschaft müßte in der Lage sein, ihre gesamtwirtschaftliche Situation zu beobachten; sie müßte beurteilen können, ob die Entwicklungen in den einzelnen Ländern im Hinblick auf die gemeinsamen Ziele konsistent sind, und sie müßte wirtschaftspolitische Leitlinien entwickeln können.

Bei der Lohnbildung und in den Beziehungen zwischen den Sozialpartnern müßte die Tarifautonomie gewahrt bleiben und gestärkt werden. Es müßte jedoch versucht werden, die europäischen Arbeitgeber und Arbeitnehmer von den Vorteilen einer weitgehend am Produktivitätsfortschritt orientierten Lohnpolitik zu überzeugen. Die Regierungen ihrerseits würden direkte Eingriffe in die Lohn- und Preisbildung unterlassen.

Im Bereich der öffentlichen Haushalte sind bindende Regeln er-

forderlich, die erstens wirksame Obergrenzen für die Haushaltsdefizite der einzelnen Mitgliedsländer vorsehen, wobei jedoch
eventuell die jeweilige Situation jedes Landes zu berücksichtigen
wäre; zweitens den Zugang zu Zentralbankkrediten und anderen
Formen monetärer Finanzierung ausschließen, zugleich aber Offenmarktgeschäfte mit Staatspapieren zulassen; drittens die externe Kreditaufnahme in außergemeinschaftlichen Währungen
begrenzen. Außerdem sollten die haushaltspolitischen Vorkehrungen der Gemeinschaft einen kohärenten Mix aus Finanz- und
Geldpolitik ermöglichen.

Abschnitt 4

Institutionelle Regelungen

31. Zur Steuerung der Wirtschafts- und Währungsunion würde
ein *institutioneller Rahmen* benötigt, um in den wirtschaftlichen
Bereichen, die für das Funktionieren der Union direkt relevant
sind, die Politik auf Gemeinschaftsebene beschließen und durchsetzen zu können. Dieser Rahmen müßte ein effizientes wirtschaftspolitisches Vorgehen, eingebettet in den demokratischen
Prozeß, fördern. Eine Wirtschafts- und Währungsunion würde
eine neue monetäre Institution innerhalb der Konstellation der
Gemeinschaftsorgane (Europäisches Parlament, Europäischer
Rat, Ministerrat, Kommission und Gerichtshof) erfordern. Zur
Erarbeitung und Umsetzung gemeinsamer Politiken in nichtmonetären Bereichen und zur Koordinierung von Politiken, für die
weiterhin die nationalen Behörden zuständig sind, wäre eine
neue Institution nicht unbedingt erforderlich; doch könnte eine
Revision und möglicherweise eine gewisse Umstrukturierung der
bestehenden Gemeinschaftsgremien, mit angemessener Kompetenzübertragung, notwendig sein.

32. Eine neue monetäre Institution würde erforderlich, weil eine
einheitliche monetäre Politik nicht aus unabhängigen Entscheidungen und Handlungen verschiedener Zentralbanken resultieren kann. Außerdem können die laufenden geldpolitischen Operationen auf sich verändernde Marktgegebenheiten nur dann
prompt reagieren, wenn sie zentral beschlossen werden. In Anbetracht der politischen Struktur der Gemeinschaft und ange-

sichts der Vorteile, die sich ergäben, wenn die bestehenden Zentralbanken Teile eines neuen Systems würden, sollte die interne und internationale Geldpolitik der Gemeinschaft in einem föderalen System organisiert werden, daß man *„Europäisches Zentralbanksystem"* (EZBS) nennen könnte. Dieses neue System sollte den vollen Status eines autonomen Organs der Gemeinschaft erhalten. Es würde nach den Vertragsbestimmungen arbeiten und könnte aus einem Zentralinstitut (mit eigener Bilanz) und den nationalen Zentralbanken bestehen. In der Endphase wäre das EZBS — über seinen Rat — für die Erarbeitung und Umsetzung der Geldpolitik und für die Handhabung der Wechselkurspolitik der Gemeinschaft gegenüber Drittwährungen zuständig. Den nationalen Zentralbanken obläge die Ausführung von Politiken entsprechend den vom Rat des EZBS festgelegten Leitlinien und nach Weisungen des Zentralinstituts.

Das Europäische Zentralbanksystem würde auf folgenden Prinzipien basieren:

Mandat und Funktionen

- Das System ist dem Ziel der Preisstabilität verpflichtet;
- soweit dies mit dem Vorstehenden vereinbar ist, sollte das System die auf Gemeinschaftsebene von den zuständigen Instanzen beschlossene Wirtschaftspolitik unterstützen;
- das System wäre zuständig für die Erarbeitung und Umsetzung der Geldpolitik, für die Wechselkurssteuerung, die Verwaltung der Währungsreserven und für ein ordnungsgemäß funktionierendes Zahlungssystem;
- das System wäre an der Koordinierung der Bankenaufsichtspolitik der zuständigen Behörden beteiligt.

Instrumentarium

- Die dem System zur Verfügung stehenden Instrumente sowie ein Verfahren für deren Änderung wären in der Satzung zu spezifizieren; die Instrumente würden das System befähigen, Zentralbankgeschäfte auf den Finanz- und Devisenmärkten zu tätigen und regulative Befugnisse auszuüben;

– das System könnte unter Beachtung der Vorschrift, keine Kredite an öffentliche Stellen zu gewähren, als ein Mittel der Geldpolitik staatliche Schuldtitel auf dem Markt kaufen und verkaufen.

Struktur und Organisation

– Eine föderative Struktur, da diese der politischen Vielfalt der Gemeinschaft am besten entsprechen würde;
– Einsetzung eines EZBS-Rates (bestehend aus den Präsidenten der Zentralbanken und den Mitgliedern des Direktoriums, wobei letztere vom Europäischen Rat zu bestellen wären), der den geldpolitischen Kurs formulieren und über ihn entscheiden würde; die Abstimmungsverfahren müssen im Vertrag niedergelegt werden;
– Einsetzung eines Direktoriums (mit Mitarbeiterstab), das die monetäre Entwicklung verfolgen und die Umsetzung der gemeinsamen Geldpolitik überwachen würde;
– nationale Zentralbanken, die entsprechend den Beschlüssen des EZBS-Rates tätig würden.

Status

– Unabhängigkeit: Der EZBS-Rat sollte von Weisungen der nationalen Regierungen und Gemeinschaftsorgane unabhängig sein; deshalb sollten die Mitglieder des EZBS-Rates – sowohl die Präsidenten der Zentralbanken als auch die Mitglieder des Direktoriums – für eine angemessen lange Amtszeit bestellt werden;
– Rechenschaftslegung: Berichterstattung würde vorgesehen in Form der Unterbreitung eines Jahresberichts des EZBS an das Europäische Parlament und den Europäischen Rat; daneben könnte der Präsident des EZBS eingeladen werden, diesen Institutionen zu berichten. Die Aufsicht über Verwaltungsangelegenheiten des Systems würde, unabhängig von Organen der Gemeinschaft, zum Beispiel einem Aufsichtsrat oder einem Ausschuß unabhängiger Rechnungsprüfer anvertraut.

33. Auf *wirtschaftlichem Gebiet* ist im Gegensatz zum monetären Bereich ein institutioneller Rahmen für politisches Handeln bereits mit dem Römischen Vertrag geschaffen worden, wobei das Europäische Parlament, der Rat, der Währungsausschuß, die Kommission und der Gerichtshof jeweils unterschiedliche und einander ergänzende Funktionen haben. In dem neuen Vertrag brauchten daher Mandat, Status und Struktur eines neuen Organs nicht festgelegt zu werden; dagegen müßte die Rolle der bestehenden Gremien im Hinblick auf die Funktionen, die sie in einer Wirtschafts- und Währungsunion zu erfüllen hätten, erweitert oder umgestaltet werden. In dem neuen Vertrag wären diese Veränderungen zu spezifizieren und die Bereiche festzulegen, in denen die Entscheidungsbefugnis von der nationalen auf die Gemeinschaftsebene zu übertragen wäre.

Allgemeine Kriterien

Damit die Politik in den wirtschaftlichen Bereichen, in denen die Gemeinschaft aktiv würde, flexibel und effizient betrieben werden kann, müßten eine Reihe grundlegender Erfordernisse erfüllt sein:

- In den Fällen, in denen wirtschaftspolitische Entscheidungen auf Gemeinschaftsebene getroffen und ausgeführt würden, müßten die Kompetenzen auf die bestehenden Gemeinschaftsorgane eindeutig aufgeteilt werden, wobei zu unterscheiden wäre, ob es sich um die Festlegung des generellen Kurses oder um das politische Tagesgeschäft handelt. In Anlehnung an die Struktur des Europäischen Zentralbanksystems, in dem der EZBS-Rat die Grundzüge der Geldpolitik festlegen würde, während die laufende Ausführung dem Direktorium obläge, könnten auch die Zuständigkeiten auf wirtschaftlichem Gebiet in ähnlicher Weise aufgeteilt werden. Der Ministerrat würde die Grundzüge der Wirtschaftspolitik festlegen, während die nationalen Regierungen und die Kommission in ihren jeweiligen Kompetenzbereichen für die Umsetzung zu sorgen hätten;
- falls Mitgliedstaaten die Vorgaben nicht erfüllen, wäre es Aufgabe der Kommission oder, wie in Absatz 31 erwähnt, einer anderen entsprechend beauftragten Behörde, die Einhaltung der festgelegten Linie durch wirksame Maßnahmen sicherzustellen; die Art dieser Maßnahmen wäre noch zu prüfen.

Binnenmarkt und Wettbewerbspolitik

Für diese beiden Bereiche sind die notwendigen Verfahren und Regelungen bereits im Römischen Vertrag und in der Einheitlichen Europäischen Akte vorgesehen, die der Gemeinschaft die notwendigen Befugnisse für Legislative, Exekutive und Rechtsprechung übertragen. Den wirtschaftlichen Akteuren wird die Vollendung des Binnenmarktes die Regulierungslast wesentlich erleichtern; für die Gemeinschaftsorgane aber bedeutet sie ein erhebliches Mehr an Durchführungs- und Kontrollaufgaben.

Gemeinschaftspolitiken im Regional- und Strukturbereich

Wie bereits dargelegt, sind die Grundlagen für eine wirkungsvollere Politik der Gemeinschaft zur Regional- und Strukturentwicklung kürzlich mit einer Verdoppelung der Ressourcen der Strukturfonds und einer Umgestaltung der Politiken gelegt worden. Im Zuge der Errichtung einer Wirtschafts- und Währungsunion müßten diese Mechanismen möglicherweise noch ausgebaut und schlagkräftiger gemacht werden.

Makroökonomische Politik

Generell sollte die Koordinierung der Wirtschaftspolitik dem Ziel dienen, Wachstum, Beschäftigung und außenwirtschaftliches Gleichgewicht in einem Umfeld stabiler Preise und wirtschaftlichen Zusammenhalts zu fördern. Koordinierung würde daher bedeuten: Festlegung eines mittelfristigen Rahmens für die Haushaltspolitik in der Wirtschafts- und Währungsunion; Einsatz gemeinsamer Politiken für die Struktur- und Regionalentwicklung; Formulierung der Wechselkurspolitik der Gemeinschaft in Zusammenarbeit mit dem EZBS-Rat; schließlich Beteiligung an der wirtschaftspolitischen Koordinierung auf internationaler Ebene.

Bei den neuen *Verfahren*, die hierzu notwendig wären, müßte das rechte Verhältnis zwischen verbindlichen Regeln – wo diese zur Durchsetzung erforderlich sind – und einer diskretionären Koordinierung, zugeschnitten auf eine spezielle wirtschaftliche Situation, gewahrt werden.

Insbesondere müßten bindende Regeln und Verfahren für die *Haushaltspolitik* entwickelt werden; dazu gehören

- wirksame Obergrenzen für die Haushaltsdefizite der einzelnen Mitgliedsländer; Ausschuß des Zugangs zu direkten Zentralbankkrediten und anderen Formen monetärer Finanzierung; Begrenzung der Kreditaufnahme in außergemeinschaftlichen Währungen;
- Festlegung des mittelfristigen finanzpolitischen Gesamtkurses, einschließlich des Umfangs und der Finanzierung des globalen Haushaltssaldos, d.h. sowohl der nationalen Haushaltspositionen als auch der Haushaltsposition der Gemeinschaft.

34. Der neue Vertrag, in dem die Ziele, Merkmale, Bedingungen, Verfahren und Organe der Wirtschafts- und Währungsunion verankert wären, würde den derzeitigen Gemeinschaftsorganen (Europäisches Parlament, Europäischer Rat, Ministerrat, Kommission und Gerichtshof) ein neues Organ mit vergleichbarem Status, das Europäische Zentralbanksystem, hinzufügen. Unter Wahrung der Unabhängigkeit des EZBS, die an anderer Stelle in diesem Bericht präzisiert wird, müßten angemessene Konsultationsverfahren vorgesehen werden, um eine wirksame *Koordinierung zwischen Haushaltspolitik und Geldpolitik* zu ermöglichen. Dazu könnte eine Teilnahme der Präsidenten des Rates und der Kommission an Tagungen des EZBS-Rates gehören, ohne Stimmrecht und ohne das Recht, Entscheidungen, die nach den vom EZBS-Rat festgelegten Regeln getroffen wurden, zu blokkieren. Gleichermaßen könnte der Vorsitzende des EZBS-Rates an Tagungen des Ministerrates teilnehmen, insbesondere wenn die Geldpolitik berührende Fragen behandelt werden. Zu überdenken wäre auch die Rolle des Europäischen Parlaments, insbesondere im Zusammenhang mit den neuen wirtschaftspolitischen Funktionen verschiedener Gemeinschaftsorgane.

Abschnitt 5

Wirtschafts- und Währungsunion im weltwirtschaftlichen Kontext

35. Die Errichtung einer Wirtschafts- und Währungsunion würde der Gemeinschaft in internationalen Verhandlungen eine stärkere Stellung verschaffen und ihre Möglichkeiten, die wirtschaftlichen Beziehungen zwischen den Industrie- und Entwicklungsländern zu beeinflussen, verbessern.

36. Zuständig für die *Außenhandelspolitik* ist nach dem Römischen Vertrag die Gemeinschaft. Die Kommission als ihre Sprecherin vertritt alle Mitgliedsländer in multilateralen Handelsgesprächen. Mit der Vollendung des Binnenmarktes, der den multilateralen Handel und das weltweite Wirtschaftswachstum stimulieren dürfte, wird diese Rolle noch gestärkt. Voll ausgeschöpft werden kann dieses Potential allerdings nur in einem offenen Handelssystem, das den ausländischen Lieferanten freien Zugang zum Gemeinschaftsmarkt und umgekehrt den Exporteuren der Gemeinschaft freien Zugang zu den ausländischen Märkten garantiert. Die Beseitigung der innergemeinschaftlichen Handelsschranken sollte auch einen Schritt zu einem liberalen Welthandelssystem bilden.

37. Mit der Errichtung einer Wirtschafts- und Währungsunion würde die Rolle der Gemeinschaft bei der internationalen Konzertierung der Politik an Bedeutung gewinnen. Im monetären Bereich würden dazu sowohl eine kurzfristige Kooperation der Zentralbanken bei der Zinssteuerung und bei Devisenmarktinterventionen als auch die Suche nach Lösungen für die weitere Entwicklung des internationalen Währungssystems gehören. Im wirtschaftlichen Bereich würde die Erarbeitung eines Policy Mix die Gemeinschaft in die Lage versetzen, wirkungsvoller zur Gestaltung der Weltwirtschaft beizutragen.

38. Die *institutionellen Regelungen,* die es der Gemeinschaft gestatten würden, die aus ihrem größeren Gewicht in der Weltwirtschaft erwachsende Verantwortung wahrzunehmen, sind teilweise schon vorhanden oder würden im Zuge der Errichtung einer Wirtschafts- und Währungsunion geschaffen. In der Außenhandelspolitik und bis zu einem gewissen Grade auch in der Zusammenarbeit mit den Entwicklungsländern liegt die Zuständigkeit bereits bei der Gemeinschaft. Mit der Errichtung des Europäischen Zentralbanksystems hätte die Gemeinschaft auch eine Institution, über die sie an allen Aspekten der internationalen monetären Zusammenarbeit teilhaben könnte. Was die Koordinierung der makroökonomischen Politiken auf internationaler Ebene betrifft, so ist die Gemeinschaft zur Zeit lediglich auf den

Wirtschaftsgipfeln der großen Industrieländer vertreten. Um ihre Position in der Weltwirtschaft voll auszuschöpfen und auf das Funktionieren des internationalen Wirtschaftssystem einwirken zu können, müßte die Gemeinschaft in der Lage sein, mit einer Stimme zu sprechen. Dieser Gesichtspunkt unterstreicht die Notwendigkeit, in der Wirtschafts- und Währungsunion über einen wirksamen Mechanismus zur Koordinierung der makroökonomischen Politik zu verfügen.

Kapitel III

Schritte zur Wirtschafts- und Währungsunion

39. Nach der Definition der Hauptmerkmale einer Wirtschafts- und Währungsunion hat sich der Ausschuß der Aufgabe zugewandt, „die konkreten Etappen zur Verwirklichung dieser Union zu prüfen und vorzuschlagen". Er war sich darin einig, daß die *Schaffung einer Wirtschafts- und Währungsunion als ein einheitlicher Prozeß* gesehen werden muß. Auch wenn dieser Prozeß in Phasen gegliedert ist, die gewissermaßen Marksteine auf dem Wege zum Endziel darstellen, sollte die Entscheidung über die Einleitung der ersten Phase zugleich eine Entscheidung für den gesamten Prozeß sein.

Mit einer eindeutigen politischen Verpflichtung auf die Endphase, wie sie in Kapitel II des Berichts geschildert wird, würde glaubhaft bekundet, daß die Entscheidungen, die Phase eins ausmachen, nicht nur als solche nützlich wären, sondern einen entschiedenen ersten Schritt auf dem Wege zur Wirtschafts-und Währungsunion darstellen sollen. Ein überzeugender Ausdruck einer solchen Verpflichtung wäre es, wenn alle Länder der Gemeinschaft während der Phase eins Vollmitglieder des EWS würden und sich zu einer konvergierenden Wirtschaftspolitik im Rahmen der bestehenden Institutionen verpflichteten.

Aus dieser Sicht würde eine Verpflichtung der politischen Instanzen, Verhandlungen über einen neuen Vertrag aufzunehmen, die Kontinuität des Prozesses gewährleisten. Die Vorarbeiten für die Aushandlung des neuen Vertrages würden unverzüglich beginnen. Verfahren zur weiteren Entwicklung der Wirtschafts- und Währungsunion werden am Schluß dieses Berichts vorgeschlagen.

Grundsätze für ein schrittweises Vorgehen

40. Ein *Stufenkonzept,* das den Pfad zur Wirtschafts- und Währungsunion absteckt, müßte dem bereits genannten Subsidiaritätsprinzip sowie einer Reihe weiterer Überlegungen Rechnung tragen.

41. *Behutsame, doch evolutionäre Schritte.* Der Prozeß der Errichtung einer Wirtschafts- und Währungsunion wäre in eine begrenzte Anzahl klar abgegrenzter Phasen zu gliedern. Jede Phase sollte eine deutliche Veränderung gegenüber der vorhergehenden darstellen. Neue Regelungen, die zu Beginn einer jeden Phase in Kraft treten, würden nach und nach ihre Effekte zeitigen, einen Wandel in den wirtschaftlichen Gegebenheiten bewirken und damit den Weg für die nächste Phase bahnen. Dieses evolutionäre Vorgehen würde sowohl die funktionellen als auch die institutionellen Regelungen betreffen.

42. *Parallelität.* In Kapitel II wurde dargelegt, daß eine Währungsunion ohne einen ausreichenden Grad an wirtschaftspolitischer Konvergenz kaum Bestand haben und der Gemeinschaft sogar abträglich sein könnte. Parallele Fortschritte bei der wirtschaftlichen und monetären Integration wären unerläßlich, um Ungleichgewichte zu vermeiden, die zu wirtschaftlichen Spannungen und zu einem Verlust an politischer Unterstützung für den weiteren Ausbau der Gemeinschaft zu einer Wirtschafts- und Währungsunion führen könnten. Vollkommene Parallelität zu jedem Zeitpunkt wäre jedoch unmöglich und könnte sogar kontraproduktiv sein. Schon in der Vergangenheit ist mit Fortschritten der Gemeinschaft in bestimmten Bereichen ein zeitweiliger Stillstand in anderen einhergegangen, so daß man nur von einer Teil-Parallelität sprechen kann. Ein gewisses Maß vorübergehender Abweichungen von der Parallelität gehört zum dynamischen Prozeß der Gemeinschaft. Da eine Währungsunion aber nur dann ein Erfolg werden kann, wenn auch ein wesentlicher Grad an Wirtschaftsunion erreicht wird, ist in Anbetracht der bereits erzielten monetären Koordinierung festzustellen, daß tatsächliche Fortschritte im Bereich der Wirtschaftspolitik die Voraussetzung für weitere Fortschritte im Bereich der Geldpolitik bilden würden. Mittelfristig gesehen und auch vor dem Übergang von einer Phase zur nächsten müßte jedoch Parallelität herrschen.

43. *Zeitplan.* Die Bedingungen für den Übergang von einer Phase zur anderen lassen sich im voraus nicht genau festlegen, und es ist auch heute noch nicht abzusehen, wann diese Bedingungen erfüllt sein werden. Eindeutige Termine sollten deshalb nicht gesetzt werden. Dies gilt für den Übergang von Phase eins zu Phase zwei und in ganz besonderem Maße für den Übergang zu unwiderruflich festgelegten Wechselkursen. Über den Zeitplan für diese beiden Schritte würde der Rat − und für den Übergang von Phase zwei zu Phase drei auch das Europäische Zentralbanksystem − im Lichte der in der vorangegangenen Phase gesammelten Erfahrungen befinden. Eindeutig terminiert werden sollte jedoch die erste Phase, die spätestens am 1. Juli 1990, wenn die Richtlinie zur vollständigen Liberalisierung des Kapitalverkehrs zum Tragen kommt, beginnen sollte.

44. *Beteiligung.* Es gibt zwar eine Gemeinschaft, doch haben nicht alle Mitglieder von Anfang an unter allen ihren Aspekten teilgenommen. Konsens über die Endziele der Gemeinschaft und Beteiligung an ein und demselben System von Institutionen sollten beibehalten werden, doch mit einer gewissen Flexibilität hinsichtlich des Zeitpunkts und der Bedingungen, zu denen sich einzelne Mitgliedsländer bestimmten Mechanismen anschließen. Bis zur uneingeschränkten Beteiligung aller Mitgliedsländer − die von entscheidender Bedeutung ist − sollte der Einfluß auf die Handhabung der einzelnen Mechanismen dem jeweiligen Grad der Beteiligung der Mitgliedstaaten entsprechen. Zu beachten wäre dabei jedoch, daß die Eingliederung der anderen Mitglieder erleichtert werden sollte.

Abschnitt 2

Die ECU

45. Der Ausschuß hat die *mögliche Rolle* der ECU bei der wirtschaftlichen und moneträen Integration in Europa unter verschiedenen Aspekten betrachtet.

46. Erstens hat der Ausschuß untersucht, welche Rolle die ECU im Zusammenhang mit einem etwaigen Übergang zu einer einheitlichen Währung spielen könnte. Eine einheitliche Währung ist zwar in einer Währungsunion nicht unbedingt erforderlich, wäre aber aus politischen und psychologischen Gründen ein wünschenswertes Attribut einer solchen Union. Der Ausschuß war der Meinung, die ECU habe das Potential, zu einer solchen *gemeinsamen Währung* entwickelt zu werden. Dies würde bedeuten, daß die ECU aus einem Währungskorb zu einer echten Währung umgewandelt würde. Die unwiderrufliche Festlegung der Wechselkurse würde implizieren, daß es keinen Bruch zwischen der ECU und der einheitlichen Währung der Union geben würde und daß ECU-Verbindlichkeiten, wenn bei Fälligkeit der Übergang zur einheitlichen Währung erfolgt ist, zum Nennwert in ECU zahlbar wären.

47. Zweitens hat der Ausschuß die Möglichkeit geprüft, eine *Parallelwährungs-Strategie* zu befolgen, um den Prozeß der Errichtung einer Währungsunion zu beschleunigen. Nach diesem Konzept würde die ECU in einem frühen Stadium aufhören, ein Währungskorb zu sein, und die neue, vollgültige Währung namens ECU würde autonom geschaffen, zusätzlich zu den vorhandenen Gemeinschaftswährungen emittiert und mit diesen konkurrieren. Die Verfechter dieser Strategie erwarten, daß die ECU die nationalen Währungen allmählich verdrängen würde, so daß die institutionellen und wirtschaftlichen Schwierigkeiten bei der Errichtung einer Währungsunion umgangen werden könnten. Der Ausschuß hielt diese Strategie vor allem aus zwei Gründen für nicht empfehlenswert. Zunächst einmal könnte eine zusätzliche Quelle der Geldschöpfung ohne präzise Bindung an die wirtschaftlichen Erfordernisse die Preisstabilität gefährden. Ferner würde eine weitere, neue Währung mit eigenen unabhängigen monetären Konsequenzen die ohnehin schon schwierige Aufgabe, verschiedene nationale Geldpolitiken zu koordinieren, weiter komplizieren.

48. Drittens hat der Ausschuß die Möglichkeit einer Verwendung der offiziellen ECU bei der *Verfolgung einer gemeinsamen Geldpolitik* geprüft. Die wichtigsten Merkmale denkbarer Ansätze werden in der dem Ausschuß vorgelegten Sammlung von Arbeitspapieren geschildert, bei denen es sich um persönliche Beiträge handelt.

49. Viertens war der Ausschuß der Auffassung, daß der *privaten Verwendung der ECU* keine Hindernisse in den Weg gelegt und daß bestehende administrative Behinderungen beseitigt werden sollten.

Abschnitt 3

Die wichtigsten Schritte in Phase eins

50. Mit Phase eins *beginnt der Prozeß* der Schaffung einer Wirtschafts- und Währungsunion. Angestrebt würde eine größere Konvergenz der volkswirtschaftlichen Ergebnisse durch verstärkte Koodinierung der Wirtschafts- und Währungspolitik in dem bestehenden institutionellen Rahmen. Im institutionellen Bereich müßte bis zum Übergang zu Phase zwei die Vertragsänderung ausgearbeitet und ratifiziert werden.

51. *Im wirtschaftlichen Bereich* läge der Akzent auf der Vollendung des Binnenmarktes und auf einer Verminderung der vorhandenen Disparitäten, die durch eine Konsolidierung der Staatshaushalte in den betreffenden Ländern sowie über wirksamere Struktur- und Regionalpolitiken erreicht werden sollte. Aktivitäten müßten insbesondere in drei Richtungen entfaltet werden.

Erstens würden die materiellen, technischen und steuerlichen Grenzen in der Gemeinschaft entsprechend dem Binnenmarktprogramm vollständig beseitigt. Flankiert würde die Vollendung des Binnenmarktes durch eine Stärkung der gemeinschaftlichen Wettbewerbspolitik.

Zweitens würden die Reform der Strukturfonds und die Verdoppelung ihrer Mittel voll in die Tat umgesetzt, um die Gemeinschaftspolitiken bei der Förderung der Regionalentwicklung und bei der Korrektur wirtschaftlicher Ungleichgewichte wirksamer einsetzen zu können.

Drittens würde die Ratsentscheidung vom Jahre 1974 über die wirtschaftliche Konvergenz durch ein neues Verfahren ersetzt, das die wirtschafts- und finanzpolitische Koordinierung intensivieren und außerdem einen umfassenden Rahmen bilden würden, um zu beurteilen, wie sich die Politiken der Mitgliedstaaten insgesamt auswirken und ob sie miteinander vereinbar sind. Anhand dieser Beurteilung würden, unter gebührender Berücksichtigung der Auffassung des Ausschusses der Zentralbankpräsidenten, Empfehlungen abgegeben mit dem Ziel, die Wirtschaftspolitiken wirksamer zu koordinieren. Für die wirtschaftspolitische Koordinierung sollte in erster Linie der Rat der Wirtschafts- und Finanzminister (Ecofin) zuständig sein. Konsistenz zwischen Geld- und Wirtschaftspolitik könnte leichter erzielt werden, wenn der Vorsitzende des Ausschusses der Zentralbankpräsidenten an entsprechenden Ratstagungen teilnähme. Die revidierte Konvergenz-Entscheidung von 1974 würde insbesondere

– einen Prozeß der multilateralen Überwachung der Wirtschaftsentwicklung und -politik auf der Basis vereinbarter Indikatoren vorsehen. Wann immer die Ergebnisse für unzulänglich oder den gemeinsam festgelegten Zielen abträglich erachtet werden, würden Konsultationen auf Gemeinschaftsebene stattfinden und Empfehlungen ausgesprochen, die zu den notwendigen Korrekturen der nationalen Politiken veranlassen sollen;

– ein neues Verfahren zur haushaltspolitischen Koordinierung einführen, das präzise quantitative Leitlinien und mittelfristige Orientierungen enthält;

– die Möglichkeit für ein konzertiertes haushaltspolitisches Vorgehen der Mitgliedsländer schaffen.

52. *Im monetären Bereich* läge der Akzent auf der Beseitigung aller Behinderungen der finanziellen Integration und auf einer intensiveren währungspolitischen Zusammenarbeit und Koordinierung. Dabei sollte erwogen werden, den Zentralbanken mehr Autonomie zu gewähren. Änderungen der Wechselkursparitäten wären nach wie vor möglich, doch würde sich jedes Land bemühen, andere Anpassungsmechanismen funktionstüchtiger zu machen. Es würde in verschiedenen Richtungen vorgegangen.

Erstens würde durch Verabschiedung und Durchsetzung der notwendigen Gemeinschaftsrichtlinien der angestrebte einheitliche Finanzraum in vollem Umfang realisiert. In ihm würden alle monetären und finanziellen Instrumente frei zirkulieren und Bank-, Wertpapier- und Versicherungsdienstleistungen überall in gleicher Weise angeboten werden.

Zweitens wäre es wichtig, alle Gemeinschaftswährungen in den

EWS-Wechselkursmechanismus einzubeziehen. Für alle Teilnehmer würden dieselben Regeln gelten.

Drittens würden alle Hindernisse, die der privaten Verwendung der ECU im Wege stehen, beseitigt.

Viertens würde der Beschluß des Rates vom Jahre 1964, in dem das Mandat des Ausschusses der Präsidenten der Zentralbanken festgelegt wurde, durch einen neuen Beschluß ersetzt. Danach hätte der Ausschuß der Zentralbankpräsidenten folgende Aufgaben:

– Er würde Stellungnahmen zur generellen Ausrichtung der Geld- und Wechselkurspolitik sowie zu einschlägigen Maßnahmen der einzelnen Länder abgeben. Insbesondere würde er normalerweise zu nationalen geldpolitischen Entscheidungen, beispielsweise zur jährlichen Festlegung nationaler Geld- und Kreditmengenziele, im voraus gehört;

– er würde für einzelne Regierungen und für den Ministerrat Stellungnahmen zu Politiken abgeben, die die interne und externe monetäre Situation der Gemeinschaft und insbesondere das Funktionieren des EWS beeinflussen könnten. Das Ergebnis der Beratungen des Ausschusses könnte von seinem Vorsitzenden bekanntgegeben werden;

– er würde dem Europäischen Parlament und dem Europäischen Rat einen jährlichen Bericht über seine Tätigkeit und über die monetäre Situation der Gemeinschaft vorlegen.

Der Ausschuß könnte Mehrheitsvoten abgeben, die jedoch in dieser Phase nicht verbindlich wären. Um seine Koordinierungsfunktion zu untermauern, würde der Ausschuß drei Unterausschüsse einsetzen, die gegenüber den bisher bestehenden Arbeitsgruppen erweiterte Analyse- und Beratungsaufgaben hätten und mit einem permanenten Analysestab ausgestattet wären.

– Ein Ausschuß für Geldpolitik würde gemeinsame Überwachungsindikatoren erarbeiten, harmonisierte Ziele und Instrumente vorschlagen und den schrittweisen Übergang von einer *Ex-post*-Analyse zu einem *Ex-ante*-Konzept geldpolitischer Zusammenarbeit vorbereiten;

– ein Ausschuß für Devisenpolitik würde die Devisenmarktentwicklung verfolgen und analysieren sowie bei der Suche nach wirksamen Interventionsstrategien helfen;

- ein beratender Ausschuß würde regelmäßige Konsultationen zu Fragen von gemeinsamen Interesse im Bereich der Bankenaufsicht abhalten.

53. Einige Mitglieder des Ausschusses traten dafür ein, als Vorstufe zum künftigen Europäischen Zentralbanksystem einen *Europäischen Reservefonds (ERF)* zu errichten. Dieser Fonds sollte in erster Linie

- als eine Art Übungsfeld für eine bessere Koordinierung der monetären Analysen und Entscheidungen dienen;
- die konzertierte Steuerung der Wechselkurse unter gemeinschaftlichen Gesichtspunkten erleichtern und eventuell, auf Verlangen der teilnehmenden Zentralbanken, offen auf dem Devisenmarkt intervenieren (in Drittwährungen und in Teilnehmerwährungen);
- ein Symbol für den politischen Willen der europäischen Länder sein und damit dem Prozeß in Richtung Wirtschafts- und Währungsunion größere Glaubwürdigkeit verleihen.

Die teilnehmenden Zentralbanken würden eine begrenzte Menge ihrer Reserven (zu Beginn beispielsweise 10%) zusammenlegen, um den Fonds zu speisen. Er würde überdies eine permanente Struktur und einen permanenten Stab benötigen, um seine Aufgaben erfüllen zu können, die darin bestünden,

- die zusammengelegten Reserven zu bewirtschaften;
- von den Mitgliedern beschlossene Interventionen auf den Devisenmärkten zu tätigen;
- die monetären Trends aus gemeinsamer Sicht zu analysieren, um die Koordinierung zu verbessern.

Alle EG-Zentralbanken könnten sich dem Fonds anschließen. Sie müßten dann allerdings auch am Wechselkursmechanismus teilnehmen, da das EWS der Geld- und Interventionspolitik besondere Zwänge auferlegt, und da beide Politiken ein gemeinsames Konzept der betreffenden Zentralbanken erfordern.

Der ERF würde umfassen:

- ein Direktorium, dem die Präsidenten aller am ERF teilnehmenden Zentralbanken von Amts wegen angehören würden;
- einen geschäftsführenden Vorstand, dessen Mitglieder vom Ausschuß der Zentralbankpräsidenten unter dem Gesichtspunkt ihrer Sachkunde ausgewählt würden. Dieser geschäfts-

führende Vorstand würde aus nur drei bis vier Mitgliedern bestehen, die für die verschiedenen Abteilungen des ERF direkt zuständig wären;

- die drei Ausschüsse, nämlich den Ausschuß für Devisenpolitik, den Ausschuß für Geldpolitik und den Ausschuß für Bankenaufsicht;
- zwei Abteilungen: eine Abteilung für Devisen- und Reservenpolitik und eine Abteilung für Geldpolitik.

54. Andere Mitglieder des Ausschusses hielten die Errichtung eines ERF in dieser Phase nicht für angezeigt. Ihre Bedenken beruhen auf folgenden Überlegungen:

- Externen Erwägungen werden zu großes Gewicht beigelegt; gemeinsame Interventionen durch einen derartigen Fonds könnten kein Ersatz sein für wirtschaftliche Anpassungen, um Ungleichgewichte in der Gemeinschaft zu korrigieren;
- der Vorschlag beinhalte eine institutionelle Veränderung, die gemäß Artikel 102a des geänderten Römischen Vertrags unter das in Artikel 236 niedergelegte Verfahren fallen und einen neuen Vertrag erfordern würde; die Errichtung eines Fonds nach den gleichen Verfahren wie im Falle des EWS wird nicht für möglich erachtet;
- einige Funktionen des Fonds könnten vom Ausschuß der Zentralbankpräsidenten wahrgenommen werden, wenn dessen Befugnisse erweitert würden; es sei deshalb nicht notwendig, sofort eine neue Institution zu errichten;
- wesentlich ist nach Ansicht dieser Ausschußmitglieder eine Koordinierung der Interventionspolitiken und nicht die Technik gemeinsamer Interventionen. Eine solche Koodinierung könne als das erforderliche Übungsfeld dienen und vermeide zugleich die unnötige Komplikation eines zusätzlichen Interventionsfensters.

Abschnitt 4

Die wichtigsten Schritte in Phase zwei

55. Die *zweite Phase* könnte erst nach Inkrafttreten des neuen Vertrages beginnen. In dieser Phase würden die grundlegenden Organe und Strukturen der Wirtschafts- und Währungsunion eingerichtet, was bedeuten würde, daß sowohl bestehende Institutionen umgestaltet als auch neue geschaffen würden. Der institutionelle Rahmen würde nach und nach operationelle Funktionen übernehme, als strategischer Ort für die Überwachung und Analyse der makroökonomischen Entwicklung dienen und einen gemeinsamen Entscheidungsprozeß fördern, wobei gewisse operationelle Entscheidungen mit Mehrheitsvotum getroffen würden. Phase zwei ist als eine Phase des Übergangs zur Endphase zu sehen und wäre daher in erster Linie ein Lernprozeß, der zu kollektiven Entscheidungen führt, während die endgültige Verantwortung für politische Entscheidungen in dieser Phase bei den nationalen Instanzen verbliebe. Im einzelnen wären die praktischen Verfahren für Phase zwei im Lichte der jeweiligen wirtschaftlichen Gegebenheiten und der in der vorhergehenden Phase gesammelten Erfahrungen zu entwickeln.

56. *Im wirtschaftlichen Bereich* würde das Europäische Parlament, der Ministerrat, der Währungsausschuß und die Kommission ihre Aktivitäten unter drei Gesichtspunkten verstärken.

Erstens würden im Bereich des Binnenmarktes und der Wettbewerbspolitik die mit der Umsetzung des Binnenmarktprogramms erzielten Ergebnisse überprüft und, soweit notwendig, konsolidiert.

Zweitens würde über die Ergebnisse der Struktur- und Regionalpolitik Bilanz gezogen, mit eventuellen Anpassungen im Licht der Erfahrungen. Die Mittel zur Unterstützung der Strukturpolitiken der Mitgliedstaaten müßten eventuell aufgestockt werden. Die Gemeinschaftsprogramme für Forschungs- und Infrastrukturinvestitionen würden verstärkt.

Drittens würden im Bereich der makroökonomischen Politik die in Phase eins mit der Revision der Konvergenz-Entscheidung von 1974 eingeführten Verfahren auf der Basis des neuen Vertrags weiter verstärkt und ausgebaut. Leitlinien würden mit Mehrheitsvotum verabschiedet. Auf dieser Grundlage würde die Gemeinschaft
– einen mittelfristigen Rahmen für auf stetiges Wachstum ausgerichtete wirtschaftliche Schlüsselziele schaffen; dabei wäre ein Verfahren für Folgeschritte einzurichten, nach dem man die Ergebnisse überwachen und im Falle signifikanter Abweichungen eingreifen könnte;

- präzise – obgleich noch nicht verbindliche – Regeln für den Umfang und die Finanzierung der jährlichen Defizite der Staatshaushalte festlegen; die Kommission wäre dafür verantwortlich, die Aufmerksamkeit des Rates auf Fälle zu lenken, in denen Mitgliedstaaten die Vorgaben nicht einhalten, und die jeweils erforderlichen Maßnahmen vorzuschlagen;
- in den verschiedenen Gremien zur internationalen Koordinierung bei der Erörterung wirtschafts- und wechselkurspolitischer Fragen als eine Einheit auftreten und dadurch eine aktivere Rolle spielen; sie würde dabei auf der Basis ihrer derzeitigen Repräsentation (durch die Mitgliedstaaten oder die Kommission) handeln.

57. *Im monetären Bereich* würde das Hauptmerkmal dieser Phase darin bestehen, daß das Europäische Zentralbanksystem eingerichtet würde und daß die bisher auf diesem Gebiet existierenden Einrichtungen (der EFWZ, der Ausschuß der Zentralbankpräsidenten, die Unterausschüsse für geldpolitische Analysen, für Devisenpolitik und Bankenaufsicht sowie das ständige Sekretariat) darin aufgehen würden. Die Funktionen des EZBS bei der Erarbeitung und Durchsetzung einer gemeinsamen Geldpolitik würden sich mit zunehmender Erfahrung schrittweise weiterentwickeln. Möglichkeiten zur Koordinierung der Geldpolitiken in dieser Phase werden in der Sammlung von Arbeitspapieren erörtert, die dem Ausschuß vorgelegt worden sind. Neufestsetzungen der Wechselkurse würden ein Anpassungsinstrument bleiben. Es würde jedoch Einverständnis darüber herrschen, nur in außergewöhnlichen Situationen auf sie zurückzugreifen.

Die zentrale Aufgabe des Europäischen Zentralbanksystems in dieser Phase wäre es, den Übergang von der Koordinierung unabhängiger nationaler Geldpolitiken durch den Ausschuß der Zentralbankpräsidenten in Phase eins in die Erarbeitung und Umsetzung einer für die Endphase vorgesehenen gemeinsamen, vom EZBS selbst verantworteten Geldpolitik in Gang zu setzen. Die grundlegende Schwierigkeit dieses Übergangs würde darin liegen, die schrittweise Übertragung von Entscheidungsbefugnissen von den nationalen Instanzen auf eine Gemeinschaftsinstitution zu organisieren. Der Ausschuß sieht sich außerstande, schon jetzt ein detailliertes Modell für diesen Übergang vorzuschlagen, da dies von der während der ersten Phase erreichten Wirksamkeit der Koordinierung, von den Regelungen des Vertrags sowie von den Entscheidungen abhängt, die von den neuen Institutionen getroffen werden. Es müßten noch weitere Faktoren berücksichtigt werden, wie der anhaltende Einfluß finanzieller Innovationen auf die Technik der monetären Steuerung (die zur Zeit in den meisten Industrieländern radikalen Veränderungen unterliegt), der auf den europäischen Finanzmärkten erreichte Integrationsgrad, die Lage der europäischen Finanz- und Bankenzentren sowie die Entwicklung der privaten Verwendung der ECU insbesondere im Bankgeschäft.

Der die zweite Phase prägende Übergang würde eine Reihe von Aktivitäten einschließen. Zum Beispiel würden allgemeine geldpolitische Leitlinien für die Gemeinschaft insgesamt unter der Annahme festgelget, daß die nationale Geldpolitik jeweils im Einklang mit diesen globalen Leitlinien verfolgt wird. Darüber hinaus würde der für die Formulierung und Umsetzung einer gemeinsamen Geldpolitik notwendige operationelle Rahmen geschaffen und getestet, während die letzte Verantwortung für geldpolitische Entscheidungen bei den nationalen Instanzen verbliebe. Es würde auch ein gewisser Betrag an Währungsreserven zusammengelegt, die zu Devisenmarktinterventionen gemäß den Leitlinien des EZBS-Rates eingesetzt würden. Schließlich würde das EZBS im monetären und Bankenbereich Regulierungsfunktionen wahrnehmen, um eine Mindestharmonisierung(z.B. der Reservepflicht oder der Zahlungssysteme) zu erreichen, die für eine künftige gemeinsame Geldpolitik erforderlich wäre.

Soweit die Umstände es erlauben und im Licht der Erfahrungen mit der wirtschaftlichen Konvergenz würden die Bandbreiten im Wechselkursmechanismus im Zuge der Annäherung an die Endphase der Währungsunion, in der sie ganz wegfallen würden, verengt.

Abschnitt 5

Die wichtigsten Schritte in Phase drei

58. Beginnen würde die *Endphase* mit dem Übergang zu unwiderruflich festen Wechselkursen und mit der uneingeschränkten

Übertragung der in Kapitel II dieses Berichts beschriebenen monetären und wirtschaftlichen Kompetenzen auf die Gemeinschaftsorgane. Im weiteren Verlauf der Endphase würden die nationalen Währungen schließlich durch eine einheitliche Gemeinschaftswährung ersetzt.

59. *Im wirtschaftlichen Bereich* wäre der Übergang zu dieser Endphase von drei Entwicklungen geprägt.

Erstens könnte es notwendig sein, die Struktur- und Regionalpolitik der Gemeinschaft weiter auszubauen. Die Instrumente und Mittel würden auf die Erfordernisse der Wirtschafts- und Währungsunion zugeschnitten.

Zweitens würden die Regeln und Verfahren der Gemeinschaft im makroökonomischen und budgetären Bereich bindend werden. Insbesondere wäre der Minsterrat in Zusammenarbeit mit dem Europäischen Parlament befugt, direkt vollstreckbare Entscheidungen zu treffen, d.h.:

— für die nationalen Haushalte Vorgaben festzulegen, soweit dies notwendig wäre, um Ungleichgewichte zu verhindern, die die monetäre Stabilität gefährden könnten;

— diskretionäre Änderungen bei den finanziellen Mitteln der Gemeinschaft (mit Hilfe eines noch festzulegenden Verfahrens) vorzunehmen, um die strukturpolitischen Transfers an die Mitgliedstaaten zu ergänzen oder den gesamtpolitischen Kurs in der Gemeinschaft zu beeinflussen;

— die vorhandenen Strukturpolitiken der Gemeinschaft und die Gemeinschaftsdarlehen (als Substitut für den derzeitigen mittelfristigen finanziellen Beistand) an Auflagen zu knüpfen, die die Mitgliedsländer zu intensiveren Anpassungsbemühungen veranlassen würden.

Drittens würde die Gemeinschaft bei der internationalen politischen Zusammenarbeit ihre Rolle uneingeschränkt spielen. Die Vertretung in Gremien zur internationalen wirtschaftspolitischen Koordinierung und bei internationalen Währungsverhandlungen würde neu gestaltet.

60. *Im monetären Bereich* würde die unwiderrufliche Fixierung der Wechselkurse in Kraft treten und der Übergang zu einer einheitlichen Geldpolitik vollzogen, wobei das EZBS alle im Vertrag vorgesehenen und in Kapitel II dieses Berichts geschilderten

Kompetenzen wahrnehmen würde. Hierzu würde insbesondere gehören:

- Mit der Bekanntgabe unwiderruflich festgesetzter Paritäten zwischen den Gemeinschaftswährungen würde die Zuständigkeit für die Erarbeitung und Umsetzung der Geldpolitik der Gemeinschaft auf das EZBS übergehen, wobei dessen Rat und Direktorium ihre satzungsmäßigen Funktionen ausüben würden;

- Entscheidungen über Devisenmarktinterventionen in Drittwährungen würden unter alleiniger Verantwortung des EZBS-Rates entsprechend der Wechselkurspolitik der Gemeinschaft getroffen; die Interventionen würden von den nationalen Zentralbanken oder dem Europäischen Zentralbanksystem getätigt;

- die amtlichen Währungsreserven würden beim EZBS zusammengelegt und von ihm verwaltet;

- der Übergang zu einer einheitlichen Währung der Gemeinschaft würde technisch und gesetzgeberisch vorbereitet.

Die Umstellung auf die einheitliche Währung würde in dieser Phase stattfinden.

Abschnitt 6

Ein oder mehrere Verträge

61. *Rechtsgrundlage.* Der Ausschuß hat untersucht, inwieweit im Rahmen der derzeit geltenden Rechtsvorschriften der einzelnen Mitgliedsländer Fortschritte bei der wirtschaftlichen und monetären Integration möglich sind. Diese Analyse hat erbracht, daß nach dem derzeit geltenden einzelstaatlichen Recht kein Mitgliedstaat Entscheidungsbefugnisse an ein Gemeinschaftsgremium übertragen kann und daß vielen Ländern eine Beteiligung an Mechanismen für eine verbindliche Ex-ante-Koordinierung der Politiken nicht möglich ist.

Wie in Absatz 18 dieses Berichts dargelegt wurde, reicht der durch die Einheitliche Europäische Akte geänderte Vertrag von Rom zur vollen Verwirklichung der Wirtschafts- und Währungsunion nicht aus. Zur Zeit gibt es keine Übertragung von wirtschafts- und währungspolitischen Befugnissen von den Mitgliedstaaten auf die Gemeinschaft. Die für das EWS maßgeblichen Regeln stützen sich auf Vereinbarungen zwischen den beteiligten Zentralbanken und sind nicht integrierender Bestandteil des Gemeinschaftsrechts. Ohne einen neuen Vertrag wären bedeutende zusätzliche Schritte in Richtung Wirtschafts- und Währungsunion nicht möglich. Der auf einem schrittweisen Vorgehen beruhende Integrationsprozeß erfordert jedoch eine klare Übereinkunft über seinen Inhalt und sein Endziel, seine grundlegenden funktionellen und institutionellen Regelungen und die Bestimmungen für die schrittweise Verwirklichung. Folglich bedürfte es einer neuen politischen und rechtlichen Grundlage. In einem neuen Vertrag würden nicht nur das Ziel, sondern auch die Phasen, mit denen es erreicht werden soll, und die Verfahren und Institutionen festgelegt, die für die weitere Entwicklung während jeder Phase erforderlich wären. Eine politische Vereinbarung wäre für jeden weiteren Schritt notwendig.

Ein neuer Vertrag ist auch notwendig, um parallele Fortschritte im Wirtschafts- und Währungsbereich zu ermöglichen. Die zweckmäßigen institutionellen und prozeduralen Regelungen hierfür sollten ebenfalls in dem Vertrag niedergelegt werden.

62. Der Ausschuß hat nicht im einzelnen untersucht, nach welchen Ansätzen das Ziel der Wirtschafts- und Währungsunion und seine Verwirklichung in dem neuen Vertrag verankert werden könnten. Grundsätzlich gibt es zwei Möglichkeiten. Ein Verfahren wäre der Abschluß eines *neuen Vertrags für jede einzelne Phase.* Dieses Verfahren hätte den Vorteil, daß es den politischen Konsens in jeder Phase ausdrücklich bestätigen und Änderungen der Form der jeweils folgenden Phase unter Berücksichtigung der Erfahrungen der laufenden Phase ermöglichen würde. Gleichzeitig könnte sich dieser Ansatz aber als schwerfällig und langsam erweisen; die Geschlossenheit des ganzen Prozesses bliebe möglicherweise nicht ausreichend gewahrt, und es bestünde das Risiko, daß die Parallelität von Fortschritten im monetären und nichtmonetären Bereich nicht eingehalten würde. Sollte dieses Verfahren gewählt werden, so wäre es jedenfalls äußerst wichtig, im ersten Vertrag die Hauptpunkte des Endziels der Wirtschafts- und Währungsunion klar niederzulegen.

63. Die andere Möglichkeit wäre, einen *einzigen und umfassenden Vertrag* zu schließen, in dem die wesentlichen Merkmale und institutionellen Regelungen der Wirtschafts- und Währungsunion sowie die Schritte zu ihrer Errichtung zu formulieren wären. In einem solchen Vertrag sollte angegeben werden, nach welchen Verfahren über den Übergang von einer Phase zur nächsten zu beschließen wäre. Jeder derartige Schritt würde eine Beurteilung der Situation und eine Entscheidung des Europäischen Rates erfordern.

Abschnitt 7

Empfehlungen für das weitere Verfahren

64. Sofern der Europäische Rat diesen Bericht als Grundlage für die weitere Entwicklung zur Wirtschafts- und Währungsunion akzeptieren kann, wird folgendes Verfahren empfohlen.

65. Der Rat und der Ausschuß der Zentralbankpräsidenten sollten aufgefordert werden, die zur Verwirklichung der ersten Phase notwendigen Entscheidungen zu treffen.

66. Die Vorarbeiten zu Verhandlungen über den neuen Vertrag würden unverzüglich eingeleitet. Die zuständigen Gemeinschaftsorgane sollten aufgefordert werden, auf der Grundlage dieses Berichtes konkrete Vorschläge für die zweite und die Schlußphase vorzulegen, die in einem revidierten Vertrag zu übernehmen wären. Diese Vorschläge sollten, soweit notwendig, nähere und konkretere Ausführungen zu diesem Bericht enthalten. Sie sollten als Grundlage für künftige Verhandlungen über einen revidierten Vertrag auf einer Regierungskonferenz dienen, die vom Europäischen Rat einzuberufen wäre.

Bericht im Namen des Ausschusses für Wirtschaft, Währung und Industriepolitik über die Entwicklung der europäischen Währungsintegration

Berichterstatter: *Otmar Franz*

ENTSCHLIESSUNG vom 14.04.1989

zur Entwicklung der europäischen Währungsintegration

Das Europäische Parlament,

- unter Hinweis auf die in der Einheitlichen Europäischen Akte vereinbarte Zusammenarbeit in der Wirtschafts- und Währungspolitik und die Bildung einer Wirtschafts- und Währungsunion (Titel II, Kapitel 1, Art. 102a Abs. 1 EWG-Vertrag),

- in der Erwägung, daß seit Einführung des EWS 10 Jahre vergangen sind und daß die in diesem Zeitraum gesammelten Erfahrungen eine gute Grundlage für eine konstruktive Weiterentwicklung bilden,

- in Kenntnis der Entschließungsanträge von Herrn Wedekind zur Beeinträchtigung des freien Kapitalverkehrs und Verhinderung des Binnenmarktes im Bereich der Privatisierung von Banken, Versicherungen und vormals verstaatlichter Konzerne in Frankreich (Dok. B2-683/86), von Herrn Bueno Vicente zur Einführung eines einheitlichen Formats für alle Banknoten der Mitgliedstaaten (Dok. B2-969/86), von Herrn Fourcans und Herrn Delorozoy zu den Börsenbestimmungen (Dok. B2-1621/86), von Herrn Bueno Vicente zur Einführung eines einheitlichen Formats für alle Geldmünzen der Mitgliedstaaten (Dok. B2-1363/86), von Herrn Papoutsis u.a. zum EWS und zur internationalen Währungsordnung (Dok. B2-1330/86), von Herrn Eyraud und Herrn Besse zum Erfordernis eines Exportförderungs- und Exportfinanzierungssystems für die Gemeinschaft (Dok. B2-586/87), von Herrn

Andrews zur Verfügbarkeit von Risikokapitalinvestitionen (Dok. B2-764/87) und zur Notwendigkeit einer Untersuchung des Kredit- und Debetkontenmarkts (Dok. B2-765/87), von Herrn Bueno Vicente zur Einführung eines einheitlichen Formats für alle Banknoten und Geldmünzen der Mitgliedstaaten (Dok. B2-1217/87), von Herrn Metten u.a. zum Geschehen an der Börse (Dok. B2-1217/87), von Herrn Megahy zur Schaffung einer Europäischen Zentralbank (Dok. B2-1808/87,

– unter Hinweis auf seine vorangegangenen Entschließungen, die zu den Fragen des Europäischen Währungssystems und zu einer verstärkten Verwendung des ECU angenommen wurden,

– in Kenntnis des Berichts des Ausschusses für Wirtschaft, Währung und Industriepolitik (Dok. A2-14/89).

I. stellt fest:

1. Die Mitgliedstaaten der Europäischen Gemeinschaft haben im Streben nach Konvergenz der Wirtschaftspolitik und der Wirtschaftsentwicklung bedeutende Fortschritte gemacht. Sie haben eine beträchtliche Geldwert- und Wechselkursstabilität erreicht.

2. Das EWS hat in den 10 Jahren seines Bestehens zu dieser inneren und äußeren Währungsstabilität maßgeblich beigetragen. Die Schwankungen der am Wechselkursmechanismus beteiligten Währungen untereinander haben sich deutlich verringert und liegen im allgemeinen unter den Kursschwankungen zwischen den Währungen anderer bedeutender Industrieländer. Die Länder der Europäischen Gemeinschaft können inzwischen mehr als 50% ihres Außenhandels zu kalkulierbaren Wechselkursen abwickeln. Dies hat den Handel innerhalb der Gemeinschaft gestärkt. Die Akzeptanz des EWS als Währungsgruppe ist gewachsen. Das EWS hat zu einer Stabilisierung des Weltwährungssystems beigetragen.

3. Aufgrund der unzureichenden Koordinierung der Wirtschafts-, Geld- und Haushaltspolitik der Mitgliedsländer des EWS erwiesen sich einige Leitkursanpassungen im Wechselkurssystem des EWS als notwendig. Gelegentliche Leitkursanpassungen werden erforderlich sein, bis die Wirtschafts-, Geld- und

Haushaltspolitiken der Mitgliedsländer wirksam koordiniert sind. Unverrückbare Leitkurse kennzeichnen einen einheitlichen Währungsraum, wie er mit der Europäischen Wirtschafts- und Währungsunion angestrebt wird. Wenn dieses Ziel erreicht werden soll, benötigen die weniger begünstigten Regionen unter Umständen zusätzliche Haushaltmittel.

4. Die wirtschaftliche Integration wird nach wie vor durch Grenzkontrollen im innergemeinschaftlichen Warenverkehr, Beschränkungen bei der freien Berufsausübung und im Bereich der Dienstleistungen, durch ungerechtfertigte Hindernisse für den freien Kapital- und Zahlungsverkehr sowie durch spekulative Kapitalbewegungen beeinträchtigt. Außerdem bestehen noch immer gravierende Unterschiede in der Steuer-, Wettbewerbs-, Struktur- und Regionalpolitik sowie der Außenwirtschaftspolitik gegenüber Drittländern.

5. Dieser Integrationsrückstand soll bis zum 1.1.1993 mit der Schaffung des europäischen Binnenmarktes abgebaut werden. Zwar bedingt die Vollendung des Binnenmarktes noch keine einheitliche Währung. Weitere Fortschritte bei der Währungsstabilisierung als Ausdruck zunehmender Konvergenz der Wirtschaftspolitiken und der gesamtwirtschaftlichen Entwicklung der Mitgliedstaaten erleichtern aber auch eine ausgewogene güterwirtschaftliche Integration. Die Vollendung des Binnenmarktes zieht die Notwendigkeit einer weiteren Annäherung der Paritäten aller Währungen der Mitgliedstaaten nach sich. Hierdurch würde auch möglichen Spannungen im EWS vorgebeugt, die sich sonst bei völliger Liberalisierung des Kapitalverkehrs in der Gemeinschaft bis Ende 1992 ergeben könnten.

6. Mit der Vollendung des europäischen Binnenmarktes für Güter, Dienstleistungen sowie Finanzleistungen und der erforderlichen Annäherung im Steuerwesen werden elementare Voraussetzungen für die Herstellung einer europäischen Wirtschafts- und Währungsunion geschaffen. Diese wird der Europäischen Gemeinschaft neue Impulse geben, das Wachstum steigern, die Arbeitslosigkeit senken, den Wohlstand der Bürger dauerhaft verbessern und das Gewicht der Gemeinschaft in der Welt erhöhen. Ganz eindeutig ist eine einheitliche europäische Währung für die Schaffung der europäischen Wirtschafts- und Währungs-

union unerläßlich. Eine europäische Währungsunion würde zur Stabilität im Weltwährungssystem beitragen; außerdem entfielen dann die Kosten des Umtauschs von Währungen und die Kosten von Devisenkurssicherungsgeschäften in der Gemeinschaft; Kosten und Preise würden an Transparenz gewinnen und somit den Wettbewerb verstärken;

II. beschließt:

7. Die Regierungen der Mitgliedstaaten der Europäischen Gemeinschaft müssen so rasch wie möglich die Voraussetzungen für die Gründung einer europäischen Währungsunion gemäß den Zielen der Einheitlichen Europäischen Akte schaffen. Alle Mitgliedstaaten müssen daher dem Wechselkurs- und Interventionssystem des EWS beitreten sowie die Verpflichtung zu gemeinsamer Wirtschaftspolitik gemäß den Römischen Verträgen erfüllen;

8. Das Ziel einer Wirtschafts- und Währungsunion ist nur durch schrittweise, parallele und ausgewogene Integrationsfortschritte in der Wirtschafts- und Währungspolitik zu erreichen. Die Wirtschaftspolitik der zwölf Mitgliedstaaten muß — durch einander wechselseitig ergänzende Anpassungsmaßnahmen der wirtschaftlich starken und der wirtschaftsschwachen Mitgliedstaaten — zunehmend darauf gerichtet sein, mögliche Spannungen zu vermeiden, die den Währungszusammenhalt gefährden. Auf dieses Ziel hin muß das EWS schrittweise durch engere Zusammenarbeit der Zentralbanken und durch Fortschritte bei der Koordinierung und beim Zusammenhalt der Wirtschafts- und Sozialpolitiken der EG-Länder weiterentwickelt und gehärtet werden.

9. Die Kommission und der Rat werden aufgefordert, durch kohärente Maßnahmen die Regional- und Strukturpolitik der Gemeinschaft zur Überwindung der derzeitigen Unterschiede im strukturellen Entwicklungsstand der Mitgliedstaaten zu verstärken, den Weg für eine Wirtschafts- und Währungsunion der Zwölf zu ebnen und zügig die für die Verwirklichung des Binnenmarktes erforderlichen Verordnungen und Richtlinien zu erarbeiten und zu verabschieden.

Die Steuersysteme sollten angeglichen und eine Europäische Bankenaufsicht eingerichtet werden. Der Rahmen der kooperativen Wirtschaftswachstumsstrategie ist zu erweitern und die Befugnisse der Kommission sind zu stärken. Diese wird aufgefordert, ihre Rechte bei der Gestaltung einer gemeinschaftlichen Konjunkturpolitik aktiv wahrzunehmen und ersucht, in ihren Jahreswirtschaftsberichten und in ihren Zwischenberichten die bei der Harmonisierung der Wirtschaftsentwicklung in der Gemeinschaft erzielten Fortschritte ausführlicher zu erläutern.

10. Auf der Grundlage weiterer Konvergenzfortschritte in der Wirtschaftspolitik und der Wirtschaftsentwicklung sowie der in Basel und Nyborg vereinbarten engeren Währungskooperation sind die Schwankungsmargen für die am Wechselkursmechanismus beteiligten Währungen stufenweise in dem Maße zu verringern, wie die Disparitäten in der Wirtschaftsentwicklung und der Wirtschaftspolitik abgebaut werden. Zwei Jahre nach Vollendung des Binnenmarktes, also zum 1.1.1995, sind die Schwankungsmargen zwischen den Währungen der Gemeinschaft zu beseitigen, vorausgesetzt, es wurde eine hinreichende Konvergenz erzielt. Endgültige Austauschverhältnisse ohne Schwankungsbreiten sollten in Kraft treten, da dies für die Schaffung der währungstechnischen Voraussetzungen einer europäischen Währungsunion unerläßlich ist.

11. Die gegenwärtig geltenden Sonderregelungen sind ein Hindernis für die Währungsintegration. Das Vereinigte Königreich muß deshalb konkret seinen Beitritt zum Wechselkursmechanismus erklären, und Italien muß schrittweise die dem Land zur Anpassung an die Regelschwankungsbreite eingeräumten Möglichkeiten aufgeben.

Wenn die spanische, griechische und portugiesische Regierung den Entschluß fassen, sich in die Währungsunion zu integrieren, werden sie berechtigt sein, an den Einrichtungen der Wirtschafts- und Währungsunion teilzuhaben; für diese Länder ist eine Übergangszeit notwendig, damit sie einen ausreichenden Grad der wirtschaftlichen und sozialen Konvergenz erreichen. Die Dauer dieses Zeitraums ist abhängig von der wirtschaftlichen Lage dieser Länder, die zweckmäßige Maßnahmen für diese Integration ergreifen.

Bei einer anhaltenden Ablehnung der Integration in die Mechanismen der EWS müßten die Währungen dieser Länder vom

EWS-Korb in dem Fall ausgeschlossen werden, daß die Währungsinstabilität die Stabilität des ECU gefährdet.

12. Zur Förderung des Gedankens einer gemeinsamen europäischen Währung muß die Rolle des ECU systematisch entwickelt und seine Verwendung stärker auf sämtliche privaten Transaktionen ausgedehnt werden. Demnach müssen alle Hindernisse beseitigt werden, die einer breiteren Verwendung des ECU von privater Seite entgegenstehen. Insbesondere muß für die Anerkennung dieser Währung und der auf sie lautenden Konten sowie für ihren ungehinderten Transfer über die innergemeinschaftlichen Grenzen hinweg ohne Umtauschverpflichtung gesorgt werden. Die EG-Kommission und die anderen Gemeinschaftsorgane werden aufgefordert, diesen Grundsatz bei allen ihren Transaktionen, der Auszahlung der Gehälter der Bediensteten sowie der Vergütungen der Mitglieder und der Leistung sämtlicher externer Zahlungen anzuwenden. Die Ausgabe von kurzfristigen Schatzwechseln in ECU durch die Bank of England wird begrüßt.

13. Fortschritte in der Währungsintegration erfordern eine Stärkung des wirtschaftlichen und sozialen Zusammenhalts in der Gemeinschaft. Alle zwölf Mitgliedstaaten müssen sich über das letztliche Ziel und den dahin führenden Weg einig sein. Die Geschwindigkeit, mit der die verschiedenen Mitgliedstaaten die Strecke zu dem gemeinschaftlich vereinbarten Ziel zurücklegen, kann jedoch in gegenseitiger Übereinstimmung variieren. Alle tragen aber geschlossen die Verantwortung dafür, daß sämtliche zwölf Mitgliedstaaten das Ziel erreichen. Eine Stärkung der Rolle des Ausschusses der Präsidenten der Zentralbanken der EG ist von entscheidender Bedeutung. Diesem Ausschuß muß die Aufgabe übertragen werden, für die Festlegung von Geldmengenzielen, wichtigen Zinsbeschlüssen und einer gemeinsamen Paritätenpolitik gegenüber Drittwährungen Leitlinien vorzuschlagen. Durch ein Austauschprogramm der Mitarbeiter der Zentralbanken ist das gegenseitige Verständnis politischer und organisatorischer Strukturen zu verbessern.

14. Die Mitgliedstaaten, die am Wechselkursmechanismus des EWS teilnehmen wollen, müssen aufgefordert werden, zum 1.1.1992 ihre wirtschafts- und währungspolitische Zusammenarbeit zu institutionalisieren. Zu diesem Zweck schaffen sie den Europäischen Gouverneursrat und den Europäischen Finanz- und Wirtschaftsrat, die in Abstimmung mit der EG-Kommission und dem Europäischen Parlament die Währungsunion vorbereiten.

15. Falls nicht alle Mitgliedstaaten bereit sind, dem Wechselkursmechanismus des EWS beizutreten, werden der Europäische Gouverneursrat und der Europäische Finanz- und Wirtschaftsrat durch gegenseitigen Vertrag von denjenigen Regierungen der Mitgliedstaaten der Europäischen Gemeinschaft geschaffen, die einem Beitritt zum Wechselkursmechnismus des EWS zugestimmt haben.

16. Über verpflichtende Vorabkonsultationen hinaus soll dieser Europäische Gouverneursrat sowohl die Beschlüsse betreffend die Entwicklung des Geldmengenwachstums in den einzelnen Mitgliedstaaten als auch die Zinspolitik koordinieren, um eine europäische Geld- und Währungspolitik zu entwickeln, die geldpolitischen Instrumente anzugleichen und Vorschläge zur Vereinheitlichung der Bankenaufsicht zu erarbeiten. Der Europäische Gouverneursrat erstattet dem Europäischen Parlament regelmäßig Bericht. An den Sitzungen des Rates nimmt der Präsident der EG-Kommission beratend teil.

17. Der Europäische Finanz- und Wirtschaftsrat wird aus den Finanz- und Wirtschaftsministern derjenigen Mitgliedstaaten der Europäischen Gemeinschaft gebildet, die zur Teilnahme am Wechselkursmechanismus des EWS bereit sind. Dieser Rat soll in Abstimmung mit der EG-Kommission und dem Europäischen Rat die Eckdaten der Konjunktur – und Finanzpolitik festlegen. Der Präsident der EG-Kommission nimmt an den Sitzungen dieses Rates beratend teil.

18. Die Europäische Währungsunion wird zum 1.1.1995 geschaffen, vorausgesetzt die in dieser Entschließung enthaltenen Vorbedingungen wurden erfüllt. Dies erfordert die Errichtung einer Europäischen Zentralbank, die durch Vertrag zwischen den Regierungen der EG-Mitgliedstaaten, die am EWS-Wechselkursmechanismus teilnehmen, gegründet wird. Die Europäische Zentralbank – das Gemeinschaftsinstitut eines europäischen Zentralbanksystems, an dem alle Zentralbanken der in der

356

Europäischen Währungsunion vereinigten Staaten beteiligt sind – fungiert als Zentralbank der Union. Die Zentralbanken der einzelnen Mitgliedstaaten der Europäischen Währungsunion müßten dann von den jeweiligen politischen Instanzen unabhängig sein.

19. Der ECU wird so zum gesetzlichen Zahlungsmittel der Europäischen Währungsunion (die Schreibweise wird von der gleichnamigen historischen Währung Ecu übernommen). Banknoten werden von der Europäischen Zentralbank emittiert, auf Ecu lautende Münzen von den Regierungen der Mitgliedstaaten. Die Mitgliedstaaten behalten das Münzregal. Das Prägen und In-umlaufsetzen von Ecu-Münzen regelt eine Gemeinschaftsverordnung. Der korbfreie Ecu der Währungsunion ersetzt den ECU-Währungskorb des EWS sowie die nationalen Währungen. Diese bleiben bis zum 31.12.1997 als Parallelwährung gültiges gesetzliches Zahlungsmittel, um den Übergang auf die neue Währung zu erleichtern.

20. Der Wert des Ecu entspricht jenem des ECU-Währungskorbes bei Inkrafttreten der Europäischen Währungsunion. Nationale Währungen, die für eine Übergangszeit parallel zum Ecu gesetzliches Zahlungsmittel bleiben, haben einen unveränderlichen Ecu-Gegenwert, der dem Devisenkurs des ECU in nationalen Währungen zum Zeitpunkt der Verwirklichung der Union entspricht. Das Recht bestimmter Banken in Schottland, Nordirland und Luxemburg, ihre eigenen Banknoten zu emittieren, muß von einer gemeinsamen europäischen Währung nicht unbedingt berührt werden;

21. Die Europäische Zentralbank basiert auf dem förderativen Prinzip: sie muß auf den gewachsenen und bewährten Strukturen der nationalen Notenbanken aufbauen. Die Ausführung der von der Europäischen Zentralbank gefaßten Beschlüsse zur Geld- und Kreditpolitik obliegt weiterhin den Zentralbanken der Länder, die der Europäischen Währungsunion angehören.

22. Die Europäische Zentralbank muß Eckpfeiler einer Europäischen Union sein, die sich an den Zielen Preisstabilität, Wachstum und Beschäftigung orientiert. Gegenüber den Regierungen der Mitgliedstaaten der Europäischen Währungsunion, der EG-Kommission, dem Ministerrat und dem Europäischen

Parlament muß sie in ihren geldpolitischen Entscheidungen unabhängig von Weisungen sein. Die Kreditgewährung an alle öffentlichen Haushalte der Mitgliedsländer der Währungsunion, einschließlich der Gemeinschaftshaushalte, darf nur zu konjunkturpolitischen Zwecken erfolgen und ist eng zu begrenzen. Inflation schwächt nachhaltig das internationale Vertrauen in eine Währung, verhindert gesundes wirtschaftliches Wachstum und ist unsozial. Die Europäische Zentralbank muß zu der Hauptstütze der Bemühungen um die Schaffung einer stabilitätsorientierten Europäischen Währungsunion werden.

23. Der Europäischen Zentralbank stehen alle zur Erfüllung ihrer Aufgaben notwendigen geldpolitischen Instrumente zur Verfügung. Sie ist bei ihren geldpolitischen Entscheidungen den vom Finanz- und Wirtschaftsrat der Währungsunion in Zusammenarbeit mit dem Europäischen Parlament gesetzten Zielprioritäten verpflichtet. Sie hat dem Europäischen Parlament regelmäßig Bericht über ihre Geldpolitik und deren gesamtwirtschaftliche Auswirkungen zu erstatten.

24. Alle Mitgliedstaaten der Europäischen Gemeinschaft werden nachdrücklich aufgefordert, schnellstmöglich die Voraussetzungen für den Beitritt zur Europäischen Währungsunion zu erfüllen. Nach Vollendung der Währungsunion gehen die Befugnisse des Europäischen Finanz- und Wirtschaftsrates auf die Europäische Gemeinschaft über. Er wird Gemeinschaftsinstitution mit Kooperationspflicht gegenüber dem Europäischen Parlament in allen Grundsatzfragen der Europäischen Währungsunion.

III. beauftragt seinen Präsidenten, diese Entschließung (mit dem Anhang, der ein Diskussionsmodell für ein Statut der Zentralbank enthält) dem Rat, der Kommission, den Parlamenten der Mitgliedstaaten und den Präsidenten der Zentralbanken der Mitgliedstaaten der Europäischen Gemeinschaft sowie dem Präsidenten des Währungsausschusses zu übermitteln.

Vorschlag für ein STATUT DER EUROPÄISCHEN ZENTRALBANK

Art. 1 Errichtung der Europäischen Zentralbank

(1) Die nach Art. 102 a und Art. 236 EWG-Vertrag durch Vertrag der Mitglieder der Europäischen Wirtschafts- und Wäh-

rungsunion zu gründende Europäische Zentralbank wird entsprechend diesem Vertrag und diesem Statut errichtet; sie übt ihre Aufgaben und ihre Tätigkeit nach Maßgabe dieses Statuts aus.

Art. 2 Europäisches Zentralbanksystem

1) Die Europäische Zentralbank ist das Gemeinschaftsinstitut eines Europäischen Zentralbanksystems, an dem alle Zentralbanken der in der Europäischen Wirtschafts- und Währungsunion vereinigten Länder beteiligt sind. Die Europäische Zentralbank basiert auf dem föderativen Prinzip und baut auf den gewachsenen und bewährten Strukturen der nationalen Notenbanken auf.

2) Die Zentralbanken der Mitgliedstaaten der Europäischen Wirtschafts- und Währungsunion werden Mitglieder des Europäischen Zentralbanksystems. Ihnen obliegt die Ausführung der vom Europabankrat gefaßten Beschlüsse zur Geld- und Kreditpolitik, soweit sie nicht dem Direktorium vorbehalten sind. Die nationalen Notenbankgesetze und -satzungen sind entsprechend zu ändern.

Art. 3 Rechtsform

Die Europäische Zentralbank ist eine internationale juristische Person.

Art. 4 Grundkapital

Nach dem Beitritt aller Mitgliedstaaten zur Währungsunion beträgt das Grundkapital der Bank 250 Millionen Ecu, das von den Mitgliedstaaten der Europäischen Währungsunion in folgender Höhe gezeichnet wird

Deutschland	40 000 000
Frankreich	40 000 000
Italien	40 000 000
Vereinigtes Königreich	40 000 000
Spanien	20 000 000
Belgien	15 000 000
Niederlande	15 000 000
Dänemark	10 000 000
Griechenland	10 000 000
Portugal	8 000 000
Irland	8 000 000
Luxemburg	4 000 000

Die Mitgliedstaaten der Gemeinschaft zahlen ihre Anteile mit dem Beitritt zur Währungsunion ein.

Art. 5 Sitz der Europäischen Zentralbank

Der Sitz der Europäischen Zentralbank wird im gegenseitigen Einvernehmen der Regierungen der Mitgliedstaaten der Europäischen Wirtschafts- und Währungsunion festgelegt.

Art. 6 Aufgabe

Die Europäische Zentralbank regelt mit Hilfe der währungspolitischen Befugnisse, die ihr nach diesem Statut zustehen, den Geldumlauf und die Kreditversorgung der Wirtschaft in den Ländern der Wirtschafts- und Währungsunion mit dem Ziel, die Stabilität der Währung zu sichern, und sorgt für die bankmäßige Abwicklung des Zahlungsverkehrs innerhalb der Europäischen Wirtschafts- und Währungsunion und mit Drittländern.

Die Europäische Zentralbank übt die Bankenaufsicht aus und arbeitet eng mit den Währungsbehörden von Drittländern und internationalen Institutionen wie dem IWF und der Weltbank zusammen, um auf diese Weise einen Beitrag zur internationalen Währungsstabilität zu leisten.

Art. 7 Verhältnis der Bank zum Ministerrat, zur Kommission und zum Europäischen Parlament

(1) Aufgabe der Europäischen Zentralbank ist die Geldschöpfung und -vernichtung unter Wahrung der Geldstabilität. Sie ist bei der Ausübung ihrer geldpolitischen Entscheidungen von Weisungen des Ministerrats, des Europäischen Finanz- und Wirtschaftsrats, der Kommission der Europäischen Gemeinschaften und des Europäischen Parlaments unabhängig.

(2) Die Europäische Zentralbank ist verpflichtet, unter Wahrung ihres Stabilitätsauftrags mit dem Finanz- und Wirtschaftsrat der Wirtschafts- und Währungsunion und den Gmeinschaftsinstitutionen eng zusammenzuarbeiten sowie die wirtschaftspolitischen Leitlinien der gemeinschaftlichen Entscheidungsgremien der Wirtschafts- und Währungsunion zu unterstützen.

(3) Die Europäische Zentralbank hat die Kommission, den Ministerrat und die Entscheidungsgremien der Wirtschafts- und

Währungsunion in Angelegenheiten von wesentlicher währungspolitischer Bedeutung zu beraten und ihnen auf Verlangen Auskunft zu geben.

(4) Die Präsidenten der Kommission der Europäischen Gemeinschaften, des Ministerrats und des Europäischen Parlaments haben das Recht, an den Beratungen des Europabankrates teilzunehmen. Sie haben kein Stimmrecht, können aber Anträge stellen. Auf ihr Verlangen ist die Beschlußfassung bis zu zwei Wochen auszusetzen.

(5) Die Kommission, der Ministerrat und die Entscheidungsgremien der Wirtschafts- und Währungsunion sollen den Präsidenten der Europäischen Zentralbank zu ihren Beratungen über
Angelegenheiten von währungspolitischer Bedeutung zuziehen.
Der Präsident der Europäischen Zentralbank legt dem Europäischen Parlament bzw. dem Ausschuß für Wirtschaft, Währung
und Industriepolitik mindestens dreimal jährlich Rechenschaft
über die Politik der Europäischen Zentralbank ab.

Art. 8 Organe
Organe der Europäischen Zentralbank sind der Europabankrat
und das Direktorium

Art. 9 Europabankrat
(1) Der Europabankrat bestimmt die Währungs- und Kreditpolitik der Bank. Er stellt allgmeine Richtlinien für die Geschäftsführung und Verwaltung auf und grenzt die Zuständigkeiten des
Direktoriums sowie der Vorstände der Nationalbanken im Rahmen der Bestimmungen dieses Statuts ab. Er kann im Einzelfall
dem Direktorium und den Vorständen der nationalen Zentralbanken Weisungen erteilen.

(2) Der Europabankrat besteht aus den Präsidenten der nationalen Zentralbanken, dem Präsidenten und dem Vizepräsidenten der Europäischen Zentralbank und den übrigen Mitgliedern
des Direktoriums.

(3) Der Europabankrat berät unter dem Vorsitz des Präsidenten
oder des Vizepräsidenten der Europäischen Zentralbank. Er
faßt seine Beschlüsse mit der Mehrheit der abgegebenen Stimmen.

Art. 10 Direktorium

(1) Das Direktorium ist u.a. für die Durchführung der Beschlüsse des Europabankrates veranwortlich. Es leitet und verwaltet die Bank, soweit nicht die Vorstände der Nationalbanken zuständig sind. Das Direktorium ist ausschließlich zuständig für:

(a) Geschäfte mit der Kommission der Europäischen Gemeinschaften,

(b) Geschäfte mit Kreditinstituten, die zentrale Aufgaben in der Währungsunion haben,

(c) Devisengeschäfte und Geschäfte im Verkehr mit dem Ausland.

(2) Das Direktorium besteht aus dem Präsidenten und dem Vizepräsidenten der Europäischen Zentralbank und sechs weiteren Mitgliedern. Zu Mitgliedern des Direktoriums werden Persönlichkeiten bestellt, die volle Gewähr für Unabhängigkeit und Befähigung bieten.

(3) Die Mitglieder des Direktoriums werden vom Ministerrat der Europäischen Gemeinschaft anhand einer von der Kommission und vom Europäischen Parlament vorgeschlagenen Liste bestellt. Die Mitglieder werden für acht Jahre ernannt.

(4) Die Rechtsverhältnisse der Mitglieder des Direktoriums werden in Verträgen mit dem Europabankrat geregelt. Diese bedürfen der Zustimmung des Ministerrats und des Europäischen Parlaments.

(5) Das Direktorium berät unter dem Vorsitz des Präsidenten oder des Vizepräsidenten der Europäischen Zentralbank. Es faßt seine Beschlüsse mit der Mehrheit der abgegeben Stimmen.

Art. 11 Vertretung

Die Europäische Zentralbank wird gerichtlich und außergerichtlich durch das Direktorium, im Bereich einer Nationalbank auch durch deren Vorstand vertreten.

Art. 12 Rechtsverhältnisse der Bediensteten der Europäischen Zentralbank

(1) Der Präsident ist der Vorgesetzte der Bediensteten der Bank. Er stellt sie ein und entläßt sie.

(2) Der Europabankrat regelt in Konsultation mit dem Perso-

nalrat und/oder den Vertretern der Arbeitnehmerorganisationen
die Rechtsverhältnisse der Bediensteten in einem Personalstatut.

Art. 13 Währungspolitische Befugnisse

(1) Zur Regelung des Geldumlaufs und der Kreditgewährung
setzt das Direktorium die für die Geldmarktgeschäfte jeweils anzuwendenden Zinssätze und sonstigen Konditionen fest und bestimmt die Grundsätze für die Geld-, Kapital- und Offenmarktgeschäfte. Es kann Mindestreservesätze festlegen.
(2) Die Europäische Zentralbank kann den An- und Verkauf
von Devisen auf eigene Rechnung vornehmen.

Art. 14 Ausgabe von Ecu

Die Europäische Zentralbank hat das ausschließliche Recht,
Banknoten im Geltungsbereich dieses Statuts auszugeben. Ihre
Noten lauten auf Ecu. Sie sind das einzige unbeschränkte gesetzliche Zahlungsmittel. Die Europäische Zentralbank hat die Stük-
kelung und die Unterscheidungsmerkmale der von ihr ausgegebenen Noten öffentlich bekanntzumachen.

Art. 15 Statistische Erhebungen

Zur Erfüllung ihrer Aufgaben kann die Europäische Zentralbank statistische Angaben von den Mitgliedern der Währungsunion sowie von allen in ihr niedergelassenen Kreditinstituten
verlangen.

Art. 16 Jahresabschluß und Gewinnverwendung

(1) Das Geschäftsjahr ist das Kalenderjahr.
(2) Das Rechnungswesen der Europäischen Zentralbank hat
den Grundsätzen ordnungsgemäßer Buchführung zu entsprechen.
(3) Das Direktorium hat sobald wie möglich den Jahresabschluß
aufzustellen. Der Abschluß ist durch einen oder mehrere vom
Europabankrat im Einvernehmen mit dem Europäischen Rechnungshof bestellte Wirtschaftsprüfer zu prüfen. Der Europabankrat stellt den Jahresabschluß fest, der vom Direktorium zu
veröffentlichen ist.
(4) Der Prüfungsbericht des Wirtschaftsprüfers dient dem Euro-

päischen Rechnungshof als Grundlage für eine von ihm durchzuführende Prüfung. Der Prüfungsbericht des Wirtschaftsprüfers sowie die dazu getroffenen Feststellungen des Europäischen Rechnungshofes sind dem Ministerrat, der Kommission und dem Europäischen Parlament mitzuteilen.

(5) Der Gewinn der Europäischen Zentralbank ist an die Europäische Investitionsbank abzuführen. Diese Mittel dienen der Kreditfinanzierung mit dem Ziel einer größeren Konvergenz der Lebensbedingungen in der Europäischen Gemeinschaft.

Art. 17 Geschäftsordnung
Die Geschäftsordnung der Europäischen Zentralbank wird vom Europabankrat beschlossen.

Art. 18 Auflösung
Die Europäische Zentralbank kann nur durch einen Vertrag zwischen den Mitgliedstaaten der Europäischen Währungsunion aufgelöst werden. Dieser Vertrag bestimmt die Verwendung des Vermögens.

Satzung
der Bank deutscher Länder

Die nachstehende vom Zentralbankrat erlassene Satzung der Bank deutscher Länder wird hiermit veröffentlicht.

Frankfurt am Main, den 28. September 1949.

BANK DEUTSCHER LÄNDER

I. Grundkapital

§ 1

Das Grundkapital der Bank deutscher Länder (im folgenden „Bank" genannt) beträgt DM 100 Millionen.

§ 2

(1) Die Anteile am Grundkapital sind außer bei Neufestsetzung der Kapitalbeteiligung nach § 25b des Gesetzes über die Errichtung der Bank deutscher Länder (im folgenden „Gesetz" genannt) nicht übertragbar.

(2) Eine Verbriefung des Grundkapitals durch Anteilscheine findet nicht statt.

II. Organe
A. Zentralbankrat

§ 3

Sitzungen des Zentralbankrats finden auf Einladung seines Präsidenten statt. Der Präsident des Zentralbankrats hat auf Beschluß des Zentralbankrats und auf Antrag eines jeden Mitgliedes eine Sitzung anzuberaumen.

§ 4

Die Sitzungen finden in Frankfurt (Main) statt. Der Zentralbankrat kann beschließen, daß einzelne Sitzungen an anderen Orten stattfinden.

§ 5

(1) Die Einladungen zu den Sitzungen ergehen unter Mitteilung der Tagesordnung. In der Regel sollen die Einladungen schriftlich erfolgen, in dringenden Fällen ist telefonische oder telegrafische Einladung zulässig.

(2) Der Zentralbankrat kann mit mindestens neun Stimmen beschließen, daß auch über nicht auf der Tagesordnung stehende Verhandlungsgegenstände beraten und beschlossen wird.

§ 6

Beschlußfassungen durch schriftliche oder telegrafische Stimmabgabe sind nur zulässig
a) in Fällen, in denen der Zentralbankrat dies ausdrücklich beschlossen hat oder
b) wenn kein Mitglied diesem Verfahren widerspricht.

§ 7

(1) Die Präsidenten der angeschlossenen Landeszentralbanken werden im Behinderungsfalle in den Sitzungen durch ein von ihnen zu benennendes Mitglied des Vorstandes der Landeszentralbank vertreten.
(2) Die Präsidenten und ihre Stellvertreter unterliegen für ihre Meinungsäußerungen und Abstimmungen im Zentralbankrat keinen Weisungen.

§ 8

(1) Vom Zentralbankrat vorzunehmende Wahlen oder Ernennungen werden im Wege der geheimen Abstimmung vorgenommen.
(2) Gewählt oder ernannt ist, wer die absolute Mehrheit der abgegebenen Stimmen erhalten hat. Erhält auch bei einer zweiten Abstimmung keiner der Kandidaten die absolute Mehrheit der abgegebenen Stimmen, so findet eine Stichwahl zwischen den beiden Kandidaten statt, die im zweiten Wahlgang die meisten Stimmen erhalten haben.

§ 9

(1) Über die Verhandlungen des Zentralbankrats ist ein Protokoll, über die Beschlüsse des Zentralbankrats eine besondere Niederschrift anzufertigen. Der Protokollführer wird vom Präsidenten des Zentralbankrats bestimmt. Die Protokolle und Niederschriften sind den Mitgliedern des Zentralbankrats zuzuleiten.

(2) Protokolle und Niederschriften sind nach endgültiger Feststellung vom Präsidenten des Zentralbankrats und vom Protokollführer zu unterzeichnen.

§ 10

(1) Der Zentralbankrat kann seine Geschäftstätigkeit durch eine Geschäftsordnung regeln. Er kann Ausschüsse einsetzen und diesen besondere Aufgaben übertragen.

(2) Der Zentralbankrat und seine Ausschüsse können beschließen, daß zu ihren Sitzungen Sachverständige hinzuzuziehen sind.

B. Direktorium

§ 11

(1) Das Direktorium besteht außer seinem Präsidenten und dessen Stellvertreter aus mindestens drei, höchstens sechs Mitgliedern.

(2) Jedes Mitglied des Direktoriums hat jederzeit das Recht, vom Zentralbankrat angehört zu werden.

C. Gemeinsame Bestimmung

§ 12

Die Namen der Mitglieder des Zentralbankrats und des Direktoriums sind in der in § 34 b des Gesetzes vorgesehenen Weise zu veröffentlichen.

III. Personalverhältnisse

§ 13

Die Rechtsverhältnisse der Beamten, Angestellten und Arbeiter werden in einem besonderen Personalstatut geregelt.

IV. Geschäftstätigkeit

§ 14

(1) Aus den nach § 13 c des Gesetzes zu rediskontierenden Wechseln sollen neben der Landeszentralbank noch drei als zahlungsfähig bekannte Verpflichtete haften. Die Wechsel müssen innerhalb von drei Monaten nach dem Tage des Ankaufs fällig sein. Sie sollen gute Handelswechsel sein.

(2) Von dem Erfordernis der dritten Unterschrift kann abgesehen werden, wenn durch eine der Landeszentralbank gestellte Nebensicherheit oder in sonstiger Weise die Sicherheit des Wechsels gewährleistet ist.

§ 15

Die Gewährung von Darlehen gegen Pfänder gemäß § 13 d des Gesetzes erfolgt gegen

a) Wechsel, die den Erfordernissen des § 14 dieser Satzung entsprechen, zu höchstens 9/10 ihres Nennbetrages,

b) Schatzwechsel der Verwaltung des Vereinigten Wirtschaftsgebietes oder eines Landes innerhalb des Zuständigkeitsgebiets der angeschlossenen Landeszentralbanken bis zu höchstens 9/10 des Nennbetrages,

c) Schuldverschreibungen der Verwaltung des Vereinigten Wirtschaftsgebiets oder eines Landes innerhalb des Zuständigkeitsgebiets der angeschlossenen Landeszentralbanken, Schuldbuchforderungen gegen die Verwaltung des Vereinigten Wirtschaftsgebiets oder ein Land innerhalb des Zuständigkeitsgebiets der angeschlossenen Landeszentralbanken zu höchstens 3/4 ihres Kurswertes,

d) festverzinsliche Schuldverschreibungen und Schuldbuchforderungen, die die angeschlossenen Landeszentralbanken beliehen oder im Wege des Offenmarktgeschäftes erworben haben, zu höchstens 3/4 ihres Kurswertes. Besteht für Werte dieser Art kein Börsenkurs, so setzt der Zentralbankrat oder die von ihm beauftragte Stelle der Bank den einer Beleihung zugrunde zu legenden Wert nach der bestehenden Verwertungsmöglichkeit fest,

e) Ausgleichforderungen gegen die öffentliche Hand auf Grund von § 11 des Umstellungsgesetzes, die den Landeszentralbanken zustehen oder die von ihnen erworben oder beliehen worden sind, zu höchstens 9/10 ihres Nennbetrages.

V. Rechnungslegung

§ 16

Die Rechnungslegung hat den Vorschriften des Handelsrechts und den Grundsätzen ordnungsmäßiger Buchführung zu entsprechen.

§ 17

Für die Gliederung des Jahresabschlusses ist das vom Zentralbankrat vorgeschriebene Formblatt zu verwenden. Für die Bewertung sind die Vorschriften des Handelsrechts und des Aktiengesetzes sinngemäß anzuwenden.

§ 18

Der Jahresabschluß wird, bevor er vom Direktorium dem Zentralbankrat gemäß § 28 a des Gesetzes zugeleitet wird, durch einen sachverständigen und unabhängigen Wirtschaftsprüfer geprüft.

Der Prüfungsauftrag ist den vom Zentralbankrat bestellten Wirtschaftsprüfern vom Direktorium unverzüglich zu erteilen.

Bei Meinungsverschiedenheiten zwischen den Abschlußprüfern und dem Direktorium über die Anwendung der Vorschriften über den Jahresabschluß und die Ausführung der Jahresabschlußprüfung entscheidet der Zentralbankrat.

§ 19

Bei Aufstellung des in § 27 des Gesetzes vorgeschriebenen Gesamtausweises der Bank und der angeschlossenen Landeszentralbanken werden die gegenseitigen Forderungen und Verpflichtungen, die zwischen der Bank und den angeschlossenen Landeszentralbanken bestehen, gegeneinander aufgerechnet.

Gesetz über die Deutsche Bundesbank

ERSTER ABSCHNITT

Errichtung, Rechtsform und Aufgabe

§ 1: Errichtung der Deutschen Bundesbank

Die Landeszentralbanken und die Berliner Zentralbank werden mit der Bank deutscher Länder verschmolzen. Die Bank deutscher Länder wird Deutsche Bundesbank.

§ 2: Rechtsform, Grundkapital und Sitz

Die Deutsche Bundesbank ist eine bundesunmittelbare juristische Person des öffentlichen Rechts. Ihr Grundkapital im Betrage von zweihundertneunzig Millionen Deutsche Mark steht dem Bund zu. Die Bank hat ihren Sitz am Sitz der Bundesregierung; solange dieser sich nicht in Berlin befindet, ist Sitz der Bank Frankfurt am Main.

§ 3: Aufgabe

Die Deutsche Bundesbank regelt mit Hilfe der währungspolitischen Befugnisse, die ihr nach diesem Gesetz zustehen, den Geldumlauf und die Kreditversorgung der Wirtschaft mit dem Ziel, die Währung zu sichern, und sorgt für die bankmäßige Abwicklung des Zahlungsverkehrs im Inland und mit dem Ausland.

§ 4: Beteiligungen

Die Deutsche Bundesbank ist berechtigt, sich an der Bank für internationalen Zahlungsausgleich und mit Zustimmung der Bundesregierung an anderen Einrichtungen zu beteiligen, die einer übernationalen Währungspolitik oder dem internationalen Zahlungs- und Kreditverkehr dienen oder sonst geeignet sind, die Erfüllung ihrer Aufgabe zu fördern.

ZWEITER ABSCHNITT

Oganisation

§ 5: Organe

Organe der Deutschen Bundesbank sind der Zentralbankrat (§6), das Direktorium (§7) und die Vorstände der Landeszentralbanken (§8).

§ 6: Zentralbankrat

(1) Der Zentralbankrat bestimmt die Währungs- und Kreditpolitik der Bank. Er stellt allgemeine Richtlinien für die Geschäftsführung und Verwaltung auf und grenzt die Zuständigkeit des Direktoriums sowie der Vorstände der Landeszentralbanken im Rahmen der Bestimmungen dieses Gesetzes ab. Er kann auch im Einzelfall dem Direktorium und den Vorständen der Landeszentralbanken Weisungen erteilen.

(2) Der Zentralbankrat besteht aus dem Präsidenten und dem Vizepräsidenten der Deutschen Bundesbank, den weiteren Mitgliedern des Direktoriums und den Präsidenten der Landeszentralbanken.

(3) Der Zentralbankrat berät unter dem Vorsitz des Präsidenten oder des Vizepräsidenten der Deutschen Bundesbank. Er faßt seine Beschlüsse mit einfacher Mehrheit der abgegebenen Stimmen. Im übrigen regelt die Satzung die Voraussetzungen für die Beschlußfassung. Die Satzung kann vorsehen, daß die Mitglieder des Zentralbankrats bei nachhaltiger Verhinderung vertreten werden.

§ 7: Direktorium

(1) Das Direktorium ist für die Durchführung der Beschlüsse des Zentralbankrats verantwortlich. Es leitet und verwaltet die Bank, soweit nicht die Vorstände der Landeszentralbanken zuständig sind. Dem Direktorium sind insbesondere vorbehalten

1. Geschäfte mit dem Bund und seinen Sondervermögen,
2. Geschäfte mit Kreditinstituten, die zentrale Aufgaben im gesamten Bundesgebiet haben,
3. Devisengeschäfte und Geschäfte im Verkehr mit dem Ausland,
4. Geschäfte am offenen Markt.

(2) Das Direktorium besteht aus dem Präsidenten und dem Vizepräsidenten der Deutschen Bundesbank sowie bis zu acht weiteren Mitgliedern. Die Mitglieder des Direktoriums müssen besondere fachliche Eignung besitzen.

(3) Der Präsident und der Vizepräsident sowie die weiteren Mitglieder des Direktoriums werden vom Bundespräsidenten auf Vorschlag der Bundesregierung bestellt. Die Bundesregierung hat bei ihren Vorschlägen den Zentralbankrat anzuhören. Die Mitglieder werden für acht Jahre, ausnahmsweise auch für kürzere Zeit, mindestens jedoch für zwei Jahre bestellt. Bestellung und Ausscheiden sind im Bundesanzeiger zu veröffentlichen.

(4) Die Mitglieder des Direktoriums stehen in einem öffentlich-rechtlichen Amtsverhältnis. Ihre Rechtsverhältnisse gegenüber der Bank, insbesondere die Gehälter, Ruhegehälter und Hinterbliebenenbezüge, werden durch Verträge mit dem Zentralbankrat geregelt. Die Verträge bedürfen der Zustimmung der Bundesregierung.

(5) Das Direktorium berät unter dem Vorsitz des Präsidenten oder des Vizepräsidenten der Deutschen Bundesbank. Es faßt seine Beschlüsse mit einfacher Mehrheit der abgegebenen Stimmen. Bei Stimmgleichheit gibt die Stimme des Vorsitzenden den Ausschlag. Im übrigen regelt die Satzung die Voraussetzungen für die Beschlußfassung. Die Satzung kann vorsehen, daß bestimmte Beschlüsse der Einstimmigkeit oder einer anderen Stimmenmehrheit bedürfen.

§ 8: Landeszentralbanken

(1) Die Deutsche Bundesbank unterhält in jedem Lande eine Hauptverwaltung. Die Hauptverwaltungen tragen die Bezeichnung Landeszentralbank in Baden-Württemberg, in Bayern, in Berlin, in Bremen, in der Freien und Hansestadt Hamburg, in Hessen, in Niedersachsen, in Nordrhein-Westfalen, in Rheinland-Pfalz, im Saarland[1], in Schleswig-Holstein.

(2) Der Vorstand einer Landeszentralbank führt die in den Bereich seiner Hauptverwaltung fallenden Geschäfte und Verwaltungsangelegenheiten durch. Den Landeszentralbanken sind insbesondere vorbehalten

1. Geschäfte mit dem Land sowie mit öffentlichen Verwaltungen im Land,
2. Geschäfte mit Kreditinstituten ihres Berreichs, soweit sie nicht nach § 7 Abs. 1 Nr. 2 dem Direktorium vorbehalten sind.

(3) Der Vorstand der Landeszentralbank besteht aus dem Präsidenten und dem Vizepräsidenten. Die Satzung kann die Bestellung von einem oder zwei weiteren Vorstandsmitgliedern zulassen und Bestimmungen über die Beschlußfassug der Vorstände treffen. Die Vorstandsmitglieder müssen besondere fachliche Eignung besitzen.

(4) Die Präsidenten der Landeszentralbanken werden vom Bundespräsidenten auf Vorschlag des Bundesrates bestellt. Der Bundesrat macht seine Vorschläge auf Grund eines Vorschlags der nach Landesrecht zuständigen Stelle und nach Anhörung des Zentralbankrats. Die Vizepräsidenten und die weiteren Vorstandsmitglieder werden auf Vorschlag des Zentralbankrats vom Präsidenten der Deutschen Bundesbank bestellt. Die Vorstandsmitglieder werden für acht Jahre, ausnahmsweise auch für kürzere Zeit, mindestens jedoch für zwei Jahre bestellt. Bestellung und Ausscheiden sind im Bundesanzeiger zu veröffentlichen.

(5) Die Mitglieder der Vorstandes stehen in einem öffentlich-rechtlichen Amtsverhältnis. Ihre Rechtsverhältnisse gegenüber der Bank, insbesondere die Gehälter, Ruhegehälter und Hinterbliebenenbezüge, werden durch Verträge mit dem Zentralbankrat geregelt. Die Verträge bedürfen der Zustimmung der Bundesregierung.

§ 9: Beiräte bei den Landeszentralbanken

(1) Bei jeder Landeszentralbank besteht ein Beirat, der mit dem Präsidenten der Landeszentralbank über Fragen der Währungs- und Kreditpolitik und mit dem Vorstand der Landeszentralbank über die Durchführung der ihm in seinem Bereich obliegenden Aufgaben berät.

(2)Der Beirat besteht aus höchstens zehn Mitgliedern, die besondere Kenntnisse auf dem Gebiet des Kreditwesens haben sollen. Höchstens die Hälfte der Mitglieder soll aus den verschiedenen Zweigen des Kreditgewerbes, die übrigen Mitglieder sollen aus der gewerblichen Wirtschaft, dem Handel, der Landwirtschaft sowie der Arbeiter- und Angestelltenschaft ausgewählt werden.

(3) Die Mitglieder des Beirats werden auf Vorschlag der zuständigen Landesregierung und nach Anhörung des Vorstandes der Landeszentralbank durch den Präsidenten der Deutschen Bundesbank auf die Dauer von drei Jahren berufen.

(4) Den Vorsitz im Beirat führt der Landeszentralbankpräsident oder sein Stellvertreter. Den zuständigen Landesministern ist Gelegenheit zu geben, an den Sitzungen des Beirats teilzunehmen. Sie können die Einberufung des Beirats verlangen. Im übrigen wird das Verfahren des Beirats durch die Satzung geregelt.

§ 10: Zweiganstalten

Die Deutsche Bundesbank darf Zweiganstalten (Hauptstellen und Zweigstellen) unterhalten. Die Hauptstellen werden von zwei Direktoren geleitet, die der zuständigen Landeszentralbank unterstehen. Die Zweigstellen werden von einem Direktor geleitet, der der übergeordneten Hauptstelle untersteht.

§ 11: Vertretung

(1) Die Deutsche Bundesbank wird gerichtlich und außergerichtlich durch das Direktorium, im Bereich einer Landeszentralbank auch durch deren Vorstand und im Bereich einer Hauptstelle auch durch deren Direktoren vertreten. § 31 Abs. 2 und § 41 Abs. 4 bleiben unberührt.

(2) Willenserklärungen sind für die Deutsche Bundesbank verbindlich, wenn sie von zwei Mitgliedern des Direktoriums oder des Vorstandes einer Landeszentralbank oder von zwei Direktoren einer Hauptstelle abgegeben werden. Sie können auch von bevollmächtigten Vertretern abgegeben werden, die das Direktorium oder im Bereich einer Landeszentralbank deren Vorstand bestimmt. Zur Rechtswirksamkeit einer der Bank gegenüber abzugebenden Willenserklärung genügt die Erklärung gegenüber einem Vertretungsberechtigten.

(3) Die Vertretungsbefugnis kann durch die Bescheinigung eines Urkundsbeamten der Deutschen Bundesbank nachgewiesen werden.

(4) Klagen gegen die Deutsche Bundesbank, die auf den Geschäftsbetrieb einer Landeszentralbank oder einer Hauptstelle Bezug haben, können auch bei dem Gericht des Sitzes der Landeszentralbank oder der Hauptstelle erhoben werden.

DRITTER ABSCHNITT

Bundesregierung und Bundesbank

§ 12: Verhältnis der Bank zur Bundesregierung

Die Deutsche Bundesbank ist verpflichtet, unter Wahrung ihrer Aufgabe die allgemeine Wirtschaftspolitik der Bundesregierung zu unterstützen. Sie ist bei der Ausübung der Befugnisse, die ihr nach diesem Gesetz zustehen, von Weisungen der Bundesregierung unabhängig.

§ 13: Zusammenarbeit

(1) Die Deutsche Bundesbank hat die Bundesregierung in Angelegenheiten von wesentlicher währungspolitischer Bedeutung zu beraten und ihr auf Verlangen Auskunft zu geben.

(2) Die Mitglieder der Bundesregierung haben das Recht, an den Beratungen des Zentralbankrats teilzunehmen. Sie haben kein Stimmrecht, können aber Anträge stellen. Auf ihr Verlangen ist die Beschlußfassung bis zu zwei Wochen auszusetzen.

(3) Die Bundesregierung soll den Präsidenten der Deutschen Bundesbank zu ihren Beratungen über Angelegenheiten von währungspolitischer Bedeutung zuziehen.

VIERTER ABSCHNITT

Währungspolitische Befugnisse

§ 14: Notenausgabe

(1) Die Deutsche Bundesbank hat das ausschließliche Recht, Banknoten im Geltungsbereich dieses Gesetzes auszugeben. Ihre Noten lauten auf Deutsche Mark. Sie sind das einzige unbeschränkte gesetzliche Zahlungsmittel. Noten, die auf kleinere Beträge als zehn Deutsche Mark lauten, dürfen nur im Einver-

nehmen mit der Bundesregierung ausgegeben werden. Die Deutsche Bundesbank hat die Stückelung und die Unterscheidungsmerkmale der von ihr ausgegebenen Noten öffentlich bekanntzumachen.

(2) Die Deutsche Bundesbank kann Noten zur Einziehung aufrufen. Aufgerufene Noten werden nach Ablauf der beim Auslauf bestimmten Umtauschfrist ungültig.

(3) Die Deutsche Bundesbank ist nicht verpflichtet, für vernichtete, verlorene, falsche, verfälschte oder ungültig gewordene Noten Ersatz zu leisten. Sie hat für beschädigte Noten Ersatz zu leisten, wenn der Inhaber entweder Teile einer Note vorlegt, die insgesamt größer sind als die Hälfte der Note, oder den Nachweis führt, daß der Rest der Note, von der er nur die Hälfte oder einen geringeren Teil vorlegt, vernichtet ist.

§ 15: Diskont-, Kredit- und Offenmarkt-Politik

Zur Beeinflussung des Geldumlaufs und der Kreditgewährung setzt die Deutsche Bundesbank die für ihre Geschäfte jeweils anzuwendenden Zins- und Diskontsätze fest und bestimmt die Grundsätze für ihr Kredit- und Offenmarktgeschäft.

§ 16: Mindestreserve-Politik

(1) Zur Beeinflussung des Geldumlaufs und der Kreditgewährung kann die Deutsche Bundesbank verlangen, daß die Kreditinstitute in Höhe eines Vom-Hundert-Satzes ihrer Verbindlichkeiten aus Sichteinlagen, befristeten Einlagen und Spareinlagen sowie aus aufgenommenen kurz- und mittelfristigen Geldern mit Ausnahme der Verbindlichkeiten gegenüber anderen mindestreservepflichtigen Kreditinstituten Guthaben auf Girokonto bei ihr unterhalten (Mindestreserve). Die Bank darf den Vom-Hundert-Satz für Sichtverbindlichkeiten nicht über dreißig, für befristete Verbindlichkeiten nicht über zwanzig und für Spareinlagen nicht über zehn festsetzen; für Verbindlichkeiten gegenüber Gebietsfremden (§ 4 Abs. 1 Nr. 4 des Außenwirtschaftsgesetzes) darf sie jedoch den Vom-Hundert-Satz bis zu hundert festsetzen.[2] Innerhalb dieser Grenzen kann sie die Vom-Hundert-Sätze nach allgemeinen Gesichtspunkten, insbesondere für einzelne Gruppen von Instituten, verschieden bemessen sowie bestimmte Verbind-

lichkeiten bei der Berechnung ausnehmen. Als eine Verbindlichkeit aus Sichteinlagen im Sinne des Satzes 1 gilt bei einem Kreditinstitut im Sinne des § 53 des Gesetzes über das Kreditwesen auch ein passiver Verrechnungssaldo[3].

(2) Das monatliche Durchschnittsguthaben eines Kreditinstituts bei der Deutschen Bundesbank (Ist-Reserve) muß mindestens die nach Absatz 1 festgesetze Vom-Hundert-Sätze des Monatsdurchschnitts seiner reservepflichtigen Verbindlichkeiten (Reserve-Soll) erreichen. Die Bank erläßt nähere Bestimmungen über die Berechnung und Feststellung der Ist-Reserve und des Reserve-Solls.

(3) Die Deutsche Bundesbank kann für den Betrag, um den die Ist-Reserve das Reserve-Soll unterschreitet, einen Sonderzins bis zu drei vom Hundert über dem jeweiligen Lombardsatz erheben. Der Sonderzins soll nicht erhoben werden, wenn die Unterschreitung aus nicht vorhersehbaren Gründen unvermeidlich war oder das Kreditinstitut in Abwicklung getreten ist. Die Deutsche Bundesbank hat eine erhebliche oder wiederholte Unterschreitung der Bankaufsichtsbehörde mitzuteilen.

(4) Ländliche Kreditgenossenschaften, die einer Zentralkasse angeschlossen sind und kein Girokonto bei der Deutschen Bundesbank unterhalten, können die Mindestreserven bei ihrer Zentralkasse unterhalten; die Zentralkasse hat gleich hohe Guthaben bei der Deutschen Bundesbank zu unterhalten.

(5) Die nach diesem Gesetz zu unterhaltenden Mindestreserven sind auf die nach anderen Gesetzen zu unterhaltenden Liquiditätsreserven anzurechnen.

§ 17: Einlagen-Politik
Der Bund, das Sondervermögen Ausgleichsfonds, das ERP-Sondervermögen und die Länder haben ihre flüssigen Mittel, auch soweit Kassenmittel nach dem Haushaltsplan zweckgebunden sind, bei der Deutschen Bundesbank auf Girokonto einzulegen. Eine anderweitige Einlegung oder Anlage bedarf der Zustimmung der Bundesbank; dabei hat die Deutsche Bundesbank das Interesse der Länder an der Erhaltung ihrer Staats- und Landesbanken zu berücksichtigen.

§ 18: Statistische Erhebungen

Die Deutsche Bundesbank ist berechtigt, zur Erfüllung ihrer Aufgabe Statistiken auf dem Gebiet des Bank- und Geldwesens bei allen Kreditinstituten anzuordnen und durchzuführen. §§ 7, 10 und 11 Abs. 1 und 2 des Bundesstatistikgesetzes [4] sind entsprechend anzuwenden. Die Deutsche Bundesbank kann die Ergebnisse der Statistiken für allgemeine Zwecke veröffentlichen. Die Veröffentlichungen dürfen keine Einzelangaben enthalten. Den nach § 13 Abs. 1 Auskunftsberechtigten dürfen Einzelangaben nur mitgeteilt werden, wenn und soweit es in der Anordnung über die Statistik vorgesehen ist.

FÜNFTER ABSCHNITT

Geschäftskreis

§ 19: Geschäfte mit Kreditinstituten

(1) Die Deutsche Bundesbank darf mit Kreditinstituten im Geltungsbereich dieses Gesetzes folgende Geschäfte betreiben:

1. Wechsel und Schecks kaufen und verkaufen, aus denen drei als zahlungsfähig bekannte Verpflichtete haften; von dem Erfordernis der dritten Unterschrift kann abgesehen werden, wenn die Sicherheit des Wechsels oder Schecks in anderer Weise gewährleistet ist; die Wechsel müssen innerhalb von drei Monaten, vom Tage des Ankaufs an gerechnet, fällig sein; sie sollen gute Handelswechsel sein;

2. Schatzwechsel kaufen und verkaufen, die von dem Bund, einem der in § 20 Abs. 1 Nr. 1 bezeichneten Sondervermögen des Bundes oder einem Land ausgestellt und innerhalb von drei Monaten, vom Tage des Ankaufs an gerechnet, fällig sind;

3. verzinsliche Darlehen gegen Pfänder (Lombardkredite) auf längstens drei Monate gewähren, und zwar gegen
   a) Wechsel, die den Erfordernissen der Nummer 1 entsprechen, zu höchstens neun Zehntel ihres Nennbetrages,
   b) Schatzwechsel, die den Erfordernissen der Nummer 2 entsprechen, zu höchstens neun Zehntel ihres Nennbetrages,

c) unverzinsliche Schatzanweisungen, die, vom Tage der Beleihungen an gerechnet, innerhalb eines Jahres fällig sind, zu höchstens drei Viertel ihres Nennbetrages,

d) festverzinsliche Schuldverschreibungen und Schuldbuchforderungen, deren Aussteller oder Schuldner der Bund, ein Sondervermögen des Bundes oder ein Land ist, zu höchstens drei Viertel ihres Kurswertes,

e) andere von der Bank bestimmte festverzinsliche Schuldverschreibungen und Schuldbuchforderungen zu höchstens drei Viertel ihres Kurswertes,

f) im Schuldbuch eingetragene Ausgleichsforderungen nach § 1 des Gesetzes über die Tilgung von Ausgleichsforderungen zu höchstens drei Viertel ihres Nennbetrages.

Besteht für die unter Buchstaben d und e genannten Werte kein Börsenkurs, so setzt die Bank den einer Beleihung zugrunde zu legenden Wert nach der Verwertungsmöglichkeit fest.

Kommt der Schuldner eines Lombardkredits in Verzug, so ist die Bank berechtigt, das Pfand durch einen ihrer Beamten oder durch einen zu Versteigerungen befugten Beamten zu versteigern oder, wenn der verpfändete Gegenstand einen Börsen- oder Marktpreis hat, durch einen dieser Beamten oder einen Handelsmakler zum laufenden Preis zu verkaufen und sich aus dem Erlös für Kosten, Zinsen und Kapital bezahlt zu machen; dieses Recht behält die Bank auch gegenüber anderen Gläubigern und gegenüber der Konkursmasse des Schuldners;

4. unverzinsliche Giroeinlagen annehmen;

5. Wertgegenstände, insbesondere Wertpapiere, in Verwahrung und Verwaltung nehmen; die Ausübung des Stimmrechts aus den von ihr verwahrten oder verwalteten Wertpapieren ist der Bank untersagt;

6. Schecks, Wechsel, Anweisungen, Wertpapiere und Zinsscheine zum Einzug übernehmen und nach Deckung Zahlung leisten, soweit nicht die Bank für die Gutschrift des Gegenwertes für Schecks und Anweisungen etwas anderes bestimmt;

7. andere bankmäßige Auftragsgeschäfte nach Deckung ausführen;

8. auf ausländische Währung lautende Zahlungsmittel einschließlich Wechsel und Schecks, Forderungen und Wertpapiere sowie Gold, Silber und Platin kaufen und verkaufen;

9. alle Bankgeschäfte im Verkehr mit dem Ausland vornehmen.
(2) Bei den in Absatz 1 Nr. 1 bis 3 bezeichneten Geschäften sind die Diskont- und Lombardsätze anzuwenden.

§ 20: Geschäfte mit öffentlichen Verwaltungen
(1) Die Deutsche Bundesbank darf mit öffentlichen Verwaltungen folgende Geschäfte betreiben:
1. dem Bund, den nachstehend aufgeführten Sondervermögen des Bundes sowie den Ländern kurzfristige Kredite in Form von Buch- und Schatzwechselkrediten (Kassenkredite) gewähren. Die Höchstgrenze der Kassenkredite einschließlich der Schatzwechsel, welche die Deutschen Bundesbank für eigene Rechnung gekauft oder deren Ankauf sie zugesagt hat, beträgt bei
   a) dem Bund sechs Milliarden Deutsche Mark[5],
   b) der Bundesbahn sechshundert Millionen Deutsche Mark[5],
   c) der Bundespost vierhundert Millionen Deutsche Mark[5],
   d) dem Ausgleichsfonds zweihundert Millionen Deutsche Mark,
   e) dem ERP-Sondervermögen fünfzig Millionen Deutsche Mark,
   f) den Ländern vierzig Deutsche Mark je Einwohner nach der letzten amtlichen Volkszählung; bei dem Land Berlin und den Freien und Hansestädten Bremen und Hamburg dient als Berechnungsgrundlage ein Betrag von achtzig Deutsche Mark je Einwohner[6];
2. gestrichen[7]
3. mit dem Bund, den Sondervermögen des Bundes, den Ländern und anderen öffentlichen Verwaltungen die in § 19 Nr. 4 bis 9 bezeichneten Geschäfte vornehmen; für diese Geschäfte darf die Bank den in Nummer 1 genannten öffentlichen Verwaltungen keine Kosten und Gebühren berechnen.
(2) Die in Absatz 1 Nr. 1 genannten öffentlichen Verwaltungen sollen Anleihen, Schatzanweisungen und Schatzwechsel in erster Linie durch die Deutsche Bundesbank begeben; andernfalls hat die Begebung im Benehmen mit der Deutschen Bundesbank zu erfolgen.

§ 21: Geschäfte am offenen Markt

Die Deutsche Bundesbank darf zur Regelung des Geldmarktes am offenen Markt zu Marktsätzen kaufen und verkaufen:

1. Wechsel, die den Erfordernissen des § 19 Nr. 1 entsprechen;
2. Schatzwechsel und Schatzanweisungen, deren Aussteller der Bund, eines der in § 20 Abs. 1 Nr. 1 genannten Sondervermögen des Bundes oder ein Land ist;
3. Schuldverschreibungen und Schuldbuchforderungen, deren Schuldner die in Nummer 2 genannten Stellen sind;
4. andere zum amtlichen Börsenhandel zugelassene Schuldverschreibungen.

§ 22: Geschäfte mit jedermann

Die Deutsche Bundesbank darf mit natürlichen und juristischen Personen im In- und Ausland die in § 19 Nr. 4 bis 9 bezeichneten Geschäfte betreiben.

§ 23: Bestätigung von Schecks

(1) Die Deutsche Bundesbank darf Schecks, die auf sie gezogen sind, nur nach Deckung bestätigen. Aus dem Bestätigungsvermerk wird sie dem Inhaber zur Einlösung verpflichtet; für die Einlösung haftet sie auch dem Aussteller und dem Indossanten.

(2) Die Einlösung des bestätigten Schecks darf auch dann nicht verweigert werden, wenn inzwischen über das Vermögen des Ausstellers der Konkurs eröffnet worden ist.

(3) Die Verpflichtung aus der Bestätigung erlischt, wenn der Scheck nicht binnen acht Tagen nach der Ausstellung zur Zahlung vorgelegt wird. Für den Nachweis der Vorlegung gilt Artikel 40 des Scheckgesetzes.

(4) Der Anspruch aus der Bestätigung verjährt in zwei Jahren vom Ablauf der Vorlegungsfrist an.

(5) Auf die gerichtliche Geltendmachung von Ansprüchen auf Grund der Bestätigung sind die für Wechselsachen geltenden Zuständigkeits- und Verfahrensvorschriften entsprechend anzuwenden.

§ 24: Beleihung und Ankauf von Ausgleichsforderungen

(1) Die Deutsche Bundesbank darf ungeachtet der Beschrän-

kungen des § 19 Nr. 3 Kreditinstituten, Versicherungsunternehmen und Bausparkassen Darlehen gegen Verpfändung von Ausgleichsforderungen im Sinne von § 1 des Gesetzes über die Tilgung von Ausgleichsforderungen gewähren, soweit und solange
es zur Aufrechterhaltung der Zahlungsbereitschaft des Verpfän-
ders erforderlich ist.

(2) Die Deutsche Bundesbank darf Ausgleichsforderungen der
in Absatz 1 bezeichneten Art unter den Voraussetzungen des § 9
Abs. 1 des Gesetzes über die Tilgung von Ausgleichsforderungen
ankaufen, soweit und solange die Mittel des Ankaufsfonds hierfür nicht ausreichen.

§ 25: Andere Geschäfte

Die Deutsche Bundesbank soll andere als die in den §§ 19 bis 24
zugelassenen Geschäfte nur zur Durchführung und Abwicklung
zugelassener Geschäfte oder für den eigenen Betrieb oder für ihre Betriebsangehörigen vornehmen.

SECHSTER ABSCHNITT

Jahresabschluß, Gewinnverteilung und Ausweis

§ 26: Jahresabschluß

(1) Das Geschäftsjahr der Deutschen Bundesbank ist das Kalenderjahr.

(2) Das Rechnungswesen der Deutschen Bundesbank hat den
Grundsätzen ordnungsmäßiger Buchführung zu entsprechen. Der
Jahresabschluß (Bilanz, Gewinn- und Verlustrechnung) ist unter
Berücksichtigung der Aufgabe der Deutschen Bundesbank zu glie-
dern und zu erläutern; die Haftungsverhältnisse brauchen nicht
vermerkt zu werden. Für die Wertansätze sind die Vorschriften des
Handelsgesetzbuchs für Kapitalgesellschaften entsprechend anzu-
wenden; § 280 Abs. 1 des Handelsgesetzbuchs braucht nicht ange-
wendet zu werden. Die Bildung von Passivposten im Rahmen der
Ergebnisermittlung auch für allgemeine Wagnisse im In- und Auslandsgeschäft, wie sie unter Berücksichtigung der Aufgabe der
Deutschen Bundesbank im Rahmen vernünftiger kaufmännischer
Beurteilung für zulässig gehalten wird, bleibt unberührt[8].

(3) Das Direktorium hat sobald wie möglich den Jahresabschluß aufzustellen. Der Abschluß ist durch einen oder mehrere vom Zentralbankrat im Einvernehmen mit dem Bundesrechnungshof bestellte Wirtschaftsprüfer zu prüfen. Der Zentralbankrat stellt den Jahresabschluß fest, der alsdann vom Direktorium zu veröffentlichen ist.

(4) Der Prüfungsbericht des Wirtschaftsprüfers dient dem Bundesrechnungshof als Grundlage für die von ihm durchzuführende Prüfung. Der Prüfungsbericht des Wirtschaftsprüfers sowie die dazu getroffenen Feststellungen des Bundesrechnungshofes sind dem Bundesminister der Finanzen mitzuteilen[9].

§ 27: Gewinnverteilung

Der Reingewinn ist in nachstehender Reihenfolge zu verwenden:

1. zwanzig vom Hundert des Gewinns, jedoch mindestens zwanzig Millionen Deutsche Mark, sind einer gesetzlichen Rücklage so lange zuzuführen, bis diese fünf vom Hundert des Notenumlaufs erreicht hat; die gesetzliche Rücklage darf nur zum Ausgleich von Wertminderungen und zur Deckung anderer Verluste verwendet werden; ihrer Verwendung steht nicht entgegen, daß noch andere Rücklagen hierfür vorhanden sind;

2. bis zu zehn vom Hundert des danach verbleibenden Teils des Reingewinns dürfen zur Bildung sonstiger Rücklagen verwendet werden; diese Rücklagen dürfen insgesamt den Betrag des Grundkapitals nicht übersteigen;

3. vierzig Millionen Deutsche Mark, vom Geschäftsjahr 1980 an dreißig Millionen Deutsche Mark, sind dem nach dem Gesetz über die Tilgung von Ausgleichsforderungen gebildeten Fonds zum Ankauf von Ausgleichsfoderungen bis zu seiner Auflösung zuzuführen;

4. der Restbetrag ist an den Bund abzuführen.

§ 28: Ausweis

Die Deutsche Bundesbank veröffentlicht jeweils nach dem Stand vom 7., 15., 23. und Letzten jeden Monats einen Ausweis, der folgende Angaben enthalten muß:

I. Aktiva

Gold

Guthaben bei ausländischen Banken und Geldmarktanlagen im Ausland

Sorten, Auslandswechsel und -schecks

Inlandswechsel

Lombardforderungen

Kassenkredite an

a) den Bund und die Sondervermögen des Bundes

b) die Länder

Schatzwechsel und unverzinsliche Schatzanweisungen

a) des Bundes und der Sondervermögen des Bundes

b) der Länder

Wertpapiere

Scheidemünzen

Postscheckguthaben

Ausgleichsforderungen

Sonstige Aktiva

II. Passiva

Banknotenumlauf

Einlagen von

1. Kreditinstituten

2. öffentlichen Einlegern

a) Bund und Sondervermögen des Bundes

b) Ländern

c) anderen öffentlichen Einlegern

3. anderen inländischen Einlegern

4. ausländischen Einlegern

Verbindlichkeiten aus dem Auslandsgeschäft

Rückstellungen

Grundkapital

Rücklagen

Sonstige Passiva

SIEBENTER ABSCHNITT

Allgemeine Bestimmungen

§ 29: Sonderstellung der Deutschen Bundesbank

(1) Der Zentralbankrat und das Direktorium der Deutschen

Bundesbank haben die Stellung von obersten Bundesbehörden. Die Landeszentralbanken und Hauptstellen haben die Stellung von Bundesbehörden.

(2) Die Deutsche Bundesbank und ihre Bediensteten genießen die Vergünstigungen, die in Bau-, Wohnungs- und Mietangelegenheiten für den Bund und seine Bediensteten gelten.

(3) Die Vorschriften des Handelsgesetzbuchs über die Eintragungen in das Handelsregister sowie die Vorschriften über die Zugehörigkeit zu den Industrie- und Handelskammern sind auf die Deutsche Bundesbank nicht anzuwenden.

§ 30: Urkundsbeamte
Der Präsident der Deutschen Bundesbank kann für die Zwecke des § 11 Abs. 3 Urkundsbeamte bestellen. Sie müssen die Befähigung zum Richteramt besitzen.

§ 31: Rechtsverhältnisse der Beamten, Angestellten und Arbeiter der Deutschen Bundesbank
(1) Die Deutsche Bundesbank beschäftigt Beamte, Angestellte und Arbeiter.

(2) Der Präsident der Deutschen Bundesbank ernennt die Beamten der Bank, und zwar die Beamten des höheren Dienstes auf Vorschlag des Zentralbankrats. Er kann diese Befugnis hinsichtlich der Beamten des gehobenen, mittleren und einfachen Dienstes auf die Präsidenten der Landeszentralbanken übertragen. Der Präsident der Deutschen Bundesbank ist oberste Dienstbehörde und vertritt insoweit die Bank gerichtlich und außergerichtlich. Er verhängt die Disziplinarmaßnahmen, soweit hierfür nicht die Disziplinargerichte zuständig sind, und ist Einleitungsbehörde in förmlichen Disziplinarverfahren (§ 35 der Bundesdisziplinarverordnung).

(3) Die Beamten der Deutschen Bundesbank sind mittelbare Bundesbeamte. Soweit nicht in diesem Gesetz etwas anderes bestimmt ist, sind die für Bundesbeamte allgemein geltenden Vorschriften anzuwenden. An die Stelle des Inkrafttretens des Bundesbeamtengesetzes tritt das Inkrafttreten dieses Gesetzes.

(4) Der Zentralbankrat kann die Rechtsverhältnisse der Beamten und Angestellten der Deutschen Bundesbank mit Zustim-

mung der Bundesregierung in einem Personalstatut regeln, soweit die Befürfnisse eines geordneten und leistungsfähigen Bankbetriebes es erfordern. In dem Personalstatut kann nur bestimmt werden,

1. daß für die Beamten der Bank von folgenden Vorschriften des Bundesbeamtenrechts abgewichen wird:
   a) von § 21 Satz 2, § 24 Satz 3, § 26 Abs. 1, § 30 Abs. 2, § 66 Abs. 1 Nr. 2 und 5 und § 116 ABs. 1 Nr. 3 des Bundesbeamtengesetzes;
   b) von § 15 des Besoldungsgesetzes vom 16. Dezember 1927 (Reichsgesetzbl. I S. 349) in der geltenden Bundesfassung, soweit eine widerrufliche, nicht ruhegehaltfähige Bankzulage bis zur Höhe von dreißig vom Hundert des Grundgehalts, eine Entschädigung für Aufwendungen aus dienstlichen Gründen und eine Zuwendung für besondere Leistungen gewährt werden;
   c) von den Vorschriften über die Gewährung von Unterhaltszuschüssen für Beamte im Vorbereitungsdienst;
2. daß die Beamten und Angestellten der Bank verpflichtet sind, der Bank eine gewerbliche oder berufliche Tätigkeit ihres Ehegatten anzuzeigen;
3. daß die Angestellten der Bank
   a) zur Ausübung einer der in § 66 Abs. 1 Nr. 2 und 5 des Bundesbeamtengesetzes bezeichneten Nebentätigkeiten der vorherigen Genehmigung ebenso wie die Beamten der Bank bedürfen,
   b) die in Nummer 1 Buchstabe b bezeichneten Bezüge enthalten.

(5) Die in Absatz 4 Nr. 1 Buchstabe b bezeichneten Zuwendungen für besondere Leistungen und Entschädigungen für Aufwendungen aus dienstlichen Gründen dürfen insgesamt ein Zwanzigstel der Ausgaben für die Besoldung und Vergütung der Beamten und Angestellten der Deutschen Bundesbank nicht übersteigen.

(6) Der Zentralbankrat erläßt mit Zustimmung der Bundesregierung die Vorschriften über die Vorbildung und die Laufbahnen der Beamten der Deutschen Bundesbank. Er kann dabei von den Vorschriften des Bundesbeamtenrechts über die Dauer

des Vorbereitungsdienstes und der Probezeit sowie über die Dauer der Bewährungszeit für die Beförderung im gehobenen Dienst und für die Zulassung zum Aufstieg in den höheren Dienst abweichen.

§ 32: Schweigepflicht

Sämtliche Personen im Dienste der Deutschen Bundesbank haben über die Angelegenheiten und Einrichtungen der Bank sowie über die von ihr geschlossenen Geschäfte Schweigen zu bewahren. Sie dürfen über die ihnen hierüber bei ihrer Tätigkeit bekanntgewordenen Tatsachen auch nach ihrem Ausscheiden aus dem Dienste der Bank ohne Genehmigung weder vor Gericht noch außergerichtlich aussagen oder Erklärungen abgeben. Die Genehmigung wird, soweit es sich um das Interesse der Bank handelt, den Mitgliedern des Zentralbankrats von diesem, anderen Bediensteten der Bank von dem Präsidenten erteilt; sie darf für eine gerichtliche Vernehmung nur versagt werden, wenn es das Wohl des Bundes oder die Interessen der Allgemeinheit erfordern.

§ 33: Veröffentlichungen

Die Deutsche Bundesbank hat ihre für die Öffentlichkeit bestimmten Bekanntmachungen, insbesondere den Aufruf von Noten, die Festsetzung von Zins-, Diskont- und Mindestreservesätzen sowie die Anordnung von Statistiken im Bundesanzeiger zu veröffentlichen.

§ 34: Satzung

Die Satzung der Deutschen Bundesbank wird vom Zentralbankrat beschlossen. Sie bedarf der Zustimmung der Bundesregierung und ist im Bundesanzeiger zu veröffentlichen. Das gilt auch für Satzungsänderungen.

ACHTER ABSCHNITT

Strafbestimmungen und Vorschriften über das Anhalten von Falschgeld

§ 35: Unbefugte Ausgabe und Verwendung von Geldzeichen

(1)[10] Mit Freiheitsstrafe bis zu fünf Jahren oder mit Geldstrafe wird bestraft,
1. wer unbefugt Geldzeichen (Marken, Münzen, Scheine oder andere Urkunden, die geeignet sind, im Zahlungsverkehr an Stelle der gesetzlich zugelassenen Münzen oder Banknoten verwendet zu werden) oder unverzinsliche Inhaberschuldverschreibungen ausgibt, auch wenn ihre Wertbezeichnung nicht auf Deutsche Mark lautet;
2. wer unbefugt ausgegebene Gegenstände der in Nummer 1 genannten Art zu Zahlungen verwendet.
(2) Der Versuch ist strafbar.
(3)[10] Handelt der Täter in den Fällen des Absatzes 1 Nr. 2 fahrlässig, so ist die Strafe Freiheitsstrafe bis zu sechs Monaten oder Geldstrafe bis zu einhundertachtzig Tagessätzen.

§ 36: Anhalten von Falschgeld sowie unbefugt ausgegebenen Geldzeichen und Schuldverschreibungen

(1) Die Deutsche Bundesbank und alle Kreditinstitute haben nachgemachte oder verfälschte Banknoten oder Münzen (Falschgeld), als Falschgeld verdächtige Banknoten und Münzen sowie unbefugt ausgegebene Gegenstände der in § 35 genannten Art anzuhalten. Dem Betroffenen ist eine Empfangsbescheinigung zu erteilen.
(2) Falschgeld und Gegenstände der in § 35 genannten Art sind mit einem Bericht der Polizei zu übersenden. Kreditinstitute haben der Deutschen Bundesbank hiervon Mitteilung zu machen.
(3) Als Falschgeld verdächtige Banknoten und Münzen sind der Deutschen Bundesbank zur Prüfung vorzulegen. Stellt diese die Unechtheit der Banknoten oder Münzen fest, so übersendet sie das Falschgeld mit einem Gutachten der Polizei und benachrichtigt das annehmende Kreditinstitut.

§ 37: Einziehung

(1) Unbefugt ausgegebene Gegenstände der in § 35 genannten Art können eingezogen werden.[11]
(2) Nach Absatz 1 eingezogene Gegenstände sowie nach § 150

des Strafgesetzbuches eingezogenes Falschgeld sind von der Deutschen Bundesbank aufzubewahren. Sie können, wenn der Täter ermittelt worden ist, nach Ablauf von zehn Jahren und, wenn der Täter nicht ermittelt worden ist, nach Ablauf von zwanzig Jahren nach Rechtskraft des die Einziehung aussprechenden Urteils vernichtet werden.

NEUNTER ABSCHNITT

Übergangs- und Schlußbestimmungen

§ 38: Umgestaltung des Zentralbanksystems

(1) Das Vermögen der Landeszentralbanken und der Berliner Zentralbank einschließlich der Schulden geht mit dem Inkrafttreten dieses Gesetzes als Ganzes auf die Bank deutscher Länder über. Für die Berichtigung des Grundbuchs wird keine Gebühr erhoben. Die Landeszentralbanken und die Berliner Zentralbank erlöschen ohne Abwicklung.

(2) Mit Wirkung vom 1. Januar 1957 gehen die Verpflichtungen der Länder aus Ausgleichsforderungen, die den Landeszentralbanken nach den Vorschriften über die Neuordnung des Geldwesens zustehen, auf den Bund über und erlischt die Verpflichtung des Landes Berlin aus den dem Bund nach § 23 Abs. 2 Satz 2 des Ersten Gesetzes zur Überleitung von Lasten und Deckungsmitteln auf den Bund in der Fassung vom 21. August 1951 (Bundesgesetzbl. I S. 779) zustehenden Schuldverschreibungen; wird die Umstellungsrechnung einer Landeszentralbank nach dem Inkrafttreten dieses Gesetzes berichtigt, so übernimmt der Bund alle sich daraus ergebenden Verpflichtungen und Rechte. Die Bank zahlt dem Lande Nordrhein-Westfalen fünfzehn Millionen Deutsche Mark und dem Land Berlin fünf Millionen Deutsche Mark, jeweils nebst sechs vom Hundert Zinsen seit 1. Januar 1957 aus dem dem Bund nach § 27 N. 4 zustehenden Restgewinn. Damit gelten auch alle Ansprüche der Länder wegen des Erlöschens ihrer Anteile an den Landeszentralbanken und der Berliner Zentralbank als abgegolten.

(3) Die Bank erstattet den Ländern die von ihnen auf Ausgleichsforderungen der Landeszentralbanken für die Zeit nach

dem 1. Januar 1957 gezahlten Zinsen aus dem dem Bund nach § 27 Nr. 4 zustehenden Restgewinn, der nach Leistung der in Absatz 2 vorgesehenen Zahlungen verbleibt.

(4) Die sich aus § 2 Satz 2 in Verbindung mit § 27 ergebenden Folgen treten mit Wirkung vom 1. Januar 1957 ein. Auf diesen Tag ist unter entsprechender Anwendung der Vorschriften des § 26 die Eröffnungsbilanz der Deutschen Bundesbank festzustellen.

(5) Die bei Inkrafttreten dieses Gesetzes gültigen Noten der Bank deutscher Länder bleiben als Noten der Deutschen Bundesbank bis zum Aufruf durch das Direktorium gültig. Die Bestände noch nicht ausgegebener Noten können weiterhin ausgegeben werden.

§ 39: Übergangsvorschrift für die Organe der Bundesbank

(1) Bis zur Bestellung des ersten Präsidenten der Deutschen Bundesbank werden seine Aufgaben, soweit sie in den §§ 6, 8, 9 und 13 geregelt sind, durch den Präsidenten des bisherigen Zentralbankrats der Bank deutscher Länder, im übrigen durch den Präsidenten des bisherigen Direktoriums der Bank deutscher Länder wahrgenommen. Der Präsident des Zentralbankrats der Bank deutscher Länder und der Präsident des Direktoriums der Bank deutscher Länder scheiden mit der Bestellung des Präsidenten der Deutschen Bundesbank unbeschadet ihrer vertraglichen Ansprüche aus ihren Ämtern.

(2) Bis zur Bestellung des ersten Vizepräsidenten der Deutschen Bundesbank werden seine Aufgaben durch den Vizepräsidenten des Direktoriums der Bank deutscher Länder wahrgenommen. Der Vizepräsident des Direktoriums der Bank deutscher Länder scheidet mit der Bestellung des Vizepräsidenten der Deutschen Bundesbank unbeschadet seiner vertraglichen Ansprüche aus seinem Amt.

(3) Die weiteren Mitglieder des bisherigen Direktoriums der Bank deutscher Länder bleiben als Mitglieder des Direktoriums der Deutschen Bundesbank bis zum Ablauf ihrer Anstellungsverträge in ihren Ämtern.

(4) Die Vorstände der bisherigen Landeszentralbanken bleiben als Vorstände der Hauptverwaltungen der Deutschen Bundesbank bis zum Ablauf ihrer Anstellungsverträge in ihren Ämtern.

§ 40: Änderung der Dienstverhältnisse

(1) Mit dem Inkrafttreten dieses Gesetzes werden die Beamten, Angestellten und Arbeiter der Bank deutscher Länder, der bisherigen Landeszentralbanken und der Berliner Zentralbank Beamte, Angestellte und Arbeiter der Deutschen Bundesbank. Beamte auf Lebenszeit oder auf Probe erhalten die Rechtsstellung eines Beamten auf Lebenszeit oder auf Probe nach dem Bundesbeamtengesetz; Beamte auf Widerruf erhalten die Rechtsstellung eines Beamten auf Widerruf nach dem Bundesbeamtengesetz, soweit sie nicht bei Vorliegen der Voraussetzungen des § 5 Abs. 1 Nr. 2 des Bundesbeamtengesetzes zu Beamten auf Probe ernannt werden; in Höhe der Unterschiedsbeträge zwischen bisherigen höheren Bezügen und den nach Inkrafttreten dieses Gesetzes zustehenden Bezügen wird eine nicht ruhegehaltfähige Ausgleichszulage so lange gewährt, bis sie durch Erhöhung der Bezüge ausgeglichen wird; Erhöhungen infolge einer Änderung des Familienstandes oder eines Wechsels der Ortsklasse sowie allgemeine Erhöhungen der Besoldungen infolge einer Änderung der wirtschaftlichen Verhältnisse bleiben außer Betracht.

(2) Im übrigen sind die Vorschriften des Kapitels II Abschnitt III des Beamtenrechtsrahmengesetzes anzuwenden. Dabei darf bei einem in den einstweiligen Ruhestand versetzten Beamten der Deutschen Bundesbank das Ruhegehalt für die Dauer von fünf Jahren nicht hinter fünfzig vom Hundert der ruhegehaltfähigen Dienstbezüge, berechnet aus der Endstufe seiner Besoldungsgruppe, zurückbleiben. Dies gilt nicht für die Berechnung der Hinterbliebenenbezüge.

(3) Mit dem Inkrafttreten dieses Gesetzes werden die Ruhestandsbeamten, Witwen, Waisen ud sonstigen Versorgungsempfänger der Bank deutscher Länder, der bisherigen Landeszentralbanken und der Berliner Zentralbank Versorgungsempfänger der Deutschen Bundesbank. § 180 des Bundesbeamtengesetzes ist entsprechend anzuwenden; dabei tritt an die Stelle des Inkrafttretens des Bundesbeamtengesetzes das Inkrafttreten dieses Gesetzes. Für frühere Beamte der Bank deutscher Länder, der bisherigen Landeszentralbanken und der Berliner Zentralbank und ihre Hinterbliebenen gilt § 180 Abs. 4 des Bundesbeamtengesetzes.

(4) Absatz 3 ist auf die Beamten der Deutschen Reichsbank, die nach dem 8. Mai 1945 bei einer Dienststelle der Deutschen Reichsbank im Bundesgebiet entsprechend ihrer früheren Rechtsstellung wiederverwendet und in den Ruhestand getreten sind, ohne vorher in den Dienst der Bank deutscher Länder, einer bisherigen Landeszentralbank oder der Berliner Zentralbank übernommen worden zu sein, sowie auf ihre Hinterbliebenen sinngemäß anzuwenden.

(5) Die nach den Bundesgesetzen zur Regelung der Wiedergutmachung nationalsozialistischen Unrechts für Angehörige des öffentlichen Dienstes und zur Regelung der Wiedergutmachung nationalsozialistischen Unrechts für die im Ausland lebenden Angehörigen des öffentlichen Dienstes bestehenden Ansprüche von Personen,

1. die im Bereich der Deutschen Reichsbank geschädigt worden sind oder

2. bei denen als Angehörigen oder ehemaligen Angehörigen der Bank deutscher Länder, der bisherigen Landeszentralbanken oder der Berliner Zentralbank die Voraussetzungen des § 22 Abs. 3 des Gesetzes zur Regelung der Wiedergutmachung nationalsozialistischen Unrechts für Angehörige des öffentlichen Dienstes gegeben sind,

richten sich gegen die Deutsche Bundesbank. Dies gilt in den Fällen der Nummer 1 nicht, wenn ein anderer Dienstherr nach § 22 Abs. 3 des vorgenannten Gesetzes zur Wiedergutmachung verpflichtet ist.

(6) Für Personen, die Versorgungsbezüge nach dem Gesetz zur Regelung der Rechtsverhältnisse der unter Artikel 131 des Grundgesetzes fallenden Personen erhielten oder hätten erhalten können, gilt § 41 dieses Gesetzes.

(7) Bis zum Inkrafttreten der Vorschriften nach § 31 Abs. 4 und 6, längstens jedoch bis zum Ablauf von drei Jahren nach Inkrafttreten des Gesetzes, gelten die vom Zentralbankrat der Bank deutscher Länder erlassenen Vorschriften über die Vorbildung und die Laufbahnen der Beamten einschließlich der Prüfungsordnungen sowie § 1 Abs. 3 Satz 1, §§ 3, 4, 5, 8, 9 und 10 Abs. 2 des Personalstatuts der Bank deutscher Länder vom 19. November 1954 (Bundesanzeiger Nr. 231 vom 1. Dezember 1954), § 1

Abs. 3 Satz 1 jedoch mit der Maßgabe, daß der Präsident der Deutschen Bundesbank nur in den Fällen des § 21 Satz 2 und § 24 Satz 3 des Bundesbeamtengesetzes entscheidet.

§ 41: Rechtsverhältnisse der unter Artikel 131 des Grundgesetzes fallenden Personen

(1)[12] Die Deutsche Bundesbank ist entsprechende Einrichtung im Sinne des § 61 des Gesetzes zur Regelung der Rechtsverhältnisse der unter Artikel 131 des Grundgesetzes fallenden Personen gegenüber der Deutschen Reichsbank, der Nationalbank für Böhmen und Mähren und ausländischen Notenbanken (Nr. 19 der Anlage A zu § 2 Abs. 1 des Gesetzes).

(2) Auf Beamte, Angestellte und Arbeiter der Deutschen Reichsbank, die am 8. Mai 1945 bei Dienststellen der Deutschen Reichsbank im Bundesgebiet und im Lande Berlin im Dienst standen und

1. ihr Amt oder ihren Arbeitsplatz aus anderen als beamten- oder tarifrechtlichen Gründen verloren haben und noch nicht entsprechend ihrer früheren Rechtsstellung wiederverwendet worden sind oder

2. vor Inkrafttreten des in Absatz 1 bezeichneten Gesetzes das fünfundsechzigste Lebensjahr vollendet haben oder dienstunfähig geworden sind und aus anderen als beamten- oder tarifrechtlichen Gründen keine oder keine entsprechende Vorsorge erhalten,

ist § 62 des in Absatz 1 bezeichneten Gesetzes entsprechend anzuwenden.

(3)[13][14][15][16] Bei Ruhestandsbeamten der Deutschen Reichsbank, die vor dem 1. September 1953 in den Ruhestand getreten sind (§ 5 Abs. 1 Nr. 1, § 6 Abs. 2, § 35 Abs. 1, § 48 des in Absatz 1 bezeichneten Gesetzes), bleibt es vorbehaltlich der Abweichungen, die sich aus §§ 7, 8, 29 Abs. 2 und 3 sowie §§ 30, 31 und 35 Abs. 3 des in Absatz 1 bezeichneten Gesetzes und §§ 108, 112, 117 Abs. 1, § 140 Abs. 2 und 3 Satz 1 und 2, § 156 Abs. 1, §§ 181a und 181b des Bundesbeamtengesetzes ergeben, bei der bisherigen Bemessungsgrundlage nach dem Deutschen Beamtengesetz in der Bundesfassung (ruhegehaltfähige Dienstbezüge, Ruhegehaltssätze); liegt der Berechnung der ruheghaltfähigen Dienstzeit eine dem § 117 Abs. 2 des Bundesbeamtengesetzes oder dem § 181 Abs. 5 des Bundesbeamtengesetzes in der am 30. Juni 1975 geltenden Fassung entsprechende Vorschrift zugrunde, gilt § 117 Abs. 3 des Bundesbeamtengesetzes entsprechend. Das Ruhegehalt darf fünfundsiebzig vom Hundert der ruhegehaltfähigen Dienstbezüge nicht übersteigen. Entsprechendes gilt für die Hinterbliebenen. § 64 Abs. 1 Satz 6 Halbsatz 2 des in Abs. 1 bezeichneten Gesetzes ist anzuwenden.

(4) Der Präsident der Deutschen Bundesbank ist oberste Dienstbehörde für die Personen, auf die die Vorschriften der Absätze 1 und 2 anzuwenden sind. Er vertritt insoweit die Bank gerichtlich und außergerichtlich. In der Fällen des Absatzes 1 tritt er, soweit in dem dort bezeichneten Gesetz und den danach anzuwendenden beamtentrechtlichen Vorschriften die Mitwirkung des Bundesministers der Finanzen vorgesehen ist, an dessen Stelle.

§ 42: Mobilisierung der Ausgleichsforderung für Geschäfte am offenen Markt

(1)[17] Der Bund als Schuldner der der Deutschen Bundesbank nach den Vorschriften zur Neuordnung des Geldwesens zustehenden Ausgleichsforderung hat der Bank auf Verlangen Schatzwechsel oder unverzinsliche Schatzanweisungen in einer Stückelung und Ausstattung nach deren Wahl (Mobilisierungspapiere) bis zum Nennbetrag der Ausgleichsforderung auszuhändigen.

(2) Die Mobilisierungspapiere sind bei der Deutschen Bundesbank zahlbar. Die Bank ist gegenüber dem Bund verpflichtet, alle Verbindlichkeiten aus den Mobilisierungspapieren zu erfüllen. Der Bund zahlt weiterhin die Zinsen auf die ganze Ausgleichsforderung.

(3) Der Bundesminister der Finanzen wird ermächtigt, Mobilisierungspapiere bis zu dem nach Absatz 1 zulässigen Höchstbetrag zu begeben. Mobilisierungspapiere werden auf die Kredithöchstgrenze nach § 20 Abs. 1 Nr. 1 Buchstabe a nicht angerechnet.

§ 42a[18]: Ausgabe von Liquiditätspapieren

(1) Sind die Mobilisierungspapiere durch die Deutsche Bundesbank bis zum Nennbetrag der Ausgleichsforderung in Umlauf

gebracht worden, so hat der Bund der Bank auf Verlangen Schatz-wechsel oder unverzinsliche Schatzanweisungen in einer Stückelung und Ausstattung nach deren Wahl (Liquiditätspapiere) bis zum Höchstbetrag von acht Milliarden Deutsche Mark auszuhändigen.
(2) Der Nennbetrag der begebenen Liquiditätspapiere ist von der Deutschen Bundesbank auf einem besonderen Konto zu ver-buchen. Der Betrag auf dem Sonderkonto darf nur zur Einlö-sung fälliger oder von der Bundesbank vor Verfall zurückgekauf-ter Liquiditätspapiere verwendet werden.
(3) § 42 Abs. 2 Sätze 1 und 2 sowie Abs. 3 gelten sinngemäß.

§ 43: Aufhebung und Änderung von Rechtsvorschrift
(1) Folgende Vorschriften werden aufgehoben:
1. das Gesetz über die Errichtung der Bank deutscher Länder mit Ausnahme seiner Ziffer 15c,
2. das Gesetz über die Landeszentralbanken,
3. das Emissionsgesetz,
4. § 11 Abs. 3 und § 24 Abs. 4 des Umstellungsgesetzes.
(2) Folgende Vorschriften werden geändert:
1. § 11 Abs. 3 der Zweiten Durchführungsverordnung zum Um-stellungsgesetz und § 11 Abs. 4 der Dreiundzwanzigsten Durchführungsverordnung zum Umstellungsgesetz erhalten die Fassung:
„Die Veräußerung einer Ausgleichsforderung vor ihrer Ein-tragung im Schuldbuch ist unzulässig."
2. § 3 Abs. 4 der Dreiunddreißigsten Durchführungsverordnung zum Umstellungsgesetz erhält die Fassung:
„(4) Auf die Ausgleichsforderungen sind § 11 Abs. 4 des Um-stellungsgesetzes und § 11 der Zweiten Durchführungsverord-nung zum Umstellungsgesetz entsprechend anzuwenden; Geldinstitute, Versicherungsunternehmen und Bausparkas-sen dürfen die Ausgleichsforderungen unter den gleichen Voraussetzungen ankaufen oder beleihen."
3. § 35 Abs. 3 des Umstellungsergänzungsgesetzes vom 21. Sep-tember 1953 (Bundesgesetzbl. I S. 1439) erhält die Fassung:
„(3) Auf die Ausgleichsforderungen sind § 11 Abs. 4 des Um-stellungsgesetzes und § 11 Abs. 3 der Zweiten Durchfüh-rungsverordnung zum Umstellungsgesetz anzuwenden."

4. In § 7 Abs. 1 Nr. 5 des Gesetzes über die Kreditanstalt für Wiederaufbau in der Fassung vom 22. Januar 1952 (Bundesgesetzbl. I S. 65) treten an die Stelle der Worte „vom Zentralbankrat der Bank deutscher Länder" die Worte „von der Bundesregierung".

§ 44: Auflösung
Die Deutsche Bundesbank kann nur durch Gesetz aufgelöst werden. Das Auflösungsgesetz bestimmt über die Verwendung des Vermögens.

§ 45: Berlin-Klausel
Dieses Gesetz gilt nach Maßgabe des § 13 Abs. 1 des Dritten Überleitungsgesetzes vom 4. Januar 1952 (Bundesgesetzbl. I S. 1) auch im Land Berlin. Die Deutsche Bundesbank hat bei der Anwendung des Gesetzes die wirtschaftliche Lage Berlins erforderlichenfalls durch Sonderregelungen zu berücksichtigen.

§ 46[19]: Saar-Klausel

§ 47: Inkrafttreten
(1) Dieses Gesetz tritt am ersten Tage des auf die Verkündung folgenden Monats in Kraft; § 40 Abs. 5 und § 41 Abs. 1 und 2 treten jedoch mit Wirkung vom 1. April 1951 in Kraft.
(2) Im Land Berlin treten § 41 Abs. 1 und 2 mit Wirkung vom 1. Oktober 1951, §§ 35 und 37 erst am Tage nach der Verkündung des Übernahmegesetzes im Gesetz- und Verordnungsblatt für Berlin in Kraft.

Die verfassungsmäßigen Rechte des Bundesrates sind gewahrt.

Das vorstehende Gesetz wird hiermit verkündet.

Bonn, den 26. Juli 1957

Anmerkungen

1 Eingefügt durch § 26 des Gesetzes vom 30. Juni 1959 (BGBI. I S 313).

2 Halbsatz angefügt durch Gesetz vom 22. Juli 1969 (BGBI. I S. 877).

3 Satz 4 angefügt durch § 63 Abs. 3 des Gesetzes vom 10. Juli 1961 (BGBI. I S. 881).

4 Geändert durch Artikel 32 des Ersten Rechtsbereinigungsgesetzes vom 24.4.1986 (BGBI. I S. 560); jetzt: §§ 9, 15 und 16 BStatG vom 22.1.1987 (BGBI. I S. 462).

5 Geändert durch das Gesetz vom 23. November 1967 (BGBI. I S. 1157) in Buchst. a) von „drei" in „sechs", Buchst. b) von „vierhundert" in „sechshundert", Buchst. c) von „zweihundert" in „vierhundert" und in Buchst. f) von „zwanzig" in „vierzig" bzw. von „vierzig" in „achtzig".

6 Geändert durch das Gesetz vom 23. November 1967 (BGBI. I S. 1157) in Buchst. a) von „drei" in „sechs", Buchst. b) von „vierhundert" in „sechshundert", Buchst. c) von „zweihundert" in „vierhundert" und in Buchst. f) von „zwanzig" in „vierzig" bzw. von „vierzig" in „achtzig".

7 Gestrichen durch Art. III des Gesetzes vom 17. Dezember 1970 (BGBI . II S. 1325). Sie lautete:

„2. dem Bund Kredite zur Erfüllung seiner Verpflichtungen als Mitglied folgender Einrichtungen gewähren:

a) des Internationalen Währungsfonds bis zu vier Milliarden achthundertsiebzig Millionen Deutsche Mark,

b) des Europäischen Fonds bis zu zweihundertzehn Millionen Deutsche Mark,

c) der Internationalen Bank für Wiederaufbau und Entwicklung bis zu fünfunddreißig Millionen Deutsche Mark."

8 Geändert durch Art. 10 Nr. 17 des Bilanzrichtliniengesetzes vom 19.12.1985 (BGBI. I S. 2355); die Neufassung ist erstmals auf das nach dem 31. Dezember 1986 beginnende Geschäftsjahr anzuwenden.

9 Geändert durch Art. 9 des Gesetzes vom 18. März 1975 (BGBI. I S. 705).

10 Geändert durch Art. 195 des Gesetzes vom 2. März 1974 (BGBI. I S. 469).

11 Satz 2 außer Kraft getreten durch Art. 150 Abs. 2 Nr. 17 des Gesetzes vom 24. Mai 1968 (BGBI I S. 503). Er lautete:

„Kann keine bestimmte Person vefolgt oder verurteilt werden, so kann auf die Einziehung selbständig erkannt werden, wenn im übrigen die Voraussetzungen hierfür vorliegen."

12 Geändert durch Art. III § 3 Abs. 1 des Gesetzes vom 21. August 1961 (BGBI. I S. 1557). Gestrichen wurde in Satz 1 das Datum des Gesetzes und der Satz 2. Dieser lautete:

„Sie ist von der allgemeinen Unterbringungspflicht nach § 11 des Gesetzes befreit."

13 Geändert durch Art. III § 3 Abs. 1 des Gesetzes vom 21. August 1961 (BGBI. I S. 557). Die ursprüngliche Fassung von Satz 4 lautete:

„§ 129 des Bundesbeamtengesetzes ist anzuwenden, sofern der Versorgungsfall seit dem 1. Juli 1937 eingetreten ist."

14 Geändert durch Art. IV des Gesetzes vom 31. August 1965 (BGBI. I S. 1007) und Art. III § 1 des Gesetzes vom 9. September 1965 (BGBI. I S. 1203).

15 Geändert durch Art. VII § 5 des Gesetzes vom 20. Dezember 1974 (BGBI. I S. 3716).

16 Eingefügt und geändert durch § 4 des Gesetzes vom 23. Mai 1975 (BGBI. I S. 1173).

17 Geändert durch § 29 des Gesetzes vom 8. Juni 1967 (BGBI I S. 582). Die ursprüngliche Fassung lautete:

„(1) Der Bund als Schuldner der der Deutschen Bundesbank nach den Vorschriften zur Neuordnung des Geldwesens zustehenden Ausgleichsforderung hat der Bank auf Verlangen Schatzwechsel oder unverzinsliche Schatzanweisungen in einer Stückelung und Ausstattung nach ihrer Wahl (Mobilisierungspapiere) bis zum Höchstbetrage von vier Milliarden Deutsche Mark auszuhändigen. Die Bundesregierung kann auf Antrag der Bank den Höchstbetrag bis zum Nennbetrag der Ausgleichsforderung erhöhen."

18 Eingefügt durch § 29 des Gesetzes vom 8. Juni 1967 (BGBI. I S. 582).

19 Aufgehoben durch § 1 Abs. 1 des Gesetzes zur Einführung von Bundesrecht im Saarland vom 30. Juni 1959 (BGBI. I S. 313).